中国社会科学院 学者文选

戈宝权集

中国社会科学院科研局组织编选

中国社会科学出版社

图书在版编目（CIP）数据

戈宝权集／中国社会科学院科研局组织编选. —北京：中国社会
科学出版社，2009.4（2018.8 重印）
（中国社会科学院学者文选）
ISBN 978-7-5004-7685-6

Ⅰ.①戈…　Ⅱ.①中…　Ⅲ.①文化交流—中国、俄罗斯—文集
Ⅳ.①G125-53

中国版本图书馆 CIP 数据核字（2009）第 037795 号

出 版 人　赵剑英
责任编辑　周兴泉
责任校对　石春梅
责任印制　张雪娇

出　　　版　中国社会科学出版社
社　　　址　北京鼓楼西大街甲 158 号
邮　　　编　100720
网　　　址　http：//www.csspw.cn
发 行 部　010-84083685
门 市 部　010-84029450
经　　　销　新华书店及其他书店

印刷装订　北京市十月印刷有限公司
版　　　次　2009 年 4 月第 1 版
印　　　次　2018 年 8 月第 2 次印刷

开　　　本　880×1230　1/32
印　　　张　15.125
字　　　数　362 千字
定　　　价　89.00 元

出 版 说 明

一、《中国社会科学院学者文选》是根据李铁映院长的倡议和院务会议的决定，由科研局组织编选的大型学术性丛书。它的出版，旨在积累本院学者的重要学术成果，展示他们具有代表性的学术成就。

二、《文选》的作者都是中国社会科学院具有正高级专业技术职称的资深专家、学者。他们在长期的学术生涯中，对于人文社会科学的发展作出了贡献。

三、《文选》中所收学术论文，以作者在社科院工作期间的作品为主，同时也兼顾了作者在院外工作期间的代表作；对少数在建国前成名的学者，文章选收的时间范围更宽。

中国社会科学院

科研局

1999 年 11 月 14 日

目　录

编 者 的 话

　　戈宝权先生不仅是我国杰出的外交官和新闻工作者，而且也是一位著名的学者、翻译家和文化活动家，他毕生为中外文化的交流作出了突出的贡献。

　　1913年2月15日，戈宝权先生出生于江苏省东台县一教育世家。父亲戈曙东曾任当地小学校长、教育局局长，二叔戈公振是著名的爱国新闻工作者，曾任《时报》总编辑。1932年，戈宝权先生肄业于上海大夏大学。1935年起，任天津《大公报》驻苏联记者。1938年回国，先后担任《新华日报》编辑和《群众》杂志编委，同时任中华全国文艺界抗敌协会对外联络委员会秘书等。抗战胜利后，在上海负责编辑出版《苏联文艺》、《普希金文集》、《高尔基研究年刊》等。1949年起，先后任驻苏联使馆临时代办、政务和文化参赞、中苏友好协会副秘书长、中国作协理事、中国翻译家协会理事、中国苏联文学研究会副会长、中国社会科学院外国文学研究所研究员等。1987年，获苏联莫斯科大学和法国巴黎第八大学名誉博士学位。1988年，苏联最高苏维埃主席团授予他"各国人民友谊"勋章。作为中国第一位"普希金文学奖"最高奖的获奖者，特别值得提及的是：

1937年他曾参加在莫斯科大剧院举行的普希金逝世100周年纪念大会，并到普希金的故乡访问；50年后的1987年，他又应邀参加了在莫斯科大剧院举行的纪念普希金逝世150周年盛会，又再一次访问了普希金的故乡。作为一个外国人能得到如此殊荣，实在是很有纪念意义的事。1994年，获中国作家协会中外文学交流委员会颁发的"彩虹翻译奖"荣誉奖，并被推选为俄罗斯艺术科学院的外籍名誉院士。1999年10月，获俄中友好协会颁发的"俄中友好"纪念章。2000年5月15日早晨8时多，病逝于南京军区总院。

戈宝权先生一生勤于笔耕，留下了丰富的文字遗产，其中包括大量的翻译作品随笔、特写和各种序跋。本书按照《中国社会科学院学者文选》的编选原则，在体例上只能选收他的学术文章，而所收文章也主要落实在中外文化、文学比较和鲁迅研究这两个方面。他的部分论文已被译成俄、英、法、德、西、葡、日、世界语及中欧和东南欧某国各种文字。

戈宝权先生有很高的中国文化修养，同时精通俄语、英语、法语、日语和世界语，通读东欧各国文字，对各语言对象国的文化有深入的了解，其早年的新闻工作者经历，则训练了他敏锐的洞察力，因此，他具备了从事中外文化交流史研究的得天独厚的优势。在这方面，他进行了不少开拓性的研究，其中尤以俄苏文学与中国文学的关系史清理更为学术界瞩目。他关于俄苏作家，如普希金、屠格涅夫、托尔斯泰、高尔基等与中国的系列论文，以平实、朴素的文字和详尽的求证、索引、考略，得出了令人信服的结论。如今，这些成果已成为国内各高等院校和研究机构的专家、学者从事中俄比较文学研究时必备的参考。

戈宝权先生的学术工作中有相当部分是鲁迅研究，尤其是关于鲁迅与外国文学的关系、鲁迅的创作在国外的影响的考察。在这些文章中，关于《阿 Q 正传》的外文译本的研究之系列论文最初发表于《南开大学学报》，后结集为《〈阿 Q 正传〉在国外》，于 1981 年由人民文学出版社出版。作者在写作这些文章时既继承了中国乾嘉学派重视考据求证的学术传统，又吸收了西方比较文学研究的理论资源，充分体现了"论从史出"的优良学风。编者此次将其全部收入，其一自然为展示戈宝权先生对中国作家在海外的研究之丰硕成果，其二则是为后来者提供一个比较文学研究的范例，倡导穷本溯源的钻研精神。

作为一名出色的翻译家，戈宝权先生翻译了大量的文学作品，如《普希金诗集》、《马雅可夫斯基诗选》、《谢甫琴科诗选》、《十二个》、《爱明内斯库诗选》、《恰依比诗选》、《安哥拉诗选》等二十余种，以勤奋的翻译活动参与了中国新文学的建设。他不仅有大量的翻译实绩，而且在翻译的研究上也有从经验提升到理论的贡献。除了各个翻译选本的前言、后记以外，他还有数篇文章专门谈论翻译问题。这里选入两篇文章，前者为中国翻译的历史清理了一条脉络清晰的线索，后者则与读者分享了翻译实践中的甘苦，以"译事难"指出了文学翻译中需要注意的事项，强调译者的个人素养问题，勉励后学要不断地学习，不断地提高自己的翻译水平。

最后，需要特别提及的是戈宝权先生的遗孀梁培兰女士，她在远赴美国探亲之前还特意托朋友为我捎来可供借鉴的纪念文集和画册，提供了她为编选《戈宝权遗文集》所作的目录，并专门数次打电话给我，对编选工作给予关心和指点。作为晚辈，谨在此致以诚挚的谢意！

汪剑钊

2007 年 11 月 25 日

五四运动以后外国文学在中国

晚清民初，梁启超提倡译印政治小说，并自译《佳人奇遇》等书；严复翻译《天演论》，提出"信、达、雅"的翻译标准；林纾自《巴黎茶花女遗事》起翻译了170多种欧美的说部；鲁迅翻译《月界旅行》、《地底旅行》和编译《域外小说集》，都开了我国翻译外国文学作品的先河，但外国文学大量地介绍到中国来，主要是五四运动以后的事。

五四运动以后，随着五四新文化运动的兴起，外国文学作品的翻译介绍，新的文学形式（如新诗、话剧）和新式标点符号的引进，对我国新文学的发展和成长，都产生了很大的影响。首先在"五四"前后出版的《新青年》杂志，成为翻译介绍外国文学的重要阵地，当时曾介绍过屠格涅夫、托尔斯泰和莫泊桑等人的小说，王尔德、易卜生和武者小路实笃等人的剧本。特别是1918年6月出版的《易卜生专号》，翻译介绍了《娜拉》等剧本，这对当时反对封建、争取个性解放的斗争，曾起了不小的作用。

远从"五四"时期起，在翻译介绍外国文学方面，当时几位先行者的观点就很明确。如鲁迅早在《摩罗诗力说》中就提出，要介绍"立意在反抗，指归在动作，而为世所不甚愉悦者"的文学，也就是为了中国革命的需要，要介绍为争取民族解放而斗争的被压迫、被损害的弱小国家、民族和人民的文学。沈雁冰（茅盾）在1920年主持《小说月报》的《小说新潮栏》时指出："现在新思想一日千里，……所以一时间便觉得中国翻译的小说实在是都'不合时代'。……中国现在要介绍新派小说，应该先从写实派、自然派介绍起。"他还拟了一个包括欧洲20位重要作家的43部主要作品的目录。瞿秋白在为《俄罗斯名家短篇小说集》写的序言中也说："只有中国社会所要求我们的文学才介绍——使中国社会里一般人都能感受都能懂得的文学才介绍。"

1921年初文学研究会成立，翌年沈雁冰亲自主编革新版的《小说月报》，在广泛翻译介绍外国文学方面也做了大量的工作。如1921年9月的《小说月报》，出版了《俄国文学研究》号外，同年10月出版了《被损害民族的文学号》，1924年4月又出版了《法国文学研究》号外。此外在作家方面，先后编辑了《泰戈尔专号》、《拜伦专号》、《安徒生专号》、《罗曼·罗兰专号》等。这时在文学翻译界最为活跃的，当推鲁迅、沈雁冰、瞿秋白、耿济之、郭沫若、郑振铎等人。鲁迅以翻译俄国、日本和东欧与北欧国家的文学为主；而且在1925年组织了未名社，培养了韦素园、李霁野、曹靖华等不少年轻翻译工作者。沈雁冰经常在《小说月报》上翻译介绍弱小国家和民族的文学作品，而且还写了多篇评介和研究文字。瞿秋白和耿济之同是俄国文学的研究者和翻译者，他们早在1920年就编辑了《俄罗斯名家短篇小说集》。随着共学社的成立，商务印书馆出版了该社编的《俄罗斯文学丛书》和《俄国戏曲集》，其中屠格涅夫的《父与子》、托尔斯泰的《复活》、亚·尼·奥斯特洛夫斯基的剧本《大雷雨》等作品，都出自耿济之之手。郭沫若以翻译德国文学为主，他翻译的歌德的《少年维特之烦恼》和《浮士德》，在当时颇负盛名。郑振铎自1922年起继沈雁冰之后主编《小说月报》，仍以翻译介绍外国文学为重点。他每期撰写《文学大纲》，对自古代直到现当代的外国文学都作了全面的介绍，并翻译了泰戈尔的诗集多种。在介绍外国戏剧方面，潘家洵翻译了易卜生、萧伯纳、王尔德等人的作品，田汉也开始翻译莎士比亚的剧本。

1927年大革命失败后，随着"中国左翼作家联盟"的成立，翻译文学进入新的阶段，苏联的无产阶级文学和各国的进步、革命文学大量地被介绍进来。鲁迅从当时直到1936年逝世为止，始终是翻译界的主将。在国民党反动派所进行的"军事围剿"和"文化围剿"的情况下，他为了建立中国的革命文艺理论，主编了《科学的艺术论丛书》，在1929年翻译了普列汉诺夫的《艺术论》和卢那察尔斯基的《艺术论》等书。他认为当时应以介绍"战斗的作品"最为重要，他在1930年翻译了法捷耶夫的《毁灭》，出资编印了曹靖华翻译的绥拉菲摩维支的《铁流》。他主编介绍苏联文学作品的《现代文艺丛书》，此外还先后主编了《莽原》、《奔流》、《朝花》、《萌芽》、《译文》等文艺刊物，培养了柔石、白莽、孙用等新生的翻译力量。他在1935年还完成了他一生中最重要的译作果戈理的《死魂灵》。这时瞿秋白正在上海秘密隐居，他从俄文翻译了不少马克思主义的文艺论文和高尔基的政论集与小说集，后经鲁迅在1936年汇编为《海上述林》出版，他翻译的普希金的名诗《茨岗》和高尔基的革命颂歌《海燕》，也都成于此时。

30年代前后，首先是苏联的文学作品大量被介绍进来，其中尤以高尔基的作品影响最大。如沈端先（夏衍）翻译的高尔基的《母亲》，对教育和鼓舞广大的青年读者走上革命的道路起了很大的作用，因此被国民党当局列为"禁书"。在各国进步和革命文学的介绍方面，有郭沫若翻译的英国高尔斯华绥的剧本和美国辛克莱的小说《石炭王》、《屠场》、《煤油》等书，他同时还翻译了马克思和恩格斯有关艺术的论著。

外国古典文学和近当代文学的翻译介绍也始终未断。如商务印书馆出版了多种世界文学名著，文学研究会丛书也出版了不少译著。在翻译家当中，如朱生豪专心翻译莎士比亚的戏剧作品，穆木天翻译巴尔扎克的小说，李青崖翻译莫泊桑的短篇，傅雷翻译罗曼·罗兰的三名人传和《约翰·克利斯朵夫》；在东方文学中，开明书店和中华书局出版了不少日本作家如国木田独步、夏目漱石、有岛武郎、芥川龙之介、佐藤春夫、谷崎润一郎、菊池宽等人的选集；同时也出版了日本无产阶级的文艺作品如小林多喜二的《蟹工船》等。鲁迅在 1934 年 8 月创刊《译文》杂志，到 1937 年 6 月停刊，共出了 29 期。郑振铎从 1935 年 10 月主编《世界文库》，共出了 12 册。它们当时在介绍外国古典文学、各国的进步和革命的文学，推动我国现代文学的发展都起了一定的作用。

鲁迅和瞿秋白在建立翻译理论方面，同梁实秋、陈源等人进行了激烈的论辩。鲁迅在 1931 年写给瞿秋白关于翻译的通信中，系统地阐述了他的理论。鲁迅主张"凡是翻译，必须兼顾着两面，一则当然力求其易解，一则保存着原作的丰姿"；他针对着一些主张"宁顺不信"的人，提出了"宁信而不顺"的意见。瞿秋白进而提出了"信与顺统一"的问题。他们写的一系列有关翻译问题的文字，至今仍有现实意义。

1937 年抗日战争开始，翻译文学并没有停止，在国民党统治地区，在解放区和成为"孤岛"的上海，翻译工作者都始终站在战斗的岗位上。

在国民党统治地区，无论在重庆、桂林和昆明等地出版的报纸和刊物，如《新华日报》、《救亡日报》、《抗战文艺》、《文艺阵地》、《文学月报》、《中苏文化》上，都大量刊载外国文学作品，特别是有关苏联人民抗战的作品。当时曹靖华在重庆中苏文化协会主编《苏联文学丛书》，参加编辑和编译的工作者，有曹靖华、茅盾、戈宝权等人。曹靖华翻译了卡达耶夫的《我是劳动人民的儿子》、瓦希列夫斯卡的《虹》、列昂诺夫的剧本《侵略》等。茅盾翻译了巴甫连科的《复仇火焰》、格罗斯曼的《人民是不朽的》、卡达耶夫的《团的儿子》等。戈宝权在《新华日报》上翻译了爱伦堡写的有关西班牙国内战争、巴黎的沦陷和苏联人民英勇抗战的报告文学作品多篇，辑成《不是战争的战争》、《六月在顿河》和《英雄的斯大林城》等书出版。

在延安，《解放日报》和《大众文艺》上，重视发表外国（主要是苏联的）文学作品。如萧三翻译的考纳丘克的《前线》，即在《解放日报》上发表，并曾演出过。

在上海"孤岛"，1941 年出现了用苏商名义创办的时代出版社，出版《时代日报》、《时代周刊》和《苏联文艺》，大量翻译介绍苏联的抗战文艺作品。当时参加时代出版社的编辑和翻译工作的，有姜椿芳、林淡秋、陈冰夷、叶水夫、磊然、草婴等人，抗战胜利后参加的又有戈宝权、孙绳武、蒋路、张孟恢等人。当时在《时代周刊》上辟有《高尔基研究》的专页，介绍高尔基的作品和苏联研究高尔基的情况。戈宝权参加时代出版社后，编辑有《高尔基研究年刊》、《普希金文集》和《俄国大戏剧家奥斯特罗夫斯基研究》。

青年翻译工作者万湜思通过世界语翻译出版了苏联诗人马雅可夫斯基的诗集《呐喊》，介绍了《给艺术军的命令》、《向左进行曲》和《苏联扩照》等诗。梅益翻译了苏联作家尼·阿·奥斯特洛夫斯基的著名小说《钢铁是怎样炼成的》。这本小说在抗战后期和胜利后的日子里，都教育了广大的青年读者。

在抗日战争和解放战争期间，翻译介绍外国古典文学和现当代文学的工作也没有停止过。在古希腊文学方面，如罗念生、叶君健等翻译古希腊悲剧；在英国文学方面，如朱生豪、曹未风等翻译莎士比亚的剧本，许天虹、蒋天佐翻译狄更斯的小说；在法国文学方面，如李健吾翻译福楼拜的小说和莫里哀的剧本，如傅雷翻译巴尔扎克和罗曼·罗兰的作品；在俄国文学方面，如巴金、丽尼、陆蠡等翻译屠格涅夫的长篇小说，耿济之翻译陀思妥耶夫斯基的作品，高植翻译托尔斯泰的《战争与和平》，汝龙翻译契诃夫的短篇小说，耿济之和罗稷南翻译高尔基的长篇小说；在美国文学方面，如傅东华翻译德莱塞的小说，蒋天佐翻译杰克·伦敦的小说，楚图南翻译惠特曼的诗歌等。在中华人民共和国成立以前，世界上不少文学名著都有了翻译和介绍。

中华人民共和国成立以后，在翻译工作者的面前展开了一片广阔的天地。1951 年召开过第一次全国翻译工作会议，出版了《翻译通报》。1954 年中国作家协会又召开了全国文学翻译工作会议，郭沫若、茅盾、周扬等人都在大会上指出了大力开展翻译介绍外国文学的重要性。这时随着社会主义改造，出版社经过公私合营成立了国家的文学出版社，提出了翻译出版外国文学的宏伟计划。《译文》杂志在 1953 年复刊，从 1959 年起改名《世界文学》，在翻译介绍外国文学和团结外国文学翻译工作者等方面做了不少工作。

就翻译文学所包括的国家来说，范围也愈来愈广。俄国文学和苏联文学始终占了主要的地位，人民文学出版社有计划地出版了多卷本的《高尔基选集》和《马雅可夫斯基选集》。这时开始注意到东南欧国家的文学作品，无论是波兰、捷克斯洛伐克、匈牙利、罗马尼亚、南斯拉夫、保加利亚，直到阿尔巴尼亚，都有不少著名作家的作品，如波兰的密茨凯维奇、匈牙利的裴多菲、保加利亚的波特夫的诗歌作品都被介绍过来；在现当代的作家中，如捷克伏契克的《绞刑架下的报告》，对我国读者也产生了深刻的影响。

随着国际文化交流的开展，举行过不少世界文化名人和作家的纪念活动，翻译介绍了他们的作品，其中包括西欧、北欧、南欧和美国许多作家的作品，同时也重点介绍了亚洲、非洲、拉丁美洲等国家的作品。首次翻译了日本的古典文学作品如《古事记》、《源氏物语》以及不少现当代作家的作品，还翻译了朝鲜的古典文学作品如《春香传》以及现当代作家的小说和诗歌。在印度文学中，翻译了印度史诗《摩诃婆罗多》和《罗摩衍那》，《五卷书》和迦梨陀娑的《沙恭泰罗》，以及印度现当代作家泰戈尔和普列姆·昌德的作品，还出版了10卷本的《泰戈尔作品集》。巴基斯坦方面，出版了伊克巴尔诗集。在阿拉伯国家方面，出版了《一千零一夜》，埃及的古典作品《亡灵书》以及《现代阿拉伯小说集》和《现代阿拉伯诗集》。土耳其方面，出版了希克梅特诗集。还开始翻译出版非洲国家的小说和诗歌作品，从这些作品中传出了非洲人民的呼声。翻译出版了不少拉丁美洲国家的作品，如智利诗人聂鲁达的诗集和巴西作家亚马多的小说集。

翻译人才辈出。在印度文学方面有季羡林、金克木、谢冰心、石真等；在阿拉伯文学方面，有马坚、纳训等；在日本文学方面有周启明、丰子恺、楼适夷、李芒等；在古希腊罗马文学方面有罗念生、杨宪益、杨周翰等；在英美文学方面有方重、杨岂深、李霁野、朱维之、张谷若、方平、周煦良、卞之琳、王佐良、董秋斯、常健、蒋天佐、朱海观、袁可嘉、冯亦代等；在法国文学方面有傅雷、李健吾、罗大冈、吴达元、陈占元、赵少侯、罗玉君、赵瑞蕻等；在德语国家文学方面有朱光潜、冯至、张威廉、钱春绮、傅维慈、田德望等；在北欧文学方面有潘家洵、萧乾、叶君健等；在南欧文学方面有戴望舒、杨绛等；在俄国文学和苏联文学方面有巴金、余振、芳信、满涛、草婴、辛未艾、曹葆华、蒋路、刘辽逸、汝龙、朱雯、金人、庄寿慈、张孟恢、伍孟昌、任溶溶、乌兰汗等；在东欧国家文学方面有施蛰存、孙用、吴岩等；在拉丁美洲文学方面有王央乐等。至于中青年的翻译工作者，更是不断涌现。

"十年动乱"期间，外国文学成为禁区，直到 1976 年粉碎"四人帮"反革命集团以后，外国文学的翻译介绍工作才获得了新生。各文学出版社恢复了原有的出书计划，而且不少地方的出版社也开始出版外国文学作品。如人民文学出版社（外国文学出版社）和上海译文出版社继续出版《外国文学名著丛书》，《外国古典文艺理论丛书》和《二十世纪外国文学丛书》，人民文学出版社开始出版 20 卷本的《高尔基文集》和 30 卷本的《巴尔扎克全集》，中国社会科学院外国文学研究所编印《外国文学研究资料丛刊》。各地的出版社，如安徽人民出版社出版 15 卷的《傅雷译文集》，如湖南人民出版社出版 30 余种梁宗岱、戴望舒、卞之琳等人翻译的译诗集。同时各地的出版社还出版各种外国文学的译丛。翻译介绍外国文学的刊物，也不断先后出版，除 1977 年 10 月复刊的《世界文学》外，新出的大型外国文学刊物，在南京有《译林》和《当代外国文学》，在上海有《外国文艺》、《外国文学报导》和《外国语》；在北京有《外国文学季刊》、《国外文学》、《外国文学》、《外国戏剧》；在武汉有《外国文学研究》；在广州有《世界文艺》和《花城译作》。专门性的刊物，苏联文学方面有北京的《苏联文学》、《苏联文艺》、《当代苏联文学》，有武汉的《俄苏文学》，日本文学方面有长春的《日本文学》。比较文学成为一个新的研究科目，北京大学成立了比较文学研究中心，上海编辑出版了《中国比较文学》的刊物。

外国文学的研究机构，除中国社会科学院有外国文学研究所外，各地的文科高等院校也大多设有外国文学教研室。全国性的学术组织，有1978年成立的中国外国文学学会和相继成立的一些专门性的不同国别文学的学会，经常举行各种学术活动。1982年中国大百科全书出版社经过两年多的努力，编辑出版了《中国大百科全书·外国文学》卷，这可说是近年来我国外国文学研究和文学翻译工作方面的重大成果。

（原载《中国大百科全书·中国文学》，1987年）

俄国文学和中国

"俄国文学是我们的导师和朋友。"

——鲁迅

一

我国伟大的作家鲁迅，早在 50 年前 1932 年 12 月写的《祝中俄文字之交》一文中，就讲到俄国文学在 19 世纪末和 20 世纪初介绍到我国来的情况以及它所产生的巨大影响：

那时——19 世纪末——的俄国文学，尤其是陀思妥夫斯基和托尔斯泰的作品，已经很影响了德国文学，但这和中国无关，因为那时研究德文的人少得很。最有关系的是英美帝国主义者，他们一面也翻译了陀思妥夫斯基、都介涅夫、托尔斯泰、契诃夫的选集了，一面也用那做给印度人读的读本来教我们的青年……然而因此也携带了阅读那些选集的可能。……我们的一部分的青年却已经觉得压迫，只有痛楚，他要挣扎，用不着痒痒的抚摩，只在寻切实的指示了。

那时就看见了俄国文学。

那时就知道了俄国文学是我们的导师和朋友。因为从那里面，看见了被压迫者的善良的灵魂，的酸辛，的挣扎；还和 40 年代的作品一同烧起希望，和 60 年代的作品一同感到悲哀。我们岂不知道那时的大俄罗斯帝国也正在侵略中国，然而从文学里明白了一件大事，是世界上有两种人：压迫者和被压迫者！

从现在看来，这是谁都明白，不足道的，但在那时，却是一个大发见，正不亚于古人的发见了火的可以照暗夜，煮东西。

俄国的作品，渐渐的绍介进中国来了，同时也得了一部分读者的共鸣，只是传布开去。零星的译品且不说罢，成为大部的就有《俄国戏曲集》10 种和《小说月报》增刊的《俄国文学研究》一大本，还有《被压迫民族文学号》两本，则是由俄国文学的启发，而将范围扩大到一切弱小民族，并且明明点出"被压迫"的字样来了。①

鲁迅在同年 9 月为他翻译的苏联短篇小说集《竖琴》写的前记中又说：

俄国的文学，从尼古拉斯二世时候以来，就是"为人生"的，无论它的主意是在探究，或在解决，或者堕入神秘，沦于颓唐，而其主流还是一个：为人生。

这一种思想在大约 20 年前即与中国一部分的文艺绍介者合流，陀思妥夫斯基、都介涅夫、契诃夫、托尔斯泰之名，渐渐出现于文字上，并且陆续翻译了他们的一些作品，

---

① 《鲁迅全集》第 4 卷，人民文学出版社 1981 年版，第 459—460 页。鲁迅提到的《被压迫民族文学号》，应为《被损害民族的文学号》，见 1921 年第 12 卷第 10 期的《小说月报》。

那时组织的介绍"被压迫民族文学"的是上海的文学研究会，也将他们算作为被压迫者而呼号的作家的。①

仅从鲁迅所写的这两段文字中，我们就可以看出，远从19世纪末和20世纪初，以普希金、果戈理、屠格涅夫、奥斯特罗夫斯基、陀思妥耶夫斯基、托尔斯泰、契诃夫、高尔基这些卓越的作家为代表的先进的俄国文学，就同中国的文艺介绍工作者和广大的读者发生了关系。由于俄国的文学作品大量地介绍到中国来，从而对中国新文学的诞生和成长都产生了很深的影响。

二

俄国文学受到中国的文学工作者和广大的读者的普遍热爱，并不是偶然的。这首先是由于俄国文学是种倡导"为人生而艺术"的现实主义的文学，是种具有高度思想性、艺术性和教育意义的文学。苏联伟大作家高尔基在他未完成的《俄国文学史》手稿的序言中讲得非常好：

俄国文学特别富有教育意义，就其广阔面而论更特别重要——没有一个问题是它所不曾提出和不曾企图去解答的。这主要是一种提问题的文学，它提问道：

怎么办呢？

哪里更好些呢？

谁的罪过呢？

我们的文学可以适当地分为两条路线——一条是因为社会的必要性而宣传民主主义的贵族文学，另一条也是因为社会的必要性而宣传社会主义的平民知识分子的民主文学。

---

① 《鲁迅全集》第4卷，人民文学出版社1981年版，第432页。

　　然而，无论是这一条或是另一条路线，对于我们都是同样有历史价值的，因为它给予我们以最丰富的材料，好去判断俄国思想的道路，各个不同社会集团的任务，而且最主要的一点，就是使得我们相信：任何一个集团，要是没有广大的民主主义的群众的参加，便显得完全无力，完全没有可能去解决它本身的任务。①

　　高尔基对于俄国文学的这几段论述，是具有高度概括性的。所说"问题的文学"，在19世纪的俄国文学史上占有很重要的地位。差不多所有作家的重要作品都提出了他们要解答的问题。如车尔尼雪夫斯基在彼得保罗要塞囚禁期间写成了副标题为"新人的小说"的长篇小说《怎么办？》（1862—1863）。如涅克拉索夫花了13年的工夫完成描写俄国农民寻求幸福与真理的长诗《谁在俄罗斯能过好日子》（1863—1876）。如赫尔岑在流放中写成关于家庭悲剧的长篇小说《谁的罪过？》（1846—1847）；他在这部小说的结尾时说："任凭读者去解决：谁的罪过？"至于在俄国文学中，从普希金起就创造出了不少"多余的人"的形象，如普希金的长诗《叶甫盖尼·奥涅金》中的奥涅金，莱蒙托夫的小说《当代英雄》中的毕巧林，屠格涅夫的小说《罗亭》中的罗亭和《贵族之家》中的拉夫列茨基，一直到冈察洛夫的奥勃洛摩夫。继之而起的是"新人"的出现，如屠格涅夫先后在小说《前夜》和《父与子》中创造出了叶琳娜和巴扎洛夫的形象；如奥斯特罗夫斯基在剧本《大雷雨》中创造出的卡杰林娜，被视为是"黑暗王国"的一线光明；如托尔斯泰在小说《复活》中创造出了革命家西蒙生等人的形象；但只有在高

────────────

　　①　《高尔基文献》第1卷，苏联国家文学出版社1939年版，第4—5页。此书有缪灵珠的译本，1956年由上海新文艺出版社出版。

尔基的小说《母亲》中才出现了真正的革命家巴威尔。所有这一切，都从各个不同的角度，显示出了作为"问题的文学"的俄国文学的特色。

高尔基提到的俄国文学的两条路线，这就使我们联想起列宁对俄国解放运动三个主要阶段的论述。"这三个阶段就是：（1）贵族时期，大约从 1825 年到 1861 年；（2）平民知识分子或资产阶级民主主义时期，大 0 致上从 1861 年到 1895 年；（3）无产阶级时期，从 1895 年到现在。"① 列宁在《纪念赫尔岑》一文中又曾这样写道：

> 我们纪念赫尔岑时，清楚地看到先后在俄国革命中活动的三代人物、三个阶级。起初是贵族和地主，十二月党人和赫尔岑。这些革命者的圈子是狭小的。他们同人民的距离非常远，但是，他们的事业并没有落空。十二月党人唤醒了赫尔岑。赫尔岑展开了革命鼓动。

> 响应、扩大、巩固和加强了这种革命鼓动的，是平民知识分子革命家，从车尔尼雪夫斯基到"民意党"的英雄。战士的圈子扩大了，他们同人民的联系密切起来了。赫尔岑称他们是"未来风暴中的年轻舵手"，但是，这还不是风暴本身。

> 风暴是群众自身的运动。无产阶级这个唯一彻底革命的阶级，起来领导群众，并且第一次唤起了千百万农民进行公开的革命斗争。第一次风暴是在 1905 年。第二次风暴正在我们跟前开始增长。②

19 世纪的俄国文学，同俄国解放的三个阶段和三个阶级正

---

① 《列宁全集》第 20 卷，人民出版社 1959 年版，第 240 页。
② 《列宁全集》第 18 卷，人民出版社 1959 年版，第 15 页。

是相适应的，而且每个时期都出现了相应的作家和诗人：从十二月党人诗人、普希金、莱蒙托夫、果戈理、赫尔岑，经过别林斯基、车尔尼雪夫斯基、屠格涅夫、冈察洛夫、涅克拉索夫、奥斯特罗夫斯基、陀思妥耶夫斯基、萨尔蒂科夫—谢德林、托尔斯泰、契诃夫，直到高尔基……他们的生活和创作组成了19世纪俄国文学的光辉的历史。

在这里应该提到的，就是伟大的革命导师们都热爱俄国文学。马克思在50岁时才开始学习俄语，他怀着很大的兴趣阅读普希金、果戈理、车尔尼雪夫斯基和谢德林等人的著作。恩格斯曾把普希金的《叶甫盖尼·奥涅金》的个别章节译成德文。列宁从青少年时代起就读过大量俄国古典作家的作品，据列宁夫人克鲁普斯卡娅的回忆说："他最喜欢普希金"，他也喜欢车尔尼雪夫斯基的小说《怎么办？》。列宁对托尔斯泰的著作和思想也很有研究，他曾写过六七篇专论托尔斯泰的文章。列宁和高尔基之间有深厚的友谊，他对于高尔基的论述和他们相互间的通信，成为研究他们友谊的重要文献。

三

俄国文学作品最早在什么时候被介绍到中国来的呢？据我多年来的研究和发现，最早就当推1903年上海大宣书局出版的戢翼翚根据日文重译的普希馨原著《俄国情史·斯密士玛利传》，一名《花心蝶梦录》。但最初由于找不到这个译本，因此无法从译名上来断定它是本什么书；直到后来发现这本书之后，才知道这就是普希金的著名小说《上尉的女儿》。我国最早翻译介绍俄国文学作品，是从普希金的名著开始的，这虽然是个巧合，但却是一件具有深刻意义的事。

　　继此以后，1907 年上海商务印书馆出版了吴梼从日文转译的莱门忒甫（莱蒙托夫）的《银钮碑》（即《当代英雄》的第一部《贝拉》）和溪崖霍夫（契诃夫）的《黑衣教士》。香港的礼贤会出版了德国叶道胜牧师翻译的《托氏宗教小说》，其中选译了列夫·托尔斯泰的 12 篇宗教题材的民间故事。同年的《东方杂志》第一至第四期上连载了吴梼翻译的戈厉机（高尔基）的小说《忧患余生·原名〈犹太人之浮生〉》（即《该隐和阿尔乔姆》）。就在同一年，鲁迅用令飞的笔名写了《摩罗诗力说》（于 1908 年发表在《河南》月刊上），其中介绍了普式庚（普希金）、来尔孟多夫（莱蒙托夫）和鄂戈理（果戈理）等三位俄国作家。这可说是我国最早评介俄国文学的论文。1908 年商务印书馆出版了 A. K. 托尔斯泰的历史小说《俄王义文第四专政史：不测之威》（即《谢列布良尼大公》）。1909 年《小说时报》上发表了天笑生翻译的奇霍夫（契诃夫）的小说《六号室》（即《第六病房》）。同年周树人（鲁迅）和周作人编译的两本《域外小说集》在日本东京出版，其中译有迦尔洵的《邂逅》和《四日》，契诃夫的《戚施》（即《在庄园里》）和《塞外》（即《在流放中》），安特来夫的《谩》和《默》等小说。迦尔洵的《四日》和安特来夫的两个短篇，俱出自鲁迅之手。

　　到了 1911 年辛亥革命以后，1913 年上海中华书局出版了马君武翻译的托尔斯泰的名著《心狱》（即《复活》）。1915 年商务印书馆出版了三本托尔斯泰的作品，即林纾和陈家麟合译的《罗刹因果录》（其中收了托尔斯泰八篇宗教题材的民间故事）、雪生翻译的《雪花围》（即《主与仆》）、朱东润翻译的《骠骑父子》（即《两个骠骑兵》）。同年在中华书局出版的《中华小说界》上发表了刘半农翻译的屠格涅夫的四篇散文诗：《乞食之兄》（即《乞丐》）、《地胡吞我之妻》（即《玛莎》）、《可畏哉愚夫》（即《愚人》）和《鳌妇与菜汁》（即《菜汤》）；《青年杂志》（即《新青年》的前身）第一卷第一至第四号上连载了陈嘏翻译的屠格涅夫的小说《春潮》。1916 年《小说海》杂志上发表了刘半农翻译的高尔基的《廿六人》（发表时未署原作者的姓名，实即高尔基的《二十六男和一女》的前半部）。《新青年》上又连载了陈嘏翻译的屠格涅夫的另一篇小说《初恋》。《小说名画大观》上发表了马君武翻译的托尔斯泰的《绿城醉客》（即《卢塞恩城》）。同年中华书局还出版了陈家麟和陈大镫合译的《风俗闲评》上下两册，其中收了契诃夫的 23 篇短篇小说。1917 年商务印书馆出版了林纾和陈宗麟合译的托尔斯泰的《社会声影录》，其中收了《尼里多福亲王重农务》（即《一个地主的早晨》）和《刁冰伯爵》（即《两个骠骑兵》）两篇小说。《小说月报》上发表了他们两人合译的托尔斯泰的小说《人鬼关头》（即《伊凡·伊里奇之死》），中华书局出版了陈家麟和陈大镫合译的托尔斯泰的《婀娜小史》（即《安娜·卡列尼娜》）和朱世凑翻译的《克利米亚战血录》（即《塞伐斯托波尔的故事》）。在周瘦鹃编译的《欧美名家短篇小说丛刊》的“俄罗斯之部”中，翻译了杜瑾纳夫（屠格涅夫）的《死》，托尔斯泰的《宁人负我》（即《上帝知道真情，但不立即讲出来》），高甘（高尔基）的《大义》（即《意大利童话》中的第十一篇童话）和盎崛利夫（安特列夫）的《红笑》。1918 年商务印书馆出版了林纾和陈家麟合译的托尔斯泰的《现身说法》（即《幼年·少年·青年》）。《新青年》上先后发表了周作人翻译的托尔斯泰、梭罗古勃、库普林和安特列夫等人的短篇小说，后收入北京大学出版部在 1920 年印行的《点滴》小说集上下两册中。1919 年商务印书馆出版了林纾和陈家麟合译的托尔斯泰的《恨缕情丝》，其中收了《波子西佛杀妻》（即《克莱采奏鸣曲》）和《马莎自述生平》（即《家庭幸福》）。此外，林纾和陈家麟还合译过托尔斯泰的《球房纪事》（即《台球记数人的手记》）、《乐师雅路白忒遗事》（即《阿尔贝特》）和《高加索之囚》，都先后发表在1920年的《小说月报》上。从我国自民国初年直到五四运动之前介绍俄国文学作品的情形来看，当时我们已翻译了普希金、莱蒙托夫、屠格涅夫、列夫·托尔斯泰、契诃夫、高尔基、迦尔洵、安特来夫等十几位俄国名作家的作品约80种以上，其中托尔斯泰即将近30种。这些作品虽然多半是根据日文和英文转译，而且又是用文言文翻译的，但无论从总的数量上来说，还是从选译的作家和作品的代表性来说，在"五四"以前介绍外国文学的工作方面，不能不说是一个非常突出的现象。

四

我国的五四运动是在伟大的十月社会主义革命的影响之下发生的，我国当时的先进分子都曾热烈地欢迎了十月革命。早期的马克思主义者李大钊在1918年为《新青年》写的《庶民的胜利》中说："1917年的俄国革命，是20世纪中世界革命的先声"；在《Bolshevism（布尔什维主义）的胜利》一文中又指出："Bolshevism的胜利，就是20世纪世界人类人人心中共同觉悟的新精神的胜利！"鲁迅曾说过，他从十月革命中看到了"新世纪的曙光"。郭沫若也曾说过："应该感谢十月革命。它唤起了当年的青年，我也是其中的一个，对于新社会产生了作进一步了解的要求。"

随着十月革命一声炮响，不仅给我们送来了马克思列宁主义，同时也让我们对俄国文学有了新的认识，并为我们翻译介绍俄国文学和稍后新兴的苏联文学作品指出了新的方向。在五四运动的第二年即 1920 年，北京的新中国杂志社就出版了《俄罗斯名家短篇小说》（第一集），集前印有瞿秋白和郑振铎两人写的序文，小说集中收有普希金的《驿站监察史》和《雪媒》（即《暴风雪》），果戈理的《马车》、赫尔岑的《鹊贼》、屠格涅夫的《九封书》（即《浮士德》）等 9 篇小说。接着，1921 年 10 月《小说月报》又出版了《俄国文学研究》号外，其中发表了由鲁迅、沈雁冰、郑振铎、耿济之等许多人撰写的 20 篇论文，上起普希金、下迄高尔基为止的小说作品 27 篇。此外还初次翻译了赤色诗歌《第三国际党的颂歌》（即《国际歌》）。

随着共学社和文学研究会的成立，俄国文学的译本相继大量涌现，而且不少作品都是从俄文直译的。共学社在 1921 年到 1923 年专门编译了一套《俄罗斯文学丛书》，在散文作品方面，就有普希金的《甲必丹之女》（安寿颐译），屠格涅夫的《前夜》（沈颖译）和《父与子》（耿济之译），托尔斯泰的《复活》（耿济之译）和《托尔斯泰短篇小说集》（耿济之、瞿秋白合译），柴霍甫（契诃夫）的《短篇小说集》（耿济之、耿勉之合译）。在戏剧作品方面，1921 年就专编有一套《俄国戏曲集》，其中译有果戈理的《巡按》（贺启明译），奥斯特罗夫斯基的《大雷雨》（耿济之译），屠格涅夫的《村中之月》（耿济之译），托尔斯泰的《黑暗之势力》（耿济之译）和《教育之果》（沈颖译），契诃夫的《海鸥》（郑振铎译）、《伊凡诺夫》、《万尼亚叔父》和《樱桃园》（耿式之译）。此外，共学社在 1922 年还出版了托尔斯泰的《黑暗之光》（邓演存译）和《活尸》（文范邨译）、奥斯特罗夫斯基的《贫非罪》（郑振铎译）和《罪与愁》（柯一岑译）以及安特列夫的《比利时的悲哀》（沈琳译）等剧本。文学研究会的丛书中，在 1922 年出版了安特列夫的《小人物的忏悔》（耿式之译），1923 年出版了安特列夫的《人之一生》（耿济之译）和《狗的跳舞》（张闻天译），1926 年出版了柯罗连科的《盲乐师》（张亚权译）等作品。

继此之后出版的俄国文学作品，在 1924 年有上海亚东图书馆出版的《普希金小说集》（赵诚之译），1925 年又出版了《俄罗斯名著》第一集（李秉之译），其中译有克雷洛夫、莱蒙托夫、屠格涅夫、托尔斯泰、契诃夫、柯罗连科等人的作品 12 篇。1926 年北京未名书店出版了果戈理的《外套》（韦漱园译）和陀思妥耶夫斯基的《穷人》（韦丛芜译），鲁迅还专为《穷人》写了《小引》印在书前。

就在这个时期，随着翻译介绍俄国文学作品工作的开展，也开始了研究工作。沈雁冰（茅盾）早在 1920 年写的《俄国近代文学丛论》中，就提出了俄国文学的社会意义，他说：

> 俄国近代文学都是有社会思想和社会革命观点……俄人视文学又较他国人为重，他们以为文学这东西，……不但要表现人生，而且要有用于人生。[1]

因此他就提出了一个要翻译介绍的书目，其中即有果戈理的《死魂灵》、屠格涅夫的《猎人笔记》、《父与子》和《处女地》，陀思妥耶夫斯基的《罪与罚》和《白痴》，托尔斯泰的《战争与和平》，契诃夫的戏剧作品以及高尔基的小说等。

瞿秋白也指出：

> 俄罗斯文学的研究在中国却已似极一时之盛。何以故呢？最主要的原因，就是：俄国布尔什维克的赤色革命在政治上、经济上、社会上生出很大的变动，掀天动地，使全世界的思想都受他的影响。大家要追溯他的远因，考察他的文化，所以不知不觉全世界的视线都集于俄国，都集于俄国的

---

[1]　见《小说月报》，1920 年 2 月第 11 卷第 2 号，《编辑余谈》第 1—2 页。

文学。而在中国这样黑暗的社会里，人都想在生活的现状里开辟一条新路，听着俄国旧社会崩裂的声音，真是空谷足音，不由你不动心。因此大家都要来讨论俄国，于是俄国文学就成了中国文学家的目标。①

这时除在报刊杂志上发表了大量的论文外，也出版了不少专著。如1924年商务印书馆出版了郑振铎编著的《俄国文学史略》，1927年泰东图书局出版了瞿秋白和蒋光慈两人合写的《俄罗斯文学》。此外还出版了一些从英文翻译的俄国文学史，即如1931年出版的克鲁泡特金的《俄国文学史》（原名《俄国文学：理想与现实》）和1933年出版的贝灵的《俄罗斯文学》等。

在这里还应该指出的，就是我国杰出的作家如鲁迅、郭沫若、茅盾、郑振铎、巴金等，他们不仅是俄国文学的热烈爱好者和宣传者，而且是积极的翻译和介绍者。他们都翻译过不少有代表性的俄国文学作品，一直到现在还被人阅读着。

五

继俄国文学之后，随着中国左翼文学运动的发展和高涨，苏联的革命文学作品也不断被介绍过来，而且对中国的革命文学产生了很大的影响。早在1928年，上海民智书局就出版了宋桂煌翻译的《高尔基小说集》；1929年上海大江书铺出版了沈端先（夏衍）翻译的高尔基的《母亲》；1931年三闲书屋出版了曹靖华翻译的绥拉菲莫维奇的《铁流》；1931至1932年间又出版了鲁迅翻译的法捷耶夫的《毁灭》和两本苏联短篇小说集：《竖琴》和《一天的工作》。为了介绍苏联初期的革命

①　见《瞿秋白文集》第2卷，人民文学出版社1954年版，第543—544页。

文艺作品，鲁迅亲自编了一套《现代文学丛书》；为了建设中国的革命文艺理论，鲁迅又主编了一套《科学的艺术论丛书》，并亲自翻译了普列汉诺夫的《艺术论》和卢那察尔斯基的《艺术论》。在他去世的前一年，他还翻译出版了果戈理的名著《死魂灵》。为了给左翼的文艺运动提供理论武器，瞿秋白也翻译了不少马列主义文艺理论的文字，如恩格斯的论现实主义，列宁的论托尔斯泰，高尔基的政论文章等，后曾由鲁迅编辑成为《海上述林》出版。

瞿秋白曾在1931年12月5日写给鲁迅的一封"论翻译"的信中，谈到了继俄国文学之后翻译介绍苏联革命文学的重要性：

> 翻译世界无产阶级革命文学的名著，并且有系统地介绍给中国读者（尤其是苏联文学的名著，因为它们能把伟大的"十月"，国内战争，五年计划的"英雄"，经过具体的形象，经过艺术的照耀而贡献给读者），——这是中国普罗文学者的重要任务之一。……可是，谁能够说：这是私人的事情？！谁？！《毁灭》、《铁流》等等的出版，应当成为一切中国革命文学家的责任，每一个革命的文学战线上的战士，每一个革命的读者，应当庆祝这一个胜利，虽然这还只是小小的胜利。[①]

尽管在国民党的反动统治和白色恐怖的情况下，俄国文学和苏联文学的作品始终受到广大读者欢迎。30年代初，在鲁迅创办的《译文》杂志和郑振铎主编的《世界文库》上，都翻译介绍了俄国和苏联的文学作品。当1937年俄国伟大诗人普希金逝世百年祭时，上海举行了盛大的社会活动，商务印书馆出版了

---

① 见《瞿秋白文集》第2卷，1954年版，第917页。

《普式庚逝世百周年纪念集》，各出版社也出版了多种普希金著作的译本。高尔基的文学作品，从 30 年代初就被大量地介绍过来，他的戏剧作品也被搬上了中国的舞台。从 1936 年他逝世之年起，差不多全国各地每年都要举行纪念他的活动。茅盾在《高尔基和中国文学》一文里曾说过："高尔基对于中国文坛影响之大，只要举出一点就可以明白：外国作家的作品译成中文，其数量之多，且往往一书有两三种译本，没有第二个人是超过了高尔基的。"①

　　1937 年抗日战争开始后，在国民党统治地区，无论是重庆、桂林或昆明；在延安和解放区，甚至在被称为"孤岛"的沦陷区的上海，翻译介绍俄国和苏联文学的工作也从未停止过，就正是在抗日战争的年代里，在俄国文学方面出版了《屠克涅夫选集》，冈察洛夫的《奥勃洛摩夫》和托尔斯泰的《战争与和平》等名著；曹靖华在重庆主编了《苏联文学丛书》，上海时代出版社编辑出版了《苏联文艺》杂志。抗战胜利后，时代出版社出版了戈宝权编辑的《普希金文集》、《俄国大戏剧家奥斯特罗夫斯基研究》和《高尔基研究年刊》等书。

　　1949 年中华人民共和国成立，在翻译工作者的面前展开了一片广阔的天地，并提出了新的更重大的任务。1954 年召开了全国文学翻译工作会议，郭沫若、茅盾、周扬等人都在会上作了重要的讲话，指出了大力开展翻译介绍外国文学工作的重要性。在外国文学当中，俄国和苏联文学作品的介绍，始终占有很重要的地位。在俄国古代文学中出版了《伊戈尔远征记》，在苏联各民族的古代文学中，出版了格鲁吉亚大诗人卢斯达维里的史诗

---

① 见戈宝权编《高尔基研究》第 20 期（即《时代月刊》第 6 年第 23 期），第 10 页。

《虎皮骑士》和亚美尼亚的史诗《沙逊的大卫》。在俄国古典文学中，普希金、莱蒙托大、果戈理、屠格涅夫、冈察洛夫、陀思妥耶夫斯基、奥斯特罗夫斯基、托尔斯泰、萨尔蒂科夫—谢德林、契诃夫等人的作品，被印成多种的单行本和选集的形式出版，种类之多，真是不胜枚举。俄国革命民主主义批评家的论著，也初次被翻译出版了，其中即有《别林斯基文集》、《车尔尼雪夫斯基论文学》和《杜勃罗留波夫选集》等。苏联现当代作家的作品更是大量涌现，其中就有《高尔基选集》、《马雅可夫斯基选集》等。

近年来，全国各地的出版社纷纷出版俄国文学和苏联文学的作品，如拉季谢夫的《从彼得堡到莫斯科的旅行》、赫尔岑的《往事与随想》、冈察洛夫的《巴拉达号三桅战船》、契诃夫的《萨哈林岛游记》等书，都是初次被译成中文，普希金的诗歌、小说和戏剧作品出现了多种不同的新的译文，仅他的长诗《叶甫盖尼·奥涅金》就有了 3 种不同的译本，人民文学出版社还在准备出版他的七卷集。屠格涅夫、陀思妥耶夫斯基、托尔斯泰和契诃夫等人的作品，都出了新的译本，如上海译文出版社就出版了草婴翻译的托尔斯泰的《安娜·卡列尼娜》和《复活》，荣如德等译的陀思妥耶夫斯基的《中短篇小说集》和汝龙译的十二卷本的《契诃夫文集》。北京的人民文学出版社正在出版新编译的二十卷本的《高尔基文集》。

翻译介绍俄国和苏联文学的期刊，除综合性的外国文学刊物外，还出版了几种专业性的刊物，如北京的《苏联文学》和《当代苏联文艺》、武汉的《俄苏文学》等。研究机构方面，在中国外国文学学会的领导之下成立有苏联文学研究会，近几年来先后已召开过马雅可夫斯基、托尔斯泰、高尔基、屠格涅夫的学术讨论会和有关苏联现当代文学的讨论会，而且都出版了专门的论文集。

从上面这些综合的介绍，我们就可以看出俄国文学和苏联文学在中国翻译与研究的情况。

六

多年来在翻译和研究俄国与苏联文学的过程中，我曾发现不少俄国作家对中国和中国人民都深感兴趣，他们想到中国来访问；其中有个别到过中国的作家，都在他们作品中论述了他们的中国之行；有个别作家还同中国人有过通信关系。我曾写过一系列的文章①，介绍了这些俄国作家和中国的关系。

普希金是最早对中国感到兴趣的人。在他以前的俄国作家中，如诗人苏马罗科夫，从德文翻译了《中国悲剧〈孤儿〉的独白》；著名诗人杰尔查文写过关于中国的诗章；喜剧作家冯维辛从德文翻译过《大学》；革命作家拉季谢夫在 1793 年写成了有名的《论中国通商》的论文……所有这些普希金的前辈们写成的或是翻译的作品，很可能都是普希金熟悉和阅读过的。

普希金在皇村中学读书时，就见到了皇村中的各种中国式的建筑物；因此写成了《凉亭题诗》；还在长诗《卢斯兰和柳德米拉》中讲到了柳德米拉在妖巫的花园里听到"中国的夜莺在歌唱"，他被放逐到南俄时，对中国的兴趣更为增长，我们从他在 1823 年写的长诗《叶甫盖尼·奥涅金》的第一章的手稿中发现，他在讲到奥涅金所受的教育时，提到了"中国的圣人孔夫子"。

----

① 主要的文章有《普希金和中国》，见《文学评论》1959 年第 4 期；《冈察洛夫和中国》，见《文学评论》1962 年第 4 期；《托尔斯泰和中国》，见 1982 年上海译文出版社出版的《托尔斯泰研究论文集》；《契诃夫和中国》，见《文学评论》1960 年第 1 期；《高尔基和中国》，见《文学研究》1958 年第 2 期。

及至普希金在彼得堡同著名的中国学者雅金夫·比丘林相识后，他们经常有交往。比丘林曾在 1828 年和 1829 年把自己翻译的书，其中包括《三字经》送给普希金。1829 年普希金开始有了访问中国的念头，他在诗中曾写道："我们一同走吧，我准备好啦；朋友们，无论你们去到哪儿，……哪怕是去到遥远的中国的万里长城边。"1830 年 1 月 7 日，他写信给当时的宪兵总督本肯多夫将军，信中说："目前我还没有结婚，也没有参加官职，我很想能到法国或者意大利去旅行。假如这个请求得不到许可，那么我请求允许我随同到中国去的使团一同访问中国。"过了 10 天，本肯多夫复了普希金一封信，其中说："皇帝陛下不能同意允许他到国外去的请求……至于他想随同我们的使团到中国去，现在已经不能实现，因为使团中的官员已经指定，并且不通知中国的宫廷也不可能重新调换人员。"普希金访问中国的念头，从此就终于成为泡影。本肯多夫的信中所答复的话，只不过是一个冠冕堂皇的借口，因为普希金当时正被俘于宫廷，沙皇当局不仅不会同意他访问中国，同时也断绝了他出国到其他国家访问的所有道路。普希金在他的一生当中，远从皇村中学时代起，直到他后期从事撰写历史著作为止，他对于中国的兴趣总不断地在增长，我们从他的一份藏书登记表中，可以看到有关中国的书共有82 种；而且他当时对于中国的见解远超过他的同时代人之上。

　　在 19 世纪的俄国作家中，最早访问过中国的，就是《奥勃洛莫夫》的作者冈察洛夫。当 1852 年秋天，俄国海军上将普嘉京率领俄国舰队作环球旅行时，他要聘请一位秘书，并且指明"这个人的俄文要写得很好，而且是位文学家"。于是诗人马伊科夫就推荐冈察洛夫去担任这项工作，冈察洛夫当即高兴地接受了。他在 1852 年 10 月 7 日乘上"帕拉达"三桅巡洋舰，离开了彼得堡的喀琅施塔特军港，经过大西洋，绕过好望角，横越印度洋，在 1853 年 6 月 14 日到了香港，11 月 14 日到了长江口处的马鞍群岛（即嵊泗群岛），11 月 22 日来到上海，在上海停留了 20 天左右。

冈察洛夫来到我国时，正值第一次鸦片战争（1840 至 1842 年）和第二次鸦片战争（1857 至 1860 年）之间的时期，他亲眼目睹了英帝国主义者利用在第一次鸦片战争中所取得的胜利对中国所进行的侵略和压迫，冈察洛夫曾说："英国人对待中国人，还有对待其他人民……是种命令式的、粗暴的或者是冷酷而又鄙视的态度，令人看着就痛心。他们不承认这些人民是人，而是供人驱使的某种牲畜。"因此冈察洛夫愤慨地说："我不知道，在他们当中，谁能使谁变得文明？不是中国人用自己的礼貌、谦逊和善于经商的本领来使英国人变得文明吗？"

冈察洛夫在上海停留期间，走遍了这个新开辟的商埠，他游览过外滩、苏州河北岸、洋泾浜和跑马厅一带；他走过大街小巷，到过中国市场；访问过中国商店、饭馆、手艺人的作坊；他还到过近郊的农村，举凡中国人的生活细节和风俗习惯，都引起他极大的兴趣，通过在上海的访问和观察，他对中国人得出了这样一个印象："中国人民是生气勃勃的和富有精力的人民；你差不多看不见一个不干活儿的人。……他们是那样和蔼的、谦虚的、非常清洁的。"

冈察洛夫在上海访问时，就在这年三月太平军定都南京，九月间上海小刀会首领刘丽川起义占领上海县城，响应太平天国。冈察洛夫到达上海的这一天正好是小刀会的起义军和官军进行激战的时候，他不可能不注意这一重大的事件，并且在自己的日记中把它记载下来。他在 11 月 23 日的日记中写道："在中国爆发了动乱。……位于扬子江上游的南京，现在是起义军的主要据点。……上海县城关闭着，不能进去；起义军不放人进城。他们在和官兵作战。"冈察洛夫写的游记中有关上海的旅游的记录，至今仍然是研究上海当时情况的有价值的文献。冈察洛夫结束了上海的访问之后，曾这样写道："据说，很多的地方，只有当你们后来回想起来的时候，它们才是美丽的。上海就正是属于这些地方之列的，只有当你离开以后，才会觉得它的美丽。"

在俄国作家当中，对中国的文化、历史、哲学作过深刻研究的，就当推托尔斯泰了。从大量的史料中，我们知道托尔斯泰在他的一生当中，不仅重视中国悠久的文化和历史，钻研过中国古代的哲学思想，他还对遭受帝国主义侵略与压迫的中国人民表示过深厚的同情。托尔斯泰在19世纪70、80年代思想和生活上发生了一场"激变"以后，这时他同他所属的俄国地主阶级的传统观念决裂，而想从耶稣基督的教义、东方的古代哲学、特别是从我国的老子和孔子等人的学说中去寻找生活的真理，企图以此来建立自己的新生活。他曾通过英、法、德等国文学的著作，来研究中国的情况和中国的哲学，据统计他当时阅读过的有关中国的专著和译本就有32种之多。当1891年10月彼得堡出版家列杰尔列询问他，世界上哪些作家和思想家对他的影响最深，他答复说孔子和孟子"很大"，老子则是"巨大"。

托尔斯泰不仅研究中国的哲学著作，而且还亲自从事翻译和撰述的工作。他翻译过老子的《道德经》，写过《论老子学说的真髓》一文，托尔斯泰非常欣赏老子的"道"和"无为"的思想，后来就把它发展成为"不用暴力抵抗邪恶"的理论，主张用"无为"来对待一切事物。他研究了孔子，写成了《论孔子的著作》和《论〈大学〉》等文；1910年还审阅了布朗热编写的《孔子·生平及其学说》及《中国哲学家墨翟·论兼爱的学说》两书。

托尔斯泰一生当中，曾多次想同中国人通信和接触，但直到

1905 年和 1906 年，当他已是 77 到 78 岁的高龄，距离他逝世只有 4 年的时候，他才初次同两个中国人通信：一个是我们很少知道的在彼得堡的中国留学生张庆桐（1872—?），另一个则是著名的学者辜鸿铭（1857—1928）。在这些信里，托尔斯泰表示了他对中国人民的热爱和尊敬。如他在 1905 年 12 月 4 日致张庆桐的信中就说："在我整个长远的一生中，我曾经有好几次同日本人见过面，但从没有一次同中国人见过面，也没有发生过关系，而这正是我一向非常想望的。……我对于中国人民经常怀有深厚的尊敬，很大的程度上由于可怕的日俄战争的种种事件而更为加强了。"托尔斯泰在致辜鸿铭的信（题名为《致一个中国人的信》）中也写过类似的话。托尔斯泰 1910 年 4 月在他逝世之前半年还讲过这样一句话："假如我还年轻的话，那我一定要到中国去。"

有关托尔斯泰和中国关系的史料，是非常丰富的。但在这里必须指出，作为一个伟大的作家和思想家的托尔斯泰，他对于中国很感兴趣，对中国人民所受的压迫和灾难深表同情，甚至预言了中国人民将会"起着巨大的作用"；但在另一方面，作为一个说教者的托尔斯泰，由于他当时思想观点的局限，使得他不可能真正地理解中国和中国人民所应该走的道路。相反的，他从老子的哲学中吸取了"无为"的学说，甚至得出了中国人民应该遵循自己固有的民族方式生活，而不应该追求科学文明走西方所走的道路的结论。列宁曾经严厉地批判了托尔斯泰的思想的矛盾和反动性，指出"托尔斯泰的学说无疑是空想的，就其内容来说是反动的"。因此我们只有用列宁的观点，才能正确地评价托尔斯泰和中国的关系。

契诃夫是继冈察洛夫之后到过中国的另一位俄国作家。当他在 1890 年 5—6 月间横跨过西伯利亚到萨哈连岛（库页岛）去调查流刑犯和苦役犯的生活时，途中曾经过黑龙江，到过中国的瑷珲城，沿途还结识了不少中国人。当他在黑龙江上航行时，他曾在6月26日写信给《新时代》报的出版人苏沃林："你好，我亲爱的朋友，黑龙江是一条非常美丽的河流；我从它那里所得到的印象，要比我所能期待的还更多……我热爱黑龙江；真想在这儿住上个两年。既美丽，又辽阔；既自由，又和暖。瑞士和法国是从不知道这种自由的。最后的一名流刑犯，在黑龙江上要比起最先的一位俄国将军呼吸得更加轻快。假如你在这儿住上一些时候，你一定会写出非常好的东西。"就在第二天，他游览了在布拉戈维申斯克对岸的我国城市瑷珲城。他在6月29日写给他的妹妹玛丽亚·契诃娃的信中说："27日我逛了中国的瑷珲城。"契诃夫在这次旅途中，他见到和接触到过不少中国人，他告诉他的妹妹："看见了中国人。这是良善的和相当聪明的人民。"他本来还想在访问萨哈连岛之后，再访问日本和中国，并想到上海、汉口等地一游，但由于这时远东一带正好流行霍乱症，因此未能实现，否则我们从他的作品和书信当中，一定会发现不少有关中国和中国人民生活的记载的。

　　在这里还可以提到的，就是从1900年的5月起，我国义和团的反帝斗争开始并且日益扩大，这一运动不可能不引起契诃夫，同时也引起高尔基的关心。我们从这年7月9日高尔基写给契诃夫的信中，知道他们都很想访问中国。如高尔基写道："亲爱的安东·巴甫洛维奇！一同到中国去吗？……我非常想到那儿去，并且我打算向某家报纸自荐担任通讯记者的工作。"契诃夫在复信中说："你邀我到中国去旅行……无论怎样，到中国去是太迟了……要是到那儿去，我只能当一个医生。"也许在这以后，他们都因为写作忙，而且八国联军已经入侵天津和北京，镇压了义和团的英勇斗争，因此他们想访问中国的计划就未能实现。

　　作为一位伟大的革命作家，高尔基很早就关心中国和中国人民的革命斗争与生活。在我国辛亥革命的第二年，他曾在 10 月 12 日，从他在意大利养病的卡普里岛写了一封信给孙中山，对他表示了祝贺和敬佩，并请他为《现代人》杂志撰写文章。他在信中这样写道："尊敬的孙逸仙：我是一个俄国人，也正为着你所奋斗的那些同一思想的胜利而斗争；不管这些思想在什么地方取得胜利，——我和你都为它们的胜利而感到幸福。我祝贺你的工作的美满的成功，……我们，俄国人，希望争取到你们已经取得的胜利；我们，在精神上是弟兄，在志向上是同志，可是俄国的政府和它的奴才们，却迫使俄国人民站在仇视中国人民的立场上。"

　　高尔基对中国的关心，也是随着中国人民革命斗争事业的发展而进展的。当 1924 年我国第一次国内战争开始和革命进入新的高潮时，高尔基就把它称为中国人民的"最宏伟的事业"；当 1927 年进入第二次国内革命战争，并在江西建立了苏维埃政权的革命根据地时，高尔基在 1931 年写的《答复知识分子》的政论文章中，曾提到了这一重大历史事件。正当中国人民进行着第二次国内革命战争时，1931 年发生了"九一八"事件，1932 年初又爆发了日本侵华的"一二八"战争，这不能不引起高尔基的憎恨和愤慨，他 1932 年 3 月初在《消息报》上发表的《响应宋庆龄的呼吁》中，称这是日本帝国主义者施加于中国人民的"空前卑劣的暴行"，他号召全世界的无产阶级团结起来援助中国。

　　到了 1934 年 9 月 2 日，正当全苏作家代表大会闭幕的第二天，在莫斯科举行的中国革命作家晚会上，宣读了高尔基写的《致中国的革命作家们》的信。信中他首先说："亲爱的革命中国的作家同志们！今天的报纸上发表了有关中国红军的新的胜利的喜信。中国同志们！我代表苏联的文学界，庆贺你们获得新的胜利；我深信你们一定能够最后战胜敌人，谨对你们国家的无产者们的勇敢精神表示崇敬！"高尔基在信的结尾又写道："我们的武器，是语言；我们的责任，是尽可能在思想上更好地锻炼自己，把我们的语言磨炼得更加锋利，并且使它深入到全世界各国无产阶级的心灵中去，成为他们自己的语言。中国同志们，向你们致热烈的布尔什维克的敬礼！"高尔基写给中国革命作家的信，是他在1912年写给孙中山的信之后的又一个关于中国的重要文献，时隔50年，在今天读起来，它对于我们中国人民和中国作家依然是具有非常深刻的历史意义的。

综观以上所述，具有高度思想性和艺术性的俄国文学作品，远从五四运动时起被大量地介绍到我国来，它对我国现当代文学的发展和成长产生过、而且今后还将会产生很大的影响。鲁迅说得好："俄国文学是我们的导师和朋友。"这也正是我们今天还要阅读俄国作家的作品和研究俄国文学的原因！

1984年3—4月于北京

（这篇文章，原是应易漱泉、雷成德、王远泽等人编辑的《俄国文学史》之请而写的，印在1987年湖南文艺出版社出版的《俄国文学史》的卷首。）

法国文学在中国

　　在西欧各国的文学当中，法国的文学作品是最受到中国的文艺界和广大读者的欢迎与热爱的。同时，法国的文学作品也以它的革命、民主和自由的思想，人道主义的精神和现实主义的传统，给予了中国现当代的文学以很深的影响。

　　在将近一个世纪的时间内，无论是古老的法国民族史诗《罗兰之歌》和讽刺故事诗《列那狐的故事》，还是中世纪的骑士文学《特里斯丹与绮瑟》和《奥卡桑与尼科莱》；无论是文艺复兴时期拉伯雷的长篇小说《巨人传》，还是蒙田的耐人寻味的散文；无论是高乃依、莫里哀、拉辛、博马舍等人的戏剧作品，还是拉封丹的寓言和贝洛的童话故事；无论是伏尔泰的哲理小说和卢梭的自传《忏悔录》，还是普雷沃、圣·皮埃尔、夏多布里昂、拉马丁等人的感伤小说；无论是谢尼埃，还是贝朗瑞，直到鲍狄埃的革命诗歌；无论是司汤达和大仲马激动人心的小说，还是巴尔扎克、雨果、福楼拜、左拉等巨匠的长篇作品，或是梅里美、乔治桑、都德和莫泊桑等人的中短篇小说；在近当代作家当中，无论是波德莱尔和魏尔伦的诗歌，法朗士、罗曼·罗兰、巴尔塞、马丁·杜·加尔的小说，还是艾吕雅、加缪、阿拉贡、加玛拉、萨特等人的作品，差不多都先后有了中译，甚至同一种作品有好几种译本，在读者中间广泛地诵读和流传着。

我想在这里，概括地回顾一下法国文学作品被翻译和介绍到中国来的情况。

一

法国文学作品最早在什么时候被介绍到中国来的呢？根据现有的史料，这主要是 19 世纪末叶和 20 世纪初叶的事。

在 19 世纪末和 20 世纪初的翻译家当中，首先要提到严复和林纾的名字。严复（字几道，1853—1921）从 1895 年起先后翻译了西欧社会科学的名著，他译有英国赫胥黎的《天演论》（即《进化论与伦理学》），亚丹·斯密的《原富》（即《国富论》），在法国方面则译有孟德斯鸠的《法意》（即《论法的精神》，1900—1905）。他最初提出了翻译的"信、达、雅"的三个标准，对我国的翻译事业产生了重大的影响。

但在文学翻译方面，当推林纾（字琴南，1852—1924），他虽然不懂外文，但靠了朋友的口述，先后用文言翻译了将近 200 种外国文学名著。他在 1899 年翻译的小仲马的《巴黎茶花女遗事》，可能是我国翻译的最早的一部法国文学作品。据文学史家阿英（1900—1977）说："中译的法国名著，自以林纾译的小仲马《巴黎茶花女遗事》（1899）为最早，也最有名。域外小说引起中国读者的重视，这部小说很有作用。"《茶花女》一书当时不仅风行一时，而且对中国的小说发生了相当大的影响；甚至在日本由中国留学生组织的春柳剧社，也在 1907 年公演过《茶花女》。

除此之外，林纾还翻译过 20 多种法国文学作品，其中小仲马的有 4 种；大仲马的有 2 种，一种是《玉楼花劫》（即《红屋骑士》）。他还译过孟德斯鸠的《鱼雁抉微》（即《波斯人信札》）；巴尔扎克的短篇小说集《哀吹录》（其中包括《再会》、《耶稣显灵》、《红色旅馆》、《征发兵》4 个短篇）；雨果的《双雄义死录》（即《九十三年》）；圣·皮埃尔的《离恨天》（即《保尔和薇吉妮》）；洛蒂的《鱼海泪波》（即《冰岛渔夫》）等作品。

和他们同时代的翻译家当中，苏曼殊（1884—1918）节译了雨果的《悲惨世界》（1903）；曾朴（字孟朴，笔名东亚病夫，1872—1935）翻译了雨果的《吕伯兰》、《欧耶尼》、《吕克兰斯·鲍夏》等剧本。

<h2 style="text-align:center">二</h2>

法国文学作品大量地被介绍到中国来，是在 1919 年"五四"文学革命运动以后。作为以宣扬"为人生而文学"的文学研究会的主要刊物《小说月报》，就是翻译介绍法国文学的一个重要阵地。它先后的主编是中国名作家沈雁冰（即茅盾，1896—1981）和郑振铎（1898—1958）。沈雁冰在 1920 年 1 月写的《小说新潮栏宣言》中就号召要介绍法国文学作品，并且提出要翻译左拉的《崩溃》，莫泊桑的《一生》和《皮埃尔与若望》等小说。当郑振铎主编《小说月报》时，曾在 1924 年 4 月出版过一厚本《法国文学研究专号》，沈雁冰和郑振铎在卷前合写了《法国文学对于欧洲文学的影响》的长文。在这一期专号中，对整个法国文学的发展，对 19 世纪和近代的法国文学，对法国的浪漫主义、自然主义和现实主义以及法国的诗歌和戏剧，对巴尔扎克、圣佩韦、福楼拜、波德莱尔、罗曼·罗兰等作家，

都有专文介绍；还翻译了巴尔扎克、乔治桑、莫泊桑、法朗士、巴比塞等人的小说作品。此外，在各期的《小说月报》上，也经常发表有关法国文学的论文和翻译的作品：1922年出过法朗士研究特辑，1926年出过庆祝罗曼·罗兰诞辰60周年的特辑，并从1926年起，发表敬隐渔翻译的罗曼·罗兰的长篇小说《若望·克利司朵夫》的第一卷《黎明》和《若望·克利司朵夫向中国的弟兄们宣言》。

从20—30年代起，法国的不少文学作品被陆续翻译介绍到中国来。最初出版的多为短篇小说集，即如鲍文蔚译的《法国名家小说杰作集》，刘半农译的《法国短篇小说集》，庄建东译的《法国短篇小说集》，曾仲鸣译的《法国短篇小说集》，徐蔚南译的《法国名家小说选》，谢冠生等译的《近代法国小说集》，徐霞村译的《现代法国小说选》，戴望舒译的《法兰西近代短篇集》。等等。

在各出版社、各文学团体和学会的丛书中，也出版了不少法国文学作品。如前面提到的林纾的译本，多收在上海商务印书馆出版的《说部丛书》（1903—1924）和《林译小说丛书》（1914）中。又如商务印书馆出版的《文学研究会丛书》和《世界文学名著丛书》，中华书局出版的《少年中国学会丛书》，生活书店出版的由郑振铎主编的《世界文库》，都译有多种的法国文学作品。

在法国的传奇文学作品中，《奥卡桑与尼科莱》就出过3种译本，《特里斯丹与伊瑟》也有中译。此外，《亚伯拉与哀绿绮思的情书》也被译成中文。

至于各名家的作品译成中文的，现举出其重要的，有莫里哀的剧本《史嘉本的诡计》、《心病者》、《夫人学堂》、《悭吝人》、《恨世者》；有伏尔泰的《小说集》和《赣第德》；有卢梭的

《忏悔录》、《新哀绿绮思》和《爱弥儿》；有普雷沃的《曼郎·列斯戈》、《妇人书简》；有夏多布里昂的《少女之誓》（即《阿达拉》和《勒内》）；有司汤达的《小说集》、《红与黑》、《帕尔玛修道院》；有拉马丁的《葛莱齐拉》；有巴尔扎克的《小说集》、《欧贞尼·葛朗代》、《从妹贝德》；有大仲马的《侠隐记》（即《三个火枪手》）、《续侠隐记》（即《二十年后》）、《基督山恩仇记》；有小仲马的《茶花女》、剧本《金钱问题》、《半上流社会》；有雨果的《巴黎圣母院》、《悲惨世界》、《死囚之末日》；有梅里美的《嘉尔曼》、《高龙芭》；有乔治·桑的《小芳黛》；有戈蒂埃的《马班小姐》、《木乃伊恋史》；有波德莱尔的《散文诗》；有福楼拜的《马丹波娃利》、《萨朗波》；有都德的《小物件》、《达哈士孔的狒狒》、《磨坊文札》、《沙芙》、剧本《婀丽女郎》；有左拉的《小酒店》、《娜娜》；有法朗士的《友人之书》、《波纳尔之罪》、《红百合》、《黛丝》、《艺林外史》（原名《瘦猫馆》）、《白石上》；有莫泊桑的《一生》、《遗产》、《人心》、《笔尔和哲安》和多篇的短篇小说，其中仅李青崖个人翻译的，即在 10 集以上，译的短篇小说就在 100 多篇；有洛蒂的《冰岛渔夫》、《菊子夫人》、《我弟伊夫》、《阿芙罗狄特》；有罗曼·罗兰的《皮埃尔与露西》和剧本《七月十四日》；有纪德的《窄门》、《少女的梦》、《田园交响曲》；有巴比塞的《地狱》、《光明》、《斯大林传》；有瓦莱里的长诗《水仙辞》；有莫洛亚的《爱俪儿》、《少年歌德》等。

　　1937 年中国人民抗日战争开始，翻译和出版工作受到影响，但在这些年代里，在 1937 年至 1941 年间依然出版了罗曼·罗兰的《约翰·克利斯朵夫》的全译本，在 1944 年出版了《罗曼·罗兰戏剧丛刊》。抗战胜利后，开始出版了穆木天、高名凯、傅雷等人翻译的巴尔扎克的著作多部，再版了罗曼·罗兰的

《约翰·克利斯朵夫》和出版了新译的《贝多芬传》。

三

1949 年中华人民共和国成立以后，法国的文学作品更被大量地翻译介绍过来，其中有不少作品是初次译成中文的，更多的作品都是重新翻译的，在译文的质量方面也都超过了解放前的水平。

在新出的译本中，就有拉布雷的《巨人传》（即《卡冈都亚和庞大固埃》），高乃依的悲剧《熙德》，拉辛的悲剧《昂朵马格》，拉封丹的《寓言诗》，贝洛的《鹅妈妈的故事》，莫里哀的喜剧作品是翻译得最多的，计有十几种之多，译者有李健吾、赵少候、王了一等人。在赵少候和王了一等译的三卷本的《莫里哀喜剧选》中，共收了 19 个剧本，李健吾则译有《莫里哀喜剧六种》。

波瓦洛的《诗的艺术》、布封的《文钞》，勒萨日的《吉尔·布拉斯》、《瘸腿魔鬼》、《杜卡莱先生》，狄德罗的《修女》、《定命论者雅克和他的主人》，博马舍的戏剧《塞维勒的理发师》和《费加罗的婚姻》，还有贝朗瑞的《歌曲选》，都是初次被译为中文。孟德斯鸠的《波斯人信札》，伏尔泰的《赣第德》，普雷沃的《曼侬·莱斯戈》，司汤达的《红与黑》和《巴马修道院》都有了新译。

巴尔扎克的作品的译本为数最多，计有四十余种，多出自高名凯、穆木天、傅雷等人之手，其中傅雷译的《欧也妮·葛朗台》、《高老头》、《邦斯舅舅》、《贝姨》等书最为有名。雨果的作品则有《巴黎圣母院》、《悲惨世界》、《九三年》、《笑面人》、《诗选》等。大仲马的《三个火枪手》、《基度山伯爵》，小仲马的《茶花女》，梅里美的《卡尔曼》、《高龙巴》都出了新译。乔治·桑的作品中，有《魔沼》、《弃儿弗朗沙》、《小法岱特》、《安吉堡的磨工》等。初次出版了缪塞的《中短篇小说集》和《诗选》。福楼拜的《包法利夫人》和《情感教育》，都德的《小东西》和《达拉斯贡城的达达兰》，左拉的《卢贡家族的命运》、《小酒店》、《萌芽》、《金钱》、《崩溃》都出了新版。法朗士的作品有《短篇小说集》、《诸神渴了》，莫泊桑的作品依然受到广大读者的欢迎，新出了他的《漂亮朋友》、《一生》和《中短篇小说选集》。罗曼·罗兰的作品，除《约翰·克利斯朵夫》外，新出了《哥拉·布勒尼翁》、《革命戏剧选》和他的《文钞》，巴比塞的作品则有新译的《火线》和《光明》。

在现当代作品中，有《艾吕雅诗钞》、《阿拉贡诗文钞》，拉斐德的小说《活着的人们》、《梦丝·法朗士》、《水仙花》，加玛拉的《圣拉萨的丁香》，斯梯的《第一次冲突》（三部），阿拉贡的《共产党人》（四部）等书。

从1966年到1977年，在十年浩劫期间，"四人帮"对外国文学采取了虚无主义的态度，因此，外国文学的翻译与介绍一时成为"禁区"。随着"四人帮"被粉碎，翻译和介绍外国文学的工作也顿时活跃起来。在此后出版的法国文学作品中，就有史诗《罗兰之歌》，《莫里哀喜剧》，卢梭的《忏悔录》，伏尔泰的《小说选》，普雷沃的《曼侬·雷斯戈》，巴尔扎克的《幻灭》、《皮罗多盛衰记》、《驴皮记》、《中短篇小说选》，雨果的《巴黎圣母院》、《悲惨世界》（全译），乔治·桑的《木工小史》，梅里美的《小说选》，欧仁·苏的《巴黎的秘密》，缪塞的《一个世纪儿的忏悔》，鲍狄埃的《诗选》，波德莱尔的《恶之花》，大仲马的《基督山伯爵》，小仲马的两种新译的《茶花女》，左拉的《金钱》、《萌芽》，莫泊桑的《一生》、《漂亮朋友》、《中短篇小说选》，马丁·杜·加尔的《蒂博一家》，马洛亚的《雪莱传》和《屠格涅夫传》，马尔罗的《人的情况》和《希望》的选译等。

在这里应该提到的，就是法国的戏剧作品也被搬上了中国的舞台。在经常上演的剧目中，就有莫里哀的《悭吝人》、《史嘉本的诡计》，博马舍的《费加罗的婚姻》。去年还上演了瓦莱斯的《樱桃时节》（原名《巴黎公社》）等。

四

随着对法国文学的翻译和介绍，在中国也开始了对法国文学的研究工作。

在文学史方面，早在 1946 年，我国就最初出版了吴达元著的《法国文学史》，1958 年出版了盛澄华等翻译的《法国文学简史》，1965—1979 年出版的杨周翰、吴达元、赵萝蕤等主编的《欧洲文学史》中，也有关于法国文学的专门章节。在 1979 年和 1981 年又先后出版了由柳鸣九、郑克鲁、张英伦等著的《法国文学史》上、中两册。

在专著方面，则有集体编写的《鲍狄埃评传》，李健吾的《福楼拜评传》（1980 年新版），郑克鲁的《法国文学论集》，柳鸣九的《巴黎对话录》和《巴黎散记》，张英伦的《大仲马传》，陈惇的《莫里哀和他的喜剧》，黄晋凯的《巴尔扎克和〈人间喜剧〉》，柳鸣九、罗新璋编选的《马尔罗研究》等书。

在辞书方面，在上海辞书出版社 1979 年出版的《辞海》中，收有法国文学的条目 100 多条；在中国社会科学出版社1979—1980 年出版的《外国名作家传》中，收有法国作家的条目 60 多条；在中国大百科全书出版社 1982 年出版的《中国大百

科全书·外国文学卷》中，收有法国文学的条目 200 多条；在
北京出版社 1984 年出版的《外国文学手册》中，收有法国文学
的条目 20 条，同书中还有对于《法国现当代文学概况》的
介绍。

　　在出版界还有一个更大的喜讯，就是人民文学出版社为了迎
接 1989 年巴尔扎克诞辰 190 周年，开始出版 30 卷本的《巴尔扎
克全集》，其中包括《人间喜剧》25 卷，这将是中国翻译介绍
法国文学方面的一个创举。

　　当然，在我的讲话中，不可能把法国文学在中国的情况全部
介绍出来，但从这个概述中，我们也可以看出，法国文学的翻译
与介绍，将有助于加强中法两国人民的友好和文化交流的事业。

（原载香港三联书店 1988 年 1 月出版的

《读者良友》第 6 卷第 1 期）

漫谈西葡拉美文学和中国

　　1986 年 4 月的上海，在外国文学界方面可说是喜事重重，首先是中国莎士比亚学会等团体，为了纪念莎士比亚（1564—1616）逝世 370 周年，在上海举行了盛大的莎士比亚戏剧节。我荣获邀请，并在贺电中指出这次戏剧节，无论在中国的戏剧运动史上，还是在世界各国演出莎士比亚戏剧作品的历史上，都是一次具有重大历史意义的事，特别是我国用各种地方剧种的形式演出莎士比亚的剧本，更可说是空前的创举。

　　4 月 23 日中国西葡拉美文学学会上海分会又举行了塞万提斯（1547—1616）逝世 370 周年的纪念活动。莎士比亚和塞万提斯都同是文艺复兴时期的伟大作家，他们虽然不可能是同年同月同日生，但却是同年同月同日（1616 年 4 月 23 日）死。他们逝世的日子虽然是个巧合，但却是很有纪念意义的；中国西葡拉美文学学会上海分会在这天举行成立大会，则更为有意义。

　　我虽然不是西葡拉美文学的研究者，但却是一个西葡拉美文学的热爱者，而且在某种程度上还是一位翻译者。承蒙邀请，我到上海参加这次盛会，谨借这个机会，漫谈一下西葡拉美文学和中国的关系，因为这也是中外文化交流史上值得研究和尚待研究的一个问题。

一

首先从西班牙文学谈起。

一谈到西班牙文学，我们就会想起塞万提斯，想起他写的可以称为是"西班牙生活百科全书"的《堂·吉诃德》（一译《吉诃德先生传》）。塞万提斯在《堂·吉诃德》第二卷中非常有趣地写道：

> 中国的大皇帝一月前特派专人送来一封中文信，要求我——或者竟可说是恳求我，把《堂·吉诃德》送到中国去，他要建立一所西班牙语文学校，打算用堂吉诃德的故事作课本。

塞万提斯从 1602 年开始写作《堂·吉诃德》，1603 年完成第一卷，并于 1605 年出版。10 年后的 1613 年又开始写作第二卷，于他去世前一年即 1615 年出版，这正是我国明万历年间，看来他所讲的那位"中国的大皇帝"，当指明神宗万历皇帝而言。相传神宗万历年间，即 1612 年曾托到中国来的传教士带了一封信给西班牙国王，可能与此有关。

多年来我研究了明代中外文化关系的历史，我国最初同西班牙发生关系，也正是在万历年间。就在明万历二十七年（1599），西班牙的耶稣会士迪达库斯·德·庞托哈（Didacus de rantoia，1571—1618，中名庞迪秋，字顺阳），他先后到了澳门、南京和北京等地，帮助意大利的耶稣会士利玛窦进行传教的工作，而且用专文著有《七克》（或《七克大全》）一书。他是否知道在他晚年西班牙已出版了《堂·吉诃德》，或他曾见过这本书，现不得而知，但庞迪秋在万历四十二年（1614）出版了

《七克》，其中却介绍了古希腊的伊索的寓言，如《大鸦与狐狸》、《树木与橄榄树》、《兔子和青蛙》、《狮子、狼和狐》等寓言，他是继利玛窦之后最早介绍《伊索寓言》的第二个人。我查阅了北京天主教堂北堂的藏书目录，其中有一本塞万提斯的《堂·吉诃德》，是1755年在意大利威尼斯出版的意大利之译本，书名"Don chisciottedella Mancia"，但那已是清乾隆年间的事了。

这样直到300年以后，也就是在1922年，我国才最初出版了由林纾和陈家麟根据英文节译的《魔侠传》，列为上海商务印书馆出版的《说部丛事》之一，其中吉诃德的名字被译为奎沙达。到了1937年商务印书馆出版了傅东华根据英文翻译的译本《吉诃德先生传》（1954年曾由作家出版社再版过，1959和1962年又由人民文学出版社再版过）；1978年人民文学出版社又出版了杨绛根据西班牙文翻译的新译本《堂·吉诃德》。相传戴望舒也曾经将《堂·吉诃德》第一卷译出，但未出版。

《堂·吉诃德》这部小说，在我国多少年来是受到文艺界人士和广大读者欢迎的。特别是1985年电视台播出了《堂·吉诃德》的连续动画故事片之后，堂吉诃德更成为全国妇孺皆知的一个人物。从此也可以说，塞万提斯晚年的遗愿是已经实现了。现在我国不少地方的外语学院，都有了西班牙语系，这就是塞万提斯说的"西班牙语文学院"吧，大家不是都在学习和阅读西班牙文本的《堂·吉诃德》吗？

当1955年《堂·吉诃德》出版350周年纪念时，中国人民保卫世界和平委员会、中国人民对外友好协会、中国文学艺术界联合会、中国作家协会联合举行了纪念大会。茅盾在开幕词中说道：

> 我们纪念塞万提斯，这是因为这位西班牙的作家在创造

堂·吉诃德的典型时，无情地嘲弄了封建制度骑士文化的灭亡，讥讽了正在生长中的资产阶级的无能与无望。塞万提斯在他的名著中对争取人类进步表示了鲜明的态度，提出了积极的思想。

《堂·吉诃德》有火一般的力量，《堂·吉诃德》使人对于现实清醒。《堂·吉诃德》在中国是一部影响巨大的作品。

我国不少作家都提到过堂吉诃德，鲁迅就是其中的一个。他曾这样概括了堂吉诃德这个人物的形象：

> 十六世纪末尾的时候，西班牙的文人西万提斯做了一大部小说叫作《堂·吉诃德》，说这位吉先生，看武侠小说看呆了，便要去学古代的游侠，穿一身盔甲，骑一匹瘦马，带一个跟丁，游来游去，想斩妖伏怪，除暴安良。谁知当时已不是那么古气盎然的时候了，因此只落得闹了许多笑话，吃了许多苦头，终于上个大当，受了重伤，狼狈回来，死在家里，临死才知道自己不过是一个凡人，并不是什么大侠客。

鲁迅还在《中华民国的新"堂·吉诃德"》（1931）、《真假堂·吉诃德》（1933）、为卢那察尔斯基的剧本《解放的堂·吉诃德》中译本写的后记中都提到了堂·吉诃德，而且还批评了中国的堂·吉诃德们。

西班牙的文学作品大量地被介绍到我国来，主要是 20 世纪初叶，特别是在五四运动以后的事。如鲁迅亲自翻译了巴罗哈的《山民牧唱》，他曾说："巴罗哈是一个好手，由我看来，本该在伊巴涅克之上，中国是应该绍介的。"沈雁冰（茅盾）在 1921年主编《小说月报》时，他在每期的《海外文坛消息》栏内，都要介绍西班牙的作家和新作，而且他自己还翻译过贝纳文特的剧本和巴列－因克兰·柴玛萨斯等人的小说作品。在他写的

《世界文学名著讲话》中，有专章介绍了《吉诃德先生》。

30年代是我国翻译西班牙作品比较多的一个时期，其中即有徐霞村翻译的《近代西班牙小说选》和阿左林的《西万提斯的未婚妻》；戴望舒翻译的伊巴涅兹的短篇小说集《良夜幽情曲》和《醉男醉女》，李青崖翻译的伊巴涅兹的《启示录的四骑士》；马彦祥翻译的贝纳文特的剧本《热情的女人》；戴望舒还翻译过《洛尔迦诗抄》等。

应该指出的是，当时中国西班牙语人才匮乏，除戴望舒一人而外，其余各家翻译均借助于英文、法文，甚至日文，我们虽然不能抹杀其历史功绩，但其译文准确性应该说是很有限的。

当1936—1939年西班牙爆发了反法西斯独裁的革命斗争时，全世界的进步人士都注视着和同情着西班牙人民的斗争，组织"国际纵队"，高呼"No pasaran！"（"不许通过！"）支援西班牙人民。这时聂鲁达写了诗集《西班牙在我的心中》；爱伦堡写了多篇的通信《西班牙的锻炼》，我曾把其中的一些通信译成中文。

新中国成立以后出版的西班牙文学作品则更多。其中在古典小说方面，有杨绛翻译的《小癞子》（原名《托美斯河上的小拉撒路》），祝庆英（祝融）翻译的塞万提斯的《惩恶扬善故事集》，博园翻译的阿拉尔孔的《三角帽》，赵清慎翻译的佩雷斯·加尔多斯的《悲翡达夫人》，申宝楼、蔡华文翻译的同一作者的《萨拉戈萨》，孟宪臣翻译的佩雷斯·加尔多斯的《福尔图娜塔和哈辛塔》以及杨明江翻译的《玛丽娅·奈拉》，蒋宗曹、李德明翻译的巴拉西奥·巴尔德斯的《修女圣苏尔皮西奥》，吕漠野翻译的布拉斯科·伊巴涅兹的《血与沙》和庄重翻译的《茅屋》，方予翻译的巴莱拉的《佩北塔·希梅尼斯》，朱葆光翻译的洛佩·德·维加的剧本《羊泉村》。在现当代作家方面，有江禾、林光翻译的巴罗哈的《种族》，顾文波、卞双成翻译的拉福雷特的《一无所获》，戴望舒翻译的《洛尔迦诗抄》，拓生、肖月翻译的《阿尔贝蒂诗选》，朱昆翻译的孔斯丹西雅·莫拉的小说《自豪的西班牙》。在古典史诗方面，则有赵金平翻译的《熙德云歌》。

二

其次再谈谈葡萄牙的文学。

我国同葡萄牙最初发生关系也始于明代，特别是在明嘉靖三十二年（1553）葡萄牙殖民主义者来到澳门强行租占以后，来到中国的葡萄牙人都要先到澳门，再转赴内地。讲到在中葡文化交流史上有关的，主要是17世纪初叶的耶稣会士，其中即有苏如望（Joannes Soerio，1595年来华）、罗若望（Joannes de Rocha，1598年来华）、费奇欢（Gasrard Ferreira，1604年来华）、阳玛诺（Emmannel Diaa，1610年来华），曾昭德（Alvarus de Samedo，1613年来华）、傅泛际（Franciscus Furtado，1621年来华）等许多人，他们除著述有关宗教的著作外，也把西洋的哲学理论著作介绍到中国来，特别是傅泛际曾和李文藻合译了亚里士多德的《寰有诠》和《名理探》等书，先后于1628年和1631年在杭州出版，但这与文学的关系都不大。

讲到在文学方面，就不能不提到卡蒙斯（Lnis de Camŏens，1524？—1580）的名字，他是一位和塞万提斯先后同时的诗人和作家，塞万提斯曾称他是"葡萄牙的珍宝"。当他在1553年前往印度的果阿，在葡萄牙军队中服役时，开始写作他有名的以15世纪末葡萄牙探险家瓦斯科·达·伽马的航海事迹为题材的《卢济塔尼亚人之歌》（"Os Lnsiadas"，卢济塔尼亚人即指葡萄牙人）。后来因为写诗讽刺在果阿的一些葡萄牙贵族，被总督驱逐出果阿，送往澳门。他曾在澳门住过两年多，继续写他的史诗，正因为这样，直到现在澳门还建有他的博物馆和保存着与他有关的地点。

葡萄牙的文学作品被译成中文的并不多，我们知道沈雁冰在《近代文学两面观》（1929）一书中曾编译过一篇有关《葡萄牙的近代文学》的文章，而且还翻译过琨台尔（肯塔尔）的短篇小说作品。到了1981年正当卡蒙斯逝世400周年时，由从1977年即在我国任教的葡萄牙教师若泽·德·阿布列乌的帮助，我国初次出版了《卡蒙斯诗选》，其中翻译介绍了他的短诗14首，十四行诗12首，还选译了《卢济塔尼亚人之歌》的个别章节。

在葡萄牙现当代文学中译成中文的，有彼列拉的长篇小说《被剥夺了的童年》，有《佩索亚诗选》，有长篇小说《阿马鲁神父的罪恶》和《马亚一家》等，还出版了一本《葡萄牙文学简史》。

三

最后再概括地谈一谈拉丁美洲的文学。

拉丁美洲是指美国以南所有美洲地区的通称，其中包括墨西哥、中美洲、加勒比海各群岛和整个南美洲的20多个国家。其中大多数国家使用西班牙语，因此又称为"西班牙美洲"；巴西是唯一使用葡萄牙语的国家，因此包括巴西在内，又称为"伊比利亚美洲"。从文学的传统来讲，它同西班牙和葡萄牙文学是有着血缘关系的。

早在欧洲殖民者发现美洲以前，这里居住着各印第安民族，他们已创建了三个具有高度文化的中心，如中美洲的洪都拉斯、危地马拉和尤卡坦半岛的玛雅文化，如墨西哥中南部一带的河兹台克文化，如秘鲁、玻利维亚和厄瓜多尔一带的印加文化，而且也遗留下了不少古典的文学作品。据不少学者的研究，认为中国的文化很早就影响了印第安民族的玛雅和印加文化，这是一个尚待研究的问题。到了欧洲的殖民者到达当地之后，把拉丁美洲广大的地区沦为他们的殖民地，从此在这个地区就出现了受西班牙和葡萄牙影响的文学，其间经过了浪漫主义、现实主义的阶段，而且出现了不少优秀的作家和作品；同时在民族文学的土壤上生长出来的"加乌乔文学"，也占有重要的地位。

也许由于语言上的原因，我们很少知道拉丁美洲的文学，虽然沈雁冰早在 20 年代初也注意到拉丁美洲文学的动态，甚至翻译过尼加拉瓜的达里奥、秘鲁的阿布耶尔、阿根廷的梅尔顿贝、巴西的阿泽维多的小说作品，但拉丁美洲的文学作品更多地被翻译介绍过来，却是新中国成立后 50 年代的事。在古典文学方面，则有古巴的《马蒂诗选》、秘鲁巴尔特的《秘鲁传说》、巴西的《卡斯特罗·阿尔维斯诗选》和库尼亚的长篇小说《腹地》。至于说当代作家的作品则更多：如墨西哥有阿苏埃拉的小说《财阀》、洛佩斯—波蒂略的神话小说《羽蛇》、曼西西多尔的小说《风向所趋》和《深渊上的黎明》、特拉文的小说《伐木工的反抗》和《草莽将军》、富恩斯特的小说《阿尔格米奥·克鲁斯之死》、鲁尔弗的小说《佩德罗·巴拉莫》（一译《人鬼之间》）。

危地马拉有阿斯图里亚斯的小说《危地马拉的周末》、《他们都是美国佬!》、《总统先生》和《玉米人》等。

洪都拉斯有阿马多尔的小说《绿色的监狱》。

哥斯达黎加有德拉斯的小说《绿地狱》。

哥伦比亚有里维拉的小说《草原林莽的旋风》。加尔西·马尔克的小说作品是翻译得最多的，计有《中短篇小说集》、长篇小说《百年孤独》、《家长的冷落》、《一件事先张扬的凶杀案》、《霍乱时期的爱情》，文学谈话录《番石榴飘香》、报告文学《米格尔·利廷历险记》。

委内瑞拉有加列戈斯的小说《堂娜芭芭拉》、利昂的诗集《和平纪事》。

圭亚那有卡特的《反抗诗集》。

厄瓜多尔有希尔贝尔特的小说《我们的粮食》。

秘鲁有蒙托写的小说《金鱼》、瓦叶哀的小说《钨矿》、巴尔加斯·略萨的小说《绿房子》、《城市与狗》、胡莉娅的《我妈与作家》、《潘达莱昂上尉与劳军女郎》、《世界末日之战》、《酒吧长谈》、《谁是杀人犯？》等。

玻利维亚有阿格达斯的小说《青铜的种族》、奥普佩萨的小说《点燃朝霞的人们》。

巴西有巴依姆的小说《时候就要到了》、斯密特的小说《远征》和《圣保罗的秘密》、洛巴阁的民间故事集《娜丝塔露姑姑讲的故事》、亚马多的小说《无边的土地》、《黄金果的土地》和《饥饿的道路》长篇三部曲、《加布里埃拉》、《金卡斯之死》、《拳王的觉醒》、《弗洛尔和她的两个丈夫》等。戏剧作品有菲格美德的《伊索》（狐狸与葡萄）。

巴拉圭有罗梅罗的诗集《黎明的战士》。

智利有利约的《短篇小说集》、德·罗卡的《献给北京的颂歌》、聂鲁达的诗集《伐木者，醒来吧！》、《葡萄国和风》、《英雄事业的颂歌》、《聂鲁达诗文集》、《逃亡者》、《诗歌总集》和《散文选》等。

阿根廷有伐叶拉的小说《阴暗的河流》、拉腊的小说《大厦谷》、劳拉的小说《一个阿根廷报贩》、博尔赫斯的《短篇小说集》；剧本则有德腊贡的《美洛斯来的瘟疫》、库塞瓦的《中锋在黎明时死去》、利萨拉伽的《美洲的圣胡安娜》。

乌拉圭有格拉维那的小说《风暴中的庄园》、基洛加的《森林里的故事》。

古巴有纪廉的诗集《汗和鞭子》和《纪廉诗选》、罗德里格斯的诗集《中国人民的手》、卡尔多索的小说集《幸运之轮》、伽尔西亚的小说《志愿女教师》、哈采斯的诗集《为了这样的自由》、普伊格的小说《贝尔蒂雄166》、卡彭铁尔的小说《人间王国》、阿尔来索的剧本《甘蔗田》。

海地有阿列克西斯的小说《太阳老爷》、路曼的小说《露水的主人》（另一译本名《统治渠水的人》）。

特立尼达和多巴哥有布波西塔的小说《王冠上的宝石》、《甜酒与可口可乐》和剧本《卡列德索岛的斗争》。

在这里还应该提到的，就是从50年代起，曾有不少拉丁美洲的作家来到我国访问，如古巴的纪廉，如巴西的亚马多、危地马拉的阿斯图里亚斯、智利的聂鲁达，而且都留下了深刻的印象。其中聂鲁达多次来过中国，最早在1928年，他在自己的回忆录《我承认，我历尽沧桑》中曾谈起这件事。1951年他又和爱伦堡一起来到我国，向宋庆龄授予列宁国际和平奖金，我当时正在莫斯科我国驻苏大使馆工作，曾到车站去送过他们和他们的夫人。1954年他50诞辰时，我国诗人萧三、艾青曾应邀到智利去向他祝贺。1957年他又同亚马多来到我国，记得萧三曾在自己的家里招待了聂鲁达，当时在座的还有丁玲。他曾谈起他第一次到中国的印象。聂鲁达的作品我国翻译得最多，他写的歌颂新中国的诗也受到我们的欢迎。当1983年他逝世10周年时，我国还出版了一本《聂鲁达诗选》。

亚马多虽在1952年和1957年来到中国，经过了20年之久，他又在1987年再次来我国访问。

危地马拉的小说家阿斯图里亚斯当 1956 年鲁迅逝世 20 周年纪念时来到我国访问和参加纪念会活动。他在纪念大会上讲出了拉丁美洲作家对中国的感情。用他的话来说吧：

> 拉丁美洲的作家们从鲁迅的生活和作品里获得的教益，是不计其数的：鲁迅的创造精神在他的热烈的心头燃起了抨击的战斗火焰。鲁迅的明智的头脑具有一种主导思想，使他的艺术感受获得一种能够贯穿他的篇章的现实，凄苦和血腥的现实，他的人民的现实。……他的作品的丰富的创造性，不仅照耀着他本国的人民，同时也照耀着全世界。

以上仅对西葡拉美文学和我国的关系，作了一个初步的漫谈，这是一个尚待我们进一步研究的问题，这个漫谈就作为开端的开端吧！

普希金和中国

我们一同走吧，我准备好啦；朋友们，无论你们去到哪儿，

凡是你们想去的地方，到处我都准备跟随着你们走，

……

哪怕是去到遥远的中国的万里长城边。

——普希金

一

"俄罗斯诗歌的太阳"——亚历山大·谢尔格耶维奇·普希金，一向被尊称为"伟大的俄罗斯诗人、俄罗斯文学语言的创建者和俄罗斯近代文学的奠基人"①。别林斯基曾经这样讲过："只有从普希金起，才开始有了俄罗斯文学，因为在他的诗歌里

---

① 见苏联中央执行委员会 1935 年 12 月 16 日关于纪念普希金逝世一百周年成立全苏联普希金纪念委员会的决定。

面跳动着俄罗斯生活的脉搏。"① 别林斯基又曾着重地指出了普希金的伟大历史意义:"普希金是属于那些永远充满生命活力和原动力的现象的,这些现象决不停滞在死亡迫使它们所停留的那一点上,而是在社会的意识中继续不断地向前发展。"② "普希金是属于那些创造性的天才和那些伟大的历史造物之列的,这些人物在为现在工作时,就在准备着未来,因此他们已经不可能只是属于过去的时代了。"③ 赫尔岑当讲到普希金的诗歌作品在沙皇尼古拉反动统治的"残酷的年代"里所起的巨大作用时,也有过这样的话:"只有普希金的响亮的和辽阔的歌声,在奴役和苦难的山谷里鸣响着;这个歌声继承了过去的时代,用勇敢的声音充满了今天的日子,并且还把它的声音送向那遥远的未来。"④ 高尔基在自己所写的《俄国文学史》当中,还又特别强调了普希金对于文学事业所作出的极为重要的贡献:"在普希金以前,文学是上流社会的消遣品;……普希金第一个感觉到,文学是一件具有头等重要意义的民族事业,它比在机关里工作和在宫廷里服务还更为高尚;他第一个把文学家的称号,提高到他之前所难以达到的高度;在他看来,诗人是人民的一切感情和思想的表达者,他的天职就在于了解和描写出生活中的一切现象。"⑤ 正因为这样,普希金的不朽的艺术创作,不仅在俄罗斯文学和俄罗斯

---

① 别林斯基的话,见苏联国家文学书籍出版局 1953 年出版的《普希金在俄罗斯文学批评中》一书,第 60 页(引自《1840 年的俄罗斯文学》)。

②③ 别林斯基的话,见苏联国家文学书籍出版局 1953 年出版的《普希金在俄罗斯文学批评中》一书。②见第 76 页(引自《1841 年的俄罗斯文学》);③见第 85 页(引自《论亚历山大·普希金的文集》的第一篇论文)。

④ 同上书,第 446 页(引自赫尔岑写的《论俄国革命思想的发展》的第五章《一八二五年十二月十四日以后的文学和社会思想》)。

⑤ 见《普希金在俄罗斯文学批评中》一书,第 549 页(引自《俄国文学史》的第三章《十二月党人与普希金》)。

文化的发展史上，形成了整个的时代；同时它们也丰富了全世界的文化宝库，给予世界各国的文学以深远的影响，这也就正是普希金具有全世界历史意义的地方。

普希金这位伟大的俄罗斯诗人的名字，是我们中国广大的读者非常熟悉的，他的不朽的作品也是最为我们所喜爱的。远在清光绪二十九年（1903），我国就已经翻译了他的著名的长篇小说《上尉的女儿》（当时这本书的题名被译为《俄国情史，斯密士玛利传》，一名《花心蝶梦录》）。根据我们目前所发现的史料，这不仅是普希金的作品在我国最早的中译，也是俄罗斯文学作品在我国最早的中译。五四运动以后，普希金的作品被陆续不断地译成中文，直到目前为止，无论是他的诗歌作品，还是他的散文和戏剧作品，差不多全都有了中译，在我国的读者当中广泛地流传着。此外，当 1937 年普希金逝世 100 周年纪念时，在上海还建立了他的铜像。因此，普希金这位伟大的俄罗斯诗人，对于我们就显得更加无比的亲切！

多年来，在研究普希金的生平和创作以及在翻译他的作品的过程当中，我曾发现了不少证明普希金和中国有关的史料与线索。1956 年 5 月在列宁格勒时，我有机会专访了苏联科学院的俄罗斯文学研究所（又名"普希金之家"），会见了苏联著名的普希金学者托玛舍夫斯基和阿列克谢耶夫等人①，研究了普希金

---

① 托玛舍夫斯基（Б. В. Томашевский，1890—1957），多年来主持苏联科学院俄罗斯文学研究所的普希金研究工作，参加过科学院版的《普希金全集》的编辑工作，撰写过很多篇关于普希金的研究论著。他最后的著作，有 1956 年出版的《普希金研究》第一卷（1814—1824）和 1958 年他逝世后发表的《普希金诗歌的格律》。

阿列克谢耶夫（М. П. Алексеев，1896—1981）是苏联科学院俄罗斯文学研究所的负责人之一，主编有《普希金研究论文与资料集》多卷。1937 年曾写过《普希金和中国》一文（载当年伊尔库茨克出版的《普希金和西伯利亚》文集中），最初对这个问题作了深彻的研究，我从这篇论文得到了不少的启发。

的手稿，浏览了普希金的私人藏书，并交谈了有关普希金和中国的问题。从历年来所收集到的史料中可以看出，普希金在他的一生当中，对中国是有着很大的兴趣的：他阅读过不少有关中国的书籍，写过有关中国的诗歌，甚至还有过访问中国的念头，——所有这些问题，都是值得加以研究的。高尔基曾经讲过："对于一个文学史家，没有一个题目能比普希金的生平和创作更为重要和更为神话故事般地有趣了。"① 同样我们也可以说，普希金和中国的关系的问题，无论在过去，还是在今后，对于中苏两国的普希金研究者，始终都是一个有意义的和有趣的研究专题。②

普希金于 18 世纪最后的一年，1799 年，诞生在莫斯科的一个贵族地主的家庭里面。他从小非常聪慧，并且很早就酷爱书籍，时常偷偷地钻进他父亲的书房，在那儿一连好几个钟头，甚至度过许多不眠的长夜，贪婪地阅读着他所能拿到的每一本书。他除了从书本上获得了丰富的文学知识之外，还又从他的保姆那里汲取了民间口头诗歌无尽的泉源。8 岁时，他已用法文写出了最初的诗歌作品。1811 年，12 岁的普希金随着伯父前往彼得堡，考进了当时专为贵胄子弟新创办的皇村中学。在中学的 6 年当中，普希金写了不少的诗歌作品，显示出了他的卓越的诗歌才能。1814 年，他的《致诗友》一诗被发表在《欧罗巴通报》上。1815 年，在中学的升级考试时，他当众朗诵了《皇村回忆》一诗，深得大诗人杰尔查文（Г. Р. Державин）的赞赏，说"这

---

① 见《高尔基全集》第 24 卷，第 257 页。

② 在苏联，除阿列克塞耶夫研究过这个问题并写成专文外，鲁德曼（В. Рудман）也研究过这一问题，在 1949 年 6 月号的《新世界》杂志上即载有他写的《普希金和中国》一文。在研究普希金的作品在我国流传的情形方面，1958 年苏联科学院文学研究所编印的《普希金研究论文与资料集》第二卷中，载有马林诺夫斯卡娅（Т. А. Малиновская）写的《普希金在中华人民共和国》一文。

就是即将要接替他的人！"就从普希金童年时代的生活中和他后来在中学时代所写的个别几首诗当中，我们也可以看出他对中国已经发生了最初的兴趣。

我们在这里首先可以指出的，就是普希金的母亲纳杰日达·奥西波芙娜（Надежда Осиповна），是著名的"彼得大帝的黑奴"——阿门拉姆·彼得罗维奇·汉尼拔（Абрам Петрович Ганнибал）的孙女。汉尼拔深得彼得大帝的宠爱，曾被派到巴黎去学习军事工程，返国后成为俄国杰出的军事工程师。彼得大帝死后，汉尼拔受到宫廷的排挤，被流放到西伯利亚去，参加过贝加尔湖旁的色楞格斯克要塞的建筑工程，因此有可能到过中国边境。普希金在"自传"中曾讲起他的这位外曾祖父："在彼得大帝逝世以后，他的命运改变了。……他被贬为托博尔斯克卫成部的少校和流放到西伯利亚去，并要他去测量中国的万里长城。"[1]据说，普希金常听他的母亲讲起这位外曾祖父的故事，这样，普希金从童年时起，就已经知道在遥远的东方，有个名叫中国的国家了。至于他少年时代在皇村中学读书时对中国所发生的兴趣，和当时俄国对中国文化的尊崇以及在宫廷和贵族社会之间流行的"中国狂热"又是分不开的。因此，我们不妨在这里简要地回顾一下17、18世纪中俄两国之间的友好往来和文化交流的情形。

据历史的记载，远从17世纪初叶起，中俄两国之间就已经开始发生了关系。明万历四十六年（1618），俄国沙皇派遣的使臣伊凡·彼特林（Иван Петлин）就最初到达北京；清顺治十一年（1654）又派遣过使臣费多尔·巴伊阔夫（Федор Байков），此后即不断有人前来我国。到了彼得大帝的时代，又派遣了使臣同我国进行关于划定疆界和通商的谈判，这样在清康熙二十八年

---

[1]　见苏联科学院出版的十卷本的《普希金全集》第8卷，第79页。

（1689）中俄两国就签订了第一个条约——尼布楚条约；清雍正五年（1727）又缔结了恰克图条约，从此奠定了中俄两国的外交和通商关系的基础。随着 1716 年俄国东正教使团最初来到我国，接着恰克图条约相继签订，中俄两国的文化交流关系也开始发展起来。这时俄国最初派遣留学生到我国来学习汉文和满文，其中像伊拉利昂·罗索兴和阿列克谢·列昂季耶夫等人①，都翻译过不少我国的哲学论著和文学作品，成了俄国最早的中国学者（汉学家）。1807 年率领第 9 次俄国东正教使团到我国来的神父雅金夫·比丘林（Иакинф Бичрин），在这一方面的贡献更特别大，他后来不仅成为俄国杰出的中国学者（汉学家），而且从1828 年和普希金相识之后又成为普希金的朋友，并对普希金在研究中国历史的问题方面给予了不少的帮助。

就在同一个时期当中，由于中国和西欧各国已发生了关系，中国的瓷器、漆器、丝绸、雕刻和茶叶等物大量输往西欧，同时中国的哲学论著和文学、戏剧作品，也引起了西欧的文人学者的注意。在西欧各国的宫廷和贵族社会中间，特别是在法国，就形成了一股热衷于中国文物的"中国狂热"，这种狂热不久就传到了俄国。1762—1768 年间，在彼得堡的近郊的奥朗宁邦（现名罗蒙诺索夫城），已兴建起了中国宫，②在皇村早在 1740—1750

---

① 伊拉利昂·罗索兴（Иларцон Россохин，1707—1761），于 1729—1740 年期间在北京学习汉文及满文，返国后在彼得堡科学院执政，曾和列昂季耶夫翻译了《满族的起源和现状以及八旗军队的情况详述》十六卷。

阿列克谢·列昂季耶夫（Алексей Леонтъев，1716—1786），于 1742—1752 年期间在北京学习，返国后在外交部工作。翻译过《中国思想》（1772）、《中国格言》（1776）、《四书解义》（1780）、《天仙配》（1781）、《中庸》（1784）等书，并从满文翻译了图理琛的《异城录》（1782）。

② 见列宁格勒出版局 1955 年出版的《罗蒙诺索夫城故宫博物馆与公园指南》及莫斯科造型艺术出版局 1958 年出版的《罗蒙诺索夫城画册》。

年间为叶卡捷琳娜女皇修建的夏宫中，就有中国客厅。1775—
1779 年间，俄国建筑师涅耶洛夫（И. В. Неелов）在夏宫中修建
了中国剧院、中国式的桥梁和楼台亭阁等，1784—1788 年间，
夏宫中又修建了中国村①。不用说，这些建筑物是普希金在皇村
中学读书的时代非常熟悉的，其中有一些建筑物甚至还一直保留
到今天。② 讲到文学、戏剧作品，我国的《赵氏孤儿》杂剧，是
第一个传入欧洲，也是 18 世纪唯一在欧洲各国流传的中国剧本。
这个剧本是由在中国传教的一位法国耶稣会士马若瑟在 1731 年
译成法文的，接着就被译成欧洲其他各国文字。德国大诗人歌德
非常称赞这个剧本；法国的哲学家和启蒙学者伏尔泰也曾根据这
个故事写成了自己的剧本《中国孤儿》，1788 年涅恰耶夫
（В. Нечаев）又把它译成俄文，流传于俄国的宫廷和贵族社会
当中。③

　　我们在这里还可以提到的，就是在 18 世纪，俄国也有不少
作家写过或是翻译过一些有关中国的作品。像诗人和剧作家苏马
罗科夫（А. П. Сумароков）在 1759 年从德文翻译了《中国悲剧
〈孤儿〉的独白》④；大诗人杰尔查文写过关于中国的诗章；讽刺
评论家诺维科夫（Н. И. Новиков）在自己所办的《雄蜂》杂志
上，发表了列昂季耶夫翻译的有关中国的文字；喜剧作家冯维辛
（Д. И. Фонвизин）从德文翻译过《大学》；革命作家拉季谢夫
（А. Н. Раднщев）在 1793 年写成了有名的《论中国通商》的论

---

①　见福明著的《中国剧院和儿童村的中国建筑计划》一书，1935 年列宁格勒
苏维埃皇宫与公园管理局出版。
②　1918 年皇村改名为儿童村，1937 年为了纪念普希金逝世一百周年改名为普
希金城。
③　关于《赵氏孤儿》杂剧在西欧流传的情形，可参阅范存忠写的《〈赵氏孤
儿〉杂剧在启蒙时期的英国》一文，载 1957 年第 3 期《文学研究》季刊。
④　未见过原文，疑即为《赵氏孤儿》。

文……①所有这些普希金的前辈们写成的或是翻译的作品，很可能都是普希金熟悉和阅读过的。

现在我们再回过头来谈一谈普希金在皇村中学时代所写的几首提到中国的诗吧。他在 1813 年写的《献给娜塔利娅》一诗，不仅是他现存的所有诗歌中最早的一首诗，同时也是他在中学时代所写的一首最早的诗。这首诗是献给皇村托尔斯泰伯爵的剧院的一位农奴女演员的，其中有这样的句子：

> 但是，娜塔利娅！你不晓得，
> 谁是你的温柔的塞拉顿，
> 你也不会理解，
> 为什么他不敢这样指望？
> ——娜塔利娅呀！
> 请你再倾听我讲：
> 我不是东方后宫的统治者，
> 我不是阿拉伯人，也不是土耳其人。
> 请你也不要把我当作
> 是一个有礼貌的中国人，
> 或是一个粗鲁的美国人，
> ……
> ——你这个迷恋着的饶舌鬼，你到底是谁？
> ……
> 听吧，娜塔利娅！——我呀……是个修道士！②

这首诗大概是普希金看了娜塔利娅的演出之后写成的，当时普希金把皇村中学比成修道院，因此就自称为修道士了。此

---

① 关于 18 世纪的俄国作家和中国的问题，拟另写成专文发表。
② 见《普希金全集》第 1 卷，第 5—6 页。

外，普希金在 1815 年还写过一首《凉亭题诗》①，一般都认为这首诗是和俄国建筑师涅耶洛夫在 1775 年修建的中国式的八角凉亭有关的。普希金从皇村中学毕业之后，就写成了他的第一部以民间故事为题材的叙事诗《鲁斯兰和柳德米拉》。第二首诗中描写柳德米拉在妖巫的花园里所见到的美丽景色时，有这样四句诗：

> 在迷人的田野里，
>
> 五月的轻风吹来了凉爽；
>
> 在飘动的树林的阴影里，
>
> 中国的夜莺在歌唱。②

普希金在这里讲到"中国的夜莺在歌唱"，并不是偶然的。从普希金在中学时代所写的这些与中国有关的个别诗句来看，皇村中的各种中国式的建筑物以及当时在俄国宫廷和贵族社会中间流行的"中国狂热"，对于普希金不是全无影响的。

二

普希金在中学时代，就已经和驻扎在皇村的禁卫军骠骑兵中的一些有自由思想的军官相识，尤其是恰尔达耶夫（П. Я. Чаапаев），对普希金的思想的发展，曾起了很大的影响。从皇村中学毕业后，普希金进了外交部服务。这一个时期，他和革命运动的一些重要代表人物有过接近，并写了一些充满革命激情的诗歌。1820 年，普希金即因为写作《自由颂》和《致恰尔

---

① 见《普希金全集》第 1 卷，第 283 页和第 491 页的注解。

② 见《普希金全集》第 4 卷，第 39 页。

达耶夫》等诗，被沙皇亚历山大一世放逐到俄国南方去，如按照沙皇的旨意，是应该把他流放到西伯利亚去的。普希金从1820年到1824年，在俄国南方度过了4年的流放生活，先后到了高加索、克里米亚等地，最后在基什尼奥夫和敖德萨两地居住下来。当在高加索和克里米亚一带旅行时，普希金最初有可能接触到居住在这个地区的东方各民族的文化。在敖德萨时，他又有过到海外去漫游的梦想：他想看到意大利的美丽的晴空，又想徘徊在巴黎的喧嚣繁华的街头；他想"悄悄地拿着手杖和礼帽，去逛一下君士坦丁堡"，又想去到炎夏的非洲，"在那儿思念着阴郁的俄罗斯"。这也正是十二月党人积极在南方进行活动和西班牙、葡萄牙、意大利、希腊等国展开了广大的民族解放运动的时候，普希金一方面和十二月党人有着联系，另一方面又非常关心着南欧各民族的解放斗争，这从当时他所写的一些革命诗歌中也可以看出。

我们知道，就在基什尼奥夫和敖德萨居住的期间，普希金也没有放弃对于中国的兴趣。这时候，他和一位名叫维格尔①的外交官员相识。维格尔曾于1805年随同俄国外交使臣戈罗夫金伯爵（Граф Ю. А. Головкин）访问中国，但他们只到了恰克图城，并没有能到达北京。维格尔在自己的回忆录中，描写了他访问中俄边境的买卖城的情形：他看见了狭窄泥泞的街道，装着飞檐的低矮的房屋：他到过孔子庙，甚至还在一家富有的中国商人那里做过客。普希金很可能从他那里知道了一些有关中国的情形，而更为有意思的，就是普希金后来在1830年也曾呈请沙皇当局，希望允许他随同俄国的外交使团一同前往中国。

----

① 维格尔（Ф. Ф. Вигель，1786—1856），曾在外交部莫斯科档案处工作，游历过俄国和外国的很多地方，著有《维格尔回忆录》一书。

在基什尼奥夫和敖德萨的时候，普希金已开始写他的不朽的诗体小说《叶甫盖尼·奥涅金》。正像别林斯基所说的："《奥涅金》是一部具有高度的独创性和俄罗斯民族性的作品"，[①] "是可以称为俄罗斯生活的百科全书和最富于人民性的作品"[②]。这部诗体小说的第一章是 1823 年 5 月底在基什尼奥夫开始写的。在这一章的第四、五、六、七、八等节中，普希金介绍了奥涅金所受过的教育：他能熟练地用法文讲话和写作，也懂得一些拉丁文和古代文学；他研究过历史，虽然不很深入；他甚至还读过英国经济学家亚当·斯密的《国富论》。但对于我们更为有趣的，就是这位"饱学"的"纨袴少年"，竟然还知道我国孔子的名字和思想。《叶甫盖尼·奥涅金》的第一章第六节的原文是这样的：[③]

> 拉丁文现在已是过时啦，
>
> 因此，如果告诉你们实话，
>
> 他倒是很懂得拉丁，
>
> 像讲解讲解书前面引用的题词，
>
> 谈谈朱文纳尔，[④]
>
> 在信的结尾放上"Vale"，[⑤]
>
> 他还记得"爱尼伊德"里的两行诗句，[⑥]
>
> 虽然不是没有一点错误。
>
> 他没有兴趣去发掘
>
> 地球上的历史的

---

① 见《普希金在俄罗斯文学批评中》一书的第 283 页。

② 同上书，第 350 页。

③ 见《普希金全集》第 5 卷，第 11—12 页。

④ 朱文纳尔（Juvenal，约 60—127），罗马大讽刺诗人。

⑤ Vale，拉丁文，意为"问好"。

⑥ 《爱尼伊德》是罗马大诗人维吉尔（前 70—公元 19）写的著名的长篇叙事诗。

纪年的尘土：

可是过去的时代的轶事，

从罗姆尔①直到我们现在，

他却都记在自己的心里。

　　当研究普希金的手稿时，我们就发现在这节诗的结尾处，他原来还另写了几行有关孔子的诗：②

孔夫子……中国的圣人，

教导我们要敬重青年人，

　　　　并且

为了防止堕入迷误的歧途

不要急于就加以指摘，

只有他们才能寄予希望，

希望……

　　在访问苏联科学院文学研究所时，我曾在该所收藏的普希金手稿中找到了这几行诗。它们是写在第 2369 号手稿本第 6 页的左下角，除去"中国的圣人，教导我们要敬重青年人"这两行诗外，其他几行诗都被普希金用笔划掉；而在最后定稿时，这一段诗就全被删除了。

　　普希金在什么样的情况下写出这几行有关孔子的诗句呢？这是一个难于解答的问题。可能这时候普希金已经读过俄文中有关孔子的译著，因为列昂季耶夫翻译的《四书解义》和《中庸》，都早在 1780 年和 1784 年先后出版；此外在 1790 年还出版了维廖夫金（Махаил Веревкин）翻译的《中国最伟大的

---

① 罗姆尔或罗姆鲁斯（Romulus），传说是古罗马的创始人。

② 见《普希金全集》第 5 卷，第 579 页，并参见苏联科学院编印的十六卷本的《普希金全集》第 5 卷，第 219 页。

哲学家孔子·或孔夫子的生平》。据普希金学者莫扎列夫斯基
（В. Л. Модзалевский）的研究，在普希金的父母的领地米哈依洛
夫斯克村附近的三山村的藏书当中，就有这几本书。[①] 此外也另
有一种可能，就是普希金已经从伏尔泰为《哲学辞典》所写的
有关孔子的狂热的评论中，知道这位中国圣人的思想。说不定，
他从维格尔关于买卖城的孔子庙的叙述中，知道中国人民如何尊
崇孔夫子。但不管怎样，普希金对于孔子是有着很大的兴趣的。

<h1 style="text-align:center">三</h1>

　　普希金在敖德萨流放期间，由于和当地的总督沃龙佐夫伯爵的
关系非常不融洽，沃龙佐夫伯爵就接二连三地把许多有关普希金的
情报送到彼得堡去，最后沙皇当局就命令把他解押到普斯科夫省他
父母的领地米哈依洛夫斯克村，交由当地长官监视。1825 年 12 月 14
日，十二月党人在彼得堡举行起义，想推翻沙皇暴政的统治，可是
这次起义终为沙皇尼古拉一世的铁掌所镇压，五个主要的起义领袖
都被判处绞刑，其他许多人被充军到西伯利亚去做苦役，在这些人
当中，很多人都是普希金的好朋友。普希金当时虽然不在彼得堡，
但是他的心却是和他们在一起的。1826 年 9 月普希金获得沙皇尼古
拉一世的赦免，要他迁居到莫斯科去。沙皇尼古拉一世当时曾询问
他："普希金，假如你在彼得堡，你也会参加 12 月 14 日的起义吗？"
普希金大胆地回答道："一定的，皇上。"表面上看起来，普希金获
得了赦免和自由，实际上却是生活在沙皇的直接监视之下，而他的
每部作品都要受到沙皇本人的亲自审查。

---

　　① 见《普希金和西伯利亚》文集第 128 页阿列克谢耶夫写的《普希金和中国》
一文的注解。

就在这个时期，普希金对于中国的兴趣在不断地增长。1824年，俄罗斯的中国学学者（汉学家）季姆科夫斯基（Е. Ф. Тимковский）所写的三大卷的《中国旅行记》出版了，普希金可能在敖德萨就已经看过这部书。从1825年起，《莫斯科电讯报》和《西伯利亚通报》（1825年后改名为《亚洲通报》）又以相当多的篇幅介绍中国的情形。1825年4月，普希金从米哈依洛夫斯克村写给他弟弟的信中，要他订购"全套的《西伯利亚通报》"，就在这个杂志上发表过俄国最早的使臣伊凡·彼特林和尼古拉·斯帕法里（Николай Спафарий）等人写的有关中国的著作。随着普希金的很多十二月党人的朋友被充军到西伯利亚去，他曾写过《致西伯利亚的囚徒》一诗托人带到他们流放的地方，并且把自己的注意力转向西伯利亚。

在这里应该特别指出的，就是普希金于1828年在莫斯科，可能是在静纳伊达·沃尔孔斯卡娅公爵夫人（Княгиня Зинаида Волконская）的文艺沙龙里，初次和俄国著名的中国学者雅金夫·比丘林相识。这个友谊，前后继续了好多年，使得普希金有可能更进一步地研究中国的问题，并更促进了他访问中国的念头。

雅金夫·比丘林的全名是尼基塔·雅科夫列维奇·比丘林（Никита Яковлевич Бичурин），于1777年诞生在喀山省的比丘林村，原籍是楚瓦什人。1785年，比丘林进了喀山神学院，1799年毕业时以成绩优异得到喀山东正教监督管区负责人的赏识，从1800年起就留在他曾经学习过的神学院里执教。1802年起，比丘林开始了修道的生活，旋被任命为伊尔库茨克升天修道院的修士大司祭。后来又任过伊尔库茨克神学院的院长。1805年，比丘林被俄国宗教事务院任命为第九次派往中国的东正教使团的团长。他在1807年9月离开了恰克图，第二年 1 月到达北京，从这一年起，就开始了他作为中国学学者的生活。比丘林在中国前后一共住了 14 年（1808—1821），在这个期间内，他专心研究汉文，编辑字典，从事译著，而很少关心传教和修道的工作。因此，在 1821 年，他就被召回俄国，撤销了教职，流放到瓦拉阿姆修道院去前后有 4 年之久。据说当他返国时，他曾用 15 峰骆驼运了大批在中国搜集的图书和他个人的手稿越过戈壁沙漠。由于他精通汉文，并通晓满、蒙、藏等种文字，因此引起外交部亚洲司的注意。一说是由于著名的外交家希林格·冯·康什塔特男爵（Барон Шиллинг Фон Канштадт）的庇护；另一说是由于他在中国相识的中国学学者季姆科夫斯基的斡旋，方被从流放的地点调回。根据沙皇尼古拉一世的决定，"将修道士雅金夫·比丘林列入外交部亚洲司的编制"，事实上他并没有到过外交部，而是住在亚历山大—涅夫斯基修道院的僧房里从事译述工作。1828 年，他最初的著作《蒙古游记》出版。在此后的年代中，他经常为《北方文献》、《莫斯科电讯报》、《莫斯科人》、《祖国之子》、《祖国纪事》等杂志撰稿。1830 年，他到过外贝加尔一带，搜集藏文和蒙文的书籍以及有关贸易的资料。1835—1837 年间到过恰克图，创办汉语学校，编辑过《汉文启蒙》等书。从 1837 年后，他就再没有离开彼得堡，此后专心从事研究和文学活动，最后于 1853 年逝世，即葬在修道院的墓地里，在他的墓地上立有"无时勤劳、垂光史册"的汉文墓碑。

比丘林一生的著作非常丰富，在著述方面，有《蒙古游记》（1828）、《厄鲁特人或卡尔梅克人从 15 世纪到当前的历史概述》（1834）、《中国，其居民、风俗习惯及教育》（1840）、《中华帝国的统计概述》（1842）、《中国的农业》（1844）、《中央亚细亚古代各族人民史料汇编》（1851）等书。在翻译方面，有《西藏

现状概述》（1828）、《北京概述》（1829）、《蒙古最初四汗史》
（即元史中的太祖、太宗、定宗、宪宗四本纪，1829）、《准噶尔
与东土耳其斯坦古今状况概述》（1829）、《西藏和青海史》
（1833）等书。别林斯基非常重视比丘林的著作，他曾在自己的
批评论文中评介过他的著作并且给予很高的评价。

　　我们知道，在普希金和比丘林相识之后，比丘林曾把自己翻
译的《西藏现状概述》一书送给普希金，并在书前写着："我的亚
历山大·谢尔格耶维奇·普希金先生阁下惠存，译者敬赠，1828
年4月26日。"1829年比丘林又把自己翻译的《三字经》送给普
希金，并在书前写着"亚历山大·谢尔格耶维奇·普希金惠存，
译者赠"。现在这两本书，都完整地保存在普希金的私人藏书中。
除此之外，普希金还读过比丘林的《准噶尔概述》、《北京概述》、
《西藏和青海史》等书，可惜这些书都没有保留下来。普希金学者
列尔涅尔（Н.О.Лернер）这样写道："普希金对于中国发生兴
趣，并不是偶然的。在他的图书室里，收藏着著名的雅金夫·比
丘林、中国文化的专家和崇拜者送给他的有关中国的书。"另一位
著名的普希金学者莫扎列夫斯基也这样写道："1830年初，雅金夫
神父正好到恰克图去，他很可能怂恿过普希金和他一同去旅行。"
这次旅行是在1830年2月底，比丘林当时随同希林格·冯·康
什塔特男爵同到恰克图去，搜集有关布略特蒙古人以及有关中国
西北部边境的贸易关系的资料。1831年比丘林在恰克图时，还
和普希金保持着通信关系，并曾把自己写的《贝加尔湖》一文
寄给普希金，请他转给《北京花卉》文集刊载。[①]　至于后来普

---

　　① 　关于雅金夫·比丘林的材料，俱见阿列克谢耶夫写的《普希金和中国》和
伯恩靳坦（А.Н.Бернштам）写的《雅金夫·比丘林及其所著〈中央亚细亚古代各
族人民史料汇编〉》。后一文载苏联科学院出版局1950年出版的比丘林《中央亚细亚
古代各族人民史料汇编》第1卷，第5—24页。

希金在写作《普加乔夫史》和编辑彼得大帝的历史时，还从比丘林的著作中征引了不少材料，并不断地注意他的学术研究和文学活动。

四

随着普希金对中国兴趣的增长，他在 1829 年就开始有了想访问中国的念头，而这个念头又是和他当时的失恋分不开的。1828 年 12 月，普希金在莫斯科的一次舞会上，认识了一位名叫娜泰利娅·尼古拉耶芙娜·冈察罗娃（Наталлья Николаевна Гончарова）的 16 岁的姑娘。这是一位莫斯科的小姐，她所有的学问，就在于讲一口流利的法语和擅长跳舞，但是她的美丽却是惊人的，因此普希金就狂热地爱上了她，虽然冈察罗娃对于普希金的诗歌作品是一无所知，甚至在她和普希金结婚之后，对普希金的诗歌作品的态度也是极其冷淡的。普希金在 1829 年 4 月底曾经向冈察罗娃求婚，冈察罗娃的父母并没有表示拒绝，只是说娜泰利娅还很年轻，过一些时候再说。就在这时候，普希金写成了《我们一同走吧，我准备好啦……》一首诗：①

　　我们一同走吧，我准备好啦；朋友们，无论你们去到
　　哪儿，
　　凡是你们想去的地方，到处我都准备跟随着你们走，
　　只要躲避开我那傲慢的人儿：
　　哪怕是去到遥远的中国万里长城边，
　　哪怕是去到喧腾的巴黎，或者最后就去到那些地方，

———————

①　见《普希金全集》第 3 卷，第 132 页。

　　在那儿，午夜的船夫不再歌唱塔索①的诗章，

　　在那儿，古代城市的遗迹在灰烬下假寐，

　　在那儿，柏树林在散发出清香，

　　无论去到哪儿我都准备好啦。我们一同走吧……但是，朋友们，

　　请你们告诉我：我的热情会不会在浪游中消亡？

　　我会不会忘掉我那骄傲的使人苦痛的少女，

　　或者就拜倒在她的脚前，向她年青气盛的忿怒投降，

　　把我那惯常的贡礼——爱情，重新给她献上？

　　……

　　事实上，普希金在求婚遭到拒绝之后，当即启程到高加索去，参加当时正在进行的俄土战争，直到 10 月初方返回莫斯科。这时候，普希金并没有断绝访问中国的念头，就在 1830 年 1 月 7 日，他用法文写了一封信给当时的宪兵总督本肯多夫将军（А. Х. Бенкендорф），请求允许他跟俄国的使节同往中国。普希金在信中这样写道：②

　　我的将军，

　　　　我访问过阁下，但没有荣幸能见到你，因此我请求你允许我大胆地用书面向你陈述出我的请求。

　　　　目前我还没有结婚，也没有参加官职，我很想能到法国或是意大利去旅行。假如这个请求得不到许可，那么我请求允许我随同到中国去的使团一同访问中国。

　　　　……

　　　　我全心地信赖着你的好意，我的将军，我将永远是你阁

----

① 塔索（1544—1595），意大利大诗人。

② 见《普希金全集》第 10 卷，第 265—266 页和第 798—799 页。

　　下的

　　最卑微的和最顺从的仆人，

亚历山大·普希金

1830 年 1 月 7 日

　　过了没有多久，1 月 17 日，本肯多夫就用法文复了普希金一封信，不用说，是拒绝了普希金的请求。本肯多夫这样写道："皇帝陛下不能同意他的允许他到国外去的请求，认为这会很影响他的经济情况，同时也会把他从写作的工作吸引开去。至于他想随同我们的使团到中国去，现在已经不可能实现，因为使团中的官员都已指定，并且不通知中国的宫廷也不可能重新调换人员。"普希金访问中国的念头，从此就终于成为泡影。本肯多夫的信中所答复的话，只是一些非常堂皇的借口，因为普希金当时是被俘于宫廷的，沙皇当局不仅不会同意他访问中国，同时也断绝了他到其他国家访问的道路。

　　普希金这次毅然地向沙皇当局请求访问中国，很可能是和雅金夫·比丘林有关的，因为这时候比丘林正准备随同希林格·冯·康什塔特男爵率领的使团前往中国边境，普希金很想利用这次难得的机会。我们从前面引用过的莫扎列夫斯基的话中也可得到证明，此外我们还可从普加塔（Е. В. Путята）写的回忆文学中找到一段类似的话来："普希金……打算随同希林格男爵前往西伯利亚，到中国的边境去。不晓得，为什么这个意图没有得到实现，但在他的《我们一同走吧，我准备好啦》那一诗中却留下一些形迹可寻。"①

　　访问中国的念头既已成为泡影，就在这年的 4 月，普希金再

----

　　①　见鲁德曼写的《普希金和中国》一文，载 1949 年 6 月号《新世界》月刊第229 页。

度向冈察罗娃求婚，这次终被接受了。5 月间普希金和冈察罗娃举行了订婚典礼，第二年 2 月就正式结婚。我们知道在 1830 年 9 月，普希金曾到他父亲的领地波尔金诺村去处理田产，恰巧这时候各地瘟疫流行，交通阻隔，普希金在当地一连住了 3 个月之久。在他创作的生活中，这是一个"多产的秋天"，他写成了许多短篇小说和小悲剧。这时候，他曾写信告诉冈察罗娃："现在摆在我前面的，是一张地图；我看着，怎么才能够绕道经过恰克图或者是阿尔汗格尔斯克来到你的身旁。"在他写的《秋天》一诗中，还提到"中国皇帝"的字样，据切尔尼亚耶夫（Н. И. Черняев）说："普希金在波尔金诺村时曾考虑写一部诗歌作品，在这部作品中，中国皇帝是主角，而写这样一部作品的思想，是早在 1830 年的秋天以前就有了的。"①

　　尽管普希金没有可能访问中国，但是他对于中国的认识，是不断在发展着的，甚至远超过他的许多同时代人的观点。当时西欧和俄国的许多人，都认为中国和东方是停滞的和静止不动的，而西方是发展的和充满活力的；同时对于中国的兴趣，也是出自于一种猎奇和异国情调的心理，像恰尔达耶夫在 1829 年所写的《哲学书简》中，也发表过这样的论点。普希金却另持一种见解，甚至在他写作《我们一同走吧，我准备好啦》一诗时，他反复地考虑过，用什么字来形容中国。在他的原稿中写的是"平静的中国"；当这首诗于 1830 年 12 月在《莫斯科通报》上发表时，就把它改成为"固定不动的中国"（同样地，我们从普希金在 1831 年写的《给诽谤俄罗斯的人们》一诗中，也可以找到类似的句子："从激动的克里姆林宫，直到固定不动的中国的城墙边"）；可是在

---

　　① 见《普希金和西伯利亚》文集第 138 页阿列克谢耶夫写的《普希金和中国》一文的正文和注解。

1832 年，普希金又把它改成为"遥远的中国"了，也就是说，普希金用地理的概念来代替了对于中国的性质的评价。[①] 关于普希金访问中国的问题，也是有着不同的看法的，很多人都认为西欧对于普希金的影响可能更大一些，也可能更为有益，但是雅德林采夫（Н. М. Ядринцев）在 1873 年 8 月写给波塔宁（Г. Н. Потанин）的信中提出不同的看法："不久以前我阅读了普希金的传记，说普希金曾经请求到中国去。传记的作者认为这对于普希金的发展，当然是丝毫不会带来什么好处的。但我却有另一些想法。我们的诗人，如普希金和莱蒙托夫游历了克里米亚和高加索，这些地方的大自然，可以让他们多次地获得灵感。……但从没有一个俄罗斯诗人访问过真正的东方，我想讲的是远东……为什么那里不会鼓舞普希金本人呢？东方的历史，它的未来，难道对于沉思不是崇高的题材吗？难道大家都要从墨守成规的自由主义的观点来看问题吗？"[②] 雅德林采夫的这些话是正确的，普希金和莱蒙托夫正因为到过高加索和克里米亚，因此写成了一些不朽的和流传到今天的作品，假如普希金当时访问了中国，我们可以想象，他也会写出很多的有关中国的不朽的诗章的。

五

普希金在 1831 年 2 月结婚后，最初是住在莫斯科的，5 月就迁移到彼得堡，接着就在皇村租了吉塔耶夫的住宅作为消夏别

---

① 见苏联科学院编印的十六卷本的《普希金全集》的第 3 卷下册，第 778—780 页。

② 见《普希金和西伯利亚》文集第 140—141 页阿列克谢耶夫写的《普希金和中国》一文的正文和注解。波塔宁是位著名的旅行家和中部亚细亚的考察家，1863—1899 年曾多次到中国和蒙古各地旅行。

墅过夏。有一次在皇村公园里，普希金遇到了沙皇尼古拉一世。沙皇问起他的工作，并且还向他提出了一个问题：为什么不供职？普希金回答道，他准备供职，但是除掉文学的职务之外，他是什么都不懂的。于是沙皇就向他提出建议，要他写一本彼得大帝的历史。普希金从此就在文献档案保管处努力工作，搜集他奉命编辑的彼得大帝历史的材料。可是在进行这一工作时，他却被另一个更有意义的题目——18 世纪哥萨克农民起义的领袖普加乔夫（Емельян Пугачев）的事迹吸引住了。1833 年 7—11 月间，他专程访问了喀山、奥伦堡和乌拉尔斯克一带，调查各种史料，就在这年年底完成了他的一部重要的历史著作《普加乔夫史》。后来在 1836 年，他又写成了以普加乔夫起义的历史为背景的长篇小说《上尉的女儿》。

为了撰写《普加乔夫史》和编辑彼得大帝的历史，普希金曾研究了不少有关的中国史料，尤其是从雅金夫·比丘林本人和他的著作中得到了不少的帮助。普希金在《普加乔夫史》的第一章中，当讲到雅伊茨克哥萨克人的叛乱和卡尔梅克人向中国移民的情况时，他在注解中特别感谢了雅金夫·比丘林："关于卡尔梅克人逃亡的最可靠的和最公正的消息，我们应该感谢雅金夫神父，他的深邃的知识和诚恳的著作，在我们和东方的关系上，投射出了那样多的明亮的光芒。我们在这里引用了他关于卡尔梅克人的一部尚未出版的著作中的片断材料，特此致谢。"① 在这后面接着就引用了比丘林著作的几段材料。普希金所指的"一部尚未出版的著作"，就是指雅金夫·比丘林所著的《厄鲁特人或卡尔梅克人从 15 世纪到当前的历史概述》。据著者本人说，这部书是"以从俄文和中文的书籍及手稿中征引的各种事实为基础写成的"。这本

---

① 见《普希金全集》第 8 卷，第 287 页。

书在 1834 年 9 月方得到审查当局批准付印，1835 年年初出版，曾荣获俄罗斯科学院的杰米多夫奖金。普希金的《普加乔夫史》是在 1834 年 12 月出版的，看样子，普希金已先读过雅金夫·比丘林的著作的手稿或是清样，甚至还征询过他的意见。

　　普希金编辑的彼得大帝的历史，虽然没有完成，但在他的遗著中，还保留着按编年的次序写出的一些史料，其中特别指出彼得大帝非常注意和中国缔结友好和通商关系的问题。像在 1724 年的栏目中，就专有两段文字，是讲康熙年间中俄边境的关系的，后一段有这样几句话："老皇帝康熙已经死了。彼得命令西伯利亚的总督和中国人讲和。……看起来，友好已经恢复了。"①

　　我们知道，普希金不仅在他编写《普加乔夫史》和彼得大帝的历史时，就是在他的一生当中，他也读过不少有关中国的书籍。在苏联科学院俄罗斯文学研究所里，专有一个房间收藏他的私人藏书，普希金学者莫扎列夫斯基曾对这些书进行过详细的编目工作。据统计，现存的普希金的私人藏书共 1523 种，3560 册，包括 14 种文字。当我访问普希金的私人藏书室时，在俄文方面，曾见到雅金夫·比丘林翻译的《西藏现状概述》和《三字经》两种书，杜加尔特著的《中华帝国概述》一书只有第二卷；在法文方面，有法国汉学家汝利安翻译的《赵氏孤儿》杂剧。据莫扎列夫斯基所编的《三山村藏书目录》，其中收藏有列昂季耶夫编的《中文识字课本》（1779）和他所译的《四书解义》（1780）与《中庸》（1784）等书，普希金在米哈依洛夫斯克村居住时曾利用过这些书。② 又据萧格洛夫（И. Щеглов）的

---

　　① 见《普希金全集》第 9 卷，第 454 页。

　　② 见《普希金和西伯利亚》文集第 128 页阿列克谢耶夫写的《普希金和中国》一文的注解。

研究，普希金于 1830 年 5 月下旬，曾在卡鲁加城附近冈察罗夫家的领地"亚麻布纺织厂"住过一个时期，当时也读过很多有关中国的书，并且多半是历史。据现在保存着的一份目录《普希金藏书登记表》来看，种数共有 82 种，最初的两种就是杜加尔特的《中华帝国概述》的第一卷和第二卷，此后尚有《论中国城市》一卷。① 普希金生前读过和收藏的有关中国的著作，大部分都已散失，但从各种史料当中，我们是不难看出他的阅读的范围和规模之广的。

普希金在他的一生当中，远从皇村中学时代起，直到他晚年从事历史著作为止，他对于中国的兴趣是在不断地增长，而且远超过同代人的见解以上。这正如阿列克谢耶夫所说的："把普希金吸引向东方的，并不是异想天开的奇思妙想……对于他，东方的问题，同时也就是俄罗斯文化的问题……"② 我们也可以把这几句话引用到他和中国的关系上来。

六

普希金的不朽的作品，是为我国广大的读者所喜爱的。从阿英同志著的《晚清小说史》中，我们早就知道，远在清光绪二十九年（1903），戢翼翚就从日文翻译了普希鏺（即普希金）的《俄国情史》。③ 它的全名是：《俄国情史，斯密士玛利传》，一名《花心蝶梦录》。多年来，由于找不到这个译本，

---

① 见柯冈（Г. Korah）写的《亚麻布纺织厂》一书（1951 年莫斯科国家文化教育书籍出版局出版），第 76—81 页。

② 见《普希金和西伯利亚》文集第 141 页阿列克谢耶夫写的《普希金和中国》一文。

③ 见阿英《晚清小说史》，1937 年上海商务印书馆本，第 280 页。

也无法从译名上来断定它原来究竟是部什么作品，只有近两年来，我们方才知道，这就是普希金的长篇小说《上尉的女儿》的中译。① 《俄国情史》的翻译，是正当严复和梁启超等人倡议翻译外国小说之后。当时翻译外国文学作品的目的，在于移风易俗，改良社会，借外国小说"使民开化"，以"新一国之民"。在《俄国情史》的前面印有黄和南写的《绪言》，其中即有这样一段话："夫小说有责任焉。吾国之小说，皆以所谓忠臣孝子贞女烈妇等为国民镜，遂养成一奴隶之天下。然则吾国风俗之恶，当以小说家为罪首。是则新译小说者，不可不以风俗改良为责任也。"② 由此可见，戢翼翚当时翻译这部作品，不是没有用意的。

接着在 1907 年，鲁迅先生即用令飞的笔名写了《摩罗诗力说》（发表在 1908 年的《河南》月刊上），其中介绍了普式庚（即普希金）的生平和作品，并指出："俄自有普式庚，文界始独立，故文史家芘宾谓真正之俄国文章，实与斯人偕起也。"③ 鲁迅先生在同一篇文章中还介绍了来尔孟多夫（莱蒙托夫）和

---

① 当我在 1947 年编辑《普希金文集》时，曾作了这样的猜测：也许这就是普希金的短篇小说《暴风雪》，说不定就是他的《杜勃罗夫斯基》或是《上尉的女儿》，因为这三部作品的女主人公的名字都是玛利亚。过了不久，我从顾燮光编的《读书经眼录》中读到一段记载："《俄国情史》一卷，作新书局洋装本，俄普希罄著，日本高须治助译，戢翼翚重译。书凡十三章，一名《花心蝶梦录》，记俄人弥土与玛丽结婚，中更兵燹，几经患难，而后团圆，盖传奇类也。全书 3 万余言，情致缠绵，文章亦隽雅可读。"这段记载虽然使我对《俄国情史》有了进一步的认识，但并没有根本解决我所要追究的问题。直到前年，我方在阿英同志的破烂书堆中发现了这个译本，立即看出这就是普希金的《上尉的女儿》。日译本于明治十六年（1883）出版，看来日译者把这本书的人名英国化了，这也就是《斯密士玛利传》一名称的来源。关于这个译本的发现，请参阅戈宝权写的《谈普希金的〈俄国情史〉》，载 1959 年 6 月 5 日的《北京日报》；管瑛写的《〈俄国情史〉的发现》载 1959 年 6 月 6 日的《光明日报》。

② 见《俄国情史》，第 2 页。

③ 见《鲁迅全集》第 1 卷，第 222 页。

鄂戈理（果戈理），这可说是我国最早介绍俄国文学的论文。

　　普希金的作品广泛地被介绍到我国来，主要是五四运动以后的事。首先是1920年北京新中国杂志社出版了《俄罗斯名家短篇小说》第一集，其中收了沈颖翻译的普希金的两个短篇《驿站监察史》和《雪媒》（即《暴风雪》），瞿秋白还专为前一篇小说写了序言。① 1921年，《小说月刊》出版了《俄国文学研究》号外，其中刊载有普希金的传记和郑振铎翻译的小悲剧《莫萨特与沙莱里》。在单行本方面，共学社编译了一套"俄罗斯文学丛书"。这套丛书的第一种，就是1921年出版的安寿颐翻译的《甲必丹之女》，书前附有耿济之、郑振铎两人写的序文。1924年，亚东书局出版了赵诚之翻译的《普希金小说集》，实际上这就是《别尔金小说集》的全译。从这个时候起，普希金的作品就陆续地被介绍到我国来，他的诗歌作品的译本，也开始出现在报章刊物上。及至鲁迅先生在1934年创办了《译文》杂志之后，除零星地介绍过他的作品之外，还出过几次关于他的特辑，使中国的读者更有可能经常读到普希金的作品。

　　1937年2月10日，是普希金这位伟大诗人的逝世百年忌辰，中苏文化协会上海分会曾举行盛大的纪念会，会上作了关于普希金的报告和演讲，并朗诵了他的作品。在出版物方面，商务印书馆出版了中苏文化协会上海分会编的《普式庚逝世百周年纪念集》，生活书店出版了《普式庚研究》，光明书店出版了《普式庚创作集》，文化生活社出版了《普式庚短篇小说集》；此外，像《译文》、《文学》、《中苏文化》等刊物都出了纪念专号。电影方面，放映了《诗人的青年时代》和《复仇艳遇》（即《杜勃罗夫斯基》）等影片。

---

　　①　见《瞿秋白文集》第2卷，第541—543页。

在普希金逝世百年祭之后和抗战期间，我国还是继续不断地翻译他的作品，像《茨冈》、《叶甫盖尼·奥涅金》、《上尉的女儿》等书都相继出版，其中尤以瞿秋白翻译的《茨冈》，一直到今天还被视为是一部不可超越的译品。

1947 年 2 月 10 日普希金逝世 110 周年时，在国民党反动统治和白色恐怖的情况下，中苏文化协会上海分会和其他 7 个文艺团体联合举行了纪念会，郭沫若在会上作了《向普希金看齐!》的报告；时代出版社出了罗果夫和戈宝权合编的《普希金文集》，天下图书公司出版了《普希金画传》。

1949 年 6 月 9 日普希金诞辰 150 周年时，北京的文艺界举行了隆重的庆祝会，各报章刊物都出了特辑。从中华人民共和国成立时起，普希金的作品更被广泛地介绍过来，直到目前为止，普希金的诗歌作品、散文作品和戏剧作品，差不多全都有了中译，每一种作品都有几种译文。

在此可以顺便讲的，就是当 1937 年普希金逝世 100 周年纪念时，上海曾建立了他的铜像，但在上海沦陷期间，日寇把这个铜像盗走，这样直到 1947 年方重新兴建起来。诗人臧克家当时还写了《竖立了起来》一诗，来歌颂苏联雕刻家多玛加兹基新铸的普希金铜像。① 普希金的铜像在今天受到上海市民的热爱，它不仅成为上海的文化胜地之一，同时也成为中苏友好的最好象征。

普希金的光辉的名字，一向是我们中国人民所热爱的。郭沫若曾经这样讲道：

我们应该向普希金看齐！不仅在作为诗人，作为文艺工作者，在写作诗文上应该向普希金看齐。就是在做人上，在立身处世上，我们尤其是应该向普希金看齐。……他所走过

---

① 见 1947 年出版的《普希金文集》，第 344—346 页。

的道路，他在文艺上和人格上的光辉的成就，的确是值得我们学习的。

……

他的做人的态度，在我认为有几点特别值得我们注意学习：第一是他的为人民服务的精神；第二是他的为革命服务的志趣；第三是在两种生活原则之下，他发挥尽致了"富贵不能淫，贫贱不能移，威武不能屈"的大丈夫的气概。

……

我们今天来纪念普希金，就要认识他这些精神。这是为人民服务的精神，为革命服务的精神，"富贵不能淫，贫贱不能移，威武不能屈"的精神，有了这些精神，所以才能有普希金在文艺上的成就。只要有了这些精神，就从事于文艺以外的其他任何工作，我们都可以保证是可以产生出无数的普希金来的。[1]

普希金生活和创作的时代，距离我们已是一个多世纪了，但是他的光辉的名字和不朽的作品，依然在激动着我们的心。尤其是当我们知道，普希金在他的一生当中怎样对中国有着极大的兴趣，我们就感觉到普希金对我们是更为亲切。普希金在《先知》一诗中曾经说过，诗人的天职，是要"用语言去把人们的心灵烧亮"。愿他的不朽的诗句，经常在燃烧着我们的心，也把我们的心灵烧亮！

1959 年 7 月 28 日于北京盛暑中

（原载《文学评论》1959 年第 4 期）

---

[1]　见 1947 年出版的《普希金文集》，第 326—329 页。

屠格涅夫和中国

鲁迅在自己所写的文字当中，曾不只一次地提到了"著名的俄罗斯作家"（列宁语）屠格涅夫的名字，如他在《祝中俄文字之交》一文中就说：

> 那时——19 世纪末——的俄国文学，尤其是陀思妥夫斯基和托尔斯泰的作品，已经很影响了德国文学，但这和中国无关，因为那时研究德文的人少得很。最有关系的是英美帝国主义者，他们一面也翻译了陀思妥夫斯基，都介涅夫，托尔斯泰，契诃夫的选集了，一面也用那做给印度人读的读本来教我们的青年……然而因此也携带了阅读那些选集的可能。

> 那时就看见了俄国文学。

> 那时就知道了俄国文学是我们的导师和朋友。因为从那里面，看见了被压迫者的善良的灵魂，的酸辛，的挣扎；还和 40 年代的作品一同烧起希望，和 60 年代的作品一同感到悲哀。我们岂不知道那时的大俄罗斯帝国也正在侵略中国，然而从文学里明白了一件大事，是世界上有两种人：压迫者和被压迫者！

从现在看来，这是谁都明白，不足道的，但在那时，却是一个大发见，正不亚于古人的发见了火的可以照暗夜，煮东西。

俄国的作品，渐渐的绍介进中国来了，同时也得了一部分读者的共鸣，只是传布开去。①

鲁迅在他翻译的苏联短篇小说集《竖琴》的前记中又说：

俄国的文学，从尼古拉斯二世时候以来，就是为人生的，无论它的主意是在探究，或在解决，或者堕入神秘，沦于颓唐，而其主流还是一个：为人生。

这一种思想，在大约 20 年前即与中国一部分的文艺绍介者合流，陀思妥夫斯基，都介涅夫，契诃夫，托尔斯泰之名，渐渐出现于文字上，并且陆续翻译他们的一些作品，那时组织的介绍"被压迫民族文学"的是上海的文学研究会，也将他们算作为被压迫者而呼号的作家的。②

仅从鲁迅所写的这两段文字中，我们就可以看出，远从 19 世纪末叶和 20 世纪初叶起，俄国文学、特别是以像屠格涅夫这些卓越的作家为代表的先进的俄国文学，就同中国的文艺绍介工作者和广大的读者发生了关系。由于俄国的文学作品大量地被介绍到我国来，从而对中国新文学的诞生和成长都产生了很深的影响。

一

屠格涅夫的作品最早在什么时候被介绍到中国来的呢？据现

---

① 见《鲁迅全集》第 4 卷，1981 年版，第 459—460 页。
② 同上书，第 432 页。

有的材料，我们知道早在五四运动以前1915年出版的刊物上，就已经发表过他的作品的译文。

首先是在1915年7月1日上海中华书局出版的《中华小说界》第2卷第7期上，发表了（刘）半农用文言文根据英文转译的《杜瑾纳夫之名著》，实即屠格涅夫晚年写的四首散文诗：《乞食之兄》（即《乞丐》）、《地胡吞我之妻》（即《玛莎》）、《可畏哉愚夫》（即《愚人》）和《薆妇与菜汁》（即《菜汤》）。译者在译文前面写了一段关于屠格涅夫的简介：

> 俄国文学家杜瑾纳夫（Ivan Turqenev），与托尔斯泰齐名。托氏为文，浅淡平易者居其半，其书易读，故知之者较多。杜氏文以古健胜，且立言不如托氏显，故知之者少。至举二氏并论，则实不能判伯仲。杜氏成书凡十五集，诗文小说并见，然小说短篇者绝少，兹于全集中得其四，曰《乞食之兄》，曰《地胡吞我之妻》，曰《可畏哉愚夫》，曰《薆妇与菜汁》，均为其晚年手笔（案氏生于1818年，卒于1883年。此四篇成于1878年2月至5月间，时年已60）。措辞立言，均惨痛哀切，使人情不自胜。余所读小说，殆以此为观止。

接着在1915年9月15日上海群益书社出版的第1卷第1号直到当年12月15日出版的第1卷第4号的《青年杂志》（即《新青年》的前身）上，连载了陈嘏用文言文翻译的屠格涅夫的小说《春潮》。在同刊的第1卷第2号的封面上，还刊登了屠格涅夫的画像。从1916年1月15日出版的第1卷第5号的《青年杂志》，直到当年10月1日出版的第2卷第2号的《新青年》上，又连载了同一译者用文言文翻译的屠格涅夫的另一篇小说《初恋》。这两篇译文都是根据英文转译的。

译者陈嘏在《春潮》的译文前面，也写了一段关于屠格涅夫的简介：

  屠尔格涅夫氏（Turgenev lvan），乃俄国近代杰出之文豪也。其隆名与托尔斯泰相颉颃。生于 1818 年。少时有《猎人随笔》之作，为时所称。顾身世多艰，尤厌恶本国阴惨之生活。既见知于法兰西文家韦亚尔德氏夫妇，遂从之游法京。其后偶归国，以事得罪皇帝，被系狱。未几期满，仍不许出本籍，此 1852 年间事也。迨 1855 年之时，始获自由。于是仍走法京，托身于韦亚尔德氏许，终其身遂不复返国。卒于 1883 年。前后住法京盖四十载，客中岁月，殆占其生涯之大半矣。著作亡虑数十百种，咸为欧美人所宝贵。称欧洲近代思想与文学者，无不及屠尔格涅夫之名。其文章乃咀嚼近代矛盾之文明，而扬其反抗之声者也。此篇为其短著中之佳作，崇尚人格，描写纯爱，意精词赅，两臻其极。各国皆有译本，英译名曰"Spring Floods"云。

到了 1917 年 3 月，上海中华书局出版了周瘦鹃翻译的《欧美名家短篇小说丛刊》，在下卷的"俄罗斯之部"中刊有他用文言文根据英文转译的屠格涅夫的小说《死》，译文前面有屠格涅夫的小传：

  杜瑾纳夫（Ivan Sergeyerich Turqenieff）以 1818 年 11 月 9 日生于俄罗斯之乌利尔（Orel）。初就傅于墨斯科及圣彼得堡。1838 年襆被赴德京柏林，习彼邦之哲学文学。越两载而归，供职于内务部中。1841 年刊其诗集，1844 年以所著第一种之说部《盎特利·夸洛索夫》（Andrei Kolosoff）付梓问世。翌年，成《猎人笔记》（A Sportsman's Sketches）一书，大为国人所传诵，英法德三国文家复争译之，名遂大著。1852 年草一书昌言自由主义，为政府所忌，褫其职，幽之狱中，复被放于乌利尔。两年后始得自由，后即飘然去国，至排屯排屯（Baden‐Baden）及巴黎，侨居两地，颇与法国诸文学家相周旋。时复一归故国，少纾其思乡之念。1883 年 9 月 3 日卒于巴黎。所著说部中最有名者，有《露亭》（Rudin）、《贵人一窠》（A Nest of Nobles）、《海伦娜》（Helene）、《父与子》（Fathers and Sons）、《烟》（Smoke）、《处女之土》（Vivgin Soil）诸书。

（刘）半农、陈嘏、周瘦鹃是我国最早翻译绍介屠格涅夫作品的人，他们在译文前写的简介文字，某些地方虽与史实稍有出入，但在今天看来，这可算是我国最早介绍屠格涅夫的文字了。至于屠格涅夫的名字，我国曾有过各种不同的译法，但陈嘏当年采用的译名"屠尔格涅夫"（后来略去"尔"字），却一直沿用至今。

二

屠格涅夫的作品更多地被介绍到我国来，主要是 1919 年五四运动以后的事。现不妨对 60 多年来我国出版的主要译本作一个概括的回顾。

继《新青年》之后，在 1920 年北京出版的《晨报》副刊上，就发表过沈颖根据俄文翻译的屠格涅夫的小说作品《失望》、《梦》、《霍尔与喀里奈奇》（即《猎人笔记》的第一篇），诗歌作品《散文诗》和戏剧作品《途中谈话》等。1920 年北京新中国杂志社出版了由瞿秋白、郑振铎和耿济之等人合编的《俄罗斯名家短篇小说第一集》，其中又发表了沈颖翻译的屠格涅夫的小说《九封信》（即《浮士德》）。

沈雁冰（茅盾）在 1920 年 1 月开始主持商务印书馆出版的《小说月报》的《小说新潮》栏后，他在当月用记者的名义写的

《小说新潮栏宣言》中就指出："现在新思想一日千里，新思想是欲新文艺去替他宣传鼓吹的，所以一时间便觉得中国翻译的小说实在是都'不合时代'。况且西洋的小说已经由浪漫主义进而为写实主义、表象主义、新浪漫主义，我国却还是停留在写实以前，这个又显然是步人后尘。所以新派小说的介绍，于今实是很急切的了。……中国现在要介绍新派小说，应该先从写实派、自然派介绍起。"① 他主张在介绍外国的小说时，应先介绍各国现实主义作家的有代表性的作品。他在初步草拟的书目中提到的屠格涅夫的作品，就有《猎人笔记》和《父与子》两种书。这样从 1921 年革新的《小说月报》第 12 卷第 3 号起，就开始分期连载耿济之从俄文翻译的屠格涅夫的《猎人日记》，直到 1924 年第 15 卷第 11 号为止。在 1921 年 9 月出版的《小说月报》号外《俄国文学研究》上，耿济之写有《俄国四大文学家合传》，专门论述了果戈理、托尔斯泰、屠格涅夫、陀思妥夫斯基的生平和创作；在作品方面耿济之又翻译了屠格涅夫的《尺素书》（即《通信》，或称《十五封信》）。到了 1922 年出版的第 13 卷第 3 号的《小说月报》上，刊载了屠格涅夫的画像和散文诗《玛沙》的手迹，同期还发表了谢六逸写的《屠格涅夫传略》和耿济之写的《猎人日记研究》。与此同时，在商务印书馆出版的由胡愈之主编的《东方杂志》上，也发表过屠格涅夫作品的译文，如（胡）愈之和（胡）仲持合译的《唔唔》以及愈之、雁冰、泽民等写的《近代俄国文学家论》中的《屠格涅夫论》。

在五四运动以后，随着俄国文学作品大量地被介绍到我国来，屠格涅夫的作品也开始以单行本出版。在共学社编辑的一套

---

① 见《小说月报》1920 年 1 月第 11 卷第 1 号的《小说新潮栏》，第 1—2 页。

《俄罗斯文学丛书》中，1921 年就出版了沈颖翻译的《前夜》（书前有耿济之写的序），1922 年又出版了耿济之翻译的《父与子》。在《俄罗斯文学丛书》中还专有一套《俄国戏曲集》，其中 1921 年出版了耿济之翻译的屠格涅夫的《村中之月》。这三种译本都是由商务印书馆印行的。此外新文化书社在 1923 年出版了徐蔚南和王维克合译的《屠格涅夫散文诗集》。到了 1925 年，商务印书馆编印的《世界文学名著》丛书中，出版了郭鼎堂（即郭沫若）翻译的屠格涅夫的长篇小说《新时代》上、下两册。这部书是根据德文翻译的，因此采用了德译本的译名，实即屠格涅夫的《处女地》。1926 年光华书局又出版了李杰三翻译的《胜利的恋歌》（外《梦》一篇）。

　　从 1927—1936 年的 10 年中，屠格涅夫的长篇和中短篇作品大量地被翻译介绍过来。1927 年北新书局出版了张友松翻译的《薄命女》。1928 年是出书最多的一年，几达 8 种之多。这一年北新书局出版了徐冰弦翻译的《初恋》和梁遇春、顾绶昌翻译的《浮士德》（外《潘新可夫》一篇），春潮社出版了涤尘、斯曛翻译的《爱西亚》，开明书店出版了黄维荣翻译的《十五封信》和樊仲云翻译的《畸零人日记》（外《爱与死》一篇），北新书局出版了张友松翻译的《春潮》，商务印书馆出版了赵景深翻译的《罗亭》（曾先在《小说月报》1928 年第 19 卷第 1—3 号上连载，后收入《文学研究会丛书》），世纪书局出版了黄药眠翻译的《烟》。1929 年商务印书馆出版了樊仲云翻译的《烟》，自由出版社出版了沈颖翻译的《九封信》，泰东图书局出版了席涤尘翻译的《爱西亚》。1930 年商务印书馆出版了陈学昭翻译的《阿细亚》，启智书局出版了刘大杰翻译的《一个不幸的少女》，乐群书店出版了马宁翻译的《处女地》，亚东图书馆出版了刘大杰翻译的《两朋友》，北新书局出版了袁嘉骅翻译的

《难忘的爱侣》（外《咯、咯、咯》、《客店》两篇），世界文艺书社出版了罗森翻译的《屠格涅夫散文诗》。1931年现代书局出版了席涤尘翻译的《一个虔诚的姑娘》（即《贵族之家》），亚东图书馆出版了郑效洵翻译的《够了及其他》（外《阿丝雅》、《神父阿立克舍的故事》两篇），北新书局出版了白棣、清野译注的《屠格涅夫散文诗》。就在这一年，商务印书馆还出版了陈西滢（陈源教授）根据三种英文译本和一种法文译本翻译的《父与子》，鲁迅曾因此写道：俄国文学作品受到"读者大众的共鸣和热爱，早不是几个论客的自私的曲说所能掩蔽，这伟力，终于使先前膜拜曼殊斐儿的绅士也重译了都介涅夫的《父与子》"[1]，即指此而言。1933年商务印书馆出版了高滔翻译的《贵族之家》（列为《文学研究会丛书》），大江书铺出版了赵孤怀翻译的《屠格涅夫小说集》（收《静的旋流》和《相逢三度》两篇），前锋书店出版了黄源编辑的《屠格涅夫代表作》的选本，黎明书店出版了蒯斯曛、席涤尘合译的《阿霞姑娘》。1934年哈尔滨的精益书局出版了温佩筠翻译的《阿霞》，同一译者还翻译过屠格涅夫的一首《叙事诗》、两首散文诗（《门槛》、《多么美丽多么鲜艳的玫瑰花呀》）和一篇小说《里郭埠》，收在1933年在哈尔滨出版的俄国诗歌与散文作品集《零露集》中，而且两种书都是用俄、汉两种文字对照的。1935年敏汝出版社出版了胡堪翻译的《爱莎》。

　　从抗战前的1936年直到建国前的1949年，屠格涅夫的作品仍然继续不断地出版，特别是在巴金主持下的文化生活出版社先后出版了不少屠格涅夫的作品，把屠格涅夫的六部长篇小说编为《屠格涅夫选集》出版，在我国翻译介绍屠格涅夫的作

---

① 见《鲁迅全集》第4卷，1981年版，第461页。

品方面作出了重要的贡献。1936 年文化生活出版社先后出版
了巴金翻译的《门槛》，耿济之翻译的《猎人日记》，陆蠡翻
译的《罗亭》（列为《屠格涅夫选集》之一）；1937 年又出版
了丽尼翻译的《贵族之家》（列为《屠格涅夫选集》之二）。
此外，1936 年启明书局出版了卞纪良翻译的《初恋》，1937 年
初霞书店出版了耶草翻译的《春潮》，1939 年启明书局出版了
蓝文海翻译的《父与子》，1940 年剧场艺术社出版了贺一清翻
译的《贵族之家》。从 1940 年起，文化生活出版社又出版了一
些屠格涅夫的作品：1940 年先出版了赵蔚青翻译的《不幸的
少女》和《静静的洄流》，同年又出版了陆蠡翻译的《烟》
（列为《屠格涅夫选集》之四），1943 年出版了丽尼翻译的
《前夜》和巴金翻译的《父与子》（分别列为《屠格涅夫选集》
之三和之五）。1943 年开明书店出版了丰子恺翻译的《初恋》。
1944 年文化生活出版社出版了巴金翻译的《处女地》（列为《屠
格涅夫选集》之六），该社编印的六卷《屠格涅夫选集》到此已
基本完成。此外，1945 年文化生活出版社出版了马宗融翻译的
《春潮》、巴金翻译的《散文诗》。同年正风出版社出版了李南岳
翻译的《屠格涅夫散文诗集》。1949 年文化生活出版社又出版了
蒋路翻译的《文学回忆录》。

三

　　建国以后的 30 多年当中，屠格涅夫的作品更是大量地出版，
其中有不少是再版的，更多的是新译的，都受到广大读者的普遍
欢迎。

　　在再版的书当中，如文化生活出版社在 1950 年到 1953 年之
间，先后再版了《屠格涅夫选集》中的六部书：1950 年再版了

巴金翻译的《处女地》、丽尼翻译的《贵族之家》，1951 年再版了陆蠡翻译的《罗亭》，1953 年再版了丽尼翻译的《前夜》、陆蠡翻译的《烟》和巴金翻译的《父与子》。此外，1950 年再版了耿济之翻译的《猎人日记》，1953 年新出了丰子恺翻译的《猎人笔记》，1962 年再版了蒋路翻译的《屠格涅夫回忆录》。

在新出版的书当中，继文化生活出版社而起的平明出版社，从 1949 年起开始出版了不少屠格涅夫中短篇小说的单行本，列为《新译文丛刊》。如 1949 年出版了巴金翻译的《蒲宁与巴布林》，海岑翻译的《三肖像》（外《犹太人》、《决斗家》两篇），1950 年出版了成时翻译的《克莱拉·密里奇》，1951 年出版了海岑翻译的《两朋友》，1952 年出版了巴金翻译的《木木》，1953 年出版了萧珊翻译的《阿细亚》，1954 年出版了萧珊翻译的《初恋》，1954 年出版了吴人珊翻译的《浮士德》（外《旅长》一篇）、海岑翻译的《多余人日记》（附《彼都施柯夫》一篇）、萧珊翻译的《奇怪的故事》（附《书简》一篇）。同社在 1954 年还出版了黄裳翻译的《猎人日记》。

此外，在中短篇小说方面，1950 年正风出版社出版了橘林翻译的《情之所钟》，1954 年泥土社出版了徐声越、王宜光、伯声翻译的《爱的凯歌》（收《浮士德》、《阿霞》、《初恋》、《爱的凯歌》等四篇小说）和刘大杰翻译的《一个无可救药的人》（收《雅可夫·白辛可夫》、《不幸的姑娘》、《普宁与巴波林》、《梦》和《一个无可救药的人》等五篇小说），1959 年上海文艺出版社出版了常健翻译的《世外桃源》（收《客栈》、《不幸的姑娘》、《世外桃源》、《雅可夫·巴辛可夫》、《末末》、《叶尔古诺夫上尉的故事》等六篇小说），同年人民文学出版社出版了萧珊、巴金翻译的《屠格涅夫中短篇小说集》（收《木木》、《僻静的角落》、《雅可夫·巴生科夫》、《阿霞》、《初恋》、《草原上的李耳王》、《普宁与巴布林》等七篇小说），此书在 1981 年四川人民出版社又曾经重印。

在屠格涅夫的戏剧作品方面，1956 年海燕书店出版了芳信翻译的《村居一月》。平明出版社从 1951 年到 1954 年出版了李健吾翻译的《屠格涅夫戏剧集》，共四集，第一集名《落魄》，包括三幕剧《疏忽》和《落魄》、《什么地方薄什么地方破》两个独幕喜剧；第二集名《贵族长的午宴》，包括两幕喜剧《食客》和独幕喜剧《贵族长的午宴》；第三集为三幕喜剧《单身汉》；第四集名《内地女人》，包括《内地女人》、《扫仑太（现通译索伦托）的黄昏》、《大路上的谈话》三个独幕喜剧。

在儿童读物方面，1950 年新华书店东北总分店出版了达克翻译的《雌鹑》，1953 年少年儿童出版社出版了陆庚翻译的《小鹌鹑》，内收《小鹌鹑》、《海上航行》和《麻雀》等三篇童话故事。

以上系就屠格涅夫作品的中译本而言，我国还翻译出版了不少有关屠格涅夫的传记和研究论著。早在 1934 年，商务印书馆就出版了吴且刚翻译的莫洛亚著的《屠格涅夫》，1949 年文化生活出版社出版了刘执之翻译的斯特拉热夫著的《屠格涅夫的生活和著作》，1953 年平明出版社出版了巴金翻译的巴甫罗夫斯基著的《回忆屠格涅夫》，1956 年作家出版社出版了丰一吟翻译的诺维科夫著的《论〈猎人笔记〉》，1957 年新文艺出版社出版了张耳翻译的彼得罗夫著的《屠格涅夫》，1959 年人民文学出版社出版了韩凌翻译的普斯托沃依特著的《屠格涅夫评传》，1962 年上海文艺出版社出版了冒效鲁翻译的比亚雷克等著的《屠格涅夫论》。至于此外散见于各种俄国文学史和俄国作家论中的译文则更多，此地不再一一列举。

四

屠格涅夫的作品是为各国的文艺工作者和广大读者所热爱的。当康斯坦斯·加涅特英译的《罗亭》在 1894 年出版时，俄国作家斯特普尼亚克曾为它写了一篇序文。序文的一开头就说：

> 屠格涅夫已是一位不仅属于俄国的作家了。在他一生的最后的 15 年当中，他为自己赢得了广大的读者，最初在法国，然后在德国和美国，最后在英国。

事实上也确是如此。屠格涅夫逝世于 1883 年，这时他的重要作品已被翻译成法、德、英各种文字。即就法文来说，在他生前，1858 年法国就出版了他的中短篇小说集和戏剧集，1863 年出版了他的作品集，1867 年出版了由法国名作家梅里美编辑的长篇小说《烟》，1877 年又出版了另一部长篇小说《处女地》。他长期在法国生活，先后同雨果、乔治·桑、福楼拜、爱·龚古尔、左拉、都德等许多法国作家都有交往，他的文学天才也很得到他们的赞赏。屠格涅夫的作品在 19 世纪末叶和 20 世纪初叶已传播到东方（日本在 19 世纪 80、90 年代就有了二叶亭四迷等人翻译的屠格涅夫的作品），我国新文学的诞生和成长则更深受他的作品的影响。我国五四运动以来的作家和翻译家如鲁迅、瞿秋白、郭沫若、郁达夫、茅盾、郑振铎、耿济之、巴金等许多人，对屠格涅夫的创作都有所论述，或是亲自翻译过他的作品。

茅盾可能是我国最早论述屠格涅夫的人，他在 1920 年 1 月用记者的名义为《小说月报》写的《小说新潮栏宣言》中，就提到要翻译介绍屠格涅夫的作品。像他在当年 2 月用雁冰的名字写的《俄国近代文学杂谈》中就说：

> 俄国近代文学都是有社会思想和社会革命观点。……俄

人视文学又较他国人为重，他们以为文学这东西，……不但要表现人生，而且要有用于人生。俄国文豪负有盛名者，一定同时也是个大思想家。

我们只要看屠格涅夫和托尔斯泰的著作便可明白。他们俩都有绝强的社会意识，都是研究人类生活的改良，都是广义的艺术家，——广义的艺术观念便是老老实实表现人生。他在这篇文章中专有一段是讲屠格涅夫的。

屠氏是诗意的写实家。他最初的著作唤作《猎人日记》的，是一部讨论农奴解放的著作。他因为要避避地主们的眼，所以假称猎人日记。俄国文学凡是鼓吹革命的，都是这样：惯会在字缝里写字，避过警吏检查时的注意，而有心的读者，却一看就得了。其余的著作如《罗亭》、如《父与子》、如《处女地》等等，都是活活地把俄国社会的形状现出，写新思想（少年思想）和旧思想（老年思想）的冲突，更把自己的灵感和观察灌到新青年的脑里去。①

鲁迅是非常热爱俄国文学的，他从早年翻译安特莱夫和迦尔洵的短篇小说，直到晚年翻译果戈理的长篇小说《死魂灵》就是一个明证；而且他的创作小说也是深受了俄国文学的影响的。他自己虽然没有翻译过屠格涅夫的作品，但他对屠格涅夫有过不少论述，本文开头处引用的两段文字，就指出了屠格涅夫对我国文学的影响。在五四运动以后，我国曾一度流行过"虚无主义"的思想，由于"虚无主义者"这个名字是屠格涅夫在《父与子》小说中最初提出来的，因此鲁迅曾说：

中国人先前听到俄国的"虚无党"三个字，便吓得屁滚尿流，不下于现在之所谓"赤化"。其实是何尝有这么一

① 见《小说月报》1920年2月第11卷第2号的《编辑余谈》，第1—2页。

个"党"；只是"虚无主义者"或"虚无思想者"却是有的，是都介涅夫给创立出来的名目，指不信神，不信宗教，否定一切传统和权威，要复归那出于自由意志的生活的人物而言。①

又如1928年，他和郁达夫主编《奔流》杂志，当发表郁达夫翻译的屠格涅夫的论文《哈姆雷特与堂·吉诃德》时，他曾在编校后记（一）中写道：

> 伊凡·屠格涅夫早因为他的小说，为世所知，但论文甚少。这一篇《Hamlet und Don Quichotte》是极有名的，我们可以看见他怎样地观察人生。②

瞿秋白、郑振铎、耿济之都是我国最早翻译和介绍俄国文学的人，他们早在1929年编辑出版《俄罗斯名家短篇小说》第一集时，瞿秋白和郑振铎两人都写了序文，小说中发表了沈颖翻译的屠格涅夫的《九封信》（即《浮士德》），译文前有小引，指出屠格涅夫"于俄国文学，有极高的功绩"。瞿秋白在1921—1922年旅苏期间，写成了《俄国文学史》（《十月革命前的俄罗斯文学》），其中有专章论述屠格涅夫。他说屠格涅夫的《猎人日记》，"描写农民之间的各派人物，……对于农奴制度的内容，可以说揭开了几十重黑幕；农民的蠢笨愁苦和忠实诚朴——显然地证实农奴制的不可不废"。他还写了专节论到屠格涅夫的几部长篇小说：

> 屠格涅夫的传奇长篇小说更能进而描绘农奴解放时代的俄国社会，——那贵族，地主，青年等的"时代情绪"。如：《鲁定》，《贵族之巢》，《前夜》，《父与子》，《烟》，

---

① 见《鲁迅全集》第3卷，1981年版，第327—328页。
② 见《鲁迅全集》第7卷，1981年版，第157页。

《新地》。……屠格涅夫的天才在于客观性的严格——他向来对于无论哪一派调的人都不加褒贬，而只是写生的描画。俄国当时社会的自觉，在屠格涅夫的文学里，确有圆满的映影。①

耿济之是五四运动以后最早翻译介绍屠格涅夫作品的人，他先后翻译了《猎人日记》、《父与子》和剧本《村中之月》等书。他也写过多篇有关屠格涅夫的文章，如他在1922年写的《猎人日记研究》一文的开头就说：

我在俄国诸大文学家中最爱读屠格涅夫的作品，因为他的作品能在高超的艺术内曲折传出社会的呼声，反映时代的精神。读屠格涅夫几部长篇的小说，无异读19世纪一部俄国社会思想史，所以欲研究俄国近代思想的变迁，不能不研究屠氏的文学。屠氏的《猎人日记》反抗农奴制度，最为激烈，影响于当时俄国社会者亦属最大。因其为俄国文学中最重要的作品，所以我极喜欢读他，研究他。现在这部小说已经我译成中文，逐期在《小说月报》上发表了。但是这部小说中含有如何社会的意义和艺术的价值，这个也为读这部小说的人不可不知道的。②

当1921年《小说月报》出版《俄国文学研究》号外时，他写了《俄国四大文学家合传》，其中介绍了屠格涅夫的《猎人日记》和六部长篇小说，并且说：

自《罗亭》、《贵族之家》、《前夜》、《父与子》、《烟》、《荒地》等书一出版，而俄国当时全时代显明的面目遂尽行暴露在我们眼前。屠氏自己也明白自己的任务，他知道他的

---

① 见《瞿秋白文集》第2卷，1953年版，第493—494页。
② 见《小说月报》1922年3月第13卷第3号，该文第7—8页。

文学作品的意义是在于用善意及无偏向的眼光，来描写莎士比亚所说的"时代的形体与压迫"。就是俄国全批评界以至全体读者也都承认屠氏有这种社会上，艺术上的任务。

这七篇长篇著作（自《猎人日记》至《荒地》），举凡屠格涅夫的思想，19世纪俄国社会的景况，都包罗在里面了。至于这几部书的艺术手段都很高妙，堪奉为散文的模范作品。①

与此同时，郑振铎在1923年的《小说月报》上发表的《俄国文学史略》，也有关于屠格涅夫的章节。他特别指出：

讲起屠格涅夫的小说，其艺术的结构与文词的精美，同时代的许多作家实无一能够得到他的。……他的作品，不仅包含诗的美，而且具有很充实的智的内容。自从他在1845年初次做小说起，他在文学界里的活动时候，有30年以上之久。在这30年里，俄国的社会与青年的思想变动得最为急骤；而这种急骤变动的痕迹，都一一反映在屠格涅夫的作品里，如照在镜中之影，如留在海岸沙上的潮痕。②

此外，他在1926年为第17卷第9期的《小说月报》写的《文学大纲》的《十九世纪的俄国文学》部分中，也专有一节谈到屠格涅夫。

郭沫若和郁达夫都是屠格涅夫作品的热爱者与翻译者。郭沫若在1921年从日本回国时初次读到屠格涅夫的长篇小说《新时代》（即《处女地》）。据他回忆说："那就是民国十年的四月一日，我第一次读到屠格涅夫的这部著书。那时和我同船回国的是

---

① 见《小说月报》1921年9月出版的号外《俄国文学研究》，该文第18—20页。

② 见《小说月报》1923年7月第14卷第7号的《俄国文学史略》（三），第1页，并见《俄国文学史略》1924年版单行本第34页。

我的朋友成仿吾，他也和我一样，太被文学的引力牵引住了。……他那时带着有好几本德文的屠格涅夫的小说，我在船上睡了两天两夜，便把这本《新时代》读了一遍。"1924年4月郭沫若重返日本时，他就向成仿吾把这本书要来作为"永远的纪念"，并于8月开始翻译这本书，用了四五十天的工夫就把它译完了。他这样写道：

> 这部书的自身我很喜欢，我因为这书里的主人翁涅暑大诺夫和我自己有点相像。

> 还有这书里面所流动着的社会革命的思潮。

> 农奴解放后的70年代的俄罗斯，诸君，你们请在这书中去觌面吧！你们会生出一个似曾相识的思想——不仅这样，你们还会觉得这个面孔是你们时常见面的吧。我们假如把这书里面的人名地名，改成中国的，……你看那俄国的官僚不就像我们中国的官僚，俄国的百姓不就是我们中国的百姓吗？

> 这书里面的青年，都是我们周围的朋友，诸君，你们不要以为屠格涅夫这部书是写俄罗斯的事情，你们尽可以说他是把我们中国的事情去改头换面地作过一遍的吧！

> 我译成这部书后，把我心中的"涅暑大诺夫"枪毙了。①

这部书是用郭鼎堂的名字出版的，而且在书前写着："这本译书献给我的朋友成仿吾。"除此之外，我们知道郭沫若还译过屠格涅夫诗五首：《睡眠》、《即兴》、《齐尔西时》、《爱之歌》、《遗言》，收在1928年创造社出版的《沫若译诗集》中。

郁达夫也读过屠格涅夫的多种作品，他为他和鲁迅合编的

---

①　见商务印书馆1925年版，第1—4页。

《奔流》翻译了屠格涅夫的论文《哈姆雷特与堂·吉诃德》。他在《关于屠格涅夫的〈罗亭〉问世前》一篇文字中还曾这样写道：

> 在许许多多古今大小的外国作家里，我觉得最可爱、最熟悉、同他的作品交往得最久而不会生厌的便是屠格涅夫……因为我的开始读小说，开始想写小说，受的完全是这一相貌柔和、眼睛有点忧郁、绕腮胡长得满满的北国巨人的影响。

巴金更是一位热爱屠格涅夫的作品和翻译介绍最力的人。他早当1935年在日本东京时就开始翻译屠格涅夫的散文诗，此后又陆续翻译了他的中短篇小说《蒲宁与巴布林》、《木木》和长篇小说《处女地》、《父与子》等书。当他主持文化生活出版社的工作时，就决心要翻译屠格涅夫的六部长篇小说，用《屠格涅夫选集》的形式出版。据他回忆说：

> 游山玩水，那是30年代的事情，从1930年到1937年，我几乎每年都去杭州，我们习惯在清明前后游西湖。有一两年春秋两季都去。……那个时候我们好象有无穷无尽的精力和感情！我还记得就是在沿着九溪十八涧走回湖滨的蜿蜒的小路上，陆蠡、丽尼和我在谈笑中决定了三个人分译屠格涅夫六部长篇小说的计划。我们都践了诺言，陆蠡最先交出译稿，我的译文出版最迟。陆蠡死在日本侵略军的宪兵队里，丽尼则把生命交给自己的同胞。当时同游的法国文学研究者和翻译家黎烈文后来贫困地病死在台北。①

巴金的夫人萧珊也是一位屠格涅夫作品的翻译者，她翻译了他的五个中短篇小说，最初以单行本出版，现都收在她和巴金合

---

① 见巴金《真话录》，香港三联书店1982年版，第20—21页。

译的《屠格涅夫中短篇小说集》中。据巴金回忆说：

> 我很喜欢她翻译的普希金和屠格涅夫的小说。虽然译文
> 并不恰当，也不是普希金和屠格涅夫的风格，它们却是有创
> 造性的文学作品，阅读它们对我是一种享受。①

巴金对他翻译的著作，都写有译后记。如他在 1950 年翻译
巴甫罗夫斯基的《回忆屠格涅夫》一书时，他曾说：

> 译者喜欢屠格涅夫的著作，也曾为它们花过一些工夫，
> 译过《父与子》和《处女地》，也译过《散文诗》和《蒲
> 宁与巴布林》，现在还在翻译他的一些中篇小说。②

巴金在《父与子》的新版后记中又说：

> 屠格涅夫"想通过主人公的形象把迅速嬗替中的俄罗
> 斯社会文化发展的各个阶段加以典型的艺术概括"，他的六
> 部长篇小说完成了这个任务。他"写出了数十年间的俄罗
> 斯社会生活的艺术编年史"。一百多年前出现的新人巴扎罗
> 夫早已归于尘土，可是小说中新旧两代的斗争仍然强烈地打
> 动我的心。对于这个斗争屠格涅夫是深有体会的，他本人就
> 同他的母亲（短篇《木木》中的地主婆）斗争了一生。但
> 是他母亲所代表、所体现的一切在翻天覆地的大革命中已经
> 化为灰烬，找不到一点痕迹了。旧的要衰去，要死亡，新的
> 要发展，要壮大；旧的要让位给新的，进步的要赶走落后
> 的——这是无可变的真理。即使作者描写了新人巴扎罗夫的
> 死亡，也改变不了这个真理。重读屠格涅夫的这部小说，我
> 感到精神振奋，我对这个真理的信念加强了。③

---

① 见巴金《随想录》，香港三联书店 1979 年版，第 31 页。
② 见《巴金序跋集》，花城出版社 1982 年版，第 375 页。
③ 同上书，第 477—478 页。

从以上这些引文中，我们就可以看出中国的作家是如何热爱屠格涅夫的，同时也可以看出屠格涅夫的作品是怎样影响了中国现当代的不少作家和他们的创作生活的。

在这里还可以提到的，就是我国的外国文学研究者也写过不少研究屠格涅夫的论文和著作。如黄源早在1929年就编写过一本《屠格涅夫生平及其作品》（上海华通书局出版），这和他1933年编译的《屠格涅夫代表作》，可说是姊妹篇。近年来出版的新书中，则有王思敏写的《屠格涅夫》（辽宁人民出版社1981年出版的《外国文学评介丛书》之一）和张宪周写的《屠格涅夫和他的小说》（北京出版社1981年出版的《外国文学知识丛书》之一）。

近几年来，我国还出版了不少屠格涅夫作品的译本，如1979年人民文学出版社出版了丰子恺翻译的《猎人笔记》，丽尼、巴金翻译的《前夜》和《父与子》，都列为《外国文学名著丛书》。1980年上海译文出版社出版了苍松翻译的《春潮》，1981年四川人民出版社出版了朱祖荣翻译的《一江春水》和萧珊、巴金翻译的《屠格涅夫中短篇小说集》，同年湖南人民出版社出版了黄伟经翻译的《爱之路——屠格涅夫散文诗集》。1983年江西人民出版社即将出版黄伟经新译的《猎人手记》。在有关屠格涅夫的传记方面，谭立德、郑其行合译了莫罗亚写的《屠格涅夫传》，已在1982年山西人民出版社出版的《名作欣赏》上连载完毕，并由该社印成单行本。1982年天津人民出版社又出版了刘石丘、史宪忠翻译的纳乌莫娃写的《屠格涅夫传》。在1983年哈尔滨出版的《北方文学·传记文学专号》上，发表了乌兰汗翻译的鲍高斯洛夫斯基著的《屠格涅夫传》，同书还有高文风、王瑞仁合译的译本，1984年由黑龙江人民出版社出版；晓晴的译本，同年由浙江文艺出版社出版。从此可以说明，屠格涅夫的作品始终受到我国广大读者的热烈欢迎。在这里我就想起鲁迅的话："中国大嚷过托尔斯泰、屠格涅夫……但他们的选集却一部也没有"①；鲁迅又说："屠格涅夫被译得最多，但至今没有人集成一部选集"②，当然就更谈不上全集了。我们希望随着屠格涅夫逝世的百年纪念，出版界能早日把屠格涅夫较完整的选集和文集编译出版出来！

　　（这篇文字原是 1983 年 10 月在厦门举行的屠格涅夫学术讨论会上的发言稿，曾刊载在 1983 年第 4 期的《世界文学》上。后又印在 1986 年辽宁人民出版社出版的高元风编译的《屠格涅夫论》的卷首）。

---

①　见《鲁迅全集》1981 年版第 5 卷，第 259 页。
②　见《鲁迅全集》1981 年版第 12 卷，第 582 页。

冈察洛夫和中国

中国人是生气勃勃的和富有精力的人民。

——冈察洛夫

在 19 世纪的俄国文学史上，杰出的批判现实主义作家冈察洛夫的名字，是占着相当重要的地位的。他生在 19 世纪的初叶（1812），死在 19 世纪的末叶（1891），这就使得他有可能成为 19 世纪整个俄国文学发展时代的见证人：他亲眼看见过伟大的诗人普希金；他和莱蒙托夫、别林斯基、赫尔岑、屠格涅夫等作家在莫斯科大学同过学；他又和果戈理、涅克拉索夫、车尔尼雪夫斯基、杜勃罗留波夫、奥斯特罗夫斯基、萨尔蒂科夫—谢德林、列夫·托尔斯泰、契诃夫等许多作家先后同时生活和从事创作活动。冈察洛夫本人从事创作活动的时代，主要是 19 世纪的 40—60 年代。这正是俄国封建的农奴制度发生了深刻的危机，1861 年废除了农奴法令，以及新兴的资产阶级的地位日益巩固和革命与民主的运动日益高涨的年代。这个时代在他的三部曲作品——《平凡的故事》、《奥勃洛莫夫》和《悬崖》当中，都有着相应的反映。冈察洛夫曾这样讲起自己的作品："我所看见的不是三部小说，而是一部。它们都被一条共同的线索、一种首尾一贯的思想——这就是我所经历的俄国生活从一个时代到另一个时代的转变，以及它们的各种现象在我的描写，画像、情景和细小的现象等当中的反映而彼此相互联系着。"①　正因为这样，我们可以说，冈察洛夫还又是 19 世纪中叶俄国重大的社会变革的见证人。

冈察洛夫的名字是我们相当熟悉的。他的三部曲作品，在我国都早有了译本，尤其是他用"无情的精确性和真实性塑造出来的"（杜勃罗留波夫语）俄国文学中的典型人物——奥勃洛莫夫，也成为我国读者很熟悉的典型人物之一。但在他的三部曲作品之外，我们却很少知道，在 19 世纪的俄国作家当中，冈察洛夫还是第一个访问过中国的人（他远在 1853 年就到过香港和上海）；也很少知道他在返国之后写成的游记《三桅巡洋舰帕拉达号》（《Фрегат "Паллада"》）一书中，对勤劳的中国人民给予了很高的评价；对他们所遭受的压迫和痛苦有着深厚的同情；对英帝国主义者的侵略和罪行表示了无比的憎恨与谴责；而且就在这本游记当中，他还作为一个目击者写到了上海人民当时所举行的小刀会的起义。②

---

①　引自冈察洛夫在 1879 年发表的论文《迟做总比不做好》，见 1955 年苏联国家文学出版社出版的八卷本《冈察洛夫著作集》第 8 卷，第 72 页。

②　在我国，除几种俄国文学史中提到这本游记之外，在相鲁之、王懋坚合译的《大陆海洋漫游记》（库布里茨基著，1953 年上海正风出版社版）的《环球航行》一章中也介绍过这本书。丁则良写的《俄国杰出的作家冈察洛夫论中国》一文，介绍过冈察洛夫和中国的关系（载 1955 年 9 月 1 日《光明日报》附刊《史学》第六十四号）。

一

冈察洛夫远从童年时代起，在水兵出身的家庭教师特列古包夫的教育之下，就对环球旅行发生了极大的兴趣。他这样回忆道："旅行的念头，正像酒醉了一样，使我的头脑发昏。……我时常梦想着——而且早就梦想着——旅行这件事；也许，它是从那个时候开始的，就是当老师告诉我，假如从某一点毫不停息地向前走，就会从另一个方面返回到这一点上来：我当时很想从我诞生的伏尔加河右岸出发，从左岸回来；而且很想到老师用手指出的赤道、南北极、热带那些地方去。"① 冈察洛夫的这个梦想，直到他40多岁的时候方才实现。这时候，他的第一部长篇小说《平凡的故事》已经"轰动了全彼得堡"（别林斯基语）；第二部长篇小说《奥勃洛莫夫》的最初几章已经完成；而且心里已在构思第三部长篇小说《悬崖》。就在这时候，1852年的秋天，由海军上将普嘉京②率领的俄国舰队，准备从彼得堡出发作环球航行，这次航行的目的，表面上说是"考察北美的俄国殖民地"（指阿拉斯加而言），实际上却是前往日本，要求日本开放门户和缔结通商条约。当时普嘉京要聘请一位秘书，并且指明"需要这样一个人，这个人俄文要写得很好，而且是位文学家。"③最初有人推荐诗人阿波隆·马伊科夫担任这项工作，但是马伊科夫拒绝了，就把这项工作介绍给冈察洛夫。冈察洛夫在《自传》

---

① 见1952年苏联国家文学出版社出版的《冈察洛夫著作集》第2卷，第13页。

② 普嘉京（Е. В. Путятин，1804—1883），是位海军上将、外交家、政治活动家、沙皇俄国政策在亚洲，特别是在远东的积极推行者。

③ 见1935年苏联科学院出版社出版的《文学遗产》第22—24卷，第344页。

中写道："他高兴地接受了这个建议，这个建议突然唤醒了他过去朝思暮想的而且又是差不多快要放弃掉了的远航的梦想。"①他在游记的开头又写道："突然间，意外地命定似地要复活起我的那些梦想，唤醒那些回忆，回想起那些我早就忘掉了的环球航行的英雄人物。突然间，我也要追随在他们后面去作环球航行！当我一想到：我要到中国，到印度，跨过重洋，踏上那些荒岛（在那儿，野蛮人还在原始的空旷中游荡），看到那些奇景，——我的生活再也不是琐碎的和厌倦了的现象的空洞的反映。我就快活得战栗起来。我重新再生了；青春时代的一切梦想和希望，还有青春本身又回到我的身上来。赶快呀，赶快就启程吧！"②于是在1852年的10月7日，他就乘上三桅巡洋舰"帕拉达"号③，从彼得堡的喀琅施塔特军港起航了。

三桅巡洋舰最初航行的路程，是准备跨过大西洋，绕过南美洲的合恩角开进太平洋的，但由于巡洋舰在北海遇到大风暴，又要在英国的朴次茅斯港进行修理，就不得不改道绕过非洲的好望角，经过印度洋开到东方去。冈察洛夫沿途曾利用机会访问了伦敦以及开普敦、新加坡、香港等英国殖民地和属地。这些访问，使他逐渐认清了英国殖民主义者的真面目。他这样写道："这是怎样的一个形象呀！……它穿着黑色的燕尾服，带着圆礼帽，身上穿着白背心，手里拿着洋伞。……它在所有的地方：我看见它在英国——在大街上，在商店的柜台后面，在立法院里，在交易所里。……我看见它在非洲的砂地上，监视着黑人的劳动；我看见它在印度和中国的种植场里，在茶叶包中间，用目光和语言，

---

① 见《冈察洛夫著作集》第8卷，第226页。

② 同上书，第2卷，第14—15页。

③ 本文中的月、日，均采俄国旧历。"帕拉达"（Паллада）是古希腊神话中司智慧和战争的女神，即指雅典娜，此名字又含有"胜利"之意。

用它本国的语言指使着各族人民。……在所有的地方，这个英国
商人的形象都高踞在自然力量和人的劳动上面……"① 三桅巡洋
舰在 1853 年 6 月 14 日到了香港，停泊到 26 日，普嘉京曾到广
州去过，要求我国开放门户，允许俄国参与五口通商，但这项要
求并没有得到实现。② 当年 8 月 10 日，在航行的 10 个月之后，
三桅巡洋舰到达日本长崎，普嘉京就开始和日本进行谈判，直到
11 月中旬为止。这时候，远东一带已经听到俄国和土耳其断绝
外交关系的消息，不久可能爆发战争，于是普嘉京不得不临时停
止谈判，把舰队开往上海，一方面为了打听消息，另一方面好作
万一进行抵抗的准备。三桅巡洋舰在 1853 年 11 月 14 日，就开
到了长江口南边的马鞍山列岛（即嵊泗列岛）停泊，23 日冈察
洛夫曾随同巡洋舰上的人员改乘商用纵帆船前往上海，一直到当

---

① 见《冈察洛夫著作集》第 2 卷，第 19—20 页。

② 在冈察洛夫的游记中，没有提到这件事，但在普嘉京写的报告中（见 1856
年第一期的《海军文集》），却有这样的记载："6 月 18 日，我乘上纵帆船前往广州，
把公文送给当地的总督，在公文中说明，我国政府并不怀疑在对欧洲人开放的五个
通商口岸会友好地接待我国的兵船和商船。总督在复文中解释说，由于俄国和中国
在北方已经进行陆路通商，因此他无权允许俄国的商船开进中国的港口，至于有关
兵船的事则一字未提。"在《咸丰朝筹办夷务始末》卷六至卷八所收集的中俄两国来
往的文件以及两江总督怡良、江苏巡抚许乃钊和两广总督叶名琛、广东巡抚柏贵等
人的奏折中，也可以找到有关这一问题的史料。咸丰三年（1853 年）6 月，俄国萨
纳特衙门咨文我国理藩院，通知大臣普提雅廷驾坐兵船，前往雅莫里嘉州（指美国）
西北地方，途中路过我国海口，要求进口歇息，采买物件；并要求今后如有俄国人
因贸易欲进海口时，我国官员亦必允从。我国理藩院在复文中指出，中俄两国已在
恰克图等地进行陆路通商，不必再添设海口进行通商，拒绝了俄国的要求。同年 11
月，俄国又再度提出恳请进我国海口进行贸易的请求。咸丰四年（1854 年）2 月，
两江总督怡良、江苏巡抚许乃钊在奏折中曾指出："查俄夷船只，四个月之间，前来
上海两次，……虽皆安静东去，而垂涎各国夷商之往来海上，利市十倍，意欲效尤，
已可概见。"同年 5 月，两广总督叶名琛、广东巡抚柏贵在奏折中也曾提到："咸丰
三年，……蒲天廷驾船，亲至粤省，照会欲求通商，臣当即恪遵前次谕旨，查照江
南成案，饬令回国。在粤未及十日，即已启碇驶回，尚无另有要挟情事。"

年12月15日才离开上海，17日由马鞍山列岛出发重返长崎。①
1854年1月，由于俄土战争已经爆发，普嘉京和日本进行的谈
判亦未得出结果，就率领舰队离开日本，先后访问了琉球群岛和
菲律宾群岛，然后经过朝鲜海岸开往萨哈林岛。当年8月，冈察
洛夫就改由陆路，穿过西伯利亚，经由伊尔库茨克等地，在
1855年2月25日最后回到彼得堡。

　　在将近两年的航行当中，冈察洛夫用日记和书信的形式，记
下了他在途中的所见所闻，而且心里也早就有写成一部游记的打
算。1854年3月14日，当三桅巡洋舰停泊在菲律宾群岛时，他

---

　　①　关于普嘉京率领舰队到达马鞍山列岛的情形，在《咸丰朝筹办夷务始末》
卷七中也有记载。两江总督怡良、江苏巡抚许乃剑在咸丰三年十一月的奏折中曾写
道："10月28日，忽报有俄罗斯轮船一只，兵船一只，驶至吴淞。随折该国兵船船
主襄土机·哥士铎来函，称火轮兵船名'窝士铎'，由本国到了日本国三个月，又从
那架沙护（即长崎）于10月23日开船，28日到吴淞，越29日到上海，因在洋遇风
打伤，来沪修理等情。并据通事探明俄夷兵船两号，停泊在崇明东头洋面。另有总
兵管一名，在上海花旗美馆借住，候火轮船修好，一同起碇，先往日本，后回本国，
与该船主谈称，情节相符。"奏折中所写的事实，和海军大尉里姆斯基—科尔萨科夫
乘纵帆船"东方号"到上海的日期与情形完全相符。又奏折中的总兵管，即指普嘉
京海军上将，他当时借住在上海美国领事馆。

　　丁则良写的《俄国杰出的作家冈察洛夫论中国》一文中说："冈察洛夫于1853
年两度踏上中国的土地——广州和上海。……1853年6月，冈察洛夫由香港来到了
广州，停留了10天左右。……冈察洛夫也曾上岸游览，但因时间过短，这个第一次
踏上中国土地的行动并没有留下什么值得称道的记载。同年11月29日（中历咸丰
三年十月二十九日）他又由日本来到上海，停留将近一个月，于12月28日（咸丰
三年十一月二十八日）离去。他这第二次踏上中国土地后的见闻比第一次丰富多了，
在游记中占了整整一章的篇幅。"这段文字与事实上稍有出入：首先是冈察洛夫抵香
港时，正患寒热病，并没有去广州。他在游记中写道："我们的人到广州去了，这时
候我正患寒热病躺着……。身体复原之后，我每天都到岸上去，沿着海边漫步，急
焦地等待着启程的日子。"（见《冈察洛夫著作集》第2卷第305页）。7月8日，冈
察洛夫在中国海上就用书信的形式写成了游记中的《香港》一章。其次，冈察洛夫
是在俄历十一月二十三日（公历12月5日，中历咸丰三年十一月五日）乘商用纵帆
船"圆点号"离开三桅巡洋舰去上海的，一直住到俄历12月15日（公历12月27
日，中历咸丰三年十一月二十七日）离开上海，在上海停留了20天左右。

写信告诉诗人马伊科夫："我尝试写作，我感到奇怪的，就是心里出现了某种想写作的念头，因为我已经装满了一整皮包的旅行札记。好望角、新加坡、小笠原群岛、上海、日本（两部分）、琉球群岛，这些我都已写好，另一些是这样的情况，甚至马上就可以发表。"由于当时局势很紧张，三桅巡洋舰在途中随时可能遭到英、法舰队的袭击，全舰沉没，因此冈察洛夫接着又写道："假如我能回到家，带着它们（旅行札记），不用说，我第一个先要读给你听。假如我淹死了，那么我的遗迹也会跟着我一同沉没……我不知道，上帝能否赐给我这个生活中的节日：拿着一个厚本的笔记簿坐在你们当中，把现在正在我的眼前发生的一切五光十色的景象显示给你们看。"① 所幸三桅巡洋舰安全地结束了环球航行的任务，冈察洛夫在回到彼得堡之后，就把寄给朋友们的书信全部收回（据估计，冈察洛夫沿途从十二三个地点，写了40—45封信给十三四个朋友），经过加工改写成文章，从1855年到1857年期间，先后把它们发表在《祖国纪事》、《现代人》、《海军文集》、《俄国通报》等刊物上。1858年，《三桅巡洋舰帕拉达号》，分为两册在彼得堡出版了。这部游记立即得到读者的热烈欢迎和批评界的好评。文艺批评家皮萨烈夫写道："冈察洛夫的游记，是我们文学的极为重要的收获。"他又指出："冈察洛夫的著作，不应该看成是部游记，而应该看成是部纯粹的文艺作品。……在他的游记里面，很少有学术性的资料，其中没有新的研究，甚至对于他所见过的地方和城市，也没有详细的描写；可是读者却可以找到很多景象，是用大胆的手笔描绘成的，并且还以清鲜、完整与新奇而使人为之震惊。"② 涅克拉索

---

① 见1935年苏联科学院出版局出版的《文学遗产》第22—24卷，第407页。
② 见1909年彼得堡出版的《皮萨烈夫全集》第1卷，第30页。

夫和杜勃罗留波夫也写过评论文字，给予这部游记以很高的评价。在作者的生前，这部游记共再版过 4 次，现在除收在各种多卷本的《冈察洛夫著作集》中，同时还以单行本出版，成为 19 世纪俄国旅行家的重要著作之一。

二

冈察洛夫来到我国访问的时候，正是在第一次鸦片战争（1840—1842 年）和第二次鸦片战争（1857—1860 年）之间的时期。这时候，英帝国主义者利用在第一次鸦片战争中所取得的胜利，迫使封建腐败的清朝政府签订了《南京条约》，夺走了香港，并强求在我国东南海岸一带开放五口通商，作为进一步侵略中国的据点。马克思当时曾这样写道："英国用大炮强迫中国输入名叫鸦片的麻醉剂，满清王朝的声威，一遇到不列颠的枪炮就扫地以尽，天朝帝国万世长存的迷信受到了致命的打击，野蛮的、闭关自守的、与文明世界隔绝的状态被打破了，开始建立起联系。"[①] 随着这次战争之后，清朝政府的腐败日益暴露，英帝国主义者对中国的侵略野心日益加强，中国各地人民反对封建统治和帝国主义压迫与侵略的斗争也不断兴起。冈察洛夫在上海虽然只停留了不到一个月的时间，但他却能集中地看到了这一切情形。

冈察洛夫对于中国人民是非常关切和同情的。当三桅巡洋舰在新加坡停泊时，他就开始观察在当地侨居的中国人民的生活。香港是他踏到的中国的第一片土地，他在游记中这样写道："当

① 引自马克思为美国《纽约每日论坛报》（1853 年 6 月 14 日）撰写的《中国革命和欧洲革命》一文，见《马克思恩格斯全集》中译本第 9 卷，第 110 页。

然，中国人并没有梦想到，当他们在 1842 年根据《南京条约》，把这个不毛之地的石岛割让给英国人的时候，……这些红毛番人要把这个石岛变成什么样子。他们，中国人，更很少梦想到，他们要用自己的双手来削平这些石头，把它们堆成墙壁、堡垒，安装起大炮……"① "控制香港、安装大炮，开辟航线——所有这一切，都在中国的大门口，就保证英国人能和中国永远通商；看起来，这个小岛要成为中国政府一个永久的眼中钉。"② 当三桅巡洋舰在当年 11 月 14 日开到长江口外的马鞍山列岛时，冈察洛夫并没有立即登岸。他在 16 日的日记中写道："昨天，我们的人都乘纵帆船到上海去了。我没有去，希望我还来得及去：我们要在这里停泊一个多月。他们招呼过我，可是我没有准备好，还是让他们先去了解一下，上海是怎么样的一个城市，在那儿要住在什么地方，干些什么事？允许不允许到中国城里去？假如只住在欧洲人的商埠地区，而且只看到这块地方，那是值不得去的：看看同样的英国人，吃着同样的煎牛排，听着同样的 much o-bliged 和 thank you③。中国人中间正发生混乱、无秩序。起义军守在城里面，官兵的兵营驻扎在四周：没有希望看到中国戏，被邀请吃一顿中国饭，尝一尝燕窝汤。哪怕是看见他们当着我们的面激战一场也好！"④ 这时候，他经过了反复的考虑和犹疑不决，但是由于三桅巡洋舰要停泊一个月，觉得不到上海去是很可惜的，于是就在 11 月 23 日随同舰的其他十几个人乘商用纵帆船前往上海。在同行的人当中，还有著名的汉学家切斯特诺伊（冈

---

① 见《冈察洛夫著作集》第 2 卷，第 299 页。
② 同上书，第 307 页。
③ 英国人的客套话："甚为感激"和"谢谢你"。
④ 见《冈察洛夫著作集》第 3 卷，第 93 页。

察洛夫在游记中称他为阿瓦库姆神父)①，对冈察洛夫了解中国的情形有过很大的帮助。

冈察洛夫在自己用日记体写成的《上海》② 这一章中，详细地描写了他前往上海的航程，他在长江口外、吴淞口和黄浦江上所见到的一切情景。他这样记下了他对上海的最初印象和焦急的心情："现在上海已经在望了。大船和沙船，美丽的欧洲式建筑物，涂金的庙宇，基督教会的教堂，花园——所有这一切，都模糊地堆集在一起，没有任何远近之分，就好像教堂建在水里，而大船却停在街上。我们的焦急格外加强了：多么想马上换好衣服，暖和一下，就出去逛街。"③ 在上海停留的 20 天左右当中，冈察洛夫走遍了当时新开辟的商埠：他游览过外滩、苏州河北岸、洋泾浜和跑马厅一带；他走过大街小巷，到过中国市场；访问过中国商店、饭馆、手艺人的作坊；他还到过近郊的农村；举凡中国人的生活细节和风俗习惯，都引起他的极大的兴趣。他非常细致地观察了中国的劳动人民：水手、码头搬运工人、手艺人和贫苦的农民的生活；而且在游记中还用很多的篇幅来专门谈论

① 阿瓦库姆神父（1801—1866 年）在 1830—1840 年期间，曾参加俄国宗教使团，在北京住过 10 年之久，精通中文。返国后，在彼得堡的亚历山大·涅夫斯基教堂任修士大司祭。

② 《上海》这一章游记，最初于 1855 年发表在《海军文集》上，全章的细目是："初抵马鞍山列岛。——渔船队。——乘商用纵帆船前往上海。——路经古茨拉夫岛。——扬子江。——大火。——黄浦江和吴淞口。——兵船和欧洲船只。——上海。——关于茶叶。——朴素的人民。——海关。——美国领事。——中国的雕刻。——大街和市场。——店铺和售货人。——水果、蔬菜与野味。——小饭馆。——欧洲商店。——小庙。——上海的银元和中国铜币。——近郊、田野、英国人的跑马厅。——官兵营和起义军。——道台爽官。——食物商贩包围县城。——英国人对待中国人的态度。——鸦片贸易。——上海的意义。——觊觎王位的人。——基督教在中国的成就。——农场和地主。——中国葬礼。——返回三桅巡洋舰。"

③ 见《冈察洛夫著作集》第 3 卷，第 102 页。

中国的茶叶、水果、食物；衣着、住宅、市场；一直到葬礼，等等。通过在上海的访问和观察，他对中国人得出了这样一个印象：

> 中国人是生气勃勃的和富有精力的人民：你差不多看不见一个不干活儿的人。到处是喧哗、忙乱、活动、叫喊声和讲话声。每走一步路，你都会碰到许多搬运工人。他们踏着迅速的巨大的步子，抬着东西，嘴里发出有节奏的叫喊声，应和着节奏向前走。在这里，人们并不像我们在香港和新加坡所见到的那样：他们是和蔼的、谦虚的、非常清洁的。所有的男人和妇女都穿着得很整洁。……①

同时，冈察洛夫又看出了中国人民的智慧和才能。他这样写道：

> 居民从中国分散出去，就像从装满了豌豆的布袋里滚出来一样，分布到四面八方，到远近的岛屿去，一方面，直到爪哇；另一方面，直到加利福尼亚。到处都有很多的中国人：他们是商人、出色的手艺人和工人。……这个民族注定了要在商业上起很大的作用，也许，还不仅只在商业这一方面。②

当他讲到中国精致的手工艺美术品时，他称赞了中国的手艺人："大家都知道，中国人是出色的木头、石头和骨头的雕刻匠。没有一个民族，甚至是德国人，能有足够耐心这样精细地和干净地雕刻出这些东西来……"③ 当他访问了上海近郊的农村时，他又写道：中国的劳动人民"尽管贫穷得很可怜，……但

---

① 见《冈察洛夫著作集》第3卷，第107页。
② 同上书，第92页。
③ 同上书，第110页。

你不能不看到智慧、秩序、清醒；甚至在田地耕种和农村管理的许多小事情上也是如此"[1]。相形之下，冈察洛夫在上海却看出在中国的统治者和人民之间存在着一条鸿沟，统治者过着奢侈和腐败的生活，而广大的劳动人民则生活在水深火热之中。他也亲眼看到英帝国主义者对中国的侵略，更达到一种无耻的程度，引起了他的极大的愤恨。他这样讲到英、美帝国主义者对中国所进行的经济侵略：

> 上海！在目前，在这一带的海洋上，它以自己的贸易周转的巨额数字压倒了香港、广州、悉尼，占有了仅次于加尔各答的第一位。所有的一切都是鸦片！为了这个鸦片，中国人交付出了自己的茶叶、生丝、金属、药材、染料、汗水、鲜血、精力、智慧，还有整个生命。英国人和美国人冷漠无情地夺走了这一切，把它们变成金钱；为了贩卖鸦片，他们还又冷漠无情地承受着过时的、早已沉寂下去的谴责。他们听着这种谴责，丝毫都不红脸，而且还引用着它们。英国政府一声不响，——做他所要做的事情，因为很多属于统治地位的人物，都在印度自己的种植场里种植罂粟，他们自己装运上船只，把它们运往扬子江。在离开上海16海浬的吴淞，停泊着大队的所谓鸦片船只。那儿是存放毒物的集中地点。另一些船只只管运输和卸货，而这些船只只管销售毒物。这种贸易是被禁止的，甚至是遭到中国政府的诅咒的：但是这种毫无实力的诅咒又有何用呢？……[2]

接着他又写道：

> 把这里的贸易的总数讲给你听，真是可怕！35年前，

---

① 见《冈察洛夫著作集》第3卷，第118页。
② 同上书，第126—127页。

运到整个中国的欧洲商品，总数是 1500 万银元。其中鸦片占了 1/4 强。12 年前，即中国战争之前，进口增加了一倍，即 3000 多万银元，而进口的鸦片已经占了 4/5，只 1/5 是其他的商品。这是整个中国的情形。可是现在运到一个上海的要远比这个数目还要多。①

在上海访问期间，冈察洛夫还又亲眼看到了英国人对中国人所施加的侮辱。他说："英国人……靠了他们发了财，毒害了他们，并且还又鄙视自己的牺牲者。"② 他告诉我们：一个名叫斯托克司的英国海军军官，怎样把挡在他前面的一个中国人拖着辫子拉开去；还有一个名叫唐纳尔德的英国酒店老板，怎样无情地鞭打中国仆人。他到过英国人开辟的跑马厅，这里是禁止中国人通行的。聚集在附近的人，"亲眼看见用武力闯进他们境内的外来人，不仅自由自在地在他们的田地里漫步，而且还树立起写着禁止主人来往的牌子"③ 他还又讲到基督教会和天主教会在上海所进行的宗教宣传和文化侵略的情形。他在游记中这样概括地写道：

　　一般地讲，英国人对待中国人，还有对待其他人民，特别是那些受他管辖的人民，……是种命令式的、粗暴的或者

---

　　① 见《冈察洛夫著作集》第 3 卷，第 128 页。马克思在为美国《纽约每日论坛报》（1858 年 9 月 25 日）写的《鸦片贸易》一文中，也这样指出："……英国为拥护鸦片贸易而对华作战，结果英国与中国签订了一个条约，这个条约虽然禁止这种贸易，可是事实上，从 1843 年起，鸦片贸易却享有完全不可侵犯的权利，1856 年输入中国的鸦片，约值 3500 万元，英印政府在这一年内，在鸦片垄断贸易上得到了 2500 万元的收入，即占国家收入总额的 1/5。"接着马克思就指出英、印政府在印度孟加拉省种植罂粟和偷运到中国的情形，对英帝国主义者作了严厉的谴责（参阅 1958 年中央民族学院研究部编印的《马克思恩格斯关于殖民地及民族问题的论著》，第 48—50 页）。

　　② 同上书，第 126 页。

　　③ 同上书，第 119 页。

是冷酷而又鄙视的态度，令人看着就痛心。他们不承认这些
人民是人，而是某种供人驱使的牲畜……①

因此，冈察洛夫愤慨地说道：

我不知道，在他们当中谁能使谁变得文明：不是中国人
用自己的礼貌、温和和善于经商的本领来使英国人变得文
明吗？②

三

冈察洛夫是在 1853 年 12 月访问上海的。就在这年的 3 月，
太平军占领了南京，并在当地建都，改南京为天京。这年的 5
月，福建的小刀会首领黄威起义；9 月间，上海的小刀会首领刘
丽川起义，占领上海县城，响应太平天国。这一革命运动的浪
潮，正如马克思在美国《纽约每日论坛报》（1853 年 6 月 14 日）
上发表的《中国革命和欧洲革命》一文中所指出的："中国的连
绵不断的起义延续了 10 年之久，现在已经汇合成为一个强大的
革命；不管引起这些起义的社会原因是什么，也不管这些原因是
通过宗教的、王朝的还是民族的形式表现出来，推动了这次大爆
炸的，毫无疑问是英国的大炮……"③ 冈察洛夫到达上海的这一
天，正好是小刀会的起义军和官兵进行激战的时候，他不可能不
注意这一重大的事件，并在自己的日记中把它记载下来。

冈察洛夫在 11 月 23 日的日记中就写道："在中国爆发了叛
乱"④，这正是指太平天国的革命运动和小刀会的起义而言的。

---

① 见《冈察洛夫著作集》第 3 卷，第 125 页。
② 同上书，第 126 页。
③ 见《马克思恩格斯全集》中译本第 9 卷，第 109—110 页。
④ 见《冈察洛夫著作集》第 3 卷，第 95 页。

他在游记中专有一段文字讲到太平天国，其中说："位于扬子江上游的南京，现在是起义军的主要据点。他们的最高长官，同时也是觊觎王位的太平王，就住在当地。"[1] 接着他还提到法国大使布尔布隆乘船前往南京探听太平天国的情况和有关太平军的宗教信仰的问题。在他的游记中，更有不少地方提到上海小刀会的起义。他在 11 月 23 日这天写道："上海县城关闭着，不能进去：起义军不放人进城。他们在和官兵作战——我们的人看见过。"[2] 当他在前往上海的途中，他又看到火烧的情景："天色愈来愈暗了：我们小心地航行着。天气是阴沉的。'火光呀！'——有谁说道。的确，在左边，在地平线上，露出一个火红的点子，它变得愈来愈大和愈加明亮。过了不久，就可以辨别出火焰和火舌——这是由于射击造成的。在上海，毫无疑问，正在激战和发生大火。"[3] 他在到达上海之后（27 日）又写道："整晚我们大家都坐在家里，谈论着欧洲的新闻，昨天的大火，围攻者的兵营，他们前夜放火焚烧县城的计划的失败，被围困的起义军，也讲到上海的统治者——道台爽官，这位道台失宠于宫廷，除非他占领了县城，才能得到宽恕。这天晚上，我们听到了炮轰，而且非常频繁：这是官兵和起义军在相互射击，对于后者既无损失，对于前者也毫无益处。"[4]

冈察洛夫在上海停留的期间，又亲眼看到官兵的残暴，纵火

---

① 见《冈察洛夫著作集》第 3 卷，第 130 页。太平王即指洪秀全。

② 同上书，第 96 页。

③ 同上书，第 100 页。

④ 同上书，第 105 页。当冈察洛夫到达上海的前后几天，正是官兵屡次放火焚烧上海县城的时候，在《上海小刀会起义史料汇编》（1958 年上海人民出版社版）中，有从英文《华北捷报》译出的关于 1853 年 12 月 7 日的战斗情况（第 84—89 页）和上海县道台吴健彰的可怖罪行的记载（第 89—92 页），可以参阅。吴健彰是当时苏松太道的道台，外国人称他为"道台爽官"。

焚烧民房和商业区域、杀害无辜的平民；同时又看到小刀会起义者所进行的机智、顽强和英勇的斗争。他也注意到帝国主义国家对小刀会起义的态度。他这样写道：

> 在这里，上海道的统治者爽官在指挥着帝国主义者。他聚集了士兵，把他们的营房安置在县城的周围，而自己则坐在沙船上，从黄浦江上指挥作战。看起来，是很难赶走这群流氓和衣衫褴褛的人呢？直到目前为止，他们的一切努力都是枉然的，欧洲人保持着严格的中立，尽管他提出假如欧洲人当中谁肯为他服务，每个人每一昼夜付给20块银元。但目前愿意应征的人还是很少。他进行的夜袭没有成功。他想放火焚烧全城，也没有成功；烧掉的只是一个郊区，因为放火焚烧城市时，刚好碰上逆风，火没有漫延开去。可是他们采用了多少细小的和毫无结果的残酷暴行呀！但这并没有吓倒起义军。①

事实上，在官兵和起义军所进行的战斗中，帝国主义者并没有保持所谓"中立"，而是在积极支援官兵的。冈察洛夫在游记中就讲道，在黄浦江上停泊着英国人卖给官兵的炮舰，英国人经常出入城内外和双方的兵营之间进行活动，从这些片言只语中，不难看出帝国主义者所进行的军事干涉的。

12月15日，三桅巡洋舰的一行人已经接到俄土战争爆发和不久俄国会与英、法两国绝交的消息，英、法两国的舰队可能随时向俄国舰队开火，因此他们立即离开上海，从马鞍山列岛启碇前往日本。冈察洛夫对上海的访问就此结束，但是这次访问却留给了他很深的印象。他这样写道："据说，很多的地方，只有当你后来回想起来的时候，它们才是美丽的。上海就正是属于这些地方之列的，只有当你离开以后，才会觉得它很

---

① 见《冈察洛夫著作集》第3卷，第119—120页。

美丽。"① 冈察洛夫在 1853 年 12 月 15 日从马鞍山列岛写给雅济科夫夫妇的信中又回忆了他访问上海的情况，并且说正在准备写一篇有关上海的旅行札记：

> 你在信前面看见 Saddle—Islands 两个字：这是一群小岛，我们的舰队就停泊在它们旁边。……我们在这里已经停了一个月：我从上海回来不过才 5 天，我是和海军上将以及其他的旅伴一同因公去上海的，而且就这样——看了一下中国。上海——这是对欧洲人开放的 5 个商埠之一。当在欧洲人住区的大街和壮丽的房屋之间走着，或者是坐在某一位领事的华丽的会客厅里，你不会相信，在不久之前，这里还是一处无法接近的亚洲的海岸；在大街上，人群声沸腾着……从清晨起，人们就开始搬运着一包包的商品，都是运到英国人或者是美国人那里去的。……中国的房屋、市场、集市、店铺、讲话声、叫喊声、小饭馆——所有这一切都使我回想起——你晓得吗？——我们俄国的平民的生活习俗！有时候，利用空暇，我就把所有这一切都记在笔记簿里，但不知道，是否会有什么用处。……②

16 年后（1871 年），冈察洛夫已是 59 岁的年纪，他曾想参加三桅巡洋舰"斯维特兰娜号"再作一次环球航行，但因体力不支，未能实现。因此，他乘三桅巡洋舰"帕拉达号"所作的环球航行，是他一生中第一次的，同时也是最后一次的远程旅行。

冈察洛夫在上海前后停留了 20 天左右的时间，由于时间的短促，不可能深入观察上海各方面的情况和生活；同时由于他的

---

① 见《冈察洛夫著作集》第 3 卷，第 109 页。

② 见《冈察洛夫著作集》第 8 卷，第 261—262 页。Saddle-Islands 即马鞍山列岛。

阶级出身和政治观点上有一定的局限性，使得他没有可能正确地认识太平天国革命运动和上海小刀会起义的社会根源与重大意义，甚至把当时中国人民反对清朝统治的革命运动说成是"叛乱"，把太平军说成是"起义的恶棍"，把小刀会的起义者说成是"一群流氓和衣衫褴褛的人"。但尽管这样，他留下的这篇有关上海的记载，还依然是研究当时上海情形的有价值的文献。当苏联国家地理书籍出版社重印《三桅巡洋舰帕拉达号》时，编者穆拉威伊斯基在序文中写道：

　　冈察洛夫是第一位讲到太平军起义的俄国旅行家，他真实地指出了第一次鸦片战争的后果，描绘出英国在中国的殖民主义掠夺政策的图景。在《三桅巡洋舰帕拉达号》出版以前，在俄国的报刊上，完全没有、或者差不多完全没有讲过这些事。在19世纪中叶关于东方的各种旅行记中，就对社会关系的现实主义的描写来讲，冈察洛夫的《三桅巡洋舰帕拉达号》是最为突出的。[1]

除此之外，我们知道"东方号"纵帆船船长里姆斯基—科尔萨科夫当时也曾写过访问中国的游记，但无论就内容还是就文字来讲，冈察洛夫写的游记，是更为有意义。从冈察洛夫访问中国时起，已经过去了100多年，但在今天重读他的有关香港和上海的游记，我们还是可以看出这位杰出的俄国批判现实主义作家对中国人民的关切和同情！

1962 年 5—6 月于北京

（原载《文学评论》1962 年第 4 期）

---

　　[1]　见 1957 年苏联国家地理书籍出版社重印的《三桅巡洋舰帕拉达号》第 31 页。

托尔斯泰和中国

假如我还年轻的话，那我一定要到中国去。

——托尔斯泰（1910 年 4 月 17 日）

1910 年 11 月 10 日黎明前，俄国伟大作家列夫·托尔斯泰以 82 岁的高龄，毅然决然地抛弃了自己的家庭和庄园离家出走。由于一路上饱受风寒和辛苦，终于在 11 月 20 日的清晨 6 时 05 分，因肺炎和心脏衰弱在阿斯塔波沃车站长逝。

托尔斯泰逝世的噩耗立即传遍全世界，引起各国文艺界人士的震惊，因为他的逝世，不仅是俄国文学的一个重大的损失，同时也是全世界文学的一个重大的损失！伟大的革命导师列宁曾经给予托尔斯泰以很高的评价，称列夫·托尔斯泰"是俄国革命的镜子"，并且说他"是一个天才的艺术家，不仅创作了无与伦比的俄国生活的图画，而且创作了世界文学中第一流的作品"。[①]在托尔斯泰逝世以后，列宁又写了好几篇文章，其中指出："列

[①] 见《列甫·托尔斯泰是俄国革命的镜子》，载《列宁选集》第 2 卷，人民出版社 1972 年版，第 370 页。

夫·托尔斯泰去世了。他作为艺术家的世界意义，他作为思想家和说教者的世界名声，这两者都各自反映了俄国革命的世界意义。"①

托尔斯泰逝世的消息，当时在我国也得到了反响。如上海《神州日报》上写道："托尔司泰（吾国旧译亦作唐斯道）伯爵之噩耗，已传遍于世界。此世界中，顿失一学界伟人……然在世人崇仰之心，终难忘情于木坏山颓之感也。"当年12月出版的《东方杂志》，也发表了"俄罗斯大文豪托尔司泰卒"的消息，称他为"俄之大贤人也"，并转载了《神州日报》的纪事。这些话都表示了我们中国人民对这位伟大作家的热爱与崇敬！

托尔斯泰离开我们已是整整70周年了。当他的忌辰来到的时候，许多往事萦回心头。现在我想在此谈谈我对托尔斯泰的敬仰，谈谈我在研究托尔斯泰和中国的关系、托尔斯泰的名字最初在什么时候被介绍到我国来，以及他的不朽的著作在我国流传的情况中的一些新的发现。

一

回想起来，那已是50多年以前的事。当1924年我刚满11岁的时候，我的叔父戈公振送了一套6本的《托尔斯泰儿童文学类编》给我，那是我最初读到的托尔斯泰的作品。印在这本书前面的托尔斯泰的画像和他给自己的孙儿与孙女讲《农夫和黄瓜》故事的照片，留给我非常深刻的印象。等到我16岁到上海进大学时，我读到了艾尔默·莫德和他的夫人用英文翻译的

---

① 见《列·尼·托尔斯泰》，载《列宁全集》第16卷，人民出版社1959年版，第321页。

《二十三篇故事》，我特别喜欢其中的《上帝看出真情，但不立刻讲出来》和《高加索的俘虏》等故事，当时我曾把它们译成中文，印在同学编印的刊物上。接着我又读了托尔斯泰的名著《复活》，俄国名画家列昂尼德·帕斯捷尔纳克画的有名的插图，如卡秋莎·玛丝洛娃上法庭和受审等，直到今天还深深地刻印在我的脑海里。到了30年代初，我开始学习俄语，当我最初从《识字课本》里直接读到托尔斯泰写的《狮子和老鼠》等小寓言时，心里是多么高兴呀！我特别高兴的是，托尔斯泰为我打开了一扇通向俄国文学的窗户；他使我热爱俄国文学，热爱俄国美丽的大自然，热爱勤劳勇敢的俄国人民。正因为这样，我从童年一直到现在，始终是非常热爱和敬仰托尔斯泰的！

1935年初，我作为天津《大公报》的记者到了莫斯科。我首先就访问了在克鲁泡特金大街的托尔斯泰博物馆和在哈莫夫尼切斯克巷的托尔斯泰故居博物馆。50年代初，当我在莫斯科我国驻苏大使馆工作时，我住在克鲁泡特金巷，距离同托尔斯泰有关的地点都不远，因此我时常散步走到处女田野广场，坐在梅尔库罗夫雕塑的托尔斯泰的塑像旁边休息，也常到他的博物馆和故居去。

托尔斯泰的故居是他晚年从1882—1901年度过了19个冬天的地方，也是他写成最后的不朽之作《复活》的地方。列宁在1920年曾来这里参观，并指令把它改成为故居纪念馆。当我们走进故居的雕花天门时，就看见一所两层的有10多个房间的楼房。楼下有宽大的餐厅，有托尔斯泰和他的夫人的卧室以及他的子女的住房。走上楼梯，就来到一间宽敞而又明亮的大厅，在19世纪末叶和20世纪初叶，这里曾经一度成为莫斯科文艺界人士活动的中心。在二楼最吸引人的就是托尔斯泰的工作室。从这个房间看出去，是一个很大的花园，托尔斯泰在1882年9月写信告诉他的夫人："花园是多么美丽呀：坐在向着花园的窗口——心情愉快而又平静。"① 就在这个房间里，放着一张带栏杆的写字台，上面摆着两个蜡烛台和写作用的钢笔，托尔斯泰就在这里伏案写成了长篇小说《复活》。

　　当我在莫斯科居留的期间，我也访问了不少与托尔斯泰的著作和人物有关的地点。就拿《战争与和平》来说吧：我曾经多次到过沃罗夫斯基街苏联作家协会的所在地，据说这里曾经是娜塔莎·罗斯托娃的家。我到过近郊的索科尔尼基公园，据说这里曾经是彼埃尔·别祖霍夫和多洛霍夫决斗的地方。我曾经登上现在耸立着莫斯科大学的麻雀山（现名列宁山）和附近的敬礼山上，那是拿破仑入侵莫斯科时到过的地方。我们现在从山顶上可以看见被称为母亲的宏伟的莫斯科城，看见许多教堂的尖顶和闪耀着金光的克里姆林宫。我也到过菲里的库图佐夫的木屋，俄国的将领们曾在那里研究了最后如何粉碎拿破仑入侵的计划。再讲到《安娜·卡列尼娜》吧：莫斯科城中心有不少地点，如饭店和俱乐部，是同小说中的人物有关的，他们在那里吃过饭和跳过舞。还有动物园的溜冰场，那是列文和吉提溜过冰的地方。我还记得1937年4月莫斯科艺术剧院首次上演话剧《安娜·卡列尼娜》，当晚契诃夫的夫人、著名演员克尼佩尔·契诃娃和《安娜·卡列尼娜》一剧的导演聂米罗维奇—丹钦科正坐在我的前一排，丹钦科不时地转过头来亲切地问我，是否能看懂这出戏。至于艺术剧院上演的《复活》，我也曾看过多次，卡恰洛夫朗诵的台词和叶兰斯卡娅演的卡秋莎，更是令人难忘。

　　在我的生活中，印象最深的，那就是访问在图拉城附近的托

_____

① 见《托尔斯泰全集》第83卷，苏联国家文学出版社1928—1958年版，第356页。

尔斯泰的庄园雅斯纳雅·波良纳了。1935 年 11 月 22 日，为了纪念托尔斯泰逝世 25 周年，我应苏联作家协会的邀请，随同苏联文化界和文艺界的人士访问了他的故乡。这里是托尔斯泰诞生的地方，是他 82 年的一生中度过了 60 多年的地方，是他写成了《战争与和平》和《安娜·卡列尼娜》两部名著的地方，是他最后离家出走的地方，也是他永远长眠的地方。用托尔斯泰夫人的话来说：这是他的"摇篮"，也是他的"坟墓"。托尔斯泰本人在 1858 年也曾这样写道："没有雅斯纳雅·波良纳，我很难想象出俄罗斯，也很难想象出我和它的关系。"①

托尔斯泰的庄园距离莫斯科有 200 多公里，地方很广阔，一部分是森林，一部分是耕地和田野，其中有一座两层的楼房，这是他的故居。在故居门口有一株被称为"穷人树"的老榆树，托尔斯泰经常在树阴下面接待贫苦的农民。门旁还有一个宽敞的凉台，栏杆上雕刻着鸡、小孩和马的民间图案，这是托尔斯泰全家人消夏的地方。从大门口走上二楼，首先是间明朗的大餐厅，接着就是托尔斯泰晚年工作的书房，他本人的卧室，他夫人的卧室，一切都显得非常朴素。托尔斯泰的书房的墙壁上挂着意大利名画家拉斐尔的圣母像，前有用木板制成的两层书架，上层放了一套 80 多卷的俄文百科全书。写字台上放着各种文具，靠墙的一张小桌子放了一本陀思妥耶夫斯基的小说《卡拉马佐夫兄弟》，托尔斯泰在离家出走之前曾最后读过这本书，打开的地方是 144—145 页。在这所房子上下的过道里，托尔斯泰收藏了 20 多种语言的图书共 23000 多册。在楼上的藏书室里还有一个放着钢笔和墨水瓶的文具盒，那是庄园里的一个农民送给他的，上面刻着一句富有深刻含义的俄国谚语："用笔写下来的东西，就是

---

① 见《托尔斯泰全集》第 5 卷，第 262 页。

利斧也砍不掉。"楼下有著名的"控顶室",这原是一间有控顶的储藏室,墙上挂着托尔斯泰用过的锯子,墙角倚着他干农活用的大镰刀。托尔斯泰非常喜欢这个房间,曾利用它作为工作室,前后有 20 年之久。他这样说过:"对于我来说,没有比这儿更好的地方了,我一个人完全处于寂静和缄默之中。"[①] 他从 1863 年到 1868 年,每天工作 10 多个小时,用了 7 年的工夫完成了他的史诗般的巨著《战争与和平》。俄国名画家列宾曾画了一幅托尔斯泰在写作的油画,使这间"控顶室"永垂不朽。就在它的近旁,还有一间客房,托尔斯泰从 1873—1877 年,在这个窗明几净的房间里写成了他的另一部名著《安娜·卡列尼娜》。

我第一次访问托尔斯泰的故乡雅斯纳雅·波良纳,是在一个寒冬,到处冰天雪地,但对托尔斯泰的崇敬却温暖了我的心。这样经过了 20 多年,在 1958 年 6 月 1 日这个初夏的日子,我又重新访问了托尔斯泰的故乡,那天是晴空万里,游人如织,托尔斯泰的庄园美丽得风景如画,我这才第一次真正理解到雅斯纳雅·波良纳的含义,那是千真万确的"明媚的林间旷地"了。承博物馆负责人亚历山大·波波夫金热情接待,陪同我重游了我一度到过的那些熟悉的地方。高兴的是,我这次仔细地看了托尔斯泰晚年工作的书房,看到在他的书架上立着的两本用英文翻译的老子的《道德经》,承他们同意让我翻阅了这两本书,发现上面有托尔斯泰写的不少译文和解释。我们最后来到托尔斯泰长眠的地方,在古老的橡树和菩提树的环绕之中,有一个盖满了丰茂的青草和蕨叶的墓,墓上没有任何碑石。据说托尔斯泰在童年常随他的三个哥哥到这处称为"老禁区"的树林里来玩。他的长兄尼

---

① 转引自波波夫著《雅斯纳雅·波良纳》,苏联儿童读物出版社 1956 年版,第 41 页。

古拉就告诉他，说在这里埋着一根"绿杖"，上面写着各种秘密，谁要是能找到它，就可以知道全人类如何才能得到幸福。托尔斯泰那时才不过 5 岁，他一生中都在探求这个秘密，想找到使人类得到幸福的办法。他在 1908 年还曾表示，在他死后不要举行宗教的仪式，用普通的棺木把他葬在埋着"绿杖"的地方，现在他就永远长眠在这幽静的绿阴丛中了。

从那时起又过去了 20 多年的岁月，但对于托尔斯泰的故居和庄园的访问，一直到今天还深深地留在我的脑海里，成为一段最珍贵而又难忘的回忆！

二

多年来，在阅读和研究托尔斯泰的过程中，托尔斯泰和中国的关系的问题，经常吸引住我的注意。这就使我想起高尔基所讲的一段关于托尔斯泰的话："整个世界，整个大地都在望着他；从中国，从印度，从美国——从所有的地方，一条条活生生的颤动的线向他伸了过来，他的心灵——是为了所有的人，而且——永远是这样。"事实上也确是如此，托尔斯泰一直受到全世界各国人民的崇敬和热爱，他本人也非常关心全世界各国人民的生活、命运和文化与思想。

从大量的史料中，我们知道托尔斯泰在他的一生中，不仅重视中国悠久的文化和历史，钻研过中国古代的哲学思想，他还对遭受帝国主义侵略与压迫的中国人民表示过深厚的同情。在 19 世纪的俄国作家当中，恐怕很少有人像托尔斯泰这样关怀中国人民的生活和命运了。从他的著作、书信和日记中，我们知道远在 1856 年到 1860 年我国第二次鸦片战争期间，当英法联军先后侵占我国的广州、天津等城市，放火焚毁我国的名园圆明园时；当

1900 年八国联军攻陷天津、北京和镇压义和团的英勇反帝斗争时，他对帝国主义者的残酷暴行和掠夺，都曾表示了极大的愤慨。如他在 1857 年写的小说《卢塞恩》（旧译《琉森》）中就谴责了英国人和法国人，揭露了英国人在屠杀中国人民。又如他在 1898 年 3 月 19 日的日记中这样写道："俄国人、日本人、英国人、德国人都想占据中国；争吵，外交的斗争——还将会有军事上的争夺……"① 到了 1900 年 7 月他写成有名的政论文章《不准杀害》，对八国联军的烧杀掠夺提出了严正的抗议；当年 10 月他又开始写作《致中国人民书》，但未正式发表，现仅存手稿。

19 世纪的 70—80 年代，在托尔斯泰的思想和生活中发生了一场"激变"。这时他同他所属的俄国地主阶级的传统观念决裂，而想在耶稣基督的教义、东方的古代哲学，特别是在我国的老子和孔子等人的学说中去寻找生活的真理，企图以此来建立自己的新生活。他曾通过英、法、德等国关于论述中国的著作来研究我国的情况；通过这些文字翻译的老子和孔子的著作来研究他们的学说。据统计，他当时阅读过的有关中国的专著和译本就有 32 种之多。当 1891 年 10 月彼得堡的出版家列杰尔列询问他，世界上哪些作家和思想家对他的影响最深，他答复说孔子和孟子"很大"，老子则是"巨大"②。

托尔斯泰远从 1877 年就开始阅读和研究老子的著作，对老子发生了很大的兴趣，并准备翻译《道德经》。他在 1884 年 3 月 6 日的日记中写道："翻译老子，不能像我所想的翻译得那样

---

① 见《托尔斯泰全集》第 53 卷，第 185 页。
② 同上书，第 66 卷，第 68 页。

好。"① 1893 年 9—10 月，他同波波夫一起根据德文译本翻译老子的《道德经》。1895 年他校订了在俄国研究神学的日本人小西氏翻译的《道德经》。1910 年他又出版了自己编选的《中国贤人老子语录》，封面上印有老子骑青牛的图。就在这本书里，他还写了《论老子学说的真髓》一文。托尔斯泰非常欣赏老子的"道"和"无为"的思想，后来他就把它发展成为"不用暴力抵抗邪恶"的理论，主张用"无为"来对待一切事物。

从 1884 年起，托尔斯泰又开始阅读和研究孔子。他在当年 2 月末写给他的好友切尔特科夫的信中说："我坐在家里，发烧，得了很厉害的感冒，第二天阅读孔子。"② 接着他就写成《论孔子的著作》和《论〈大学〉》等文。他在《论孔子的著作》一文中说："中国人是世界上最古老的民族，中国人是世界上最大的民族……中国人是世界上最爱好和平的民族，他们不想占有别人的东西，他们也不好战……因此，中国人是世界上最爱好和平的民族。"③ 1900 年 11 月 12 日他在日记中写道："什么也没有写，专心研究孔子，感到很好。吸取精神方面的力量。很想写出我现在所理解的《大学》和《中庸》。"④ 1903 年和 1910 年，托尔斯泰还编辑了布朗热编写的《孔子·生平及其学说》一书，并写了序文。

这时，托尔斯泰还开始研究孟子。1884 年 4 月 9 日他在日记中写道："开始研究孟子。非常重要，非常好。"⑤ 接着他又研究墨子，他在 1893 年 11 月 5 日写信告诉切尔特科夫："开始读

---

①　见《托尔斯泰全集》第 49 卷，第 64 页。
②　同上书，第 85 卷，第 30 页。
③　同上书，第 25 卷，第 532 页。
④　同上书，第 24 卷，第 54 页。
⑤　同上书，第 49 卷，第 80 页。

墨子。"他非常喜欢墨子关于兼爱的思想。1910 年他还编辑了布朗热编写的另一本书《中国哲学家墨翟。论兼爱的学说》。

托尔斯泰常想写作关于中国哲学的论著，如他在 1893 年 11月 5 日写给切尔特科夫的信中就说："我重新阅读了老子，现在开始阅读理雅各的书中包括墨翟的一卷，我想写一本关于中国智慧的书，特别是关于人性善和人性恶的问题的讨论……"① 据我们所知，托尔斯泰在 1884—1910 年将近 20 多年当中，共写过和编辑过将近 10 种有关中国哲学思想的著作和论文。在他编选的《每日贤人语录》和《阅读园地》等书中，还引用了大量的中国的格言、谚语，以及老子、孔子等人的箴言。他继续进行这一研究和编辑的工作，直到他最后逝世时为止。

托尔斯泰一生当中，曾多次想和中国人通信和接触，但直到1905 年和 1906 年当他已是 77 岁到 78 岁的高龄，离他逝世只有4 年的时间，他才初次和两个中国人通信：一个是我们很少知道的张庆桐（1872—?），另一个则是著名的学者辜鸿铭（1857—1928）。在这些信里面，托尔斯泰都表示了他对中国人民的热爱与尊敬。像他在 1905 年 12 月 4 日答复张庆桐的信中就这样写道：

> 在我整个长远的一生中，我曾经有好几次同日本人见过面，但从没有一次同中国人见过面，也没有发生过关系，而这正是我一向非常想望的；因为很久以来，我就相当熟悉（当然，大概是非常不完全的，这对于一个欧洲人是常有的情况）中国的宗教学说和哲学；更不用说孔子、孟子、老子和他们的著作的注疏（被孟子所驳斥了的墨翟的学说，

---

① 见《托尔斯泰全集》第 87 卷，第 236 页。理亚格（1814—1897），英国著名汉学家，译有《四书》和《五经》。

更特别使我惊佩)。我对于中国人民经常怀有深厚的尊敬，很大的程度上由于可怕的日俄战争的种种事件而更为加强了。①

托尔斯泰的第一个通信者张庆桐是谁呢？这个问题过去曾引起过不少论争，因此我从 50 年代起曾专门研究了这个中外学者都没有能解决的疑难。我们最初是从法国名作家罗曼·罗兰写的《托尔斯泰传》中知道这个名字，而罗曼·罗兰又是根据保罗·比留科夫编著的《托尔斯泰与东方》（"Tolstoinnd der orient"）一书，把它写成 "Tsien Huang-tung" 的。徐懋庸在翻译《托尔斯泰传》时把这个名字译成"钱玄同"；后来傅雷在重译此书时，则注为"此人不知何指"。当抗战胜利前后，曾有不少人根据这个名字的对音，写了不少文章进行研究和争论。如蒋星煜考证这是"钱玄同"，而且还引证了黎锦西的意见。经我研究，这个考证站不住，因 1905 年钱玄同才 18 岁，不大有可能同托尔斯泰通信。谭彼岸的文章中推测这可能是 1890 年出使俄国的大臣洪钧（文卿），经我查证，洪钧早在 1893 年就已经去世。郭沫若在 1945 年写的《苏联纪行》中，猜测这可能是张之洞。郭老说："这个人在国内有人认为是'钱玄同'，钱玄同二字可说风马牛不相及。在我看来，可能就是'张之洞'……以年龄和资望说来，以张之洞最为合格。此人并无回信，或许原信没有送到也说不定。"② 在外国的研究者当中，如比留科夫的《托尔斯泰与东方》一书并无考证；美国的研究者德克·博德在《托尔斯泰与中国》一书中猜想这可能是当时清政府驻彼得堡公使馆的工作人员；苏联出版的百年纪念版《托尔斯泰全集》中，说这

---

① 见《托尔斯泰全集》第 76 卷，第 62 页。

② 见《沫若文集》第 9 卷，人民文学出版社 1959 年版，第 476 页。

是 1905 年 12 月住在彼得堡的一个中国人。

　　为了弄清这个问题，50 年代初我在莫斯科时，曾从托尔斯泰博物馆得到这封原信的影印照片（这封信直到 1956 年才初次发表在《托尔斯泰全集》第 76 卷中），先就原信进行了研究，后来又查了有关的档案史料，才知道这个人的名字是张庆桐。他于 1899 年由北京同文馆派往俄国留学，在彼得堡法政大学学习。1905 年 12 月 1 日他写了一封信给托尔斯泰，并将他同俄国东方学者沃兹涅先斯基合译的梁启超的著作《李鸿章，一名中国四十年来大事记》寄去，请托尔斯泰教正。他在书的里封面上写着：“俄国伟大作家惠存，深表敬仰之意。张庆桐敬赠。1905 年 12 月 1 日于彼得堡。”1956 年在北京厂甸的旧书肆上偶然发现了张庆桐在 1912 年出版的《俄游述感》一书，张庆桐曾将托尔斯泰写给他的信译为中文，连同原信的照片刊出，并用 7 面的篇幅介绍了托尔斯泰的生平、著作和思想，就更加证实了这一件事。张庆桐还说：“托氏手书，余珍藏之，异日当置之国家博物馆中。”后来阿英送了一本《京师同文馆学友会报告书》给我，又知道张庆桐是江苏上海人，后曾任我驻恰克图都护副使。当我把这些史料告诉郭老时，郭老在 1959 年出版的《沫若文集》第 9 卷中写了更正，并注明：“此人经戈宝权同志查明，系张庆桐，乃 1905 年由同文馆派往彼得堡的留学生。”[①] 苏联的托尔斯泰研究者希夫曼在 1960 年出版的《托尔斯泰与东方》一书中，也采用了我对这一问题的研究和发现。[②]

　　至于托尔斯泰的另一个通信者辜鸿铭，曾在 1906 年 3 月通过俄国驻上海的总领事布罗江斯基把他用英文写的《尊王篇》

---

① 见《沫若文集》第 9 卷，第 476 页注①。
② 见《托尔斯泰与东方》，苏联东方书籍出版社 1960 年版，第 119 页。

和《当今，皇上们，请深思！论俄日战争道义上的原因》两本书送给托尔斯泰，这两本书现存在托尔斯泰庄园的藏书室里。托尔斯泰要他的秘书先复了感谢信，并请他的好友切尔特科夫把在国外出版的他的被禁的著作寄给辜鸿铭。当年9—10月间托尔斯泰写了复信，题名为《致一个中国人的信》，先后发表在德文的《新自由报》和法文的《欧罗巴邮报》上，并出版了俄文的单行本，现收在百年纪念版《托尔斯泰全集》第36卷中。到了1911年我国才有了中译，发表在当年一月号的《东方杂志》上。托尔斯泰在信的一开头就说：

　　我接到你的书，我怀着很大的兴趣阅读了它们，特别是《尊王篇》。

　　中国人民的生活，一向非常引起我的兴趣，我曾尽力想理解中国生活中我能所懂得的一切，这主要是中国的宗教的智慧——孔子、孟子、老子的著作和对他们的注疏。我也读过中国有关佛教的书籍以及欧洲人所写的关于中国的著作。最近这个期间，在欧洲人——其中在很大的程度上也包括俄国人——对中国人民所施加的种种暴行之后，中国人民的一般情绪，特别引起我的兴趣，而且还将会引起我的兴趣。①

就在这封长信中，托尔斯泰还又预言道：

　　我认为，在我们的时代，在人类的生活当中正在发生一个重大的转变，而在这个转变中，中国将领导着东方各民族起着巨大的作用。②

我们知道，辜鸿铭在1908年8月还曾祝贺过托尔斯泰的80诞辰，尊称他为"当代文章泰斗"。同年10月，他又将他用英

①　见《托尔斯泰全集》第36卷，第290页。
②　见《托尔斯泰全集》第76卷，第292页。

文翻译的《大学》和《中庸》两本书送给托尔斯泰。

有关托尔斯泰和中国的史料，是非常丰富的。在这里必须指出，作为一个伟大作家和思想家的托尔斯泰，他对中国很感兴趣，对当时中国人民所受的压迫和灾难深表同情，甚至预言了中国人民将会"起着巨大的作用"；但在另一方面，作为一个说教者的托尔斯泰，由于他当时思想观点的局限，使得他不可能真正地理解中国和看出中国人民所应该走的道路。相反地，他从老子的思想中吸取了"无为"的学说，进而主张"不用暴力抵抗邪恶"和要"进行道德自我修养"，甚至得出了中国人民应该遵循自己固有的民族传统方式生活，而不应该追求科学文明，走西方所走的道路这样的结论。他在给张庆桐和辜鸿铭的复信中都表示了这种观点，如在复辜鸿铭的信中说：

> 中国人现在只有继续像他们过去一样，过着和平的、热爱劳动的和从事农业的生活，在行为上遵循着他们的三种宗教：儒教、道教、佛教的道义。这三种宗教的道义是相符合的，就是要从一切人的权力统治之下解放出来（儒教）；做到己所不欲，勿施于人（道教）；实行自我牺牲，温顺，对一切的人和一切的生物都要慈爱（佛教），如果这样做，那么他们现在所遭受的一切痛苦将会自行消失，也没有任何力量能使他们屈服。①

列宁曾经严厉地批评了托尔斯泰思想的矛盾和错误，指出"托尔斯泰的学说无疑是空想的，就其内容来说是反动的（这里反动的一词，是就这个词的最正确最深刻的含义用的）"。② 托尔

---

① 见《托尔斯泰全集》第 36 卷，第 299 页。
② 见《列·尼·托尔斯泰和他的时代》，载《列宁全集》第 17 卷，人民出版社 1959 年版，第 35 页。

斯泰非常热爱的那个"静止不动的"东方，是再也不复存在了。正如列宁所说："继俄国1905年的事变之后，在东方，正是托尔斯泰在1862年所引证的那个'静止不动的'东方，有许多国家也发生了类似的事变。1905年是'东方的'静止不动状态开始结束的年代。正因为如此，所以这一年是托尔斯泰主义的历史终点，是那个可能和应当产生托尔斯泰学说的整个时代的终点。"①正因为这样，托尔斯泰的学说，特别是他的说教，就成为反动的东西了。只有遵循列宁的这个教导，我们才能够正确地理解托尔斯泰的伟大的世界意义和他的反动思想的实质。用列宁的话来说："不应该向托尔斯泰学习如何求得美好的生活，而应该向托尔斯泰所没有了解其意义的那个阶级学习，向唯一能摧毁托尔斯泰所憎恨的旧世界的那个阶级学习，即向无产阶级学习……只有懂得这一点的时候，才能求得解放。"②

因此，我们在讲到托尔斯泰和中国的关系时，一方面要看出他对中国人民的关切和同情，对中国的文化和历史的崇敬与研究；另一方面又要用列宁的论点，来批判托尔斯泰对中国的"静止不动的"思想，来批判他所指出的中国人民应走的道路的反动观点！

三

现在谈谈托尔斯泰的名字和他的作品最初是在什么时候介绍到中国来的。根据我们现已发现的史料，这主要是19世纪末叶和

---

①　见《列·尼·托尔斯泰和他的时代》，载《列宁全集》第17卷，人民出版社1959年版，第35页。

②　见《托尔斯泰和无产阶级斗争》，载《列宁全集》第16卷，第353页。

20 世纪初叶的事情。鲁迅在 1932 年写的《祝中俄文字之交》一文中，当讲到俄国文学最初介绍到我国的情形时，曾这样写道：

> 那时——19 世纪末——的俄国文学，尤其是陀思妥夫斯基和托尔斯泰的作品，已经很影响了德国文学，但这和中国无关，因为那时研究德文的少得很。最有关系的是英美帝国主义者，他们一面也翻译了陀思妥夫斯基、都介涅夫、托尔斯泰、契诃夫的选集了，一面也用那做给印度人读的读本来教我们的青年以拉玛和吉利瑟那（Rama and Krishna）的对话，然而因此也携带了阅读那些选集的可能……
> 那时就看见了俄国文学。①

事实上也确实是如此。随着俄国文学在 19 世纪末叶和 20 世纪初叶被介绍到我国来，托尔斯泰的作品也相继被译成中文，但我们知道他的名字，可能还更早一些。据苏联托尔斯泰学者希夫曼所发现的材料，远在 1894 年时，有一位名叫维亚泽姆斯基的俄国旅行家到我国来访问，就已经知道中国很熟悉托尔斯泰的名字和他的作品，他曾在 1895 年发表的游记中谈起这件事。

托尔斯泰的名字最初被介绍到我国来，曾先后被译成为都斯笃依、唐斯道、陶斯道、笃斯堆、杜尔斯兑、托尔司泰、托尔斯多、讬尔斯泰和托尔斯泰等。远在 80 年前，即 1900 年，上海广学会出版了一本从英文译出的《俄国政俗通考》，在论俄国语言文学的部分中，就提到普世经（即普希金）、格利老夫（即克雷洛夫）和都斯笃依（即托尔斯泰）的名字，并对托尔斯泰有所论述：

> 俄国爵位刘（名）都斯笃依（姓）……幼年在加森（今译喀山）大学院肄业。一千八百五十一年考取出学，时年二十三岁，投笔从戎，入卡利来亚（今译克里米亚）军

---

① 见《鲁迅全集》第 4 卷，人民文学出版社 1981 年版，第 459—460 页。

营效力。一千八百五十六年，战争方止，离营返里，以著作自娱。生平得意之书，为《战和纪略》（今译《战争与和平》）一编，备载一千八百一十二年间拿破仑伐俄之事。俄人传诵之，纸为之贵。

在中文方面，这很可能是论述托尔斯泰的一段最早的文字。

到了 1904 年 11 月，上海教会编印的《万国公报》转载了闽中寒泉子为《福建日日新闻》写的《托尔斯泰略传及其思想》一文，其中对托尔斯泰的生平和思想作了详细的介绍。1907 年，在我国报刊上最初刊载了托尔斯泰的相片，这就是当年 1 月在日本东京出版的第 11 期《民报》。在托尔斯泰的相片下面，附有"俄国之新圣杜尔斯兑"的一行说明。

此外，在从莫斯科托尔斯泰博物馆所发现的史料当中，我们知道托尔斯泰在 1908 年 3 月曾接到一位在乌拉尔工作的名叫雅科夫·伊凡诺维奇·潘菲洛夫的矿山工程师写给他的信①，其中谈到中国人知道托尔斯泰的名字和对他深表敬意：

　　最尊敬的导师列夫·尼古拉耶维奇，我现在根据我的一位中国朋友的委托写信给你。去年秋天，我已经有机会和你谈过话……那时我还从你那里知道，你对这个非常有意思的人民是很关心的。我在中国人民中间住得并不很久，但在短短的时间当中，对这些勤劳和善良的人们，我不能不表示出我的热爱和眷念。

　　他们从我这里听到很多关于你的事情，对你的生活的细节很感兴趣，当他们相互传看我带在身边的一张你的小相片的时候……他们就用在和俄国接壤的远东一带特有的奇怪方

---

① 潘菲洛夫的这封信见希夫曼著的《托尔斯泰的著作在中国》，载 1958 年《新世界》杂志第 5 期，并见他著的《托尔斯泰与东方》一书第 142—144 页。

言说:"多么一位了不起的大作家!是个顶刮刮的老头儿!"

接着他就告诉托尔斯泰:他的这位中国朋友,"以种菜为业的善良而又聪敏的秦有才(译音)"写信给他,请他问一问托尔斯泰,应该把他的什么作品译成中文。托尔斯泰收到这封信之后就在信封上写道:"即复。很重要。"在当年 4 月 28 日,托尔斯泰就复了潘菲洛夫一封信,其中写道:

> 雅科夫·伊凡诺维奇,接到你的来信,非常有意思,我感到很高兴。现在寄几本书给你,请你的朋友秦有才挑选他所需要的那些书;可是,我在我认为对中国人更有意义的那几本书上都做了记号。①

至于这位秦有才是什么人,我们不得而知,但从潘菲洛夫是位在乌拉尔和西伯利亚工作的矿山工程师这一点来看,可能秦有才是当时住在乌拉尔和西伯利亚一带,甚或是住在俄国远东地区的一位华侨,他和其他的中国华侨都知道托尔斯泰的名字。至于他后来是否翻译过托尔斯泰的作品,那就更无法查考了。

1908 年 8 月 28 日(公历 9 月 9 日)是托尔斯泰的 80 诞辰,当时上海的一些中外人士聚会,并向托尔斯泰致送了用中、英、法三种文字写成的贺词。这个贺词现藏在莫斯科托尔斯泰博物馆里,上面有辜鸿铭的签名。贺词中有这样的话:

> 今日我同人会集,恭祝笃斯堆先生八秩寿辰。窃维先生当代文章泰斗,以一片丹忱,维持世道人心,欲使天下同归于正道,钦佩曷深……此真千载一时之会也,同人不敏,有厚望焉,是为祝。

1908 年 12 月,鲁迅在日本东京出版的《河南》月刊第八号上,发表了他写的《破恶声论》一文,其中提到托尔斯泰写的

---

① 见《托尔斯泰全集》第 78 卷,第 126 页。

《忏悔录》："奥古斯丁也，托尔斯多也，约翰卢骚也，伟者其自忏之书，心声之洋溢者也。"①

到了1910年11月托尔斯泰病逝时，我国的报刊上都有所反映，发表了报道文字。从上面这些史料中就可以看出，远在19世纪末叶和20世纪初叶，我国就已经知道并且熟悉托尔斯泰的名字了。

四

最后谈谈托尔斯泰的作品在我国流传的情况。托尔斯泰的作品，是在20世纪初叶译成中文的，这正是我国五四运动以前的事。当时外国的小说被大量地介绍过来，其中也包括俄国小说，而托尔斯泰的作品更特别引起大家的注意。

我在前面已经提到过的张庆桐，他在1905年11月1日写给托尔斯泰的信中，就表示为了促进中俄两国人民的相互了解，想翻译托尔斯泰的作品。他这样写道：

　　……我敢于这样想，假如你的著作翻译成中文，那么这在我们对于俄国的观点上将会发生一个大转变。我企图通过翻译你的几种你认为最富有代表性的作品，来让我的同国人认识你的思想。②

据我们知道，张庆桐后来并没有翻译过托尔斯泰的作品。

在我所发现的托尔斯泰作品的中译本当中，最早的单行本就是1907年（清光绪三十三年）出版的《托氏宗教小说》，译者是德国叶道胜牧师和中国人麦梅生。这本中式排印和线装的小说集是根据英国尼斯比特·贝恩翻译的《托尔斯泰小说集》转译

---

① 见《鲁迅全集》第8卷，第27页。
② 根据张庆桐的俄文原信译出。

的，由香港礼贤会出版，在日本横滨印刷，在我国香港和内地发行。书前印有托尔斯泰的相片，叶道胜写的英文前言，王炳堃和叶道胜两人写的序文。这个集子共收12篇托尔斯泰用宗教题材写成的所谓"民间故事"：《主奴论》（即《主与仆》）、《论人需土几何》、《小鬼如何领功》、《爱在上帝亦在》、《以善胜恶论》（即《蜡烛》）、《火勿火胜论》、《二老者论》、《人所凭生论》、《论上帝鉴观不爽》、《论蛋大之麦》、《三耆老论》、《善担保论》（即《教子》）。

正和张庆桐的《俄游述感》一样，这个罕见的译本，也是在北京厂甸书肆发现的。从叶道胜用英文写的前言中，知道他同托尔斯泰有过通信关系，我当即把这个问题向莫斯科托尔斯泰博物馆提出，他们终于在博物馆的文献当中发现了叶道胜在1906年8月6日用德文写给托尔斯泰的一封信，其中讲到他翻译托尔斯泰的民间故事的原因，并说其中有6篇小说，已经发表在上海出版的教会刊物上。托尔斯泰在接到这封信之后，曾委托他的家庭医生马科维茨基（捷克人）代为复信。在马科维茨基尚未发表的日记中有这样一段话：

> 今天，根据列夫·尼古拉耶维奇的委托，我写了信给香港礼贤会的格纳尔。告诉他列夫·尼古拉耶维奇很高兴他把他的几篇民间故事译成中文，并且询问他：《阅读园地》如果译成中文会不会获得成功，他是否准备把它译成中文。①

关于叶道胜提到他曾将自己译的托尔斯泰小说在上海教会刊物上发表的事，我们从他写的中文序文中也可以得到证明："兹所译之者，有若《主奴论》、《人需土几何》、《小鬼如何领功》

---

① 格纳尔（叶道胜牧师）的原名为 I·Genähr。马科维茨基在日记中的话转引自希夫曼著《托尔斯泰与东方》第142页。

等编，曾有印于《万国公报》、《中西教会报》，阅者甚喜寓目……"《万国公报》和《中西教会报》是上海广学会当时出版的两种月刊，由于发表托尔斯泰小说的几期刊物尚未能找到，因此估计托尔斯泰作品在我国刊物上发表的年代，最早当在1905—1906年，也有可能比这个时期更早一些。

　　叶道胜和麦梅生合译的《托氏宗教小说》，虽然是为了传教的目的，但也使我国的读者最初读到了托尔斯泰的文学作品。还有托尔斯泰的名字，我国最初有各种不同的译法，叶道胜开始译为"托尔斯泰"，并在序文开头处写道："托尔斯泰者，俄国有名之著作家也。"现在我们通用的"托尔斯泰"这个译名，可能就是从这本《托氏宗教小说》开始的。在《托氏宗教小说》一书发现以后，我曾在1955年11月托尔斯泰逝世45周年时用俄文写成《托尔斯泰的文学遗产在中国》一文，发表在《俄文友好报》上，其中介绍了这个译本；苏联托尔斯泰学者希夫曼也在1958年写了有关的文章，发表在《新世界》月刊上，对这本书作了介绍。

　　继《托氏宗教小说》之后，托尔斯泰的作品就不断地被介绍过来。

　　1913年，上海中华书局出版了马君武译的托尔斯泰的著名长篇小说《心狱》（即《复活》），封面上印了托尔托泰的画像和一段简介的文字。就在同一年，上海出版的《进步》月刊上又开始连载大溟等译的《复活记》，但未刊完。

　　1914年，《小说月报》上发表了天笑生译的托尔斯泰的短篇小说《六尺地》（即《一个人需要多少土地》）；《中华小说界》上发表了半侬译的短篇小说《此何故耶》。

　　1915年，上海商务印书馆出版了三本托尔斯泰作品的单行本。第一种是林纾和陈家麟合译的《罗刹因果录》，其中收了8

篇小说：《二老朝陵》（即《二老者》）、《观战小纪》（即《袭击，一个志愿兵的故事》）、《幻中得道》（即《教子》）、《天使沦谪》（即《人依何为生》）、《梭伦格言》、《觉后之言》（即《伊里耶斯》）、《岛仙海行》（即《三隐士》）和《讼祸》（即《放了火即难以扑灭》）。其他两种是雪生译的《雪花围》（即《主与仆》）和朱东润译的《骠骑父子》（即《两个骠骑兵》）。

1916 年，上海出版的《小说名画大观》上发表了马君武译的《绿城歌客》（即《卢塞恩》）。

1917 年，商务印书馆出版了林纾和陈家麟合译的《社会声影录》，其中共收了两篇小说：《尼里多福亲王重农务》（即《一个地主的早晨》）和《刁冰伯爵》（即《两个骠骑兵》）。《小说月报》还发表了他们两人合译的《人鬼关头》（即《伊凡·伊里奇之死》）。同一年，中华书局出版了陈家麟和陈大镫合译的《婀娜小史》（即《安娜·卡列尼娜》）和朱世凑译的《克里米血战录》（即《塞瓦斯托波尔的故事》）。在周瘦鹃编译的《欧美名家短篇小说丛刊》的俄罗斯之部中，也介绍了托尔斯泰的小说《宁人负我》（即《上帝看出真情，但不立刻讲出来》）。

1918 年，商务印书馆出版了林纾和陈家麟合译的《现身说法》（即《童年·少年·青年》）。同年的《新青年》杂志上还发表了周作人译的小说《空大鼓》（即《工人叶美良和空大鼓》）。

1919 年，商务印书馆出版了林纾和陈家麟合译的《恨缕情丝》，其中收了两个中篇小说：《波子西佛杀妻》（即《克莱采奏鸣曲》）和《马莎自述生平》（即《家庭幸福》）。此外，他们两人还合译了《球房纪事》（即《弹子房记分员笔记》）、《乐师雅路白遗事》（即《阿尔拜特》）和《高加索之囚》，都先后发表在 1920 年各期的《小说月报》上。

从五四运动以前介绍俄国文学的情形来看，我们当时已经翻译过普希金、莱蒙托夫，屠格涅夫、阿历克谢·托尔斯泰、列夫·托尔斯泰、契诃夫、高尔基、迦尔洵等十几位俄国名作家的作品，总数约在 80 种以上，其中列夫·托尔斯泰的作品即占了 30 多种，相当于全数的一半。更重要的是托尔斯泰的几种代表作品如《复活》、《安娜·卡列尼娜》，都是在这个期间介绍过来的，这不能不说是一个突出的现象。尽管这些早期的译本都是用文言翻译的，但对于帮助我国读者认识托尔斯泰的作品还是起了不小的作用。

五四运动是在十月革命的直接影响之下发生的。十月革命一声炮响，不仅给我们送来了马克思列宁主义，同时也使我们对俄国文学有了新的认识，并为我们介绍和研究俄国文学与新兴的苏联文学指出了新的方向。在五四运动的第二年，即 1920 年 7 月，北京新中国杂志社出版了《俄罗斯名家短篇小说集》，瞿秋白在集前的序文中写道：

> 俄罗斯文学的研究在中国却已似极一时之盛。何以故呢？最主要的原因，就是：俄国布尔什维克的赤色革命在政治上、经济上、社会上产生出极大的变动，掀天动地，使全世界的思想都受他的影响。大家要追溯他的远因，考察他的文化，所以不知不觉全世界的视线都集中于俄国，都集中于俄国的文学……因此大家都要来讨论研究俄国。于是俄国文学就成了中国文学家的目标。[1]

在这种情况下，俄国的文学作品被大量地介绍过来，特别是在共学社和文学研究会成立以后，这一介绍工作就进行得更有计划，其中翻译介绍托尔斯泰的作品又占了一个相当大的比重。

---

① 见《瞿秋白文集》，人民文学出版社 1954 年版，第 543—544 页。

　　首先是在五四运动这一年，北京出版的《新中国》月刊上就发表了耿匡（即耿济之）译的托尔斯泰的《旅客夜谈》（即《克莱采奏鸣曲》）等小说，第二年在天津的《大公报》上又发表了他所译的《家庭幸福》。此外，在1919—1920年间，北京的《晨报》和《新青年》、《新潮》等月刊，天津的《大公报》，上海的《小说月报》、《新人》和《新的小说》月刊上都刊载过托尔斯泰的短篇小说。

　　1921年，《小说月报》出版了《俄国文学研究》号外，其中载有耿济之写的托尔斯泰评传。商务印书馆出版了一套共学社编译的《俄罗斯文学丛书》，其中译了相当多的托尔斯泰的作品，在散文作品方面有瞿秋白和耿济之译的《托尔斯泰短篇小说集》；在戏剧作品方面有耿济之译的《黑暗之势力》、沈颖译的《教育之果》、文范邨译的《活尸》；在文艺理论方面有耿济之译的《艺术论》。同年，上海泰东书局也出版了一本《新人》月刊社编译的《托尔斯泰小说集》（孙锡琪、邓演存、朱朴、王靖等人译）。

　　1922年，商务印书馆出版的共学社编的《俄罗斯文学丛书》和《文学丛书》中，又出了耿济之译的长篇小说《复活》、杨明斋译的中篇小说《假利券》和邓演存译的剧本《黑暗之光》。上海梁溪出版社出版了张墨池和景梅九合译的《忏悔》。

　　在五四运动前后，我国翻译介绍托尔斯泰的作品，可说是盛极一时。从那时起，托尔斯泰的作品还是不断大量地被介绍过来。无论在第一次和第二次国内革命战争期间、抗日战争期间、解放战争期间都没有间断过。像托尔斯泰的名著《战争与和平》、《安娜·卡列尼娜》，就都是在抗日战争期间出版的。1949年10月1日中华人民共和国成立后，托尔斯泰作品的新译本相继涌现，现不在此一一列举，但我们从一个总的情况中就可以看出托尔斯泰作品所占的比重，即据从 1949 年到 60 年代初的不完全的统计，共出版了 35 种托尔斯泰的作品，总印数在 170 多万册以上。

五四运动以后，托尔斯泰的许多重要的作品大都有过好几种不同的译本，如长篇小说《战争与和平》、《安娜·卡列尼娜》和《复活》各有 4 种；中篇小说如《童年》3 种，《少年》2 种，《塞瓦斯托波尔的故事》2 种，《家庭幸福》2 种，《伊凡·伊里奇之死》3 种，《克莱采奏鸣曲》2 种，《哥萨克》3 种，《哈吉穆拉特》4 种；戏剧作品如《黑暗之势力》、《教育之果》、《活尸》等都各有 3 种；文艺理论如《艺术论》有 2 种；儿童读物从《托尔斯泰儿童文学类编》算起，也先后出过好多种译本。至于散见于各种报刊上的译文则更不计其数。托尔斯泰的作品也有经中国作家改成节本的，如田汉和夏衍改编的话剧《复活》，在舞台上演出时深受观众的欢迎。

我国也出版了不少关于托尔斯泰的研究论著。在传记方面，如罗曼·罗兰写的《托尔斯泰传》就先后有了 2 种译本。英国托尔斯泰研究者和翻译者莫德写的《托尔斯泰传》也早有中译。此外还翻译了贝奇柯夫写的《托尔斯泰评传》和波波夫金写的《托尔斯泰传》等。

近两三年来，我国又重印了周扬译的《安娜·卡列尼娜》和汝龙译的《复活》。《战争与和平》、《安娜·卡列尼娜》的新译本都正在进行中，同时还正在计划出版《托尔斯泰中短篇小说集》。随着托尔斯泰研究学术讨论会的举行，对托尔斯泰的研究将会更加活跃起来。

托尔斯泰逝世已经整整 70 年了。我们现在上海举行学术讨论会，来纪念这位伟大的俄国作家。我就想起 1910 年 4 月，托尔斯泰曾接到上海寰球中国学生会寄给他的一份当年第四期的会刊。据托尔斯泰的家庭医生马科维茨基说，托尔斯泰仔细地阅读了其中的文章，并在《中国的文化》一文上加了注。托尔斯泰的秘书布尔加科夫在自己的回忆录中也写道："在今天（4月17日）的邮件里，接到一本中国进步青年团体用英文出版的刊物。列夫·托尔斯泰对它很感兴趣。他甚至这样说过：假如我还年轻的话，那我一定要到中国去。"① 托尔斯泰在逝世之前半年讲的这一句话，把他和他所热爱的中国人民紧密地联系了起来。在我们今天听起来，这是一句多么意味深长的话呀！

1980 年 11 月初于北京

（这篇文字原是 1980 年 11 月在上海举行的托尔斯泰学术讨论会上的发言稿，曾印在 1981 年第 1 期的《上海师范学院学报》上，后又印在 1983 年上海译文出版社编印的《托尔斯泰研究论文集》的卷首）

---

① 见布尔加科夫《托尔斯泰一生中的最后一年》，苏联国家文学出版社 1960 年版，第 173 页。

契诃夫和中国

中国人……这是最善良的人民。

——契诃夫

伟大的俄罗斯作家安东·巴甫洛维奇·契诃夫，在 19 世纪末叶和 20 世纪初叶的俄罗斯文学史上，是占着一个相当重要的位置的。契诃夫的同时代人和他的最亲密的笔友们，都曾经给予他以很高的评价。像列夫·托尔斯泰就这样讲过："契诃夫！……契诃夫——这是散文当中的普希金。就正像在普希金的诗歌中，每个人都可以发现到他本人所感受过的某些东西；同样地，在契诃夫的短篇小说中，哪怕是其中的某一篇，读者都一定会看到自己和自己的思想。……契诃夫的某些作品，确实是非常好的。我挑选了他那些我特别喜欢的短篇小说，经常怀着很大的乐趣反复地阅读着。"① 列夫·托尔斯泰还讲过："契诃夫——是

① 见 1955 年列宁格勒"苏维埃作家"出版局编印的《俄罗斯作家论文学劳作》第 3 卷，第 487 页。原文系引自拉扎列夫斯基（С. А. Лазаревский）所写的回忆录《在雅斯纳雅·波良纳》。

一位无与伦比的艺术家。是的，是的，正是这样：是无与伦比的。……他是位生活的艺术家。他的创作的优点，就在于它不仅是每一个俄罗斯人，同时一般地讲起来，也是任何一个人都能够理解和感到亲切的。而这就是主要的。……"① 高尔基远在1898年末最初和契诃夫通信时就写道："在俄罗斯文学当中，还从未有过一位像你这样的短篇小说家，在我们国家里，你现在是一位最珍贵的而又有名望的人物。莫泊桑很好，我非常喜爱他，——但和他比起来，我是更加喜爱你。我简直不知道，我怎样才能向你讲出我对你的崇敬，我找不到适当的话，但是请你相信吧！我是真诚的。你是一位强有力的天才。"②

伟大的革命导师列宁也是很喜爱契诃夫的作品的。我们从列宁的姊姊乌里扬诺娃—叶利扎罗娃（А. И. Ульянова-Елнзарова）所写的回忆录中，知道列宁当1892年在萨马拉居住期间，曾经读过契诃夫的有名的小说《第六号病房》，而且这篇小说留给了他非常深刻的印象。列宁的姊姊这样写道："和沃洛佳关于这年冬天在一本杂志上发表的契诃夫的新小说《第六号病房》的谈话，永远留在我的记忆当中。当谈到这篇小说的才华，当谈到它所产生的强烈的印象时，———一般地说，沃洛佳是喜爱契诃夫的，——他用了下面几句话就很好地讲出了这个印象：'当我昨天晚上读完这篇小说之后，我觉得简直可怕极了，我不能再留在自己的房间里，我站了起来，走了出去。我当时有这样一种感觉，就好像我自己也是被关在第六号病房里一样。'那已经是深

① 见1955年列宁格勒"苏维埃作家"出版局编印的《俄罗斯作家论文学劳作》第3卷。原文系引自谢尔盖延科（Л. А. Сереенко）所写的回忆录《托尔斯泰及其同时代人》。

② 见1951年苏联国家文学书籍出版局编印的《高尔基与契诃夫资料汇编》第28页。这封信是1898年12月写的。

夜，大家都回到自己的房间里去，或者就已经睡了。他找不到一
个能谈话的人。"接着她又写道："沃洛佳的这些话，向我稍微
打开了遮盖在他内心上的一面帷幕：对于他，萨马拉已经成了这
样一间'第六号病房'，他几乎要像契诃夫描写的那个不幸的病
人一样，从它冲出去。于是他就毅然决定，下一个秋天一定要离
开那里。"[1] 事实上也的确是如此，第二年秋天，23岁的列宁就
离开了萨马拉到彼得堡去，投身于无产阶级的革命斗争事业。从
列宁夫人克鲁普斯卡娅所写的《伊里奇喜爱什么文学作品》一
文中，我们知道列宁曾在莫斯科艺术剧院看过契诃夫的《万尼
亚舅舅》的演出，"他很喜欢这个戏"[2]。从列宁在1901年写给
他母亲的信中，我们知道他还又关心过同一所剧院上演的契诃夫
的《三姊妹》。[3] 此外，从列宁所写的许多文章当中，我们知道
他曾经不止一次地引用了契诃夫的小说《装在套子里的人》和
《宝贝儿》等小说中的人物形象，犀利地讽刺和嘲笑了孟什维
克们。

　　作为一位伟大的俄罗斯作家的契诃夫，他的光辉的名字和
他的不朽的作品，不可能不引起中国人民和中国作家们的注
意。契诃夫的名字，是为中国广大的读者所熟悉的。他的作品
远从20世纪初叶起就被译成中文，甚至就是在今天，他的短
篇小说和戏剧作品，也仍为我们的读者所喜爱和阅读着。当
1954年我国纪念契诃夫逝世50周年时，茅盾在当时所写的一
篇纪念文章中就曾经讲起过这种情形："在世界古典文学中，

---

　　① 　见1956年苏联国家政治书籍出版局编印的《回忆列宁》第1卷，第26页。
沃洛佳是列宁的名字弗拉基米尔的爱称。

　　② 　见1957年苏联国家文学书籍出版局编印的《列宁论文学和艺术》，第556
页。

　　③ 　同上书，第443页。

契诃夫是中国人民和中国作家最喜爱的作家之一。他的伟大的名字很早就已经为我国人民所知道。根据不完全的统计材料，我们知道，远在 20 世纪初，从 1907 年起，契诃夫的作品就开始陆续介绍到我国来。他的重要作品大多已经译成中文，有的作品甚至有译本三四种以上。中国文化革命的伟大旗手鲁迅，也是契诃夫作品的爱好者，同时又是翻译者。他在 1935 年翻译了契诃夫的一本短篇集《坏孩子和别的奇闻》。全国解放后，翻译和介绍契诃夫作品的工作又有了新的发展。"① 从茅盾所写的这段文字中，我们就不难看出，契诃夫的作品是怎样受到中国读者的喜爱和欢迎了。

一

对于我们来说，契诃夫不只是一位伟大的俄罗斯作家，他同时又是我们中国人民的一位好朋友。从他的传记以及他遗留下来的丰富的书信当中，我们知道，当他在 1890 年 5—6 月间横跨过辽阔的西伯利亚，到萨哈林岛（库页岛）去调查流刑犯和苦役犯的生活的时候，他途中曾经过黑龙江，到过我国的瑷珲城，沿途上还认识了不少中国人。当 1900 年我国义和团起义开始后，他和高尔基都关心过我国人民所进行的这次英勇的反帝斗争。所有这一切都告诉我们，契诃夫对于中国和中国人民是有着极大的兴趣和同情的。

契诃夫从 1890 年初起，就积极进行访问萨哈林岛的准备工作。他在 2 月 15 日写信告诉他的朋友——诗人普列谢耶夫

---

① 见 1954 年剧本月刊社编印的《纪念契诃夫专刊》第 13 页茅盾写的《伟大的民主主义者契诃夫》一文。

（А. Н. Плешеев）："我整天坐着，读书，做笔记。在脑子里和纸头上，除了萨哈林岛之外，什么都不存在。这是种精神癫狂现象。Mania Sachalinosa"。① 4 月 21 日，契诃夫从莫斯科启程，旅途是漫长而又艰苦的，再加以他又是一个有肺病的人。他后来曾用了几句话总结了这趟旅程和他在萨哈林岛上所进行的工作："我乘马车走过了全西伯利亚，沿着黑龙江航行了十一天，渡过鞑靼海峡……在萨哈林岛上住了三个月零三天，为全萨哈林岛的居民作了调查登记。"② 在这趟旅程中值得我们注意的，就是契诃夫曾在黑龙江上航行了 11 天。这 11 天使得他有可能观察黑龙江沿岸的中俄两国的风土人情。现在我们就从他在沿途所写的书信当中，来看看他怎样描述有关中国的所见所闻吧。

契诃夫在黑龙江上的航行是分成两段的：他先从俄国境内的斯列坚斯克乘上"叶尔马克号"轮船，沿着石勒喀河进入黑龙江，一直航行到布拉戈维申斯克（海兰泡）；接着他从布拉戈维申斯克改乘"穆拉维约夫号"轮船，沿着黑龙江，经过哈巴罗夫斯克（伯力）航行到尼古拉耶夫斯克（庙街）。当"叶尔马克号"轮船在 6 月 21 日航行到石勒喀河、额尔古纳河和黑龙江交汇的地方，就碰上礁石而搁在浅滩上。契诃夫当天写信给他的妹妹玛丽亚·契诃娃（М. П. чехова）：

> 我们的轮船碰了礁石，撞了一个洞，现在正在进行修理。我们搁在浅滩上，向船外面抽水。左边是俄国的江岸，右边是中国的江岸。假如我现在回到家的话，那我就有权吹牛了："我没有到过中国，但我在距离三俄丈远的地方看见

---

① 见 1944—1951 年苏联国家文学书籍出版局编印的 20 卷本《契诃夫全集》第 15 卷，第 17 页。"Mania Sachalinosa" 意译为"萨哈林狂"。

② 同上书，第 133 页。

了中国。……"

　　假如我是一位百万富翁，那我一定要在黑龙江上有一条
自己的轮船。这是一个多么美好，多么有趣的地区呀。①

6月23日他又写道：

　　我已经写信告诉你，我们搁在浅滩上。……右边是中国
的江岸，左边是黑龙江哥萨克人居住的波克罗夫斯卡亚村；
假如你高兴——就留在俄国这一边；假如你高兴——也可以
到中国那边去，在这里没有禁令。②

　　6月26日，契诃夫到了布拉戈维申斯克。他在第二天就写
了一封长信给《新时代》报（"Hoвoe Bpeмя"）的出版人苏沃
林（А. С. Суворин），其中详细地描写了黑龙江的美丽景色：

　　你好，我亲爱的朋友！黑龙江是一条非常美丽的河流；
我从它所得到的印象，要比我所能期待的还更多，而我早就
想把自己的狂欢的心情告诉你，但是这条鬼轮船颤抖了整整
七天，使我无法动笔。除此以外，要描写像黑龙江两岸这样
美丽的景色，我完全不会；我只好对它们低头，承认自己是
个无用的人。唉，怎样描写它们呢？你假想这好像是苏拉姆
山噢，让它的两边变成江岸，——瞧，这就是黑龙江了。悬
崖，峭壁，森林，千万只野鸭，苍鹭在飞翔……再加上那一
望无垠的荒漠。左边是俄国的江岸，右边是中国的江岸。我
有时想看看俄国，有时又想看看中国。中国也正像俄国一
样，荒凉而又粗犷：村落和哨岗的茅棚，只偶尔可以见
到。……我在黑龙江上航行了1000多俄里，看见了千百万
处美景，而在黑龙江以前，我还走过贝加尔湖外贝加尔一

---

① 《契诃夫全集》第15卷，第116页。
② 同上书，第117页。

带……说老实话，我看见了这么多的美景，我得到了这么多
的享受，就是现在马上死掉，我也不害怕。住在黑龙江上的
人们是独特的，生活非常有趣，不像我们那样。……

我热爱黑龙江；真想在这儿住上个两年。既美丽，又
辽阔；既自由，又和暖。瑞士和法国是从不知道这种自由
的。最后的一名流刑犯，在黑龙江上，要比起最先的一位
俄国将军呼吸得更加轻快。假如你在这儿住上一些时候，
你一定会写出非常好的东西，并且很能吸引住读者，可是
我不会。①

也就在这一天，契诃夫游览了布拉戈维申斯克对岸的我国城
市瑷珲城。他在6月29日写给他的妹妹玛丽亚·契诃娃的信中
提到这一点："27日我逛了中国的瑷珲城。"②

在这次旅途当中，契诃夫曾见到和接触过不少的中国人，他
不断地在信中把这些情形告诉他的妹妹玛丽亚·契诃娃和苏沃
林。6月6日他从伊尔库茨克写给他妹妹的信中就最初提到：

看见了中国人。这是善良和相当敏锐的人民。③

6月23日他从"叶尔马克号"轮船上写的信中又讲道：

坐在三等舱里的中国人，是善良而又好笑的。④

在6月27日写给苏沃林的信中，就有了一段较长的叙述：

中国人从伊尔库茨克就开始见到……这是最善良的
人民。

当我招呼了一个中国人到餐厅里去，请他喝杯伏特加
酒，他在没有干杯以前，把小酒杯伸向了我，伸向了餐厅管

---

① 见20卷本《契诃夫全集》第15卷，第120—121页。
② 同上书，第123页。
③ 同上书，第102页。
④ 同上书，第118页。

理员和仆役们说道：请！这是中国的礼节。他并不像我们那样一干而尽，他是一小口一小口地在喝，每喝一小口，就吃一点东西；最后，为了感谢我，还送给我几个中国铜钱。真是非常客气的人民。他们穿得不好，但很整洁，吃的东西很有味道，并且很讲究礼节。①

对于我们更加有兴趣的，就是契诃夫乘上"穆拉维约夫号"轮船在从布拉戈维申斯克去尼古拉耶夫斯克的途中，还遇见一个名叫宋留利（译音）的中国人做他的旅伴。契诃夫在6月29日写信告诉他的妹妹玛丽亚·契诃娃：

和我同坐在一个船舱里的，是中国人宋留利。……这个中国人把他的扇子上所写的东西，按照曲调唱给我听。②

7月1日契诃夫从尼古拉耶夫斯克寄出的一封信中，又请这个中国人写了几个字："我也杜你可来子可，杜拉四拉。我上庙街。"接着契诃夫就解释道：

这几个象形文字，是我的中国旅伴宋老利（或者，正像我以前所称呼的是宋留利）写的，意思就是说："我到尼古拉耶夫斯克去。你好！"③

契诃夫的这封原信，还有他和宋留利在轮船上合照的相片，现在都保存着，并且被印在纪念契诃夫的一本画册中。④

契诃夫在萨哈林岛一共住了3个多月，最后就乘船经由日本海、中国海、印度洋、苏伊士运河和西欧返国。按照契诃夫原定的计划，他是准备在途中访问中国的。他在1月28日写给他的幼弟米哈伊尔·契诃夫（М. Л. чехов）的信中，就讲过他的路

① 见20卷本《契诃夫全集》第15卷，第121页。
② 同上书，第123页。
③ 同上书，第123页。
④ 见1957年列宁格勒国家教科用书出版局编印的《契诃夫画传》，第184页。

线，从伊尔库茨克以下是："黑龙江，萨哈林，日本，中国……"① 在 3 月 16 日写给作家列昂季耶夫—萧格洛夫（И. Л. Леонтьев Щеглов）的信中，他又讲过："我的路线是这样的：……伊尔库茨克，斯列坚斯克，沿黑龙江到尼古拉耶夫斯克，在萨哈林岛两个月，长崎，上海，汉口，马尼拉，新加坡……"② 但当契诃夫离开萨哈林岛时，远东一带正好流行霍乱症，他在 9 月 11 日从"贝加尔号"轮船上写信告诉苏沃林：

> 你好！我正沿着鞑靼海峡从北萨哈林岛向南萨哈林岛航行。我身体健康，虽然霍乱症正为我准备好一个陷阱，它用青绿色的眼睛从四面八方凝视着我。在海参崴、日本、上海、芝罘、苏伊士，甚至好像在月亮里面——到处都有霍乱症，到处都是检疫和恐惧。在萨哈林岛上也等待着霍乱症，船只都被扣留住进行检疫。一句话，情况很糟。③

因此，契诃夫不仅没有可能访问日本，也没有可能访问中国，那就更谈不到上海和汉口了。从契诃夫 12 月 9 日写给苏沃林的信中，我们知道他到过的唯一的东方城市，那就是香港了。他这样写道：

> 我们经过日本，没有停留，因为在日本流行霍乱症。……在我的旅途中的第一个外国港口，就是香港。海湾非常美丽，海面上交通的情景，我甚至在绘画上都从来没有见过。④

假如契诃夫能在旅途中访问了我国的上海等城市，不用说，那我们从他的作品和书信当中，一定会找到不少有关中国和中国

---

① 见 20 卷本《契诃夫全集》第 15 卷，第 10 页。
② 同上书，第 35 页。
③ 同上书，第 125 页。
④ 同上书，第 130 页。

人民生活的亲切的记载的。

　　这样再过了 10 年，1900 年来到了。从这年的 5 月起，我国义和团的反帝斗争开始；尽管这一次英勇的反帝斗争，最后遭到帝国主义的八国联军和封建反动势力的血腥镇压，但是它的历史意义却是永不能磨灭的。沙皇俄国的军队，也是八国联军的组成者之一，对中国人民曾进行过屠杀。正因为这样，列宁在当年所写的《中国的战争》一文中，曾揭露了这次战争的本质，并且还谴责了沙皇政府对中国所进行的敌视政策。我们知道，在这年的 7 月 9 日，高尔基曾经写信给契诃夫，还请他一同到中国去：

　　　　亲爱的安东·巴夫洛维奇！

　　　　　一同到中国去吗？有一次，在雅尔泰，你说你很想去。一同去吧！我非常想到那儿去，……我的妻子不大愿意放我一个人去，但是说，假如你也能去，那她对我就可以完全放心了。去吧，亲爱的安东·巴夫洛维奇！那儿很有趣，可是这儿却单调无味。①

　　高尔基在同一个月内（日期未注明）写给契诃夫的另一封信中又说道：

　　　　中国的念头在折磨着我。非常想到中国去！很久以来，我从没有这样强烈地想望过什么事。你不是想到远地去旅行——一同去吗？真去吗？那就好极了！……②

　　7 月 12 日，契诃夫就复了高尔基一封信，其中讲道：

　　　　亲爱的阿列克谢·马克西莫维奇，你邀我到中国去旅行，使我大吃一惊。……无论怎样，到中国去是太迟了，看

---

　　①　见 30 卷本《高尔基全集》第 29 卷，第 123 页。
　　②　见《高尔基与契诃夫资料汇编》，第 74 页。

起来，战争已快结束。要是到那儿去，我只能当一个医生。当一名军医。假如战争延长下去的话，那我就去。……①

在这以后，契诃夫和高尔基两个人可能都因为写作忙或是其他什么原因，没有能实现他们一同访问中国的愿望。同时，义和团的反帝斗争这时已遭到血腥的镇压，而他们访问中国的愿望，又是和义和团的反帝运动分不开的，但从当时他们两人来往的这几封信中可以看出，他们都是非常重视中国人民所进行的这次斗争的。

契诃夫一生中所写的有关中国的文字并不多，从上面所引的这些有趣的事例中，我们是可以看出他对于中国和中国人民的同情与热爱的。

二

我国读者最早知道契诃夫的名字和读到他的作品，那还是20世纪初叶的事。鲁迅先生在1932年所写的一篇文字中曾经这样讲道："俄国的文学，从尼古拉斯二世时候以来，就是'为人生'的。……这一种思想，在大约20年前即与中国一部分的文艺绍介者合流，陀思妥夫斯基、都介涅夫、契诃夫、托尔斯泰之名，渐渐出现于文字上，并且陆续翻译了他们的一些作品。"②

契诃夫的作品究竟在什么时候被绍介过来的呢？根据目前现有的史料，我们知道远在清光绪丁未年（1907年），吴梼就最初译了他的短篇小说《黑衣教士》，这也许就是契诃夫的作品在中国最早的译本。这篇小说是根据日本薄田斩云的译文重译的，作

---

① 见20卷本《契诃夫全集》第18卷，第372页。
② 见《鲁迅译文集》第8卷，第3页苏联短篇小说集《竖琴》的前记。

者的姓名在当时被译为溪崖霍夫，译文由上海商务印书馆作为袖珍小说在 6 月间出版。译文后面附有日译者写的短跋：

> 原本有跋云：此篇作者安敦·溪崖霍夫，与哥尔基齐名，为俄国文坛健将。其为小说，专以短篇著，世称俄国之毛拔森（莫泊桑）。文章简洁而犀利，尝喜抉人间之缺点，而描画形容之，以为此人间世界，毕竟不可挽救，不可改良，故以极冷淡之目，而观察社会云。今年七月中旬，旅于德国而逝，年四十四。世界文坛，又弱一个矣。①

从这篇短跋可以看出，日译本是在 1904 年 7 月 16 日契诃夫逝世之后出版的。我们在这里还可以附带提到的，就是吴梼是我国早期的俄罗斯文学绍介者之一，他除翻译了契诃夫的《黑衣教士》之外，在同一年他从日文还转译了莱蒙托夫的《银钮碑》（即《当代英雄》的第一部第一章《贝拉》）和高尔基的《忧患余生》（即《该隐和阿尔乔姆》）。

接着在清宣统己酉元年（1909 年），周树人（鲁迅）和周作人合译的《域外小说集》在日本东京出版，其中又收了契诃夫的《戚施》（《在庄园里》）和《塞外》（《在流放中》）两个短篇小说，书后并附印了一段《著者事略》：

> 契诃夫（Anton Tchekhov, 1861—1906）
>
> 契诃夫卒业大学，为医师。多阅世故，又得科学思想之益，理解力极明敏。著戏剧数种及短篇小说百余篇，写当时反动时代人心颓丧之状，艺术精美，论者比之摩波商（莫泊桑）。唯契诃夫虽悲观现世，而于未来犹怀希望，非如自然派之人生观，以决定论为本也。《戚施》本名《庄中》，写一兀傲自熹、饶舌之老人晚年失意之态，亦可见俄国旧人

---

① 见吴梼译《黑衣教士》，第 87 页。

笃守门第之状为何如。《塞外》者，假绥蒙之言，写不幸者由绝望而转为坚苦卓绝，盖亦俄民之特性，已与其后戈里奇（高尔基）小说中人物相近矣。①

这段《著者事略》虽不尽确切，而且把契诃夫的生卒年代也弄错了（应为1860—1904年），但尽管如此，这可能还是我国最早论述契诃夫的文字。还有契诃夫的名字，吴梼译为溪崖霍夫，此后也有人译为奇霍夫，乞呵夫，柴霍甫，但现在通用的契诃夫这个译名，大概就是这个时候开始的。

就在同一年内，上海出版的《小说时报》上发表了天笑生（即包天笑）译的奇霍夫的著名的短篇小说《六号室》（《第六号病房》）。在1915年，这篇小说又由上海有正书局印成单行本。接着在1916年，上海中华书局又出版了陈家麟和陈大镫两人合译契诃夫短篇小说集，题名为《风俗闲评》，上、下两册。在这部小说集中，共收了23个短篇，其中介绍了《一嚏致死》（《小公务员的死》）、《小介哥》（《万卡》）、《囊中人》（《装在套子里的人》）等有名的短篇小说。译者在书前和版权页上都没有写出作者的姓名，但我们从选译的小说的题目，就能猜出这都是契诃夫的作品。

就文字方面来说，上面所列举的几种契诃夫的作品的早期译文，除《黑衣教士》是白话文，其余都是用文言翻译的，可是我国的读者通过这些作品，已能看出契诃夫作为杰出的短篇小说家的惊人的才华了。

在伟大的十月社会主义革命和我国的五四运动之后，俄国的古典文学作品就被大量地介绍过来。用鲁迅先生的话来说，我们的读者，"那时就看见了俄国文学。那时就知道了俄国文学是我

————————

①　见1929年上海群益书社版《域外小说集》著者事略第6—7页。

们的导师和朋友。"①. 在介绍过来的俄国文学作品当中，契诃夫的作品也占着一个重要的部分，而且最初都是发表在报纸和杂志上的。在报纸方面，北京出版的《晨报副刊》，在 1920—1921 年期间，曾先后发表了沈颖等人所译的契诃夫的《老园丁的谈话》、《神学院的学生》、《圣诞节》、《温珈》（《万卡》）等十几篇短篇小说，《晨报副刊》在 1921—1922 年期间，也先后发表了耿勉之等人译的几篇小说。在杂志方面，1919 年第 6 号的《新青年》上，发表了周作人译的契诃夫的小说《可爱的人》。1920 年第 8—12 号的《新社会》上，发表了耿济之译的《唉，众人！》。1921 年 2 月号的《小说月报》上发表了耿济之译的《侯爵夫人》，5 月号上又发表了耿式之译的《泞泥》。同年 10 月，《小说月报》出版了《俄国文学研究》号外，其中刊载了契诃夫的传记和照片，还发表了王统照译的《异邦》和邓演存译的《一夕谈》（《静诺奇卡》）两个短篇。这个时期，《东方杂志》上也曾发表过耿济之、胡愈之、胡仲持等人译的契诃夫的小说，在 1921 年辑成专册，作为上海商务印书馆编印的《东方文库》中的《近代俄国小说集》第 3 册出版，其中收有《阴雨》、《陆士甲尔的胡琴》、《那个可怜的办事员是怎样死去的》（《小公务员的死》）、《复活节的前夜》等小说。1923 年共学社编译的《俄罗斯文学丛书》中又出版了耿济之和耿勉之合译的《柴霍甫短篇小说集》，其中共收了《剧后》、《侯爵夫人》、《伏洛卡》、《居家》、《邻人》、《无名的故事》和《厌闻》等 7 篇小说。以上所介绍的，都是散文作品。1921 年，共学社编译的《俄罗斯文学丛书》中又专出了一套《俄国戏曲集》，除果戈理、奥斯特罗夫斯基、屠格涅夫和托尔斯泰等人的戏剧作品外，其中

① 见《鲁迅全集》第 4 卷，第 351 页《祝中俄文字之交》一文。

还收有 4 种契诃夫的戏剧作品，这就是郑振铎译的《海鸥》、耿式之译的《伊凡诺夫》、《万尼亚叔父》和《樱桃园》。在《俄国戏曲集》的第 10 种中，还附印了契诃夫的传记。契诃夫的另一个著名的剧本《三姊妹》和《蠢货》、《求婚》、《婚礼》、《纪念日》等独幕剧，都由曹靖华译成中文，《三姊妹》于 1925 年由商务印书馆出版，《蠢货》等独幕剧于 1927 年由北京未名社出版。

契诃夫的作品被大量地译成中文，主要是五四运动以后的事，从那时候起，它们就引起我国读者的注意和喜爱。在 1924—1930 年期间，我国先后出版了《犯罪》、《三年》、《悒郁》、《决斗》、《歌女》、《盗马贼》、《艺术家的故事》等种小说集。1930 年，上海开明书店出版了赵景深译的 8 卷本的《柴霍甫短篇杰作集》，其中共收了 162 个短篇小说。各卷都各有一个题名，这就是《香槟酒》、《女人的王国》、《黑衣僧》、《快乐的结局》、《孩子们》、《妖妇》、《审判》和《老年》。每卷前面都附有关于契诃夫的评传、回忆文字和插图。这一套短篇杰作集的出版，在我国当时介绍契诃夫的小说作品方面，可说是一个较有系统的创举。除此以外，在同一年还又出版过契诃夫的《厌倦的故事》、《谜样的性情》等短篇小说集。

在这里应该特别指出的，就是鲁迅先生不仅是契诃夫的作品的爱好者，同时也是他的作品的翻译者。他在 1934 年曾经译过契诃夫的几个短篇小说，其中《假病人》、《簿记课副手日记抄》和《那是她》3 篇，曾以《奇闻三则》发表在 1934 年 12 月出版的《译文》杂志第 1 卷第 4 期上；《暴躁人》和《坏孩子》两篇发表在 1935 年 2 月出版的《译文》杂志第 1 卷第 6 期上；《难解的性格》和《阴谋》两篇发表在同年第 2 卷第 2 期的《译文》上。这都是契诃夫早期用"契红德"的笔名发表的短篇小说，鲁迅先生在 1936 年逝世之前不久，曾把它们辑成《坏孩子和别的奇闻》出版。

这本短篇小说集的出版，不仅表现出鲁迅先生对契诃夫的作品的喜爱，同时这也是鲁迅先生在研究和介绍俄国文学方面留给我们的一份珍贵的遗产。

介绍契诃夫作品的工作，我们甚至在抗日战争的艰苦的年代里也从没有停止过。像在大后方就用土纸出版过他的著名的中篇小说《草原》和短篇小说集。在上海方面，世界书局出版了芳信新译的契诃夫的《海鸥》、《万尼亚舅舅》、《樱桃园》等剧本。当 1944 年契诃夫逝世四十周年时，在重庆等地还举行过纪念活动，郭沫若并为《新华日报》撰写了《契诃夫在东方》的文章。①

抗日战争胜利以后 1946 年，上海文化生活出版社又编印了一套新译的契诃夫戏剧作品集，其中有丽尼译的《海鸥》、《伊凡诺夫》和《万尼亚舅舅》，满涛译的《樱桃园》，曹靖华译的《三姊妹》和李健吾译的《契诃夫独幕剧》等。

1949 年 10 月 1 日中华人民共和国成立之后，契诃夫的作品更被大量地介绍过来。就在这年的 11 月，上海光明书局就首先出版了 3 卷《契诃夫短篇小说集》，共收了契诃夫的 64 篇短篇小说，第 1、3 两卷是由金人翻译的，第 2 卷是由鲍群翻译的。从这时起，汝龙开始有计划地翻译契诃夫的短篇小说和中篇小说，在 1950—1958 年中间，上海的平明出版社和新文艺出版社先后出版了他所译的 27 卷《契诃夫小说选集》，其中共收了 220 篇小说，比起 1930 年开明书店出版的《柴霍甫短篇杰作集》是

---

①　这篇文章后来收在 1947 年出版的郭沫若杂文集《沸羹集》中，见该书第 200—202 页。

又向前推进了一步，使我们有可能读到契诃夫的更多的作品。这27卷小说集都各有题名，它们的次序是：《巫婆集》、《出诊集》、《三年集》、《苦恼集》、《嫁装集》、《食客集》、《亮光集》、《妻子集》、《恐怖集》、《爱情集》、《镜子集》、《宴会集》、《父亲集》、《新娘集》、《决斗集》、《艺术集》、《农民集》、《邻居集》、《醋栗集》、《校长集》、《老年集》、《儿童集》、《歌女集》、《仇敌集》、《美人集》、《医生集》和《打赌集》。在每卷的前面，都附有论述或是回忆契诃夫的文字，并附印图片等。除去小说之外，在这套集子里还译了契诃夫写的日记和札记。

当1954年契诃夫逝世50周年时，我国曾响应世界和平理事会的号召，在北京、上海、广州、武汉、重庆、沈阳等大城市都举行了纪念活动，出版他的作品，上演他的《万尼亚舅舅》和独幕剧，放映根据他的作品摄制的影片如《挂在脖子上的安娜》等。就在这一年，人民文学出版社新印了丽尼译的《海鸥》、《伊凡诺夫》和《万尼亚舅舅》，满涛译的《樱桃园》，曹靖华译的《三姊妹》和《契诃夫独幕剧集》。新文艺出版社出了焦菊隐译的《契诃夫戏剧集》，其中重译了他的5个多幕剧，并附印了苏联舞台演出契诃夫的剧本的剧照多幅。为了纪念契诃夫逝世50周年，剧本月刊社编印了《纪念契诃夫专刊》；纪念契诃夫逝世50周年筹备委员会还编印了《纪念契诃夫画册》。1955年，中国青年出版社出了汝龙译的《契诃夫短篇小说选》，其中共收了21篇小说；1958年，人民文学出版社又出了汝龙译的《契诃夫小说选》，上下两册，其中共收了30个短篇，它们都受到广大读者们的欢迎。

此外，在过去的二三十年当中，我们还出版过《柴霍甫书信集》（1931年）、《契诃夫随笔》（1935年）、《契诃夫高尔基通信集》（1950 年）和《契诃夫手记》（1953 年）等书。在研究契诃夫的论著方面，出版过几种有关他的评传和关于他的回忆录，特别是他的弟弟米哈伊尔·契诃夫写的评传（1932 年上海神州国光社版）和苏联文学批评家叶尔米洛夫所写的著作等。在关于契诃夫的戏剧的著作方面，出版过史坦尼斯拉夫斯基的《契诃夫与艺术剧院》（1950 年）、巴鲁哈蒂的《契诃夫的戏剧艺术》（1951 年）和叶尔米洛夫的《论契诃夫的戏剧创作》（1957 年）等书。在论文学方面，出版过萨哈罗娃编辑的《契诃夫论文学》（1958 年）。

契诃夫的短篇小说和中篇小说，是中国读者非常喜爱的；他的戏剧作品，同样地也得到广泛的欢迎，并且被搬上中国的舞台。我国在介绍契诃夫的戏剧作品方面，宋春舫可能是最早的一个人。他远在 1916 年写的《世界新剧谭》一文中，就最初提到欠壳夫（契诃夫）的名字。1918 年 10 月，他在《新青年》第 5 卷第 4 期上发表的《近世名戏百种目》中，推荐了契诃夫的《海鸥》、《万尼亚舅舅》、《樱桃园》和《三姊妹》等 4 个剧本。他还又这样讲道：“吾人读托尔斯泰、高尔基、陀斯妥夫斯基之著作，益信俄国文学堪为世界文学之泰斗。……俄国所出版之小说及短篇小说，世界诸国无出其右者。然就剧本文学论之，则舍德乞戈甫（契诃夫）外，绝少著名之剧作家……”。我国最早上演契诃夫的剧本，是在 1930 年，当年上海辛酉剧社上演了他的名剧《万尼亚舅舅》。1936 年，上海世声社又排演过《三姊妹》。1941 年，延安鲁迅艺术学院实验剧团上演过契诃夫的《求婚》、《蠢货》和《纪念日》等独幕剧。当 1954 年契诃夫逝世 50 周年时，北京中国青年艺术剧院上演了《万尼亚舅舅》。至于契诃夫的《蠢货》、《求婚》等独幕剧，更是经常被排演和成为观众们最喜爱的短剧。

<h1 style="text-align:center">三</h1>

契诃夫的不朽的作品，不仅受到中国读者和观众的喜爱，同时也受到中国作家的喜爱。鲁迅先生曾说过："契诃夫是我最喜爱的作家。"他早在1909年编译的《域外小说集》中，就收有契诃夫的两个短篇。在1934—1935年，鲁迅先生又从德文译了契诃夫早期用"契红德"的笔名发表的8篇幽默小说。契诃夫把这些作品自称为是"小笑话"，但鲁迅先生却非常重视它们。他在1936年出版的《坏孩子和别的奇闻》的《前记》中写道：

> 这些短篇，虽作者自以为"小笑话"，但和中国普通人之所谓"趣闻"，却又截然两样的。它不是简单的只招人笑。一读自然往往会笑，不过笑总还剩下些什么，——就是问题。……这八篇里面，我以为没有一篇是可以一笑就了的。但作者自己却将这些指为"小笑话"，我想，这也许是因为他谦虚。……①

鲁迅先生在翻译这8篇幽默小说时，曾先后把它们送给《译文》杂志发表，但是其中《波斯勋章》一篇，却被国民党反动当局的审查机关"暗杀"了。鲁迅先生后来曾在《坏孩子和别的奇闻》的《后记》里气愤地写道：

> 《波斯勋章》不过描写帝俄时代的官僚的无聊的一幕，在那时的作者的本国尚且可以发表，为什么现在的中国倒被禁止了？——我们无法推测。只好也算作一则"奇闻"。……②

---

① 见《鲁迅译文集》第4卷，第414页。
② 同上书，第467页。

从此我们也就不难看出，当时国民党的反动统治者，是怎样害怕契诃夫的犀利的讽刺了。

瞿秋白是我国最早的俄罗斯文学的研究者与翻译者，也是最早介绍契诃夫的一个人。他早在 1924 年就译过契诃夫的短篇小说《好人》，发表在当年 1 月号的《小说月报》上。1921—1922 年他在莫斯科写成的《十月革命前的俄罗斯文学》一书中，曾专门论述了契诃夫的创作。他说："契诃夫是十九世纪八九十年代俄罗斯文学界的花冠。他真是自己时代的代表。"①

郑振铎在早期曾专门研究过西洋文学，特别是俄罗斯文学。他在 1921 年译过契诃夫的名剧《海鸥》。他在 1923 年写成的《俄国文学史略》中，也对契诃夫的生平和作品有过介绍。

此外，郭沫若、茅盾、巴金等人，都写过论契诃夫的文字。巴金在 1954 年契诃夫逝世 50 周年时，曾代表中国作家到苏联去参加纪念契诃夫的各种活动，返国后根据自己的印象、感想和回忆，写成《谈契诃夫》一书，于 1955 年由上海平明出版社出版。

今年的 1 月 29 日，是契诃夫诞生的 100 周年，我国文艺界响应了世界和平理事会的号召，在北京举行了盛大的纪念会，茅盾在纪念会上作了报告。北京人民艺术剧院上演了契诃夫的名剧《三姊妹》，人民文学出版社也出版了契诃夫的各种作品。

契诃夫是一位热爱祖国和人民的作家，他曾经讲过："假如我是一个医生，那我就需要病人和医院；假如我是一个文学家，那我就需要生活在人民中间。……就需要哪怕是一部分的社会和政治的生活，哪怕是最小一部分的，而这种关在四面墙壁里面，没有大自然，没有人民，没有祖国，没有健康和食欲的生

---

① 见《瞿秋白文集》第 2 卷，第 514 页。

活，——这不是生活。"① 契诃夫对于现状，尤其是当时沙皇俄国的黑暗反动统治，是再也不能忍受的，他曾经高声叫出："再也不能这样生活下去！"契诃夫对于人类美好幸福的未来，充满了无限的向往，他说过："幸运地，就是我能看到和理解到，生活和人们都会变得更加美好，更加美好，更为聪敏和更为正直。"② 他又说过："哦，假如这个新的、明亮的生活很快就来到，那时候可以直接地和大胆地看着自己的命运，认识到自己是正直的，要变得愉快而又自由！这样的生活迟早是要来到的！"③ 正因为契诃夫对未来的美好的日子充满无限的信心，他就号召我们要为未来工作："假如你为了现在工作，那么你的工作是不足道的；应该记住，只能为了未来工作！"④ 契诃夫所讲的这些话，在今天读起来，依然是意味深长的。

契诃夫的光辉的名字和他的不朽的作品，对于我们是亲切的。今天，我们不仅把他当作一位伟大的俄罗斯作家来纪念，同时我们也把他当作一位中国人民的好朋友来纪念！

1960 年 1 月，春节期间

（原载《文学评论》1960 年第 1 期）

---

① 见 20 卷本《契诃夫全集》第 15 卷，第 255 页。

② 见 12 卷本《契诃夫著作集》第 12 卷，第 569 页，契诃夫在 1903 年 11 月 10 日写给作家基根·杰德洛夫的信。

③ 同上书，第 8 卷，第 506 页。

④ 同上书，第 10 卷，第 422 页。

高尔基和中国

我们，在精神上是弟兄，在志向上是同志！

　　　　　　　　——高尔基写给孙中山先生的信

　　伟大的革命导师列宁在自己所写的许多文章和书信当中，曾经不止一次地讲到高尔基，并且还给这位被称为"革命的海燕"的伟大的无产阶级作家和社会主义现实主义文学的奠基人作过很高的评价。远当 1909 年高尔基在意大利克普里岛养病时，列宁在当年 11 月 16 日从巴黎写给他的信中就讲道："你以自己的艺术家的天才，带给了俄国的工人运动——其实不仅是一个俄国——那样巨大的贡献，你还会带来同样多的贡献。……"① 就在同年的 12 月间，当俄国、法国和德国的资产阶级报纸造谣，说高尔基被从俄国社会民主工党开除了党籍，列宁还曾在一篇短文中为高尔基作过辩护："资产阶级的报纸在枉费心机。高尔基同志是用他伟大的艺术作品，把自己和俄国及全世界的工人运动

---

　　① 见《列宁全集》俄文本第 4 版第 34 卷，第 354 页。

异常紧密地相联系着的。……"① 1910 年 3 月，列宁发表了《一个政论家的时评》，其中着重指出："高尔基——毫无疑问地，是无产阶级艺术的最伟大的代表者，他为这个艺术已经作了很多的贡献，并且还可能作出更多的贡献。……高尔基——是无产阶级艺术事业中的一个权威，这是无可争辩的。"② 此后，列宁在 1917 年 3 月所写的《远方来信》中，又重述了同样的意见："毫无疑问，高尔基是一位宏伟的艺术天才，他带给了并且还将带给全世界的无产阶级运动以很多的贡献。"③ 列宁对高尔基所作的这些评价，都是具有深刻的意义的，我们同样地也可以把它们引用到高尔基和中国的关系上面来。

对于我们中国人民，高尔基的名字是非常亲切的。远在 50 多年以前，这个光辉的名字就像火把一样地照到中国的大地上来了。对于我们中国的读者们，他的充满革命激情和乐观主义的作品，早已成为我们的精神食粮。像他的著名的长篇小说《母亲》，就曾经教育了我们广大的劳动人民自觉地走向革命的道路；像他的歌颂革命的《海燕之歌》，就曾经鼓舞了我们多年来从事英勇的革命斗争。因此我们可以说：高尔基的不朽的作品，对于中国现代的文学运动和革命运动，都曾经起了巨大的作用与影响。高尔基对于我们更加亲切的地方，就在于他时时刻刻都关心着和同情着中国人民争取民族解放的革命斗争事业。从不少有关的史料中可以看出，高尔基从童年的时代起，就对中国发生了兴趣。在他此后生活的许多年代当中，他关心过我国 1900 年义和团的反帝运动和 1911 年的辛亥革命，也关心过我国的第一

---

① 见《列宁全集》俄文本第 4 版第 16 卷，第 89 页。
② 同上书，第 16 卷，第 186 页。
③ 同上书，第 23 卷，第 325 页。

次国内革命战争、第二次国内革命战争和抗日斗争。甚至从他在1900 年写给小说家契诃夫和医生斯列金的几封信中，还可以看出他当时有过访问中国的愿望。① 正因为这样，我们一向就把高尔基看成是中国人民的伟大的朋友！

一

现在我们就从高尔基童年时代的情形开始讲起吧。

我们都知道，高尔基于 1868 年诞生在伏尔加河旁的尼日尼·诺夫戈罗德（现改名为高尔基城）。他的父亲是个细木工匠，母亲是个染坊老板的女儿。当他 4 岁的时候，他的父亲在阿斯特拉罕得了霍乱症死掉了。在父亲去世之后，他就跟着母亲回到了尼日尼·诺夫戈罗德，寄居在外祖父家里面。接着他的母亲改嫁了，这时候，在他的生活当中唯一最亲切的人就是他的外祖母。9 岁时，高尔基被送进初级小学读书，从他后来在 1912—1913 年间写成的自传体小说《童年》中，我们知道当时曾发生过这样一件事情：有一天晚上，他的母亲到什么地方去了。他在家里闷得发慌，就翻开继父看的一本书——大仲马的《医生札记》，无意中发现书里面夹着两张钞票，其中有一张是一个卢布的。高尔基就拿了这个卢布，买了两小本破烂的《安徒生童话集》，还买了些面包和灌肠，在第二天带到学校里去。中午休息的时候，他把面包和灌肠拿出来分给同学们吃，接着就读安徒生的童话集。高尔基这样写道：

> ……我们开始读一个美妙的童话"夜莺"——它立刻

① 斯列金（Л. В. Средин, 1860—1909），医生，是高尔基和契诃夫共同的好朋友。

就抓住了所有人的心。

在中国，所有的居民都是中国人，连皇帝本人也是个中国人，——我记得，这一句话以它的朴素的、愉快地微笑着的音乐语调，还以某种异常美好的东西，使我感觉到快活的惊奇。①

不用说，高尔基因为拿了这个卢布，被母亲狠狠地痛打了一顿，两小本《安徒生童话集》也被没收了，从此不知藏到什么地方去，这使他比挨打还更加伤心。从这段文字当中我们可以看出，高尔基从童年时代起，就已经知道在遥远的东方有个中国，而且对这个国家的人民开始发生了很大的兴趣。

当高尔基 10 岁时，他的母亲生病死掉了，外祖父的染坊也已经破产了，他不得不离开外祖父的家"到人间去"，独自谋生过活。从这时起，他做过各种工作：在皮鞋店里当过小跑街，在轮船上当过小伙夫，在绘图师和神像作坊里当过学徒，在剧场里当过"跑龙套"，还捡过破烂和捕捉过小鸟卖钱。在这个时期当中，高尔基对书籍有了特别的爱好。他在《我怎样学习》一文中写道："我学会了自觉地读书，是当我 14 岁左右的时候。……我感觉到差不多每本书都在我的前面为我打开了一扇开向新的和人所不认识的世界的窗户。……我阅读得愈多，书籍就使我和世界愈加接近，生活对于我也就显得愈加明亮，愈加有意义。……"②我们从高尔基继《童年》之后所写的自传体小说《在人间》中，知道这时候他读过普希金和莱蒙托夫的诗，也读过巴尔扎克的小说《欧也妮·葛朗台》；此外还读过一本与中国有关的书籍，这就是《奥勃洛莫夫》的作者冈察罗夫写的《三

---

① 见 30 卷本《高尔基文集》第 13 卷，第 182—183 页。
② 同上书，第 14 卷，第 229—235 页。

桅巡洋舰巴拉达号》。冈察罗夫在这本书里面叙述了他在1853年随"巴拉达号"访问了我国香港和上海的情形。

从《在人间》这本书中，我们知道高尔基在神像作坊工作时，除去爱好读书之外，还喜欢演一些滑稽可笑的戏。他这样写道：

> 最受观众欢迎的是"中国鬼秦友同"的传说；巴什卡扮演一个想做善事的不幸的鬼，我呢——就担任所有其他的脚色：一会儿扮男，一会儿扮女，也扮演各种物体，扮善鬼，甚至还扮过石头，让中国鬼每次因为做不成善事而异常伤心的时候好坐在上面休息。[1]

高尔基在同一本小说中还又告诉我们，在尼日尼·诺夫戈罗德有一处中国商场，在这处商场的奇形怪状的屋脊上，装着一些用石膏塑成的盘膝而坐的中国人像，它们很引起了高尔基的兴趣。有一次，他和几个朋友向那些人像扔石子，打坏了一些人像的头和手臂。他在书中怀着惭愧和惶恐的心情写道："但现在，我再不会因为这样的事而引为骄傲了……"[2]

1884年的秋天，高尔基离开了尼日尼·诺夫戈罗德到喀山去，梦想能进当地的大学读书，但是这所大学向他关闭了大门，因此他不得不进了社会生活的大学：他在码头上当过脚夫，在面包铺里当过学徒，做过园丁和扫院子看门的人，也当过合唱队的队员。就在这个时期当中，他开始和革命青年发生接触，阅读革命的书籍，参加革命活动，并且还开始从事文学创作的活动。他后来曾把这些事情写进他的第3本自传体的小说，这就是《我

---

① 见30卷本《高尔基文集》第13卷，第423页。秦友同系俄文 Цинги Ю-тонг 的音译，出典不详。

② 同上书，第13卷，第445页。

的大学》。

1891 年春天，高尔基开始他长途的漂流生活。他走过顿河流域、乌克兰、比萨拉比亚、克里米亚、最后到了高加索的梯弗里斯城。用高尔基自己的说法："我走遍俄罗斯，并不是由于想过流浪的生活所引起的，而是因为想看一看——我生活在什么地方，我周围是些什么样的人？"① 高尔基后来曾把他在漂流途中的所见所闻，写成许多短篇小说。1892 年 9 月 12 日（新历 24 日），高尔基的处女作《马卡尔·楚德拉》在《高加索报》上发表，作家马克西姆·高尔基从此就诞生了，他当时的年纪不过才 24 岁。当年的 10 月，高尔基又重新回到尼日尼·诺夫戈罗德，定居下来专门从事写作。

我们在这里还要特别讲到 1896 年的情形，因为这一年全俄工业与艺术博览会在尼日尼·诺夫戈罗德开幕，同时又是高尔基最初撰写和发表有关中国的文字的一年。当博览会开幕期间，高尔基经常为《尼日戈罗德小报》和《敖德萨新闻》写稿，前后有 100 多篇。像 6 月 4 日的《敖德萨新闻》上，就发表了他所写的有关博览会正式开幕和李鸿章参观博览会的情况；6 月 19 日的《尼日戈罗德小报》上又发表了他所写的有关中国馆的介绍。李鸿章当年到俄国去，是为了参加沙皇尼古拉二世的加冕典礼，缔结中俄条约，并参观了博览会。当高尔基后来在 1925—1927 年写他的长篇名著《克里姆·萨姆金的一生》的第 1 卷时，他曾利用了博览会开幕时期所发表的文字作为素材，写成了这一卷的最后的一部分，结尾的地方就全是描写李鸿章参观博览会的情形。

---

① 见《高尔基文集》第 29 卷，第 148 页，高尔基 1910 年 12 月 23 日给作家马克西莫夫的信。

二

1900 年在中国人民近百年来的革命历史上，是一个光荣的年代，因为从这年的 5 月起，义和团的反帝斗争开始并且日益扩大，差不多普及到全国各地。尽管八国联军接着入侵天津和北京，最后和中国的封建反动势力一同镇压了义和团的英勇斗争，但是这一次轰轰烈烈的反帝运动的意义却是永不能被磨灭的。

沙皇俄国的军队，也是八国联军的参加者之一，对中国人民曾进行过屠杀。正因为这样，列宁在当年 12 月为《火星报》第 1 期所写的《中国的战争》一文中，曾揭露了这次战争的本质，谴责了沙皇政府对中国所进行的政策。列宁在这篇文章的一开头就写道："俄国正在结束对中国的战争：动员了好些军区，耗费了几万万卢布，派遣了几万军队开赴中国，打了一系列的仗，获得了一系列的胜利，——的确，这些胜利与其说是战胜了敌人的正规军，倒不如说是战胜了中国的起义者，更可以说是战胜了手无寸铁的中国人民，淹死和屠杀他们，不惜残杀妇孺，至于抢劫皇宫、住宅和商店就更不用说了。而俄国政府以及奉承它的报纸，却庆祝胜利，欢呼勇敢军队的新战功，欢呼欧洲文化之击败中国野蛮，欢呼俄罗斯'文明使命'在远东的新成功。"接着列宁就驳斥了主战者们硬说的，这次战争是由于"黄种人仇视白种人"，"中国人仇视欧洲文化与文明"所引起的。"是的，中国人确实是憎恶欧洲人，然而他们究竟憎恶哪一种欧洲人，并且为了什么呢？中国人并不是憎恶欧洲人民，因为他们和欧洲人民并无冲突，他们是憎恶欧洲资本家及对资本家驯服的欧洲各国政府。"最后列宁指出："沙皇政府

在中国的政策是一种犯罪的政策，它更使人民破产，更使人民
腐败和被压迫"，因此列宁号召俄国的工人阶级和一切觉悟的
工人，"以全力起来反对那些挑拨民族仇恨和使劳动人民的注意
力离开其真正敌人的人们"。①

　　我们知道，1900 年的时候高尔基在俄国和世界的文坛上已
享有盛名，这时他已写成了著名的《鹰之歌》、不少短篇小说和
《福马·高尔杰耶夫》、《三人》等长篇小说。作为一位革命作
家，高尔基对我国义和团的反帝运动，是不可能不关心的。就从
这年 7 月 9 日（新历 22 日）高尔基写给契诃夫的信中，我们知
道高尔基很想访问中国。这个想望的产生，是和我国义和团的反
帝运动分不开的。高尔基这样写道：

　　亲爱的安东·巴甫洛维奇！

　　　一同到中国去吗？有一次，在雅尔泰，你说你很想去。
一同去吧！我非常想到那儿去，并且我打算向某家报纸自荐
担任通讯记者的工作。我的妻子不大愿意放我一个人去，但
是说，假如你也能去，那她对我就可以完全放心了。去吧，
亲爱的安东·巴甫洛维奇！那儿很有趣，可是这儿却单调
无味。②

　　在同月给契诃夫的另一封信中（日期未注明，估计在 7 月
的上半月），高尔基又写道：

　　　中国的念头在折磨着我。非常想到中国去！很久以来，
我从没有这样强烈地想望过什么事。你不是也想到远地去旅
行——一同去吗？真去吗？那就好极了！……③

---

① 见《列宁全集》俄文本第 4 版第 4 卷，第 347—352 页。

② 见 30 卷本《高尔基文集》第 29 卷，第 123 页。

③ 见《高尔基与契诃夫资料汇编》（1951 年版），第 74 页。

在这封信结尾的地方，高尔基又着重附加了一句："去中国的事，务请回复。"从契诃夫的书信中，我们知道他在 7 月 12 日（新历 25 日）就复了高尔基一封信：

> 亲爱的阿列克谢·马克西莫维奇，你邀我到中国去旅行，使我大吃一惊。那个剧本呢？那个剧本怎么样？大概您已经把它写完了吧？无论怎样，到中国去是太迟了，看起来，战争已快结束。要是到那儿去，我只能当一个医生。当一名军医。假如战争延长下去的话，那我就去。可是现在还是坐下来，稍微写一些东西。①

也许在这以后，高尔基为了写作忙或是其他什么原因，未能实现访问中国的计划，但从他在当年 8 月 26—30 日之间（公历 9 月 8 日—12 日之间）写给医生斯列金的信中可以看出，他是非常重视中国人民所进行的这次反帝斗争的：

> 阿列克辛②因为信生了我的气吗？假如他生了气，——那就很惋惜了。为什么他不到中国去？假如真正宣战——那我就去。一定去！我认为这次战争具有巨大的意义。假如它要延长到 30 年，变成为全欧洲的大混战，那我一点也不会吃惊！唉，为什么我不是一个中国人！我要让你们看看什么是文明！我要从你们身上剥下文化的假面具！我要……③

除此之外，我们知道高尔基在他所写的长篇小说《克里姆·萨姆金的一生》中，也谈到义和团的反帝斗争，并且描写

---

① 见 12 卷本《契诃夫文集》第 12 卷，第 416—417 页。此地所提到的剧本，系指高尔基写的《小市民》。

② 阿列克辛（А. Н. Алексин，1863—1923），医生，1897 年曾在克里米亚为高尔基医治过肺病。

③ 见 30 卷本的《高尔基文集》第 28 卷，第 127—128 页。

了沙皇军官开枪射击俄国士兵，因为这些士兵拒绝去反对和屠杀起义的中国人民。

这样再过了几年，由于沙皇政府的势力向远东伸展的结果，又和日本帝国主义的侵略势力发生冲突，在1904年1月就爆发了日俄战争。在这次战争中，无论是沙皇俄国，无论是日本帝国主义者，都想侵占中国的领土，首先是把朝鲜和我国的东北地区据为己有。不用说，我国的土地受到了蹂躏，我国的人民遭到了屠杀。高尔基在1909年所写成的中篇小说《夏天》当中，曾通过一个名叫格涅多依的农民的嘴，讲出了这样的一些话：

> 我是明—明白的！哎，唉，天啦！要晓得，这是欺骗呀，你们这些傻瓜！为什么中国人是我的敌人，啊？为什么？
>
> 难道他们，还有我，——我们都是按照自己的意志去干凶暴的事情吗？弟兄们！这才是真情：我们大家都有一个共同的法则——为自己的子女们劳动，我们大家都有一个共同的联系！有共同的联系没有？有的！我问过那个中国人这样的话："老乡，你怎样在工作的呀？"于是他就回答道："你瞧它，这就是我们的工作！"这个中国人是温顺的、可敬的、体强力壮的！而且他从来不想打仗，安安静静地过着日子，与任何事情无关，可是我们的军队却使得他亡家破产——用火烧，用刀砍，破坏摧残，——呸，我的天啦！我难过得眼泪都流下来！假如他要打仗的话，那他大概会尽情地把我们好好揍一顿的！……他有田地——把它紧握在手心里拧一下，五谷的汁水，就会像怀孕的母牛的奶汁一样地流出来，唉，天啦！假如你好好地去请教那个中国人，他会教给你许多好东西的！他和自己的田

地，是亲人，他懂得田地需要什么，他就像收拾床铺一样在收拾田地，唉——唉！①

高尔基又曾在1911年所写成的短篇小说《诉苦》当中，描写了一个参加过日俄战争的诺夫戈罗德的农民什维佐夫。这个农民因为奉了上级长官的命令，被迫去枪决了一个中国农民而内心感觉到非常的痛苦。他这样讲道："我们都是庄稼人。我们彼此了解。……可是他们，我们的士兵，却毫无必要的、毫无意义的、而且怀着莫名其妙的仇恨破坏了满族人的产业。当只需要一根树枝儿，就砍掉几十棵大树，他们焚烧房子，践踏了禾苗，毁坏了家具。……"② 总而言之，从这里所引的两段文字，我们不难看出高尔基对于日俄战争的态度和他对于中国劳动人民的同情。

三

1911年我国辛亥革命成功，1912年1月1日孙中山先生就任临时大总统之职，并宣布中华民国临时政府成立。俄国社会民主工党1912年1月在捷克的布拉加召开代表会议时，还曾特别通过了一个关于中国革命的决议，其中讲道："代表会议指出中国人民革命斗争的世界意义，因为这个革命斗争将使亚洲获得解放，摧毁欧洲资产阶级的统治；它欢迎中国的共和派革命者；它表明俄国无产阶级以衷诚的兴奋和充分的同情注视着中国革命人民的成功。……"③

---

① 见30卷本《高尔基文集》第8卷，第415—416页。
② 同上书，第10卷，第218页。
③ 见《列宁全集》俄文本第4版第17卷，第435页。

　　我们知道，高尔基对于孙中山先生是非常钦佩的。远在这时候以前，他已经从俄国民粹派的刊物《俄国财富》上读到孙中山先生写的《伦敦蒙难记》[1]；可能还从同一刊物的另一期上，读过孙中山先生写的另一篇文章：《中国的现在和将来》[2]；此外，他又从1912年7—8月份合刊的法文的《社会主义运动》杂志上，读到孙中山先生写的《中国革命与社会问题》一文[3]；不用说，当然他也会读到1912年7月15日（公历28日）《涅瓦明星报》上发表的孙中山先生的文字《中国革命的社会意义》和列宁为同一期报纸写的《中国的民主主义与民粹主义》一篇评论。于是他就在1912年的10月12日（公历25日），从他在意大利养病的地方——卡普里岛，写了一封信给孙中山先生，对他表示了祝贺与钦佩，并恳请他为《现代人》杂志的读者撰写

---

　　① 《俄国财富》（《Русское Богатство》）是俄国自由主义民粹派在1876年创办的一种文学与科学的综合性的刊物，每月出版一次，由名作家柯罗连科和米哈伊洛夫斯基两人主编。高尔基也曾经为这个刊物撰稿，像他的著名的短篇小说《契尔卡希》就发表在1895年6月号的《俄国财富》上。孙中山先生在1897年用英文写成的《伦敦蒙难记》，曾被译为俄文，发表在当年12月号的《俄国财富》上，俄文题名为《难以想像的故事。孙中山博士关于自己在伦敦被诱拐和囚禁的情形的叙述》（《Невероятные сказки. Рассказдоктора Сунят-сена о его похищении и заточении в Лондоне》）。据《高尔基全集》第30卷索引中所载，高尔基在写给孙中山先生的信的结尾处所讲的"我读过您的札记"，系即指此文而言。

　　② 《中国的现在和将来》（《Настоящее и будущее Китая》）一文，发表在1897年5月号的《俄国财富》上。据编者注，这篇文字最初刊载在英文的《半月评论》（《Fortnightly Review》）上。

　　③ 《中国革命与社会问题》一文，最初发表在1912年7—8月份合刊的《社会主义运动》杂志（第243期）上，题名为（《La Revolution chinoise et les Questions sociales》）。同一篇文字又曾于1912年7月24日发表在比利时的社会党报纸《人民报》（《Le Peuple》）上。后被译为俄文，改名为《中国革命的社会意义》，发表在1912年7月15日（公历28日）的俄国布尔什维克机关报《涅瓦明星报》（《Невская звезда》）第17期上。在同一期的报纸上，还发表了列宁所写的评论文字《中国的民主主义与民粹主义》。

一篇文章。高尔基的信的全文是这样的：

尊敬的孙逸仙！

我是一个俄国人，也正为着您所奋斗的那些同一思想的胜利而斗争；不管这些思想在什么地方取得胜利，——我和您都为它们的胜利而感到幸福。我祝贺您的工作的美满成功，世界上一切正直的人士，都怀着关切、高兴和对您这位中国的赫尔古里斯①的钦佩的心情，注视着这个工作。

我们，俄国人，希望争取到你们已经取得的成就②；我们，在精神上是弟兄，在志向上是同志，可是俄国的政府和它的奴才们，却迫使俄国人民站在仇视中国人民的立场上。

我们，社会主义者，是真诚相信全世界可以、而且一定能够过着友爱与和平的生活的人们，——难道我们应该允许那些贪婪和昏庸的人们助长种族仇恨的发展，使它成为横亘在社会主义道路上的一座阴暗而又牢固的墙壁？

相反地，我们要竭尽一切努力，去粉碎我们的敌人——全世界一切美好事物的敌人的所有恶毒的企图，——这些敌人想把太阳熄灭，以便更加顺利地去干自己的黑暗贪婪的勾当——在世界上散播仇恨，压迫人民。

我们，社会主义者，必须尽可能经常指出：在世界上存在着政府与政府之间的仇恨，但不应该有由于统治阶级的贪心而引起的民族之间的仇恨。

尊敬的孙逸仙，我请求您写一篇文章，叙述中国人民

---

① 赫尔古里斯（Hercules）是希腊神话中的一位力大无比的英雄。
② 即指1911年我国的辛亥革命。

一般地对欧洲资本的掠夺野心抱持什么态度，特别是对俄国资本家及俄国行政当局的行动抱持什么态度？中国人认为这是些什么行动？它们从你们的人民那里碰到了什么样的反击？

假如时间不允许您亲自写这篇文章，那就请您委托您的任何一位朋友起草，然后经您亲自审阅。请您用任何一种欧洲文字来写这篇文章，并按我的地址寄下。

恳请您务必办到这件事，因为我们必须让俄国人民从正直的中国人的叙述中，而不是从那些为资本的利益效忠的欧洲新闻记者的报导中来认识中国的复兴。

我知道您在《Le Mouvement Socialiste》（《社会主义运动》）杂志上发表的文章，读过您的札记，深深地对您表示尊敬，并且相信您会乐于答应我的请求。

M. 高尔基

一九一二年十月十二日（二十五日）于卡普里岛。[①]

高尔基写给孙中山先生的这封信，是否还保存在什么地方；孙中山先生曾否复信给高尔基，现俱无法查考，但我们从莫斯科高尔基博物馆的文献保管库所藏的这封信的打字原稿当中，可以看出高尔基远在四十多年以前，就已经预言了在中苏两大国人民之间所建立起来的深厚的友谊："我们，在精神上是弟兄，在志向上是同志！"正因为这样，高尔基写给孙中山先生的这封信，对于我们中国人民是无限珍贵的。

就在高尔基写信给孙中山先生的时候，他正负责编辑《现代人》杂志的《国外生活纪事》栏。他每期都写几篇时评的文字，但不署名。就在1912年十月号的《现代人》杂志上，发表

---

① 见30卷本《高尔基文集》第29卷，第275—276页。

了他所写的一篇论中国革命发展道路的文字，其中并引用孙中山先生为《社会主义运动》杂志所写的那篇文章的全文①。我们知道，当《涅瓦明星报》发表孙中山先生的文章时，列宁曾在同一期的报纸上刊出了自己的评论文字，其中说："中华民国临时总统孙逸仙的一篇论文，是我们从布鲁塞尔社会党报纸《人民报》上转载过来的；这篇论文对于我们俄国人具有着完全特别的兴趣。……这位先进的中国民主主义者，简直是像俄国民主主义者一样议论的。他和俄国民粹派是那样地相似，以至于达到了基本思想和许多个别言论之完全一样。"② 高尔基也在自己的评论中指出：

> ……孙逸仙的意见，说中国可以避免资本主义的灾害，正是在70年代的俄国和40年代的德国所宣传过的那些民粹主义观点的重复，但是我们可以满怀信心说：就是现实将会粉碎这些观点，并且要比它们在德国和俄国被粉碎时来得更迅速、更坚决。

高尔基在这篇文章中所发表的评论③，虽然只是短短的几节，但他在这里简明而扼要地讲出了列宁在为《涅瓦明星报》写的那篇文章中所发挥的思想。

从高尔基写给孙中山先生的信中，我们可以看出高尔基对中

---

① 当1956年11月我国庆祝孙中山先生诞辰90周年纪念时，《人民日报》曾根据《涅瓦明星报》上所发表的译文再转译为中文，刊载在11月11日的报纸上，并注明找不到这篇文字的原文。其实这篇文字和孙中山先生1912年4月辞去中华民国临时大总统职务之后在同盟会员饯别会上所作的演说《民生主义与社会革命》大体相似，可能就是这篇演说的节录，请参阅人民出版社版《孙中山选集》上卷，第84—89页。

② 见《列宁全集》俄文本第4版第18卷，第143页。

③ 全文请参阅《译文》杂志1958年3月号戈宝权编译的《高尔基与中国》（史料）第7—10页：《高尔基论中国革命发展的道路》。

国人民的无限的热爱与关切。我们知道,高尔基在同年 11 月号的《现代人》杂志上,还又发表了一篇评论文字,其中讲到日本自由党的首领大隈重信对我国所采取的积极侵略政策和与英帝国主义者共同图谋在我国实施"维持现状"("status quo")的计划,并进而在论文当中揭破了日本帝国主义者的阴谋诡计。

我们在这里还可以再举一个例子,表明高尔基关心中国和渴望知道更多的有关中国的情形。高尔基在 1913 年的 5 月 6 日(公历 19 日),从意大利的卡普里岛,写了一封信给他在西伯利亚的通讯者阿努钦①,询问有关孔夫子的情形:

亲爱的瓦西里·伊万诺维奇!

承你把孔夫子的社会计划告诉我,谨向你表示无限的感激,但是我渴望知道所有详细的情形,——我在什么地方能读些这些东西?假如在欧洲的文字里面没有这类材料,那么务必请你惠于帮助和告诉我:按照孔夫子的意见,将如何组织"世界大同的国家"?他所想像的"全世界会议"又是怎样的情形?还有在中国什么时候曾经实行过土地和工业国有化的企图?是谁实行的?……②

可惜在高尔基此后的通信当中,我们没有见到他再接触到这个问题。

四

接着伟大的十月社会主义革命胜利完成了!在这个震撼了全

---

① 阿努钦(В. И. Анучин,1875—1943),作家、学者、西伯利亚研究者,接近俄国社会民主党。

② 见 30 卷本《高尔基文集》第 29 卷,第 302 页。

世界和展开了人类历史的新纪元的日子之后，高尔基积极地参加各项文化教育建设的工作。我们知道，在这方面有两件事是和中国有关的：

一件事是为了使得苏联人民能和东方各国的人民互相接触和增进相互的了解，高尔基曾在1918年向列宁提出建议，成立研究东方问题的专门高等学校。列宁赞同了高尔基的建议，并在建议书上批示在莫斯科建立这样一所学校。不久，这所学校就成立了，其中除研究苏联东方各民族的语言文字之外，还研究苏联以外的各东方国家的语言文字，首先就是中国的语言文字，此外还有印地文、朝鲜文、日本文和蒙古文等。

另一件事，就是由于高尔基的建议，在1919年成立了"世界文学"出版社，翻译和出版世界各国的文学名著，高尔基并亲自担负主编的责任。高尔基在《世界文学出版社目录》的序文中写道："目前还没有一种共同的语言文字，因而也就没有一种全世界的文学，——但是一切的文学创作，无论是散文还是诗歌，都充满了全人类所共同具有的情感、思想与观念的一致、人类对于精神自由之幸福的神圣的渴求的一致、人对于生活的不幸的厌恶的一致、人对于较好的生活形式的可能性的希望的一致……"正因为这样，高尔基又写道："文学创造的领域——是一个精神的'国际'，在我们今天，当各民族友爱团结的思想，当社会的'国际'的思想，显然地已经变成为现实和必要时，——在这样的日子，我们必须尽一切努力，使得这种全人类友爱团结的有益的思想，尽可能迅速地发展，深透到群众的理智与意志的深处去。"[1]　由于高尔基的倡导，在这个目录中也包括了中国的文学作品，1922年就首先出版了阿列克谢耶夫院士翻

---

[1]　见《高尔基文学批评论文集补编》（1941年版），第275—280页。

译的《聊斋志异》第 1 卷：《狐媚》；1923 年又出版了同书的第 2 卷：《妖僧》，这也是苏联读者初次接触到我国这部文学著作。

五

高尔基对于中国的关心，也是随着中国人民的革命斗争事业的发展而进展着的。他关心过我们的第一次国内革命战争、第二次国内革命战争，也关心过这个期间我们所进行的抗日斗争。

当 1924 年我国第一次国内战争开始和革命进入新的高潮时，全世界的进步人士都注视着我们所进行的革命斗争，高尔基当时曾把这个革命称为是"最宏伟的事业"。当我国在 1927 年进入第二次国内革命战争，并且在江西一带建立了苏维埃政权的革命根据地的时候，高尔基曾不断地注意着在中国这个地区迅速成长起来的自由幸福生活和新的文化高涨的萌芽。高尔基在 1931 年 5 月间曾写了一篇《答复知识分子》的政论文字，针对西欧的知识分子，指出西方的资本主义文化日益在衰落，而新兴的社会主义文化日益在发展，并形成了一个明显的对比，高尔基在这里还特别提到了我国建立了苏维埃政权地区的情形。高尔基这样写道：

> 你们，知识分子们，"重视文化，它的全人类的意义是无可争辩的"。是这样吧？可是——在你们的眼前，资本主义每天地和不断地在欧洲内部破坏着这个你们珍贵的文化，而用自己无人性的、无耻的政策，在殖民地，无疑地创造出欧洲文化的一支敌军。如果这种"掠夺者"的文化，在黑种人大陆和黄种人大陆上培养出成千万的同样的掠夺者，那么就不应该忘记，在那里还留下几万万被抢掠的人们和叫化子。印度人、中国人、安南人，在大炮前面低下头来，但这

绝不就是说，他们拜倒在欧洲的文化的前面。他们开始理解，在苏联正建设着一种在形式上和意义上都是另种样子的文化。

"在东方居住着异教徒和野蛮人"——你们说道，并且拿东方妇女的地位来证明东方的野蛮化。我们就来谈谈野蛮人吧。

……欧洲资产阶级的野蛮化的征候是太多了，你们不配来谈论东方的野蛮人。那些加入苏维埃联盟的东方种族的农民，很好地学会理解真正文化的价值和妇女在生活中所起的作用的深刻的重要性。在中国那些已经建立了苏维埃的省份里的工人和农民是理解这种价值的。印度人会理解的。我们星球的全体劳动人民应该明白，他们走向自由的道路在什么地方。在整个地球上，他们正为着这个自由而斗争。①

当我国人民正进行着第二次国内革命战争时，1931 年发生了"九一八"事变，日本帝国主义者侵占了我国东北，接着在 1932 年 1 月 28 日又开始进攻上海，屠杀我国人民。日本帝国主义者对中国人民所施加的这种"空前卑劣的暴行"，不能不引起高尔基的憎恨和愤慨。当宋庆龄代表反帝大同盟向全世界的进步人士、文学、艺术和科学界的代表人士发出呼吁请求他们对中国人民表示声援时，1932 年 3 月 2 日的《消息报》上就发表了高尔基的"响应宋庆龄的呼吁"的文字，编辑部还加了一个注语："为了响应孙中山夫人宋庆龄的电报呼吁，反帝大同盟的总书记处接到工人、科学与艺术界杰出的代表人士和作家们寄来的抗议日本帝国主义者所进行的罪恶战争的信有几百封之多。在这许多信当中，有一封是马克西姆·高尔基寄来的。"高尔基这样

---

① 见 30 卷本《高尔基文集》第 26 卷，第 21—22 页。

写道：

> 我难于肯定，是否能用语言来援助中国的无产阶级。
>
> 日本帝国主义者对于他们所施加的空前卑劣的暴行，是在欧洲那些等待方便的时机，以便插手掠夺中国的帝国主义者们的公开同情之下进行的。当日本的劳动人民在其本国的资产阶级所发动的血腥冒险事业中把自己的力量消灭殆尽时，——欧洲的掠夺者就来扼住日本的咽喉，那会是完全可能的。
>
> 欧洲的工人阶级早就应该理解一个简单而又明显的真理：世界各国的资本家相互之间正在进行着用武力掠夺劳动人民的斗争，而在每一次战争终结时，获得胜利的总是无产阶级。1914—1918年的战争就无可辩驳地证实了这一件事实。
>
> 我要提醒一点：在这次战争中杀死和损伤了将近3000万最健康的人，而在我们今天还有3000万的失业者，——这也是全欧洲大屠杀的直接后果。资本家并不反对发动新的大屠杀。无产阶级却能够阻止住他们，——他们知道应该怎样作。

最后高尔基有力地指出：

> 援助中国——世界无产阶级团结的表现——是一件伟大的事业。只有无产阶级能够威严地说出："滚出中国！"——能够更加威严地证实，这并不是一句空话。①

我们从高尔基对阿姆斯特丹反战同盟大会代表们发表的讲话中，也可以看到他对日本帝国主义者的有力的谴责。反战同盟大会是1932年8月27—29日在荷兰的首都阿姆斯特丹举行的。苏

---

① 见30卷本《高尔基文集》第26卷，第241页。

联曾派了由高尔基、什维尔尼克和斯塔索娃等人组成的代表团参加大会，但荷兰政府拒绝发给入境签证，高尔基等人不得不从柏林折回苏联。8月27日高尔基从柏林向大会发了贺电，指责了荷兰政府的可耻行为，返国后就将自己的讲话稿发表在《真理报》和《消息报》上。在这篇讲话稿中有这样一段话：

> 资本主义是什么思想的传播者呢？它在世界各地散播着种族和民族的仇恨。资本家创立了一个叫做国际联盟的饶舌场所。在这个机关里，资本的最驯服的仆役曾讨论了好几个月关于欧洲缩减军备的必要，可是你们知道，当他们讨论的时候，日本资本家却公开地和不受惩罚地掠夺中国，占领东三省，屠杀和继续屠杀成千成万的完全无辜的人们。在上海，大量具有全人类意义的文化珍宝都被毁坏了。

> 这种犯罪行为不曾唤起和平主义者的愤慨，不曾唤起他们的抗议，而且，看来也不曾唤起他们的注意。可是资本家的罪行不仅表现在上海和东三省，而且也表现在全世界，在欧洲各城市，到处表现在人道主义者与和平主义者的眼前。……①

作为一位伟大的无产阶级作家，高尔基是非常关心中国革命作家的斗争和命运的。当1931年2月7日国民党反动当局在上海杀害了柔石、胡也频、白莽、李伟森和冯铿等5位青年革命作家时，世界各国著名的作家曾联名发表了公开的抗议书，反对国民党的残酷的白色恐怖，当时在抗议书上第一个签名的，就是高尔基。

---

① 见30卷本《高尔基文集》第26卷，第347页。当日本帝国主义者侵占我国东北后，国际联盟曾派遣过李顿调查团到我国来进行调查工作，但对日本帝国主义者并无任何约束力和制裁。

　　1934 年 8 月间，第一次全苏作家代表大会在莫斯科开幕。苏联方面曾邀请过鲁迅先生，可惜鲁迅先生不能出席参加。在这次大会的讲词中，高尔基曾热烈欢迎了参加大会的中国代表萧三等人。此外，在这个时期的前后，也曾有过中国作家写信给高尔基，像萧三曾在 1932 年 6 月写过信给高尔基，《革命文豪高尔基》一书的编译者邹韬奋也曾在 1934 年 7 月间写过信，① 这都表示出了我国作家对高尔基的热爱。

　　就在这个时期，高尔基也非常关心在中国革命根据地进行着艰苦斗争的革命战士们和作家们。1934 年 9 月 2 日（全苏作家大会闭幕的第二天），苏联的报纸上发表了有关中国红军在湖南省取得胜利的消息，说中国的红军在湖南省的东南部和西南部开始进攻，粉碎了国民党的队伍，占领汝城，肃清了湖南省东南部的敌人，直抵常德。高尔基当时就写了一篇《致中国的革命作家们》的文章，于 9 月 2 日晚在莫斯科工会大厦举行的中国革命作家晚会上宣读，并于次日发表在《真理报》上。高尔基首先向中国的革命作家表示庆贺：

　　亲爱的革命中国的文学家同志们！

　　　　今天的报纸上发表了有关中国红军的新的胜利的喜信。

　　　　中国同志们！我代表苏联的文学界，庆贺你们获得新的胜利；我深信你们一定能够最后战胜敌人，谨对你们国家的无产者们的勇敢精神表示崇敬！

　　接着就写道：

　　　　无产者在今天所显示出的那种英勇的力量，世界上还从来没有显示过；并且在作家们的前面，也从来没有出现过这

---

　　① 邹韬奋写给高尔基的信的译文，请参阅《文艺报》1958 年第 5 期，第 36—37 页，戈宝权写的《邹韬奋和高尔基》一文。

样的可能性，使他们能广泛而又现实地参加各国劳动人民、世界各族人民的历史活动。因此，我们每个文学家的责任，——要意识到自己是为整个革命世界而工作的人，要培养自己和理会自己是所有各国革命烈火的鼓舞者。

工人的力量创造着新的历史，在无产阶级走向建立工人力量的国际社会主义团结的道路上，我们每个人都应该像火炬一样地燃烧起来。我们这个星球上的劳动人类，已经受够了它的共同的敌人——资本家所带来的磨难，从国籍上来讲，不管他是英国人、德国人、俄国人，还是日本人，都是毫无区别的。一个文学家，假如他是一个马克思主义者、列宁主义者，斯大林主义者，他就不是一个俄国人、中国人、法国人，他首先就是一个革命家，一个同志，而且一方面是无产阶级的导师，另一方面又是它的学生。他从不拒绝参加发展自己民族的文化的工作，他同时又是一个国际主义者，假如语言——文字——允许他的话，他在使用不同语言的各个国家里，也是为革命无产阶级的同一历史事业服务的。

同志们！假如我们，国际主义者的革命家，通晓世界各国的语言，假如我们能避免相对哑口无言，我们革命语言的力量的影响将会扩大到怎样的程度，这种语言将更能够包容对无产者的热爱，对它的功绩的赞美，并能善于表现出和燃烧起对它的敌人的憎恨与蔑视。但在我们今天，还不是幻想那些尚未存在的东西的时候，我们今天的日子，要求我们加强那些已经存在的东西，和那些由劳动群众的力量已经创造出来和正在创造着的东西。

同志们！我们今天的任务，是要唤起无产阶级的战斗力量，鼓舞它必须用勇敢的抵抗，去反对那些促使西方和东方无产者们进行新的全世界互相残杀的卑鄙和血腥的阴谋，去反对那些想用某一些国家的无产者们的体力来奴役另外一些国家的无产者们的阴谋，去反对日本和欧洲奴役中国、德国人奴役法国人、法国人和英国人奴役德国人的阴谋，去反对欧洲和日本的资本家想奴役苏联无产阶级的阴谋。

我们的任务，是要揭破法西斯主义的陈旧腐朽的内容、它的虚伪的宗教的基础、按种族来分化各民族的理论、异族通婚有害的理论，这种理论早已为多年来的生活实践有充分说服力地驳倒了。这个实践向我们指出，血缘的交流能创造出更高级的人，地中海的人民富有才能，就正因为先增加了野蛮人的血液，后来又加上了阿拉伯等民族为代表的闪米族人的血液。

高尔基结尾时这样写道：

我们的武器，是语言；我们的责任，就是要在思想上更好地锻炼自己，把我们的语言磨炼得更加锋利，并且使它深入到全世界无产阶级的心灵中去，成为他们自己的语言。

中国同志们，向你们致热烈的布尔什维克的敬礼！①

高尔基给中国革命作家的这篇贺词，是他在 1912 年写信给孙中山先生之后所写的一个关于中国的重要的文献，已时隔 20 多年，但在今天读起来，它对于我们中国人民和中国作家依然具有着非常深刻的意义。

六

最后我们再谈一谈高尔基的作品在中国传播的情形。

作为一位伟大的无产阶级作家，作为一位中国人民的伟大

---

① 见 30 卷本《高尔基文集》第 27 卷，第 359—360 页。

的朋友的高尔基，他的作品不可能不得到中国广大读者的热烈欢迎的。我在前面已经讲过，远在50多年前，高尔基的名字和作品就被介绍到我国来了。据现在已经发现的史料，最早的中译，就当推吴梼在光绪三十三年（1907年）所译的《忧患余生》。这篇小说是用白话文根据日文重译的，发表在当年的《东方杂志》（第4年）第1期至第4期的小说栏中。标题是："种族小说：忧患余生，原名犹太人之浮生"，旁注"俄国戈厉机著"，下面写着："日本长谷川二叶亭译，钱唐吴梼重译。"从内容上来看，这就是高尔基在1898年所写的《该隐和阿尔乔姆》（《Каин и Артем》），中译和原作相隔的时间仅为9年。1916年半侬翻译了《廿六人》（即高尔基在1899年写的《26男和1女》），发表在《小说海》第2卷第5号上[①]。1917年周国贤（即周瘦鹃）翻译了《大义》，译文刊载在中华书局出版的《欧美名家短篇小说丛刊》下卷的俄罗斯之部中。这篇小说是根据英文翻译的，题名下面附注英文原名《The Traitor's Mother》，正文前还附了译者写的《高甘小传》。这篇小说，实际上就是高尔基在1911—1913年间写成的《意大利童话》中的第11篇童话。

以上所讲的3种作品，都是在伟大的十月革命之前译成中文的。在十月革命之后，随着俄国的文学作品被大量介绍到我国来，高尔基的作品也就不断地被译为中文。1919年有人译了他的短篇小说《他的情人》（原名为《鲍列斯》）；1921年在《小说月报》的俄国文学研究专号上发表了沈泽民译的高尔基的处女作：《马卡尔·楚德拉》，中译名是《高原夜话》，副标题是：

---

① 半侬疑即为刘半农。这篇小说估计是根据英文翻译的，仅译了前半部分，发表时未署原作者的姓名，亦未注明是译述的小说。

《原名马加丘德拉，高原夜话之一》。

30 年代前后，高尔基的重要代表作品，更被大量地译成中文，甚至在抗日战争和解放战争期间，这种情形也从未间断过。仅在 1928 年这一年当中，我国就最初出现了 3 本高尔基的短篇小说集，这就是宋桂煌译的《高尔基小说集》、朱溪译的《草原上》和郑效洵译的《绿的猫儿》。在中篇和长篇小说方面，1929 年出版了《母亲》，1930 年出版了《我的童年》和《奸细》（原名《没用人的一生》），1931 年出版了《我的大学》，1932 年出版了《胆怯的人》（原名《福马·高尔杰耶夫》）和《没落》（原名《阿尔达莫诺夫家的事业》），1933 年出版了《夏天》，1935 年出版了《三人》，1936 年出版了《在人间》。他的长篇名著《克里姆·萨姆金的一生》，远在 1931 年就有人开始翻译了第 1 卷，此后另有人重译，到 1945 年方全部出齐。在戏剧作品方面，1931 年出版了《夜店》（原名《在底层》），此后陆续出版了《太阳的孩子们》、《叶戈尔·布雷乔夫及其他》、《仇敌》、《小市民》等剧本。他的文学批评论文和政论文字，也出过选集。在研究高尔基的著作方面，1933 年出版了邹韬奋编译的传记《革命文豪高尔基》，1947 年和 1948 年出版了罗果夫和戈宝权合编的两本《高尔基研究年刊》。总而言之，直到目前为止，高尔基的重要作品，无论是散文、戏剧、文学批评论文和政论文字，差不多都有了中译，甚至每一种作品都有好几种译文。在这里应该特别指出的，就是我国很多作家都翻译过高尔基的作品，如鲁迅译了《俄罗斯童话》，瞿秋白译了《海燕之歌》、《短篇小说集》和《社会论文集》，巴金译了《马卡尔·楚德拉》和其他的短篇小说，夏衍译了《母亲》和《奸细》……1949 年 10 月中华人民共和国成立之后，高尔基的作品更被广泛地印行着，中国青年出版社编印了《高尔基作品选》；人民文学出版社出版了多卷本的《高尔基选集》，直到目前为止已出版了《短篇小说集》、《母亲》、《童年》、《在人间》、《我的大学》、《俄罗斯童话、意大利童话》、《阿尔达莫诺夫家的事业》和《戏剧集》，即将出版的，还有他的《回忆录》、《文学论文集》和长篇小说《马特维·克日米亚金的一生》等书。

高尔基的作品，不仅为中国的读者广泛地传诵着，他的剧本也被在舞台上演出过，得到广大观众的热烈欢迎。近几年来上演的，就有《小市民》、《夜店》、《叶戈尔·布雷乔夫》和《仇敌》等剧。其中《夜店》一剧，曾由柯灵和师陀两人改编，除搬上舞台之外，还拍摄成电影。

高尔基的作品在中国受到广泛的欢迎，绝不是偶然的。茅盾在《高尔基和中国文坛》一文里曾这样写道：

> 高尔基对于中国文坛影响之大，只要举出一点就可以明白：外国作家的作品译成中文，其数量之多，且往往一书有两三种译本，没有第二个人是超过了高尔基的。……中国新文学运动刚刚开始的时候，高尔基的作品就被介绍过来了。……高尔基的作品之所以能在中国受到广大读者的爱好，是因为它抨击了黑暗，指出了光明，它虽然是为俄国人民而呼喊，但在中国读者（不但是中国，全世界被压迫的人们亦同具此感）看来，觉得都是自己心里要说的话。而这实在也不足怪，因为真理只有一个。[①]

他在另一篇文字当中又指出：

> 年青的中国的新文艺，从高尔基那里得到许多宝贵的指导。"五四"以来，我们的新文艺工作者在实践中曾遇到好

[①] 见戈宝权编《高尔基研究》第 20 期（即《时代周刊》第 6 年第 23 期），第 10 页。

些问题，而这些问题都可以在高尔基的作品中找到解答。"五四"以来，中国新文艺的道路是现实主义的道路，构成中国现实主义文艺的因素不只一个，俄国文学的优秀的传统以及欧洲古典文学的影响，都是应当算进去的；但是高尔基的影响无疑地应当视为最直接而且最大。"五四"以来，曾经有好多位外国的作家成为我们注意的对象，但是经过了几十年之久，唯有高尔基到今天依然是中国新文艺工作者最高的典范，而且以后也会仍然是的；单就这一点来看，也可以知道高尔基这位伟大的艺术家与思想家和中国新文艺的关系是如何密切了。①

高尔基的光辉的名字，对于我们是亲切的；高尔基的不朽的文学遗产，对于我们是珍贵的；高尔基对于中国人民的无限关切和热爱，更永远在鼓舞着我们。高尔基在《鹰之歌》中写道："啊，勇敢的鹰啊！……在勇敢、坚强的人的歌声中，你永远是一个活的榜样，一个追求自由、追求光明的骄傲的号召！"我们也可以把高尔基的这几句话，引用到他本人身上来：高尔基的勇敢、坚强的歌声，在过去鼓舞过我们中国人民从事英勇的革命斗争，在今天当我们从事伟大的社会主义建设时，它们又鼓舞着我们向前作大步地跃进！

1958 年 5 月 16 日，北京

（原载《文学研究》1958 年第 2 期。此文曾被译为俄文，发表在 1959 第 2 期的《外国文学》上，后又收入 1960 年苏联东方书籍出版局编译的《中华人民共和国的文化革命问题》的汇文集中，题名改为《高尔基和中国革命》）

---

① 见罗果夫、戈宝权合编《高尔基研究年刊》，1947 年，第 51 页。

马雅可夫斯基和中国

一

今年 4 月 14 日，是马雅可夫斯基逝世的 50 周年纪念。

当这个日子来到的时候，我就回想起，那已是 45 年以前的事了。我在 1935 年的寒冬 3 月到了莫斯科，正好是马雅可夫斯基逝世 5 周年的前夕。为了纪念这位"苏维埃时代最优秀、最有才华的诗人"（斯大林语），莫斯科当年将高尔基大街和花园——凯旋门大街交叉路口的凯旋门广场，命名为马雅可夫斯基广场。令我感到高兴的，就是从那时起，我曾在距离这个广场不远的街道上度过了两年多的岁月，每天上街，我都要经过这个广场；而且那也正是我开始研究俄国文学和苏联文学的时候，因此我的不少美好的和难以忘怀的日子，又都是同马雅可夫斯基广场和邻近的普希金广场联系在一起的。

凡是在莫斯科生活过多年的人，都知道马雅可夫斯基广场是莫斯科重要的文化娱乐中心之一，因为在它的周围，有著名的柴可夫斯基音乐厅，有轻歌剧剧院，有奥布拉兹卓夫中央木偶剧院，有讽刺剧院，还有"莫斯科"电影院。马雅可夫斯基广场的地下铁道车站也是很有名的，当1941年11月德国法西斯妄想进攻莫斯科时，莫斯科苏维埃曾在地下美丽的站台上，举行了隆重的纪念伟大十月革命24周年的庆祝大会，斯大林还在会上作了重要的报告。

到了1958年7月底，当马雅可夫斯基诞辰65周年时，在广场的中央，建立起了由雕塑家基巴利尼科夫塑造的诗人的铜像。我在当年十月参加了塔什干亚非作家会议之后回到莫斯科，正好住在广场旁边的"北京"饭店。每天走出旅馆的大门，首先投进我的眼帘的，就是马雅可夫斯基的高大的铜像。诗人挺着胸膛，跨开两腿，站在花岗岩的台座上；他右手紧握着拳头，左手拉开上衣；头高高地昂起，两只炯炯发光的眼睛凝视着前方，好像他正在向着人们"放开喉咙歌唱"①：

　　听着吧，
　　　　后代的同志们，
　　听我这个宣传鼓动家，
　　　　　　头号呐喊者的呐喊吧！
　　压过那
　　　　诗歌洪流的声响，
　　我迈开大步，
　　　　　　跨过抒情诗的书卷，
　　像一个活人
　　　　在和活的人们讲话。

回想起来，那又是44年前的事啦。在莫斯科塔冈卡区幽静的根德里科夫巷里，有一所粉刷成米黄色的两层楼房，马雅可夫

---

① 这原是马雅可夫斯基在1929年12月到1930年1月写的一首未完成的长诗的题名。

斯基从 1926 年起，曾在这里的二层楼上居住过。1936 年这所住宅被命名为马雅可夫斯基故居博物馆。从此根德里科夫巷也改名为马雅可夫斯基巷，它不再像以前那样幽静了，因为每天都有不少的人来参观诗人的故居。

我也曾经不止一次地来到这里访问过。当打开铁栅门走进院子时，首先看到旁边一所高楼的墙壁上，刻着诗人在长诗《列宁》中的有名的诗句：

我
　　把自己全部的
　　　　诗人的响亮的力量，
　把自己全部的

　都献给你，
　　　　进攻的阶级。

这所不大的住宅，完全按照诗人生前的样子保存着。当走进大门，跨上楼梯，就来到诗人住宅的过道，在衣架上还挂着诗人的大衣、礼帽和手杖。当走进餐厅时，你就会想起，这里曾经是苏联诗人阿谢耶夫、基尔萨诺夫、谢尔文斯基，作家卡西尔，文艺批评家卢那察尔斯基，剧作家特列季亚科夫，戏剧导演梅耶荷尔德，电影导演爱森斯坦等人常来访问和聚会的地方。诗人曾在这里向朋友们朗诵了他的长诗《好!》、剧本《臭虫》和《澡堂》以及其他不少新的诗章。同时这里也是作家和诗人们为"马雅可夫斯基创作二十周年"举行过庆祝活动的地方。

当你穿过餐厅，就来到一间小小的房间。这里是诗人写作的地方，同时也是他的卧室。在写字台上放着书籍、文具、绘画用的颜色瓶等。他用过的一枝粗大的自来水笔，同笔记本放在一起，在笔记本上还有他没有完成的最后一首长诗《放开喉咙歌唱》的手迹。墙壁上钉着一张列宁的照相，这就使我们想起诗人写的《和列宁同志谈话》的一首诗：

两个人在房间里：

　　　　　　我

　　　　　　　　和列宁———

这是挂在白粉墙上的

　　　　　他的一张照相。

　　在靠近窗口的地板上，还放着一只旅行皮箱，上面写着 $\dfrac{W}{M}$ 的
字样，这是"弗拉基米尔·马雅可夫斯基"两个字的缩写。当
你参观这间书房时，你就会感觉到，好像诗人在不久以前才离开
这间书房似的。

　　在诗人的故居博物馆里，还有关于诗人生平和创作的展览，
保存着诗人的藏书和手稿。你可以在这里听到诗人本人和著名的
演员们朗诵的诗人作品的录音。这里还收藏了大量的各种版本的
诗人著作和研究他的论著与资料，因此它也成为苏联研究马雅可
夫斯基的一个中心。

　　我又回想起 1949 年 5 月初我从布拉格路经莫斯科返国时，
重新参观了诗人故居的展览，得到了故居博物馆负责人的接待。
当她们拿出博物馆的留言簿给我看时，我发现了郭沫若在 1945
年 7 月访问时，"依照马氏诗型"写下的一首诗的手迹：

革命的

　　诗人，

"进攻阶级"的

　　　伟大的儿子。

中国人

　　早就知道

　　　你的名字。

　　你的声音

　　如像风暴

　　　飞过了

　　　　中央亚细亚。

任何的

　山岳

　　沙漠

　　　海洋

　　　都阻挡不了

　　　　你！

你！

　坦克车，

　　快速度的飞机，

　　　真理的使徒，

你的时代

　是

　　永远的世纪！①

　　诗的旁边注明"参观马雅可夫斯基博物馆后"，日期是"25/Ⅶ45"。

　　从那时起，我国不少的诗人和作家，如艾青、李季、刘白羽、力纪、严辰、戈壁舟、赵瑞蕻和靳以等人，都先后访问过马雅可夫斯基的故居博物馆，写下了纪念诗人的诗歌作品或是访问记；李季还写了一首诗，描写他在1960年的一个秋夜，冒雨访问马雅可夫斯基广场的情景。当现在诗人逝世50周年纪念来到

---

　　① 这里引的诗，以《沫若文集》第9卷为准，在郭沫若题诗的手迹中，在"快速度的飞机"后面多一句"保卫祖国的军旗"。在"真理的使徒"前面尚有"真率的"三字。又这首题诗的手迹，印在1956年苏联教育出版社出版的《马雅可夫斯基画册》中。

的时候，重读郭沫若和其他许多诗人与作家写的诗歌作品以及访问记，感到又是多么亲切！

二

回想起来，多年来在同苏联诗人和作家交往的日子里，常听到他们谈起马雅可夫斯基非常同情中国人民的革命斗争，而且把他的一首《最好的诗》，献给了中国革命人民。

我们知道，作为一位伟大的苏维埃诗人，马雅可夫斯基是同革命紧密相连的，在伟大十月革命的日子里，他到领导革命斗争的司令部斯莫尔尼宫去工作，他说："这是我的革命。"在国内战争的年代里，他用"罗斯塔通信社之窗"的讽刺画，参加了同白匪军和外国军事干涉的斗争。他写过著名的长诗《弗拉基米尔·伊里奇·列宁》，歌颂了伟大的革命导师列宁；他又在长诗《好！》中，歌唱了苏维埃国家和苏联人民。他多次到欧美各国和苏联各地旅行，用他的诗句来说："我差不多走遍了整个地球"；他在旅途中还写下了不少揭露资本主义世界的诗歌作品。当我国人民在20年代进行英勇的革命斗争时，他又写出了好几首鼓舞中国人民的诗章。

远在1924年，当我国第一次国内革命战争的第一年，由于华南一带革命力量的激烈增长，引起了帝国主义者的仇恨。英国工党政府曾于当年9月在广州通过中国的买办资产阶级组织叛乱（即所谓"广州商团事件"），并实现炮舰政策：威胁中国的革命运动，但是这次叛乱很快就被广州的工人阶级和革命队伍镇压下去。那时苏联组织了"不准干涉中国！"援助会，马雅可夫斯基就写出了《滚出中国！》亦译"不准干涉中国"一诗，对中国人民的革命斗争进行了声援：

战争，

　　　　这帝国主义的女儿，

像个幽灵

　　　　　在世界上飞旋，

工人，怒吼吧：

　　　　　　不准

"干涉中国！"

　　……

滚回去，无畏巨舰，

　　　　　　不准

干涉中国！

在使馆区里，

　　　　　一群太上皇

大模大样地坐着

　　　　　在布置阴谋的罗网。

　　……

他们想把你们

　　　　当作殖民地

　　　　　　　磨得粉碎。

四万万人——

　　　　　不是一群牛马。

中国人，大声喊吧：

　　　　　　不准

干涉中国！

是时候了，

　　　　赶走这批混蛋，

把他们

　　　摔下

　　　　中国的城墙。

"横行世界的海盗们，

　　　　　不准

干涉中国！"

　　　……

中国人，我们和你们在一起！

　　　　不准

"干涉中国！"

　　人们更经常提到的，是他写的有名的《最好的诗》。1925年马雅可夫斯基从国外旅行回国后在苏联各地旅行，1927年3月30日他来到莫斯科北面的工业城市雅罗斯拉夫尔，第二天出席了市立剧场举行的晚会，作了《我发现美洲》的发言。据3月23日当地《北方工人》报的记载："晚会进行得生动而有趣。诗人讲了（他讲得很好）关于他到美洲去的旅行，并顺带读了他的诗：《巴黎圣母院》、《大西洋》、《黑人和白人》等诗。在一次休息之后，马雅可夫斯基宣读了《北方工人》报收到的关于上海被占领的无线电报，当即受到全场雷鸣般的鼓掌欢迎。"马雅可夫斯基当天写成了《最好的诗》歌颂了上海工人武装起义（这次工人武装起义是在敬爱的周总理领导之下进行的）和北伐部队进攻上海时占领上海的行动。马雅可夫斯基这样写道：

　　全场的听众

　　　　撤出了

　　　　　尖锐的问题，

　　竭力要把人难倒，

　　　　狂热地争着递上纸条，

"马雅可夫斯基同志，

　　　　　请你朗诵一首

　　　　　　　　你的

最好的

　　　诗。"

哪一首

　　　诗

　　　　配受这光荣？

手支着桌子，

　　　　　　　我心里在想。

也许，

　　　给他们朗诵这一首，

或者，

　　　就朗诵那一章？

正当我

　　　翻查着

　　　　　旧的诗章，

全场

　　等待着

　　　　　一声不响，

《北方工人》

　　　　　报的

　　　　　　　秘书

悄悄地

　　　对着

　　　　　我讲……

于是我

比耶利哥城的叫喊声①

还要响亮

打乱了诗的音调，

大声叫喊起来，

"同志们！

工人

和广东的部队

占领了

上海！"

就好像

洋铁片

在手掌里揉得发响，

欢呼的力量

不断地增长又增长。

五分钟，

十分钟，

十五分钟，

雅罗斯拉夫尔城在拍手鼓掌。

……

假如

雅罗斯拉夫尔城

对这件事

这样热烈鼓掌。

哦，哪里还有

---

① 出典自《旧约圣经，约书亚记》，当以色列人围攻耶利哥城时，上帝耶和华告诉约书亚，说在第 7 天上众人跟着祭司的号角大声叫喊，城墙自会崩塌。

　　　　什么更有力的

　　　　　　　　联系

比约束着

　　　　工人蜂房的团结

　　　　　　　　还更加有力量?!

雅罗斯拉夫尔人,

　　　　　　　制油工人和纺织工人,

向不认识的

　　　　但是亲如手足的

　　　　　　中国苦力们尽情鼓掌!

　　到了1929年7月中旬,当苏联政府发表了照会,抗议中国反动政府的军队袭击中东路和聚集在我国东北的白党匪帮侵犯苏联边境时,马雅可夫斯基又写了《致中国的照会》一诗,这首诗发表在第二年4月出版的第12期《星火》画报上:

我越来越频繁地

　　　　　　把视线

投向张牙舞爪的

　　　　　中国。

四万万的

　　　中国

　　　　　人民,

是在涣散,

　　　　还是

　　　　　　屹立不动?

成群的

　　　豺狼

　　　　究竟还要

把中国
　　　　统治多久？
醉醺醺的
　　　　白党匪帮
　　　　　　　　究竟还要
把中国的大地
　　　　　糟蹋多久？
比鲸鱼还要笨重的
　　　　　　　英国无畏巨舰
究竟还要
　　　　把中国
　　　　　　镇压多久？
千千万万人的
　　　　工人的中国，
伸出
　　手来
　　　　让我们的友谊地久天长！
中国人，让我们
　　　　　　和中国
一齐跟帝国主义者
　　　　　　算账！
　　　……

假如
　　白党的匪帮
从中国
　　　向我们的国境
　　　　　　移动，——

那我们就会卷起军大衣，
　　　　紧握
　　　　　　　枪，
去和
　　将军的中国
　　　　　　开仗。

当然，马雅可夫斯基写的有关中国的诗歌，还不止于此。如他在 1926 年 5 月写的《莫斯科的中国》，描写了当时在莫斯科工作的中国洗衣工人的生活，他预言了"一旦十月的风暴在中国出现"，中国工人阶级就会显示出他们的威力。又如 1927 年 4 月他为幽默杂志《骚乱者》写的《阴森森的幽默》一诗，一开头就说：

愉快的事？
　　　　关于中国？
　　　　　　　这个想法不错。
好，
　　诗人既然
　　　　　天天写诗，
那么
　　也为讽刺杂志
写上
　　一首
　　　　关于中国的诗？
我——
　　满足
　　　读者的意愿。
你要求？
　　好！我动手！

我在考虑

　　写一首

　　　　美妙的诗——

马雅可夫斯基在同年还为儿童写了一首长诗《你来念念这首诗，上巴黎、中国去一次》，带儿童到了"这出茶的地方，这出米的地方"。

总之，马雅可夫斯基在他写的有关中国的诗歌中，他始终是把"张作霖、吴佩孚"的中国（《莫斯科的中国》）和"将军的中国"（《致中国的照会》），同"在广州进行着我们梁赞人伊凡和安东在十月革命曾经进行过那样的战斗"的中国（《不要纪念》）和"千千万万的工人的中国"（《致中国的照会》）区分开来，他的同情始终是在中国劳动人民的一方面。这正如曹靖华所说的："在那时，中国人民备受帝国主义强盗欺凌的时候，马雅可夫斯基从万里外向中国人民伸出了热情的兄弟般的援助的手，这深厚的革命道义，中国人民是异常珍贵的。正因为这样，中国的诗人、作家和广大的读者，时时刻刻是把马雅可夫斯基作为中国人民的朋友来尊敬和爱戴的！"

三

回想起来，马雅可夫斯基的名字，对中国广大的读者并不生疏，因为早在五六十年以前，他的名字就被介绍到中国来了。

在五四运动以后不久，《东方杂志》和革新派的《小说月报》，首先就对马雅可夫斯基作过介绍。1921年6月出版的《东方杂志》（第18卷第11期）上，刊载过化鲁写的《俄国的自由诗》，其中讲道："俄国革命后，已产生了一群新诗人。……最受俄国人崇敬的，便是梅耶谷夫斯基了。"1922年10月出版的

《小说月报》（第 13 卷第 10 期）上，发表了沈雁冰（茅盾）写的《未来派文学之现势》，其中指出：

> 革命以后，未来派突然得势，在诗方面是全靠了天才的玛以柯夫斯基。玛氏现在不过三十岁，是个特出的天才。……一九一七年，他和同志加入了布尔塞维克党。自此以后，他的一支锋利的笔就全为布党效力了。他最近出版的一本小册子是一篇长诗，名曰《150,000,000》，为抗议封锁俄国而作的。……这小册诗能以出版，是以亿兆人的足踵为印机，以沿街的石板为纸的。

至于我国第一个见到马雅可夫斯基，同时也是第一个著文介绍他的诗歌创作的，则是瞿秋白。他在 1921 年 2 月 14 日，作为北京《晨报》的特派记者，在莫斯科访问了马雅可夫斯基。他这样写道："前日，我由友人介绍，见将来派名诗家马霞夸夫斯基。他殷勤问及中国文学，赠我一本诗集《人》。……"接着在 1923 年 8 月间，瞿秋白又为郑振铎编著的《俄国文学史略》写了《劳农俄国的新作家》一章（该书第 14 章），其中讲到马雅可夫斯基：

> 马霞夸夫斯基是革命后五年中未来主义的健将，许多诗人之中只有他能完全迎受"革命"；他以革命为生活，呼吸革命，寝馈革命，——然而他的作品并不充满革命的口头禅。他在二十世纪初期已经露头角于俄国诗坛，革命以后，他的作品方才成就他的天才。……马霞夸夫斯基的天才却在于他的神机——他有簇新的人生观。……马霞夸夫斯基是唯物派，——是积极的唯物派，并不是消极的定命主义的唯物派。他的著作，诗多而散文绝少。……他的诗才，真足以在俄国革命后的文学史上占一很重要的地位。

1923 年 7 月出版的《小说月报》（第 14 卷第 7 期）上刊载了耿济之翻译的俄国名诗人布利鸟沙夫（即勃留索夫）的论文

《俄国诗坛的昨日今日和明日》，其中提到马雅可夫斯基。1924年4月，沈雁冰为《小说月报》（第15卷第4期）写的《海外文坛消息》中，又提到了马雅可夫斯基的名字，说"他实在是一个伟大的天才"。1927年底，蒋光慈编写的《俄罗斯文学》一书出版了。在这本书的上卷《十月革命与俄罗斯学文》中，有专章讲到《未来主义与马雅可夫斯基》，其中说：

> 无论谁个都不能不说马雅可夫斯基是一个伟大的天才的诗人。……十月革命涌现出许多天才的诗人，而马雅可夫斯基恐怕要算这些诗人中最伟大，最有收获，最有成就的一个了。真的，他真是一个稀有的现象，当我们读他的作品的时候，我们感觉着这位诗人有惊人的魄力和不可限制的勇敢。……

我们虽然早就知道马雅可夫斯基的名字，但是他的诗歌作品被翻译成中文，却是比较晚的事，而且最初是从英文和世界语转译的。1929年上海光华书局出版了 L.（李一泯）翻译和郭沫若校阅的《新俄诗选》，其中从英文翻译了马雅可夫斯基的3首诗：《我们的进行曲》、《巴尔芬如何知道法律是保护工人的一段故事》和《非常的冒险》（即《马雅可夫斯基夏天在别墅中的一次奇遇》）。这本诗选后又改名为《我们的进行曲》，附注"原名新俄诗选"，仍由光华书局出版①。这本选有马雅可夫斯基作品

---

①　陈文超在《马雅可夫斯基作品初到中国》一文（见《吉林日报》1963年4月17日）中说：马雅可夫斯基作品译成中文，从现有材料上看是1927年。这年泰东书局出版郭沫若与李霖合译的《新俄诗选》里，有《我们的进行曲》等三首诗。1927年10月上海光华书局出版郭老所译《新俄诗选》，不但收入以上三首诗的修订译稿，还在附录《作者传略》中写下了诗人的小传。我当时曾就此事向郭老请教，郭老在6月25日复信说："《新俄诗选》以1929年光华版为初版本。1927年的泰东版是假冒的。"又说李一泯未用过"李霖"之名。请参看我为《社会科学战线》1978年第3期写的"回想郭老关于马雅可夫斯基的诗和信"。

的诗集的出版，正是国民党反动派进行反革命文化"围剿"的时候，因此它也免不了遭到查禁的命运。光华书店虽将这本诗选改头换面出版，但无论是《新俄诗选》，还是《我们的进行曲》，在1934年都先后被查禁：前者是当年11月被查禁的，理由是属于"普罗文化"；后者是当年4月被查禁的，理由是"鼓吹阶级斗争"。尽管如此，马雅可夫斯基的诗歌作品还是被介绍了过来并广泛地流传，受到广大读者的热烈欢迎，任何"围剿"和"查禁"，是都阻挡不了诗人的声音的！

1937年，上海Motor（马达）出版社出版了万湜思根据世界语本马雅可夫斯基诗集"Per voco plena"（《放开喉咙歌唱》）转译的《呐喊》诗集，译者在《后记》中写道：

> 在中国，他（指马雅可夫斯基）底作品被迻译出来的似乎很少。据我所知道的，除了零零碎碎关于他的一生曾有过一点介绍之外，至于他底作品，仿佛见也不轻易见到。作者的姓名，我们已如此熟悉，而他底诗作，我们却如此生疏。实在是不很爽气的事。所以，纵使我的译笔如何恶劣、晦涩，甚或至于会有错误，也还是抖起最后的胆敢，把这本集子迻译过来了。

这本诗集共选译了20首诗，其中包括《呐喊》（后改为《大声疾呼》，亦即《放开喉咙歌唱》）、《给艺术军的命令》、《向左进行曲》、《通行证》（即《苏联护照》）等有代表性的作品；还译了纪念列宁逝世的诗《兰宁》（《列宁》，即《我们不相信！》）以及诗人在法国和美洲等地旅行时所写的诗。这本诗集的出版，是一件值得我们重视的事，因为这是马雅可夫斯基的作品被较多地介绍过来，而且是第一次以单行本在我国出版的。抗日战争期间，译者在浙东一带经常受到日寇的骚扰，同时又生活在疾病与贫困交迫的情形之下，但他还是继续根据世界语和英语翻译马雅可夫斯基的作品。他的新译本在他逝世（1943 年）以后于 1951 年由上海生活·读书·新知三联书店出版。1954年又由上海新文艺出版社再印过。

在抗日战争艰苦的岁月里，我国介绍马雅可夫斯基的工作，并没有间断过。无论是在革命圣地延安，还是在广大的敌后游击区；无论是在大后方的重庆和桂林，还是在孤岛的上海，经常可以从报刊上读到马雅可夫斯基的作品，而且不少作品是从俄文直接翻译的。如肖三翻译了《左翼进行曲》、《最好的诗》、《与列宁同志谈话》等诗，于 1940 年发表在延安出版的《大众文艺》上，据田间的回忆，晋察冀边区的铁流社曾用油印本在 1938 年出版了马雅可夫斯基的诗集《呐喊》，当 1940 年马雅可夫斯基逝世 10 周年时，重庆的《新华日报》、《文学月报》和《中苏文化》等报刊上，都发表过纪念文章和新译的诗作，还举行过纪念活动。1943 年在上海出版的《苏联文艺》和《时代周刊》，编有纪念诗人诞生 50 周年的特辑。此后在 1946 年和 1947 年出版的《苏联文艺》，都介绍过马雅可夫斯基的作品。1949 年上海时代出版社出版了庄寿慈翻译的马雅可夫斯基的自传《我自己》。

新中国成立以后，马雅可夫斯基的作品更被大量地介绍过来，甚至同一种作品就有好几种不同的译本。如马雅可夫斯基的长诗《列宁》和《好!》，过去只有片断的节译，现在却有了几种不同的全译。长诗《列宁》1951 年有赵瑞蕻的译本（上海正风出版社），1953 年有余振的译本（人民文学出版社），1961 年有飞白的译本（上海文艺出版社）；长诗《好!》1955 年有余振的译本（人民文学出版社），1961 年有飞白的译本（上海文艺出版社）。此外，长诗《一亿五千万》，1957 年有余振的译本（人民文学出版社）。

这个期间，开始有人从事编辑出版马雅可夫斯基选集的工作。如赵瑞蕻准备编一部 3 卷本的选集，但只出了一本长诗《列宁》和译者辑译的一本《马雅可夫斯基研究》。到了 1955 年和 1956 年，人民文学出版社通过集体力量着手编译 5 卷本的《马雅可夫斯基选集》：1957 年第 1 卷出版，译了诗人在 1912 年到 1924 年的诗歌作品；1959 年第 2 卷出版，译了诗人 1925—1930 年的诗歌作品；第 3 卷在 1959 年出版，收有《列宁》、《好！》等长诗；第 4 卷在 1958 年出版，内容为剧本；第 5 卷在 1961 年出版，内容为论文，讲演及特写等。参加翻译的，有余振、卢永福、张铁弦、丘琴、乌兰汗、任溶溶、岳枫林等许多人，我也参加了翻译工作。这套选集的出版，第一次在我国对马雅可夫斯基的作品作了比较全面的介绍。1958 年和 1959 年人民出版社出版了《马雅可夫斯基诗选》（《文学小丛书》本）；1960 年出版了《马雅可夫斯基论美国》组诗；1959 年中国青年出版社出版了马雅可夫斯基诗选《给青年》。马雅可夫斯基的儿童诗歌，也受到我国少年和儿童们的欢迎，如任溶溶把马雅可夫斯基的儿童诗歌都翻译过来，1950 年时代出版社出版了《给孩子们》；1961 年上海少年儿童出版社又出版了他译的《马雅可夫斯基的儿童诗集》，至于研究马雅可夫斯基的著作和翻译的有关他的传记和回忆，也大量涌现。从 1950 年起，每逢到他的诞辰和忌辰，北京、上海等地都举行过纪念活动或是纪念诗人的诗歌朗诵会。

近年来，马雅可夫斯基的作品仍然继续不断被翻译和出版。人民文学出版社重印了长诗《列宁》；《诗刊》和《世界文学》等刊物上发表了马雅可夫斯基的讽刺诗；不久前，广东人民出版社新出了飞白译的马雅可夫斯基讽刺诗选集《开会迷》。这些诗歌作品的出版和在朗诵会上的朗诵，都受到了广大读者和听众的热烈欢迎。

马雅可夫斯基逝世 50 周年了，他的诗歌作品早就超出了国境，冲破了语言和翻译上的困难，在我国得到了广泛的流传。而且对我国当代的诗歌和不少诗人的创作都给予了很深的影响，用马雅可夫斯基的话来说：

> 诗
>
> 　　和歌——
>
> 　　　　是炸弹和旗帜。
>
> 　　歌手的声音
>
> 　　　　能够使阶级振奋。

马雅可夫斯基还说过：

> 　　我的诗
>
> 　　　　将奋力
>
> 　　　　　　突破千秋万代，
>
> 　　而且很有分量地
>
> 　　　　　粗犷地
>
> 　　　　　　　引人注目地
>
> 　　　　　　　　出现在未来。

作为革命的诗人和歌手的马雅可夫斯基的声音，具有无限的生命力，因此它一直到今天还能使我们感到振奋和鼓舞着我们前进！

1980 年 3 月 8 日于北京

　　[这篇文字原是 1980 年 4 月在武汉举行的马雅可夫斯基讨论会上的发言稿，曾印在 1980 年第 3 期《武汉大学学报》（哲学社会科学报）上，后又收入 1980 年 8 月出版的《马雅可夫斯基研究》的卷首]

谈普希金的《俄国情史》

俄国的文学作品最初被介绍到我国来，主要是清末民初，也就是 19 世纪末叶和 20 世纪初叶的事。根据我们现已发现的史料，其中最早的，就是在光绪二十六年（1900 年）发表的三篇克雷洛夫的寓言[①]；但在单行本方面，最早的当推在光绪二十九年（1903 年）出版的普希金的小说《俄国情史》。

寒峰（即阿英同志）早在 1936 年编辑的《中译高尔基作品编目》的前言中，就曾这样写道：

> 俄国文学的输入中国，据可考者，最早是清朝末年，那时翻译最多的，是关于虚无党的小说。名作的翻译，只有普希金、莱芒托夫、托尔斯泰、柴霍甫、迦尔洵、梭罗巴卜、安特列夫而已，以普希金之《俄国情史斯密士玛利传》（一名《花心蝶梦录》，戢翼翚译）为最早，是光绪 29 年（1903）。其次为莱芒托夫的《银钮碑》，柴霍甫的《黑衣教

---

① 这三篇寓言的题目是《狗友篇》、《鲦鱼篇》、《狐鼠篇》，系林乐知、伍廷旭根据英文译出，见 1900 年上海广学会校刊的《俄国政俗通考》卷之上第 29—31 页，现收在阿英同志编的《晚清文学丛钞·俄罗斯文学译文卷》上册第 1—3 页。

士》，并为吴梼译，光绪 33 年（1907）出版。……①

接着阿英同志在 1937 年出版的《晚清小说史》中，当讲到翻译小说，特别是俄国小说翻译的情况时，又曾写道：

> 如吴梼，他从日文转译了莱芒托夫的《银钮碑》（1907）、溪崖霍夫（即柴霍甫）的《黑衣教士》（1907），戢翼翚重译了普希莹（即普希金）的《俄国情史》（全作《俄国情史斯密士玛利传》，又名《花心蝶梦录》，1903），佚名译托尔斯泰《不测之威》（1908），热质译托尔斯泰《峨眉之雄》（一名《柔发野外传》，1911）。此外还有些不知名的著作，如陈冷血所译虚无党故事之类。②

后来阿英同志在《晚清戏曲小说目》（1940 年编定，1954 年出版）中，也曾介绍过《俄国情史》这本小说：

> 俄国情史，俄普希金著。戢翼翚译。一题《花心蝶梦录》。光绪 29 年（1903）开明书店刊。后易《花心蝶梦》名发行。③

普希金的作品虽然在光绪二十九年（1903 年）才被翻译过来，但是他的名字见之于我国书刊的则更早。像上海广学会在光绪二十六年（1900 年）出版的《俄国政俗通考》一书中，就介绍过俄国的语言、文学和普希金、克雷洛夫、托尔斯泰等作家的名字，其中这样写道：

> 俄国亦有著名之诗家，有名著世经者，尤为名震一时。④

在目前看来，这不仅是我国最早提到普希金的名字，恐怕也

---

① 见 1936 年 6 月上海出版的《光明》月刊第 1 卷第 2 期，第 109 页。
② 见上海商务印书馆版《晚清小说史》第 280 页，并见北京作家出版社 1955 年版《晚清小说史》，第 184 页。
③ 见上海文艺联合出版社出版的《晚清戏曲小说目》，第 130 页。
④ 见《俄国政俗通考》卷之上第 29 页。"著"想为"普"之误。

是我国最早介绍俄国文学的文字了。

《俄国情史》究竟是普希金的什么小说的中译呢？这是我多年来在研究的问题。当在 1947 年编辑《普希金文集》时，由于找不到这个译本，也无法从译名上来作出断定，我曾在《普希金在中国》一文中这样写道："可惜我们现在无法见到普希金的这本作品的最早的译本，一窥究竟，若从书名上来推测它，也许这就是普希金的短篇小说《暴风雨》的中译，甚至说不定就是《杜勃罗夫斯基》或是《甲必丹之女》。"因为这三篇小说的女主人公的名字都叫玛利亚。① 到了 1948 年 8 月，我在上海的《正言报》的副刊上，读到一篇关于《俄国情史》的短文②。作者在这篇文字中先讲到我的推测，接着就写道：

这一本《俄国情史》，我也不曾见过，然而在顾燮光的《译书经眼录》（1935 年，杭州金佳石好楼印行，著录各书由前清光绪 28 年至 35 年止）卷七，却有着这书的提要：

"《俄国情史》一卷，作新书局洋装本：俄普希罄著，日本高须治助译，戢翼翚重译。书凡十三章，一名《花心蝶梦录》，记俄人弥士与玛丽结婚，中更兵燹，几经患难，而后团圆，盖传奇类也。全书三万余言，情致缠绵，文笔亦隽雅可读。"

据这提要，我们可以看出，普希金作品最早的中译《俄国情史》原来是《甲必丹之女》。

不过，安寿颐译的《甲必丹之女》和孙用译的《甲必丹女儿》，全书都有十四章，而《俄国情史》只有十三章，

篇幅也大约要少三分之二；而且，书中男主角的全名是"彼得·安得烈耶维奇·格里涅夫"，同"弥士"或"斯密士"，一点也不相似。这除了说是那时的译书大都任意删节文句，又随便改换书名之外，就无法解释了。

1949 年 7 月，我从俄文的《新世界》月刊 6 月号，又读到苏联的中国学者弗拉基米尔·鲁德曼所写的《普希金在中国》一文，其中提到我在《普希金文集》中发表的文字，并征引了苏联的中国学者和日本学者尼古拉·康拉德关于日本翻译普希金的作品的情况。据康拉德的考证，日本翻译的第一本俄国作家的作品，就是普希金的小说《上尉的女儿》。这本小说是在 1883 年从英文转译的，并取了一个华丽而又荒诞的题名《花心蝶梦录。俄国情史》。1886 年在日本又出现了第二个版本。由于译者不懂俄文，盲目地依据了英译本，在书中把女主人公玛莎的名字改成玛丽，把男主人公格利乌夫的名字改成斯密士了。[①]

上面这两段记载，都使得我对《俄国情史》这本小说有了进一步的认识，但由于当时还无法找到这个译本，因此还不能根本解决我所要追究的问题。这样经过了将近十年的时间，直到 1957 年的一个夏夜，我方在阿英同志家的破烂书堆中发现了这个译本，尽管封面散失，正文经过虫蛀已残缺不齐，但当时真有如获至宝之感，因为这是我多年求之而不得的一本书，而且从这本破烂的书中，立即看出这就是普希金的著名长篇小说《上尉的女儿》的中译。接着不久，北京俄语学院的管珑同志也从旧书店中发现了

①　见 1949 年 6 月号《新世界》第 229—230 页。康拉德的考证，录引自他所写的《日本资产阶级文学的第一所段》一文，见 1932 年出版的《苏联科学院东方学研究所论著集》第 1 卷第 71 页。

一本完整的《俄国情史》，封面和版权页都齐全，书前还附有黄和南写的《绪言》。① 过了两三年，阿英同志又在琉璃厂发现了两本《俄国情史》，送了一本给我。从这些完整的译本中，我们对《俄国情史》就有了全面的认识。就外表来看，这是一本 25 开本的书。灰色封面上印着《俄国情史》四个大字。顾燮光在《译书经眼录》中说它是洋装本，在当时是区别于线装书而言的，实际上就是我们今天通称的平装本。书前印有黄和南写的《俄国情史绪言》，正文第一面的标题是《俄国情史斯密士玛利传》，括弧中注明"一名《花心蝶梦录》，俄国普希罄原著"。下面又写着："日本高须治助译述，房州戢翼翚重述"的字样。正文共 67 页，俱加圈点，地名人名均用引线标明。在版权页上写着"光绪 29 年 5 月 15 日印刷，光绪 29 年 6 月 15 日出版"。印刷社是作新社印刷局，发行者是大宣书局，发行所是上海开明书店和文明书店，定价大洋四角。在版权页上还有"俄国情史奥付"几个字（"奥付"在日文意为版权页），看来这本书可能是在日本印刷，或者是在上海的日本印刷局排印的。根据这些线索，我又从日本改造社出版的《日本文学讲座》的明治文学篇中找到一个证明：《俄国情史》是日本人高须治助根据英文"The Captain, sodaughter"译成日文的，取名《花心蝶思录》，于明治十六年（1883 年）出版，明治十九年（1886 年）再印时又注明为《スミス・マリー之传》（即《斯密士玛利传》）②，原

---

① 管珑同志在 1957 年第 2 期《俄文教学》双月刊上所发表的《普希金在中国》一文中，曾提到《俄国情史》。她在 1959 年 6 月 6 日的《光明日报》上，又写过一篇《〈俄国情史〉的发现》的短文。我在 1959 年 6 月 5 日的《北京日报》上也写过《谈普希金的〈俄国情史〉》一文。

② 见《日本文学讲座》第 11 卷明治文学篇中柳田泉写的《明治の翻译文学研究》一文。

来是英译者和日译者，都把这本小说中的主人公的名字英国化了，这和前面征引的康拉德的考证，可说是相吻合的。

《上尉的女儿》是普希金以 1773—1775 年俄国农民运动领袖普加乔夫领导的起义为历史背景写成的一本小说。把这本小说和《俄国情史》对照起来看，其中是有不少区别。首先《上尉的女儿》是部 10 万多字的现实主义的历史小说，用男主人公彼得·安德烈耶维奇·格利乌夫自述的口吻写成的；戢翼翚译的《俄国情史》，则根据原著的故事用第三人称的口吻重述，改成当时我国流行的章回体的才子佳人式的言情小说，全书仅 3 万字，相当于原作的三分之一。其次是小说中的主人公的名字都英国化了，如男主人公彼得·安德烈耶维奇·格利乌夫的名字改成了斯密士或弥士，女主人公的名字玛丽亚·伊凡诺夫娜·米罗诺娃改成了玛丽。一些次要的人物，如玛丽亚·伊凡诺夫娜的父亲改名为格利，母亲改名为琼莲；格利乌夫的家仆萨威里奇改名为克灵顿；格利乌夫的敌手士伐勃林改名为胆顿。但是普加乔夫的名字却没有改动，还是译成普加乔夫。从整个故事来讲，原作是14 章，重述本是 13 章（原作的第 9、10 两章合并为一章），内容大体上是吻合的。重述本的第一章《弥士与家宰克灵顿远出，途遇暴客绐骗》，相当于原作第一章《近卫军中士》；第二章《主仆二人遇大风雪，迷途遇异人》相当于原作第二章《向导》；第三章《弥士与丽女玛丽相见，并受提安厚遇》相当于原作第三章《要塞》；第四章《弥士钟情于玛丽，赋诗示胆顿，并与胆顿龃龉》相当于原作第四章《决斗》；第五章《弥士负伤，寄书于其父，欲以玛丽为妻不果》相当于原作第五章《爱情》；第六章《敌军压境，玛丽将远徙避，弥士送之》相当于原作第六章《普加乔夫的暴动》；第七章《玛丽之父母与路顿俱死，弥士临刑而复释》相当于原作第七章《进攻》；第八章《城中兵燹后凄凉景色及敌酋之述旧恩》相当于原作第八章《不速之客》；第九章《弥士复与玛丽之一见而别及玛丽之寄弥士书》相当于原作第九章《离别》和第十章《围攻》；第十章《弥士匍匐救玛丽，复途遇敌酋》相当于原作第十一章《叛逆的村子》；第十一章《敌酋为玛丽解其危，并为弥士作伐》相当于原作第十二章《孤女》；第十二章《弥士从军，大破敌酋及政府之逮捕弥士》相当于原作第十三章《逮捕》；第十三章《弥士伏诛，胆顿诬之，玛丽往圣彼得堡救弥士》相当于原作的最后一章《审判》。若就细节来讲，无论在人名、地名、人物的关系和故事发展等方面，都有不少出入，但故事的基本情节还是被保留着的。

当《俄国情史》一书出版时，黄和南曾在书前写了一篇700多字的《绪言》，现引录于此：

全书仅二万数千言，为叙事体，非历史，非传记，而为小说。所述者又不出于两人相悦之轶事，实则即吾国之所谓传奇。其曰情史者，乃袭用原译者之原用名词也。

通览全书既毕，恨弥士不与弥路洛夫及路顿三人同死，又恨玛丽亦不死。然吾东洋人最好以死责人，而不问其时与事之必须死与否，是不然也。将谓弥士当为君死乎，此固为东洋专制国民之眼孔，不暇深驳。将谓弥士宜为死者死乎，彼弥路洛夫与路顿之就义，诚伟矣。然视彼从次林军大破敌酋，复得亲见普加秋夫枭首之弥士，则又何其壮也。弥士不死，则玛丽亦不必遽死。有弥士存，而玛丽亦可以解嘲，安得谓彼二人之偷生苟活耶。

自由结婚，世界文明之一大证据也。弥士自为觅妻，于公理宁有所背，而乃父竟施严酷之手段，以阻遏之，可见俄人之专制，较之支那，殆不上下。夫婚媾何事也，而父母干预之，越俎代庖，有此习惯，致使全国中之男女皆不能得其所，则人生无乐矣，可悲也哉。

夫小说有责任焉。吾国之小说，皆以所谓忠臣孝子贞女烈妇等为国民镜，遂养成一奴隶之天下。然则吾国风俗之恶，当以小说家为罪首。是则新译小说者，不可不以风俗改良为责任也。

元成述《俄国情史》，能以吾国之文语，曲写他国语言中男女相恋之口吻，其精神靡不毕肖。其文简，其叙事详。其中之组织，纤徐曲折，盘旋空际，首尾相应，殆若常山之蛇。其不以弥玛二人之不死为嫌者，正谓死者易而生者难也。弥士之匍匐救玛丽，玛丽之殷勤为弥士哀恳，较之一死塞责者，其情感之深，殆百倍过之，抑亦见自由结婚之善。呜呼！我国人见此，社会可以改革矣。

癸卯展端阳巩黄和南

绪言的作者黄和南，究竟是位什么样的人，现无史料可考。他在1903年写的这篇绪言，虽不尽确当，但从他指出"新译小说者，不可不以风俗改良为责任"这一点来看，足证他当时是代表进步思想的人物，而且这和1897—1898年严复、夏穗卿和梁启超等人提倡翻译外国小说作为维新的武器，以及梁启超在1902年写的《论小说与群治之关系》一文中所说的："欲新一国之民，不可不先新一国之小说。故欲新道德，必新小说；欲新宗教，必新小说；欲新政治，必新小说；欲新风俗，必新小说；欲新学艺，必新小说；乃至欲新人心，欲新人格，必新小说。何以故？小说有不可思议之力支配人道故"的思想，可说是先后相呼应的。

关于《俄国情史》的重述者戢翼翚是位什么样的人，过去也无史料可考。最近阿英同志借给我一本武昌刘禺生著的《世载堂杂忆》其中印有《述戢翼翚生平》一文，方最后解决了这个问题。① 文章一开头就这样写道："元丞翼翚，为留日学生最初第一人，发刊革命杂志最初第一人，亦为中山先生密派入长江运动革命之第一人。后经袁世凯驱逐回籍，交地方官严加管束，抑郁以终，未觌辛亥革命盛事。"从这篇文字中，我们知道："戢翼翚，字元丞，湖北陨阳府房县人。……其尊人以军功叙守备，……元丞随其父居武昌，得与当地士大夫游，始识读书之法，颇有四方之志。"甲午中日战争后，戢翼翚被派往日本留学。当时"东京留学生日众，元丞遂领袖诸生，宣播革新、革命两种政派之说，……设《译书汇编》于东京，……阴与由伦敦归横滨兴中会首领孙逸仙先生声气呼应，协谋合作"。庚子事变后，戢翼翚由中山先生派往湖北，主持策应革命的工作，事败后，重返日本，"创《国民报》，密与中山先生议，发布推翻满清大革命之宣言"。后来为了在国内进行宣传工作，他又回到上海。"孙先生亦壮其行，乃设作新社于上海。首刊其《东语正规》、《日本文字解》诸书，导中国人士能读日本书籍，沟通欧化，广译世界学术政治诸书，中国开明有大功焉。元丞遂为沪上革命党之交通重镇矣。"后戢翼翚被召到北京，参加军政，因图谋内应，为袁世凯所悉，于光绪三十三年（1907 年）奏参戢翼翚勾通革命党，危害清廷，着即革职，押解回籍，翌年郁死武昌家中。从这段记载来看，戢翼翚还是清末的一位代表进步思想的革命党人。他重述的《俄国情史》是光绪二十九年（1903 年）由上海作新社印刷局出版的，这和他"设作新社于上海，……广译世界学术政治诸书"，应该是同时的事。

《俄国情史》的出版，已经 59 年了。在这本书出版之后的 18

① 刘禺生著：《世载堂杂忆》，采中华书局编印的《近代史料笔记丛刊》之一，1960 年出版。《述戢翼翚生平》见第 150—156 页。

年，即 1921 年，上海商务印书馆出版了安寿颐根据俄文翻译的
《甲必丹之女》，书前附有耿济之和郑振铎两人写的绪言，并附有
耿济之编写的《普希金略传》，方使我们有可能看到这本小说的全
貌，了解到作者的生平与创作。1944 年，孙用根据世界语翻译了
《甲必丹女儿》，由福建永安东南出版社印行。1947 年同译本改名
为《上尉的女儿》，由上海文化生活出版社出版。同一译本后经毕
慎夫根据原文校订，从 1956 年起，又由人民文学出版社出版。戴
翼翚重述的《俄国情史》，不久前又经阿英同志整理，收在他编的
《晚清文学丛钞》的《俄罗斯文学译文卷》上册中，这为我国的
俄国文学研究工作者提供了一个宝贵的史料。

普希金的《上尉的女儿》，原作于 1836 年，距今已有 122
年的历史了。这本小说在俄国文学史上曾起了很大的作用，一向
认为它为俄国现实主义的历史小说奠定了基础。别林斯基称它是
"散文中的《叶甫盖尼·奥涅金》"，是不无原因的。《俄国情
史》是我国最早翻译的一本俄国文学作品，而且这本作品又是
普希金的名著，因此也可以说，我国最早翻译俄国文学作品，首
先是从普希金的作品开始的，这虽然是一个巧合，但却是一件值
得纪念的事情。

今年的 2 月 10 日，是普希金逝世的 125 周年，特写此文作
为纪念。

1962 年 1 月 18 日于北京

（原载《世界文学》1962 年 1—2 期合刊）

补记：

在《谈普希金的〈俄国情史〉》一文中，我引证了苏联东方
学者康拉德和日本文学翻译史学者柳田泉的研究，都说日译者高

须治助是根据英文翻译这本书的，并且把书中主人公的名字都英国化了。

嗣后我见到柳田泉在昭和十年（1935）出版的《明治文学丛刊第一卷：明治初期之翻译文学》（松柏信书店版），在传记编中专有关于高须治辅助的一章，对译者和他翻译《俄国情史》的情况有了新的认识。据柳田泉的研究，高须治辅即高须治助（1859—1909），又名墨浦，号五湖散史，生于东京，父亲是医生，他本人精通汉文、汉诗。高须治助曾在东京外国语学校俄语科学习（一说他曾在函馆的露和学校学习），因此又精通俄语和俄国文学。他曾从俄文译过一些著作，在明治二十五年（1892）编辑过一本《自它能习露和袖珍会话》，明治三十七年（1904）又编过一本小型的《露和字汇》。查日本内务省版权书目，他翻译的《俄国情史》列为明治十五年（1882）10 月至 12 月的第25 号，并注明原文为：

甲必丹之女

普希金全集第四卷稗史

西历1869 年俄国圣彼得堡的佐布拉佐夫及希卡塞尔出版社刊行

从此可以证明，《俄国情史》是根据俄文翻译的，至于当时日本的翻译界仍深受着国文学的影响，由于这本小说的校阅者服部务松的干预的结果，才将男女主人公的译名都美国化了。柳田泉在1951 年出版的《明治初期翻译文学的研究》中又再次提起此事。

苏联的中国学者施奈德在他著的《俄国古典文学在中国》（1977）一书中也谈到这个问题："中国读者所读到的最初一本俄国古典文学作品和普希金的第一本著作，就是 1903 年用中文出版的《上尉的女儿》译者戢翼翚所依据的，正像当时常有的情况，并不是原著，而是 1883 年在日本出版的普希金小说的日译本。在中国这本书题名为《俄国情史》，还加上了一个更为莫名其妙的副标题《花心蝶梦录》。在译文中，格利乌夫变成为一个英国绅士斯密士，而玛莎成为玛利。长期以来都认为日译者并不是根据原文，而是根据英译本翻译的。可是根据苏联的日本学者雷霍所提供给我们的情况，由于日本学者柳田泉查考的结果，确定《上尉的女儿》的第一个日文的译者高须治助，曾毕业于东京外国语学校俄语科，编过《俄日会话》（1882）和《俄日字汇》（1904）两书，他是利用原本翻译的。至于在日文翻译的普希金作品中用了英国姓名，这是由于日本审查官干预的结果。"

前不久，林德海在《关于普希金作品的最早中译本〈俄国情史〉》（见《文献》1985 年第 2 期），也谈到类似的情况，现特补记如上。

1987 年 9 月 18 日

《叶甫盖尼·奥涅金》在中国

——谈普希金的名著的六种中文译本

在 19 世纪前半叶的俄罗斯文学史上，在伟大诗人普希金一生不朽的诗歌创作中，《叶甫盖尼·奥涅金》占有一个非常重要的地位。当他 1823 年 5 月在南俄的基什尼奥夫开始构思和在敖德萨继续写作时，他曾在当年 11 月 4 日写信告诉诗人和文艺评论家维亚泽姆斯基：“目前我正在写的并不是一部长篇小说，而是一部诗体小说。”就在这部他花了 8 年的时间才全部完成和使他享有盛名的现实主义的“诗体小说”中，他创造出了俄罗斯文学中最初的一个“多余的人”的形象奥涅金，同时还创造出了塔吉雅娜这样一个生动感人的“有着一颗俄罗斯灵魂的女性”的形象。难怪别林斯基曾说：“只有从普希金起，才开始有了俄罗斯文学，因为在他的诗歌里跳动着俄罗斯生活的脉搏”；别林斯基又说：“《奥涅金》可以称为俄罗斯生活的百科全书和最富于人民性的作品。”在 20 世纪近 50 年的过程中，这部名著在中国竟然先后出现了 6 种以上的译本，受到中国广大读者的热爱，这绝不是偶然的。

一

普希金是中国人民热爱的俄罗斯作家和诗人，远在 1900 年出版的一本《俄国政俗通考》中就最初提到他的名字："俄国亦有著名之诗家，有名普世经者，尤为名震一时。"到了 1903 年在中国出版了普希金著名的小说《上尉的女儿》，这本由戢翼翚从日文转译成中文的小说，全称为《俄国情史，斯密士玛利传》，又名《花心蝶梦录》。这是我国最早译成中文的一本俄国小说作品，而且又是普希金的名著，因此也可以说，我国最早翻译俄国文学作品，首先是从普希金的作品开始的。这虽然是一个巧合，但却是一件具有纪念意义的事。

也许由于翻译诗歌困难的原因，我国最初翻译普希金，主要是他的散文作品，如 1920 年北京新中国杂志社出版了《俄罗斯名家短篇小说》第一集，其中沈颖译了普希金的两个短篇：《驿站监察史》（即《驿站长》）和《雪媒》（即《暴风雪》）；同年和第二年的《东方杂志》上发表了胡愈之译的《承办丧事的人》（即《棺材商人》）和胡仲持译的《一个庄主的女儿》（即《村姑小姐》）。1921 年沈雁冰（茅盾）主编的《小说月报》出版了《俄国文学研究》号外，其中刊载了普希金的小传和郑振铎用散文翻译的诗剧《莫萨特与沙莱里》，在单行本方面，1921 年出版了安寿颐译的《甲必丹之女》；1924 年出版了赵诚之译的《普希金小说集》，实即《别尔金小说集》的全译。继此以后，他的诗歌作品也开始出现在报刊杂志上（如《文学周报》）；及至 1934 年鲁迅和黄源创办了《译文》杂志以后，普希金的作品，无论是诗歌还是散文，就经常被翻译介绍过来，特别是 1937 年普希金逝世百年祭的前后，如《译文》和《中苏文化》等杂志都出版了专号或特辑。

随着俄国文学在中国的流传，不少作家开始介绍普希金，而且其中都论述到《叶甫盖尼·奥涅金》这部诗体小说。如中国现当代文学的奠基人鲁迅，在1907年写的《摩罗诗力说》中就专论了普希金（他译为普式庚）："普式庚……幼即为诗，初建罗曼宗于其文界，名以大扬。……而后巨制，曰《阿内庚》，诗材至简，而文特富丽，尔时俄之社会，情况略具于斯。"如瞿秋白1921至1922年在旅俄期间写成的《俄国文学史》中，有专章论述普希金，称"普希金是'俄国诗的太阳'……传奇小说《欧仁·沃聂琴》是普希金最有名的著作，……书中的英雄沃聂琴，是俄国文学里所谓'多余的人'的始祖。"如文学史家郑振铎在1923年写的《俄国文学史略》中说："自普希金出来以后，俄国才有引起世界注意的伟大诗人。普希金的诗才极高，……他是俄国的第一个国民文学家：用纯粹的本国的文字，美丽的写下许多伟大的名著。"他说他："最重要的要算是他用韵文写的长小说《亚尼徵》。在这部小说里，他的天才几乎表露无遗。"在20年代末30年代初翻译出版的一些俄国文学史，如英国贝灵（Maurice Baring）著的《俄罗斯文学》，如俄国克鲁泡特金著的《俄国文学的理想与现实》等书，其中都有专章介绍普希金，特别是他的名著《叶甫盖尼·奥涅金》。

二

《叶甫盖尼·奥涅金》最初被介绍到中国来，主要是一些片断的译文。如30年代初韩侍桁在翻译克鲁泡特金的《俄国文学史》（1930年上海北新书店版）和郭安仁（即丽尼）翻译的同书（1931年重庆书店版），在有关普希金的一章中，都介绍了

《叶甫盖尼·奥涅金》第九章中第 43—47 节塔吉雅娜对奥涅金的五节有名的独白。此外，在 30 年代初，我国已经见到了《叶甫盖尼·奥涅金》的世界语译本，融裁最初根据世界语翻译了《奥涅金》第 1 章的 1—24 节，发表在《时事类编》上；后来夏玄英又译了同章中的 45—50 等 6 节，发表在 1936 年上海出版的《诗歌生活》第 2 期上。塔吉亚娜的独白曾有过林焕平的译文，发表在 1935 年上海出版的《东流文艺杂志》第一卷第 3—4 期上，有史原的译文，发表在 1935 年 3 月 10 日广州出版的《中山日报》副刊上；塔吉亚娜写给奥涅金的信，有劳荣的译文，发表在 1937 年上海出版的第 5 卷第 2 期《中华月报》上。到了 40 年代初，甦夫译的《奥涅金》的第 6 章《决斗》，发表在 1942 年桂林出版的《文艺生活》第 1 卷第 6 期上。又如吕荧译的《奥涅金》第 5 章中的《塔吉雅娜的梦》就发表在 1942 年桂林出版的《文化杂志》第 1 卷第 6 期上。

这样到了 1942 年 9 月，甦夫译的《欧根·奥尼金》第一种中译由桂林丝文出版社出版了。据译者说，他于 1941 年圣诞节的前夕在桂林译完这本书，从译文的注解来看，他是根据莫斯科在 1931 年出版的涅克拉索夫的（N. V. Nekrasov）的世界语译本（A. S. Puskin："Eŭgeno Onegin·Romano enver soj"）翻译的，这个译本只译了 8 章，我藏有这本书，可以查证。据《奥涅金》第二种中译本的译者吕荧说：甦夫"文字枯涩而且粗率，并且很多地方和原诗出入很大"；甚至把德国大诗人席勒误成为英国大诗人雪莱。看来，他还参考了日本米川正夫的日译本，而且采用了日译本中的一些标题，即如《奥尼金的烦闷》、《诗人的出会》、《少女之恋》、《绝望》、《恶梦——命名日》、《决斗》、《莫斯科》、《夜会女王》，等等。不用说，这个译本中确有不少误译之处，但在当年抗日战争的年代里，看到用劣质的土纸印的这本

《奥尼金》，心情还是很激动的，因为我们终于有了第一部《奥涅金》的中译。特别是这个译本，现已成为我的藏书室中的珍本，就更加可贵了。

继此出版的第 2 种中译，就是吕荧（1915—1969）根据俄文翻译的《欧根·奥涅金》，于 1944 年 2 月由希望社在重庆初次出版。这是《奥涅金》的全译，包括《奥涅金的旅行片断》和第 10 章。据译者说，他从 1941 年一个孤寂的冬夜，就在昆明附近的一个山村里，开始翻译这部诗体小说，而且得到噶邦福教授（Professor Ivan Ivanovich Gapanovich）的指教和胡风的热情鼓励；到了 1942 年春天，完成初稿，7 月完成初次校改，还承胡风为他根据米川正夫的日译本校正了好些诗句。当普希金的《叶甫盖尼·奥涅金》全诗于 1833 年最初出书的 110 年纪念时，这本书于 1944 年 2 月在重庆初版，1947 年 2 月在上海出版了再版本，我现在保留有当时胡风题字的赠本。1950 年后又出了上海海燕书店版。

记得 1947 年吕荧去台湾师范学院任教，路经上海时，曾从我处借走了美国《现代丛书》版巴贝特·多伊奇（Babette Deutsch）的英译本和俄文布罗茨基的《叶甫盖尼·奥涅金注释本》，他又对《奥涅金》进行了全面的校改，这个新的校改本于 1954 年 12 月由北京人民文学出版社出版，因此在某种意义上说，它是《奥涅金》的第 3 种译本也未尝不可。

在这里应该提出的，就是苏联著名的汉学家瓦·米·阿列克谢耶夫院士（1881—1951）于 1945 年 4 月 7 日在列宁格勒的苏联科学院俄罗斯文学研究所作了关于《普希金在中国》的发言，对吕荧译的《叶甫盖尼·奥涅金》作了评介（请参看 1985 年苏联科学出版社出的《东方——西方》论文集，负责编辑阿列克谢耶夫的文章《论最近 1943 年出版的中译〈叶甫盖尼·奥涅金〉》的是班科夫斯卡娅，注释者彼得罗夫）。

1949 年 10 月 1 日中华人民共和国成立以后，继甦夫和吕荧的两种《叶甫盖尼·奥涅金》的译本之后，从 50 年代到 80 年代，又先后出现了 4 种新的全译本。

首先是 1954 年 10 月，上海平明出版社出版了查良铮（1918—1977）根据俄文翻译的《欧根·奥涅金》。在 50 年代，查良铮是翻译普希金诗歌作品最得力的人，他在翻译介绍英国拜伦、雪莱、济慈等大诗人的作品的同时，曾将普希金的《高加索的俘虏》、《加甫利颂》、《强盗兄弟》、《巴奇萨拉的喷泉》、《努林伯爵》、《波尔塔瓦》、《塔西特》、《科隆那的小房子》、《青铜骑士》等九篇叙事诗译成中文，于 1954 年至 1955 年间，由上海平明出版社印成 4 个单行本（1985 年又由成都四川文艺出版社合印成《普希金叙事诗选集》出版）。此外他还译了两本《普希金抒情诗》一集和二集，也同时由平明出版社和新文艺出版社出版（1982—1983 年改由江苏人民出版社出版）。据他说，他翻译《欧根·奥涅金》时，以俄文为据，同时参考了巴贝特·多伊奇的英译本和苏联外文出版社出版的特奥多尔·科米肖（Theodor Commichau）的德译本；并翻译了斯罗尼姆斯基写的《关于欧根·奥涅金》，还附印了多幅插图。译者 1977 年 2 月因突发性心脏病逝世，到了 1983 年四川人民出版社重印了他的这个译本。

《奥涅金》这部不朽的名作，始终吸引着我国译者的兴趣，王士燮 1963 年 9 月根据俄文完成了新译的初稿，后因下放插队，农暇无事时，又反复逐句推敲，直到 1979 年才完成全书，于 1982 年 12 月由黑龙江人民出版社出版，改名为《叶夫根尼·奥涅金》，这算是第四种中译本了。

冯春近年来也想把普希金的作品系统地翻译过来，他翻译了叙事诗《鲁斯兰和柳德米拉》、《普希金小说集》和《普希金抒情诗选》。他又于 1981 年根据俄文完成了自己的新译《叶甫盖尼·奥涅金》，这本书于 1982 年 8 月由上海译文出版社出版。

这里还应该提出的，就是王智量（1928— ）早在 50 年代，就在何其芳的鼓舞之下，根据俄文翻译了《叶甫盖尼·奥涅金》。这本书后来经过他上十次的重译、重抄，终于在 1982 年 11 月完成最后译稿，由北京人民文学出版社在 1985 年 3 月出版，列为《普希金选集》的第 5 卷。按《叶甫盖尼·奥涅金》的译本的顺序来说，这该是第 6 种（或是第 7 种）全译本了。

纵观以上 6 种或 7 种译本，我们就可以看出，由于译者对原著的理解能力，由于他们对俄罗斯生活和风土人情的了解还不够深入，因此在译文上就出现了这样或是那样的不足之处。但毋庸说，每种译本都胜过前一种译本，而且，每个译者在翻译时都各尽了最大的努力，想把这部名著介绍给中国读者，这是毫无疑问的。

三

翻译诗歌作品是一项很困难的工作。通常都说，诗歌是不可以翻译的。如按照这样说，那我们就不可能读到和欣赏普希金的《叶甫盖尼·奥涅金》这部名著了。翻译普希金的《叶甫盖尼·奥涅金》还会遇到一种困难，那就是如何把普希金特有的"奥涅金诗节"的 14 行诗译成中文。每个译者都遇到了这一难题，而且都用自己的译法来翻译这部名诗。

首先是甦夫的译本，没有前言和后记，不知道他翻译时所遵循的原则，若算他采用的是自由体，但查阅涅克拉索夫的世界语译本，却是按照"奥涅金诗节"的形式翻译的。

　　至于吕荧在 1948 年 3 月为自己的译文写的《跋》和 1954 年 3 月写的《校改后记》中都指出："普式庚的原诗有它独创的韵律，叫做'奥涅金诗节'，每一节诗 14 行，韵脚和音节都有一定。……但是中国的文字不是俄文，而是在音韵上音节上，和欧洲的文字有根本的差异。如果勉强顾全音韵的格律，势必将要牺牲语言的纯朴；取形体而舍精神，以韵害诗以词害意，不是普式庚的道路，也不是我们的道路。普式庚的原诗虽然有韵，却从容自然，近似散文；所以我用自由诗来翻译。在韵的方面，我用了最广义的韵……以后，如果可能，希望能按原诗的韵律音节，用谐意而且谐音的韵来更换。"

　　查良铮在翻译时说："《欧根·奥涅金》是很谨严的格律诗，如果译诗没有整齐的韵律，则不能传达原诗的美。而另一方面，原诗又是异常流畅、富于旋律，和'恰到好处'的语言，如果译诗不能同样流畅、富于旋律、和'恰到好处'，只斤斤于凑上、押上韵脚，这也会大大损害原诗的风格。因此，译者为了两面都能兼顾，决定不要被韵脚捆得太紧——就是说，要用相当稀疏而整齐的韵脚，不必像原诗似地行行都押韵。"

　　王士燮说："译者几乎是亦步亦趋地模拟原著特点，只是在押韵方法上有点儿'自作主张'，因为原著的韵脚确实表达不了。就是一韵到底也造成很大麻烦。译者在翻译时，首先考虑忠实传达作者原意，特别是主要思想，根据主要思想定韵，而在次要的地方略作变通，或者说进行一定程度的'再创造'。"

　　冯春说："如何译诗？这是个正在摸索的问题。我在这本书中采取的是比较自由的方式，适当注意节奏和音韵，主要求通顺流畅，更好地表达思想感情，而不追求形式上的严格，这和普希金独创的'奥涅金诗节'的严格格律比较起来，当然相去甚远，但限于译者的能力，觉得这样处理更好些。"

王智量说："面对着（'奥涅金诗节'）这样完美的艺术形式，便产生了一个如何翻译的问题。我认为，这既是一项要求很高的研究工作，也是一次艺术上的再创造。除了内容上力求忠实以外，还应该使我国广大读者和不熟悉俄语的文学工作者尽可能领略到一些'奥涅金诗节'的风味。而由于两种语言的不同，要在汉译中传达出上述'奥涅金诗节'的全部格律特点是不可能的。但必须尽力而为。我所做的努力是，在全部译文中保持了原诗每一节的 ababccddeffegg 的押韵规律，同时，在每一诗行中尽力做到可以读出四个相对的停顿来，用以代替原诗每行的四个音步。我觉得，用汉语译西方拼音文字的诗歌，在传达原诗的形式上，能做到的主要是这两点。而诗行的节奏和韵脚本是诗歌格律的主体，因此这样做，便有可能基本上达到了'传形'的目的。我想，如果我也能尽量做到忠实于原作内容，保持原诗语言的朴实优美的风格，也许我能够和我为自己所定的努力目标相接近，这个目标就是既传神，也传形，神形兼似。"

如何翻译普希金的名著诗体小说《叶甫盖尼·奥涅金》，如何将他的"奥涅金诗节"介绍过来，同时如何做到译诗上的形似和神似兼备，这还是有待于普希金诗歌翻译者作进一步的研究和努力的。近年来，在报刊上已有文章讨论这些问题，这是件好事。

在这里还可以附带提到，就是 1981 年 5 月 18—24 日在我国湖南省长沙市召开的普希金学术讨论会上，有 4 篇发言是讨论《叶甫盖尼·奥涅金》的，其中有何茂正的《独创性的典范〈叶甫盖尼·奥涅金〉》，周敏显的《论奥涅金——先进贵族青年的典型》，王士燮的《评塔吉雅娜的形象》，刁绍华的《〈叶甫盖尼·奥涅金〉和俄国文学中现实主义的形成》，这些论文已收在 1984 年漓江出版社编印的戈宝权等著《普希金创作评论集》中。

1986 年 7 月由湖南人民出版社出版的《俄国文学史》一书中，有谭绍凯撰写的《普希金》一章，其中有专节论述《叶甫盖尼·奥涅金》。1988 年 9 月，北京出版社出版了康林写的《俄罗斯文学之父——普希金》，其中第 7 章专论了俄国现实主义文学的奠基作——《叶甫盖尼·奥涅金》。从这些专著和论述中，我们就可以看出中国的俄国文学研究者对普希金，特别是对他的名篇诗体小说《叶甫盖尼·奥涅金》的兴趣了。

高尔基作品的早期中译及其他

伟大的无产阶级作家高尔基的作品，最早是在什么时候被介绍到我国来的呢？远在 1936 年高尔基逝世时，寒峰（即阿英同志）曾最初接触到这个问题。他在当时为《光明》半月刊编辑的《中译高尔基作品编目》中这样讲道：高尔基的作品之被译为中文，"大约是始于周国贤 1917 年之译《大义》"①。这个最初的考证，曾沿用很久。到了 1942 年高尔基诞生 74 周年时，《时代》周刊上发表了一篇《高尔基与中国》的文字（作者未署名），其中指出早在 1907 年，吴梼就已经译过高尔基的小说《忧患余生》②，把我国早期介绍高尔基作品的年代又提前了 10 年。根据现已发现的史料来看，也许这就是高尔基作品在我国最早的中译了。

当 1947 年和 1948 年编辑《高尔基研究年刊》时，我在《高尔基作品中译本编目》一栏中，曾提到这两种早期的译文，并且希望各方面能陆续有所发现，使得这个问题的研究更加充实

---

① 见 1936 年 6 月 25 日上海出版的该刊第 1 卷第 2 期，第 109 页。

② 见 1942 年 4 月 5 日上海出版的该刊第 24 期，第 35—36 页。

和丰富起来。近几年来，在这方面先后发现了一些新的史料。
1955年10月，西安的鲁深同志写信给我，说他看了《高尔基研
究年刊（1947）》后，在家藏的旧书中发现了高尔基作品的一种
新译文，这就是半侬在1916年翻译的《廿六人》。他在来信中
说："高氏作品中译最早为1907年吴梼译的《忧患余生》，次则
为1917年周国贤译的《大义》。我见到的是1916年5月上海出
版的《小说海》2卷5期，载有半侬之《廿六人》一稿，系由
高氏《廿六男和一女》译来的。当时小说杂志常载翻译作品而
不署原作者姓名，此篇亦然。……此文早于周译《大义》一年，
可以说是高尔基作品的第二篇中译。"按照这个线索，我在北京
东安市场的旧杂志店里找到了这一期《小说海》，查对原文，证
实的确是高尔基写的《廿六男和一女》。1961年底，在上海图书
馆查阅高尔基作品的各种旧译本时，从该馆当时刚编印出的
《辛亥革命时期期刊总目》中，发现我国留日学生1908年在东
京出版的《粤西》杂志中，还曾介绍过高尔基的《鹰歌》。这篇
译文发表的年代，仅次于吴梼译的《忧患余生》一年，但比起
半侬译的《廿六人》却又早了八年。目前我们虽然还没有发现
过比1907年更早的译文，但是这两种新的译文的发现，却是很
有意义的：一方面我们知道远在十月革命以前，我国翻译高尔基
的作品已有4种之多，在数量上仅次于托尔斯泰和契诃夫；另一
方面我们知道当时的翻译界很重视高尔基的作品，而且已介绍了
像《鹰之歌》这类具有代表性的作品。

　　假如我们暂且确定吴梼翻译的《忧患余生》，是高尔基作品
最早的中译，那么这是清光绪三十三年（1907）的事。这篇译
文，是用白话文根据日文重译的，发表在当年出版的《东方杂
志》（第四年）第1期至第4期的小说栏内。标题是：《种族小
说：忧患余生，原名犹太人之浮生》；旁注：俄国戈厉机著；下

面写着"日本长谷川二叶亭译，钱唐吴梼重译"。译文是这样开始的：

> 加英者，乃是尖头削脸，红铜色、矮小、进退飘忽，行动敏捷的犹太人。那满面胡须，连腮上，颊上，也长得鬈鬈的。从那红毛刚鬈公胡须之中，露出那张脸来，好像中国乡间俗子家里，挂着钟馗进士的绘像一样。那污秽的帽子前缘遮阳，竟把他额角边的半爿天，遮住不见。

从题目上，我们无法猜出这是高尔基的哪一篇小说，但根据这段中国化了的译文，查对原文，才知道这是高尔基在1899年1月发表的短篇小说《该隐和阿尔乔姆》（"Каин и Артем"）的中译。日译出自日本著名的俄国文学研究者二叶亭四迷①之手，中译者吴梼②是我国清末时期的一位翻译家。

根据最近发现的新史料，《鹰歌》应该列为高尔基作品的第二种最早的中译了。《鹰歌》现通称《鹰之歌》，是高尔基在1895年最初发表和在1899年重加改写的作品。译者署名天蜕，译文发表在1908年5月在日本东京出版的《粤西》杂志第4期的小说栏内。不久以前，我曾在唐弢同志处查阅了他所收藏的《粤西》杂志，册数和上海图书馆收藏的相同，仅有四期，估计此后就停刊了，因此《鹰歌》的译文仅发表了一大半，全文未曾刊完。译文是文言文．在译文前面有一段译者写的关于高尔基

---

① 二叶亭四迷（1864—1909），原名长谷川辰之助，日本明治时代的著名小说家，著有《浮云》、《面影》、《平凡》等长篇小说，翻译过果戈理、屠格涅夫、高尔基等俄国作家的作品。

② 吴梼是我国清末的一位翻译家，译品甚多，据阿英编的《晚清戏曲小说目》所载，他曾从日文译过俄国莱蒙托夫的《银钮牌》、契诃夫的《黑衣教士》；德国苏德曼的《卖国奴》；此外还译过法国雷科、英国勃来雪克，以及日本尾崎德太郎、黑岩泪香、尾崎红叶、上村左川、大泽天仙、柳川春叶的小说多种。关于吴梼本人的生平，我们目前一无所知，希望能有人提供这一方面的史料。

的介绍：

> 鹰歌者（"The Song of Eagle"），廿世纪初幕大文豪俄人郭尔奇（Gorky）所作也。郭氏年未逾强仕，生一八九年①。比年以来，获名视托尔斯泰（Tolstoy）辈尤高。然夷考其始，受学学校者，仅五阅月耳。后遂为奴，为庖人，为樵子，为佃夫庸工，流离侘傺，至于自杀，而学殖卒以深造。其为人沉毅勇敢，爱自由，尚质直。兹编于一千九百二年三月载之"Contemporary Review"，盖写其怀抱者也。

这段文字虽然很简短，但可说是我国介绍高尔基的一段最早的文字。

1916 年，在上海中国图书公司出版的《小说海》第 2 卷第 5 号上发表了《廿六人》，译者署名为半侬（疑即为刘半农），估计是根据英文翻译的。从内容来看，这就是高尔基在 1899 年写的《廿六男和一女》的前半部，但发表时既未署原著者的姓名，又未注明是译述的小说，这在我国当时介绍外国文学作品是常见的情形。

到了 1917 年，周国贤（即周瘦鹃）翻译了《大义》，译文刊载在上海中华书局出版的《欧美名家短篇小说丛刊》下篇的俄罗斯之部中。这篇小说是从英文转译的，题目下面附注英文译名"The Traitor's Mother"（《叛逆者的母亲》），著者为麦克昔姆高甘。译者还写了一篇作者的小传：

> 麦克昔姆高甘（Maxime Gorky），真名曰潘希高夫（M. A. M. Pyeshkof），以 1868 年 3 月 14 日生于尼尼拿夫高洛（Nijni-Novgorod）。读书既成，颇事浪游。数年间，流转工作，不名一业。尝为稗贩，为厮役，为园丁，为船坞工

---

① 生年有误，应为 1868 年。

人，时复无业，为浪人。居恒好杂处于俄罗斯贫民苦工及下流社会中，撷拾闻见，著为说部，故其所作，多为无告小民请命者。有《麦加区特拉》（"Makar Chudra"）、《哀密良壁勃甘》（"Emi-lian Pibgai"）、《乞尔加希》（"Chelkash"）、《托斯加》（"Poska"）、《麦尔佛》（"Malva"）、《同伴》（"Comrades"）、《间谍》（"The Spy"）诸书，均名。此外又有短篇小说三卷及剧本一种。其人尚存，今仍从事于著述如故。

这段小传，较《鹰歌》前面的介绍稍详，但其中有一些小错：如高尔基的诞生日，是俄历3月16日，不是3月14日；如小说《哀密良壁勃甘》（"Emilian Pibgai"），应为《哀美良·壁略伊》（"Emelian Pilyai"）；又如小说《托斯加》（"Toska"），俄文题名原为《忧郁》（"Tocka"），是高尔基在1896年写成的作品，并非专有名词，不能音译（可能是英译者联想到意大利作曲家普契尼在1900年写的一个题名为《托斯卡》的歌剧，托斯卡是剧中的主角女歌手的名字，因此就译成人名了）。关于这篇译文，曾有人以为是高尔基的名著《母亲》的片断，但查对原文，才知道这是高尔基写的《意大利童话》中的第十一篇童话，讲一个母亲为了保卫家乡而杀死自己亲生的儿子——逆子的故事。

上面介绍的4篇高尔基的作品，都是在十月革命以前译成中文的。在十月革命以后，随着俄国和苏联的文学作品大量地被介绍到我国来，高尔基的作品也就不断地被译成中文，到目前为止，他的重要的作品都有了中译，甚至各有几种译文，这里就不再赘述了。

我国早期翻译外国文学作品，很少对原著者作介绍，也很少写评述的文字，因此这类的史料就非常少。关于高尔基，我们现在所发现的，也就仅有在《鹰歌》和《大义》的译文前面的那两段简单的介绍。但在搜罗高尔基作品早期中译的过程中，阿英同志和张铁弦同志曾提供给我一个《俄人学者诉本国之暴虐于世界》的新史料。这个史料中虽然没有直接提到高尔基的名字，可是经过研究之后，发现它和高尔基在 1901 年 3 月参加反对沙皇暴政的革命斗争有密切的关系。

1901 年，俄国大学生为了反抗沙皇政府变本加厉的镇压和迫害，展开了风起云涌的斗争，举行集会、罢课、示威游行，并赢得了各阶层进步人士的同情。高尔基从当年初就密切地注意着这一运动的发展，并亲自参加了 3 月 4 日（新历 17 日）彼得堡大学生在喀山大教堂广场举行的示威游行。这次游行又遭到沙皇宪警的血腥镇压；当天，高尔基和许多知名的作家、社会活动家在一起签署了一个抗议书，送交国内外报刊发表，痛斥沙皇政府的暴虐。

我们现在发现的这个与高尔基有关的史料，收在蔡元培在清光绪二十八年（即 1902 年）4 月编选的《文变》一书的下卷中。估计这个文件最初被译为中文，当在 1901 年 3—4 月间，在文件的前面有一段小言："俄国学生之骚扰，后来虽暂停止，未必归于镇静。今据《泰晤士（报）》之巴里（巴黎）电报，俄国之著作家四十五名，以本国政府之暴虐，无不椎心顿足，乃送书于巴里，公之同地，普诉于世界之仁人，求为止其残酷。"译文如次：

　　我等本俄国之下民，今以苛虐难堪，不得已从事于文笔，诉诸各国之有志者。

　　呜呼！我等虽承祖宗之训令，毋许肆意横行，然人有一己之自由，有一己之权能，岂可抑压不伸，弃其身为不痛不痒之身，甘为囚中犯人，日受狱吏之鞭挞苛虐耶？既不甘为囚犯，而欲超拔乎寻常之外，又岂肯任人搬弄，被人阻遏耶？今我等欲伸张自由思想，而权能被夺；眼前发生之事态，虽有所述，又被检阅官所阻，可惊可恨，犹有过于此者！似此我邦将来之如何结果，诚道之不胜其道也。我等对于同胞民众，互以义务相感，故欲依赖于外国有志之士，大伸自由权利于国内，以期与文明世界相通。岂意事不由人，去月十七日①，于圣彼得堡卡庄思奎亚②之街甬，我等为警吏所苦，身不能藏寸针，手不能持分铁，飞拳踢足，乌足以为抵抗。乃至男女老幼，数千人民，际此时间，尤受残酷，更遭暴虐。又以科隆克之兵来，包围更甚，草木凄凉，悉成刀锯。虽有堂堂大道，而逃避之途被绝，暴虐无辜，曷可言状。此等人民，不过为好奇之心所感而集者，而警吏肆意不察，惟得捕获，无容赦宥，作威作福，挥其铁拳，揭其刀背，打之掷之，践之踏之，四面悲啼，震撼天地。其有身着制服者，而彼等诬以罪戾，亦逞其暴虐而捕之，苛刻如斯，铁心人亦安得不为之咋舌耶？

我等同践此土地，同经此暴虐，涂毒生民，亲见诸市府也。我等虽不能免科隆克之铁鞭，避警吏之锋刃，而俯首思想于将来，不禁恐怖悲哀，手足无措，遂纠合同胞民众，共图芟除蔓草之策，既不能振兴于目前，亦可望于将来之补救，于是广署名于书面。俄国士子人民，忠义自矢，皆存一片自尊之心，仁慈之念，所谓守望相助，疾病相扶者也，外

---

①　这个收在《文变》中的文件未注明月日，按俄历 3 月 4 日，即新历 3 月 17 日，此处的去月 17 日疑为本月 17 日之误。

②　卡庄思奎亚即指喀山斯基（或喀山）大教堂。

国有志之士，亦将闻之愤气焉！谨以区区忠愤，诉于世界之新闻，倘为辩护，则感之不胜！……

据高尔基研究者巴鲁哈梯编辑的《高尔基的文学著作》（1936年）一书中说，有高尔基签名的《俄国作家抗议书》，曾在伦敦、日内瓦等地的报刊上发表过。这个文件和后来高尔基草拟的《驳斥政府关于1901年3月4日事件的公告》的文件，都收在1933年出版的《高尔基的革命道路》一书中。可惜手边无此书可以查考，只知道《抗议书》中有这样的句子："今天，3月4日，在彼得堡喀山大教堂附近……"因此猜想《文变》中的《俄人学者诉本国之暴虐于世界》，可能就是这个《抗议书》的中译。我国早期翻译俄国文学作品，主要是1900年前后的事，在当时的我国报刊上已刊载了这个俄国作家反对沙皇暴政的文件，是很值得我们重视的。

1963年2月中旬于北京

（原载《世界文学》1963年第4期）

莎士比亚作品在中国

　　文艺复兴时期英国伟大的剧作家和诗人威廉·莎士比亚，被马克思推崇为"人类最伟大的戏剧天才"① 和他所"热爱的诗人"②。莎士比亚的名字远在120多年以前就被介绍到中国来；他的戏剧作品在30多年以前也已开始被译成中文和搬上中国的舞台，多少年来从未间断过。莎士比亚不仅是中国人民热爱的外国古典作家之一，同时也是对中国的话剧运动有过相当影响的外国剧作家之一。现就在这里介绍一下他的戏剧作品和诗歌作品在中国翻译与流传的情形。

　　根据目前已经发现的各种史料来看，莎士比亚的名字最初是由外国教会人士介绍过来的。远在126年前，即清咸丰六年（1856），上海墨海书院刻印了英国传教师慕维廉译的《大英国志》③，其中在讲到伊丽莎白女王时代的英国文化盛况时曾说：

---

　　① 引自保尔·拉法格：《忆马克思》，见1957年人民出版社版《回忆马克思恩格斯》第70页。
　　② 引自马克思在1865年写的《自由》，见前书第804页。
　　③ 此书系英国人托马士·米尔纳原著，光绪七年（1881）又有上海益智书会刻本。

"当以利沙伯时，所著诗文，美善俱尽，至今无以过之也。儒林中如锡的尼、斯本色、拉勒、舌克斯毕、倍根、呼格等，皆知名士。"此处提到的"舌克斯毕"，即今天通称的莎士比亚。光绪八年（1882）北通州公理会又刻印了美国牧师谢卫楼所著的《万国通鉴》，其中也提到莎士比亚："英国骚客沙斯皮耳者，善作戏文，哀乐罔不尽致，自侯美尔（现通译荷马）之后，无人几及也。"

莎士比亚的名字更频繁地被介绍过来，主要是清末民初的事。这正是"戊戌政变"（1898）前后的时期，当时崇尚西学和倡议译书的风气有如风起云涌，梁启超等人更主张翻译外国政治小说作为维新的武器。如光绪二十二年（1896）上海著易堂书局翻印了一套英国传教师艾约瑟在1885年编译的《西学启蒙十六种》，在《西学略述》一书的《近世词曲考》中就介绍过莎士比亚："英国一最著声称之词人，名曰筛斯比耳。凡所作词曲，于其人之喜怒哀乐，无一不口吻逼肖。加以阅历功深，遇分谱诸善恶尊卑，尤能各尽其态，辞不费而情形毕霸。"光绪二十九年（1903）上海广学会刊印了英国传教师李提摩太主编的《广学类编》（"Handy Cyclopedia"），在第一卷《泰西历代名人传》内也介绍过莎士比亚："莎基斯庇尔……世称为诗中之王，亦为戏文中之大名家。"同年上海又出了两种石印本的《东西洋尚友录》及《历代海国尚友录》，前一书中称："索士比尔，英国第一诗人。"后一书中称："索士比尔，英吉利国优人。尝作诗以讽君相，固海外之优孟也。"光绪三十年（1904）上海广学会出版了英国传教师李思·伦白·约翰辑译的《万国通史》，在《英吉利志》卷中也提到伊丽莎白时代的作家，并举出莎士比亚的名字："其最著名之诗人，如夏克思芘尔，瑰词异藻，声振金石，其集传诵至今，英人中鲜能出其右者。"同年10月出版的《大陆》

杂志中印有《希哀苦皮阿传》。此外在名人传记中介绍莎士比亚的，如光绪三十三年（1907）世界社出版的《近世界六十名人画传》中有《叶斯壁传》，光绪三十四年（1908）山西大学堂译书院出版的《世界名人传略》中也有《沙克皮尔传》。

我国晚清思想界的几位代表人物——严复、梁启超以及稍后的鲁迅先生，也都在译著中提过莎士比亚的名字。如严复在光绪二十年（1894）译成出版的赫胥黎著《天演论》的《进微》篇中，提到"词人狭斯丕尔"，并加了小注："狭万历间英国词曲家，其传作大为各国所传译宝贵也。"他在光绪二十三年（1897）开始翻译的斯宾塞的《群学肄言》中，也曾数次提到莎士比亚的名字。梁启超在"戊戌政变"之后出走日本，主编《新民丛报》，曾在光绪二十八年（1902）5月号上发表《饮冰室诗话》，其中说："近世诗家，如莎士比亚、弥儿敦、田尼逊等，其诗动亦数万言。伟哉！勿论文藻，即其气魄固已夺人矣。"光绪三十三年（1907）鲁迅先生在日本用笔名"令飞"写成的《科学史教论》及《摩罗诗力说》两文中，都提到莎士比亚的名字，并指出介绍莎士比亚的重要性。

综观以上所述，远从1856年起，很多人用各种不同的译名介绍过莎士比亚，但都略而不详，直到民国五年（1916）孙毓修方在《欧美小说丛谈》（商务印书馆出版）一书中对莎士比亚的生平和戏剧作品作了较详尽的介绍。至于我们今天通用的"莎士比亚"这个译名，则系始自梁启超的《饮冰室诗话》，如以年代计算，也已是80年前的事了。

莎士比亚的戏剧作品，最初是通过英国散文家查理士·兰姆和他的姊姊玛丽·兰姆改写的《莎士比亚故事集》（旧通称《莎氏乐府本事》），以复述的形式介绍到我国来的。光绪二十九年（1903）上海达文社首先用文言文翻译出版了这本书，题名为英国索士比亚著《澥外奇谭》，译者未署名。卷前的《叙例》中写道：

> 是书为英国索士比亚（Shakespeare，千五百六十四年生，千六百一十六年卒）所著。氏乃绝世名优，长于诗词。其所编戏本小说，风靡一世，推为英国空前大家。译者遍法、德、俄、意，几乎无人不读。而吾国近今学界，言诗词小说者，亦辄啧啧称索氏。然其书向未得读，仆窃恨之，因亟译述是编，冀为小说界上，增一异彩。

这本书共翻译了 10 个故事（5 个喜剧，1 个悲剧，4 个杂剧），各成一章，题目采用了章回体小说的形式。各章的题目是：第一章《蒲鲁萨贪色背良朋》（《维洛那二绅士》），第二章《燕敦里借债约割肉》（《威尼斯商人》），第三章《武厉维错爱孪生女》（《第十二夜》），第四章《毕楚里驯服妒癖娘》（《驯悍记》），第五章《错中错埃国出奇闻》（《错误的喜剧》），第六章《计上计情妻偷戒指》（《终成眷属》），第七章《冒险寻夫终谐伉俪》（《辛白林》），第八章《苦心救弟坚守贞操》（《一报还一报》），第九章《怀纾心李安德弃妻》（《冬天的故事》），第十章《报大仇韩利德杀叔》（《哈姆雷特》）。

就在这本书出版的第二年，商务印书馆又出了林纾和魏易用文言文合译的同一著作的全译本，题名为《英国诗人吟边燕语》（简称《吟边燕语》），列为《说部丛书》之一。林纾称这本书为"神怪"小说："莎氏之诗，直抗吾国之杜甫；乃立义遣词，往往托象于神怪"；而且为每篇故事都取了古雅的传奇式的题名，如《威尼斯商人》为《肉券》，《罗密欧与朱丽叶》为《铸情》，《麦克白》为《蛊征》，《哈姆雷特》为《鬼诏》，《李尔王》为《女变》，《仲夏夜之梦》为《仙狯》，《奥瑟罗》为《黑瞀》，《第十二夜》为《婚诡》，《维洛那二绅士》为《情惑》，

《暴风雨》为《飓引》等。这个译本也正像林译的其他小说一样，流传很广，影响很深。如汪笑侬当时曾写了《题〈英国诗人吟边燕语〉廿首》①。顾燮光在《译书经眼录》中评介道："《吟边燕语》一卷，英莎士比著，林纾魏易同译。书凡二十则，记泰西曩时各佚事。……作者莎氏为英之大诗家，故多瑰奇陆离之谭。译笔复雅驯隽畅，遂觉豁人心目。然则此书殆海外《搜神》，欧西述异之作也夫。"② 我国当时上演的莎士比亚戏剧作品，多取此书为蓝本，改编为台词。郭沫若后来在 1928 年写成的《我的童年》一书中，也曾回想起这本书给予他的深刻的印象："林琴南译的小说在当时是很流行的，那也是我所嗜好的一种读物。……Lamb 的《Tales from Shakespeare》（兰姆的《莎士比亚故事集》），林琴南译为《英国诗人吟边燕语》，也使我感受着无上的兴趣。它无形之间给了我很大的影响。后来我虽然也读过"TemPest"（《暴风雨》）、"Hamlet"（《哈姆雷特》）、"Romeo and Juliet"（《罗米欧与朱丽叶》）等莎氏的原作，但总觉得没有小时所读的那种童话式的译述更来得亲切了。"③

继此之后，林纾和陈家麟又用文言文复述了莎士比亚的 5 种剧本的本事。其中《雷差德纪》（《理查二世》）于 1916 年发表在《小说月报》第七卷第一本上；《亨利第四纪》，发表在同年《小说月报》第二至四号上；《凯彻遗事》（《裘力斯·恺撒》）发表在同年《小说月报》第五至七号上；《亨利第六遗事》于当

---

① 原载《大陆》第 3 年第 1 期（1905），现收在中国戏剧出版社编辑的《汪笑侬戏剧集》第 298—302 页及阿英编的《晚清文学丛钞》《小说戏曲研究卷》第 588—590 页。

② 见 1935 年杭州金佳石好楼印的顾著《译书经眼录》卷 7 第 11 页，并见阿英编的《晚清文学丛钞》《小说戏曲研究卷》第 539 页。

③ 见《沫若文集》第 6 卷，第 114 页。

年 4 月印成单行本，列为《说部》丛书之一①；《亨利第五纪》则作为林氏的遗译，发表在 1925 年第十二卷第九至十号的《小说世界》上。这几种译文，只保留了莎士比亚原著的故事梗概，而且又是采用小说的形式，当然就无法看出莎士比亚戏剧作品的真面貌了。

莎士比亚的戏剧作品，直到 1919 年五四运动以后，方被用白话文和完整的剧本形式介绍过来。首先是田汉在 1921 年译了《哈孟雷特》，发表在当年出版的《少年中国》杂志上，1922 年作为《莎翁杰作集》第一种由中华书局出版。书后附有译者"以自己的好尚为标准"草拟的莎士比亚十种杰作集的选题。1924 年他译的《罗密欧与朱丽叶》又作为《莎氏杰作集》第六种出版，可惜其他八种剧本均未能译成。

继田汉的译本之后，莎士比亚的几种代表的戏剧作品，均先后被译为中文。除发表在刊物上的不计外，仅就印成单行本的来说，有诚冠怡译的《陶冶奇方》（《驯悍记》，1923）；曾广勋译的《威尼斯的商人》（1924）；邵挺译的《天仇记》（《哈姆雷特》，文言本，1924）；邵挺和许绍珊合译的《罗马大将该撒》（文言本，1925）；张采真译的《如愿》（1927）；邓以蛰译的《若邈久袅新弹词》（《罗米欧与朱丽叶》，1928）；缪览译的《恋爱神圣》（《温莎的风流娘儿们》，1929）。1930 年是莎士比亚剧本翻译出版较多的一年，有戴望舒译的《麦克倍斯》、张文亮译的《墨克白丝与墨夫人》、顾仲彝译的《威尼斯商人》、彭兆良译的《第十二夜》。此后还先后出版了袁国维译的《周礼士凯撒》（1931），余楠秋和王淑瑛用文言诗体合译的《暴风雨》

---

① 此书后有郭象升的订正本，题名为《红白玫瑰战争纪》，列为山西教育学院丛书之一，出版年代不详。

（1935）及曹未风译的《该撒大将》（1935）。

就在同一个时期，靠了庚子赔款建立的中华教育文化基金董事会也组成了"莎翁全集翻译会"，由梁实秋翻译出版了八种莎士比亚的剧本：《威尼斯商人》、《奥赛罗》、《如愿》、《李尔王》、《马克白》（1936）、《暴风雨》（1937）、《丹麦王子哈姆雷特之悲剧》（1938）、《第十二夜》（1939）。后来60年代在台湾，又出版了梁实秋翻译的《莎士比亚戏剧全集》。

莎士比亚的诗歌作品，在五四运动以后也被陆续译成中文。译者中有邱锽，梁遇春、丘瑞曲、张晋臣、朱湘等人。朱湘译得较多，共12首，收在1936年商务印书馆出版的《番石榴集》中。长诗《维纳斯与亚当尼》则有曹鸿昭的译本（1934）。这个期间也曾有人用诗体翻译了莎士比亚戏剧作品的片断，如朱维基译的《乌赛罗》发表在1929年的《金屋》月刊和1933年的《诗篇》月刊上；徐志摩译的《罗米欧与朱丽叶》发表在1932年的《诗刊》和《新月》上。

在这里应该指出的，就是随着莎士比亚的戏剧作品不断被译成中文，"新月派"的资产阶级文人学者如梁实秋等，"第三种人"如杜衡之流，都大译其莎士比亚的戏剧作品或大写其论莎士比亚的文章，他们不是用资产阶级的观点来介绍和评论莎士比亚，就是对莎士比亚的创作进行各种歪曲，这不能不引起鲁迅先生的愤慨。于是鲁迅先生在1934年用笔名"苗挺"先后写了《莎士比亚》及《又是〈莎士比亚〉》等文（见《花边文学》），对这些资产阶级文人学者进行了驳斥。

1937年抗日战争爆发，尽管广大的国土沦陷，文艺工作者颠沛流离，但是翻译与介绍莎士比亚戏剧作品和诗歌作品的工作却未间断过。特别应该指出的，就是曹未风、朱生豪等人，在艰苦的条件下坚持着系统地翻译莎士比亚戏剧作品的工作。

曹未风（1911—1963）远从1931年起就开始翻译莎士比亚的戏剧作品，他是我国计划翻译莎士比亚全集最早的人之一。他译的《威尼斯商人》等11种剧本，曾以《莎士比亚全集》的总名先后由贵阳文通书局在1942—1944年间出版。抗日战争胜利后，上海文化合作公司在1946年又用《曹译莎士比亚全集》的总名出版了其中的10种剧本。

在同一个时期内，朱生豪也开始了翻译《莎士比亚戏剧全集》的工作。朱生豪（1911—1944）是位年青的翻译家，他从1935年起就开始搜集莎士比亚著作的各种版本，加以比较研究，并着手进行翻译。他先后译了《暴风雨》、《威尼斯商人》、《仲夏夜之梦》、《第十二夜》等剧，到了1937年上半年把九部喜剧都已译完。这年抗日战争爆发，日寇侵占上海时，他在半夜里从寓所仓皇走出，就只带了一部原文的《莎士比亚全集》和一些稿子。此后由于辗转移徙，生活不定，翻译工作也无法进行。1941年12月太平洋战争又起，日军侵入上海租界，他只得避居老家嘉兴，从此在贫病交迫和敌伪统治的恶劣环境下，闭门不出，按原定计划进行翻译，直到1944年12月病逝时为止。其间共用了10年的工夫完成了31种剧本，只剩下5种未译完。朱生豪翻译莎士比亚剧本的态度是既认真而又严肃的，因此他的译本在当时也是较好的。朱生豪将莎士比亚的作品分为喜剧、悲剧、杂剧、史剧四大类，其已译成的二十七种剧本，于1947年由上海世界书局分为三辑出版（1949年再版）。

在抗战期间和抗战胜利后，莎士比亚的戏剧作品也被译成各种单行本出版。特别是1944年，重庆的几家出版社曾出了好几种译本：如曹禺译的《柔蜜欧与幽丽叶》、柳无忌译的《该撒大将》、杨晦译的《雅典人台满》等，1948年商务印书馆还出了孙大雨译的《黎琊王》。此外，柳无忌、梁宗岱、戴镏龄等人都翻译过莎士比亚的诗歌作品，柳无忌的译文见 1942 年重庆大时代书局出版的《莎士比亚时代的抒情诗》，梁宗岱译的《莎士比亚的商籁》，散见上海及重庆的报刊。1943 年重庆大时代书局还再印了曹鸿昭译的《维纳丝与亚当尼》。

1949 年全国解放和中华人民共和国成立以后，莎士比亚翻译者和研究者的前面展开了一片广阔的天地。曹未风继续他在抗日战争期间没有完成的工作，重新校阅了他所译的剧本。在 1955 年至 1962 年间，上海新文艺出版社（后改为上海文艺出版社）先后出版了他译的 12 种莎士比亚的剧本。据他在《翻译莎士比亚札记》中说，他从 1931 年春天就开始翻译莎士比亚的作品，前后近 30 年。可惜他在 1963 年病逝，未能把这个工作完成。朱生豪翻译的莎士比亚的戏剧作品，也由北京作家出版社改编成《莎士比亚戏剧集》，分为 12 卷，于 1954 年出版，除过去世界书局已出的 27 种之外，又增加了他的遗译 4 种，共 31 种；到了 1958 年和 1962 年又由人民文学出版社再版过两次。

与此同时，在剧本方面相继出版的还有：曹禺译的《柔蜜欧与幽丽叶》（1949、1953、1954、1956、1957、1960）、吕荧译的《仲夏夜之梦》（1954）、张采真译的《如愿》（1955）、卞之琳译的《哈姆雷特》（1956、1958）、吴兴华译的《亨利四世》（1957）、方平译的《捕风捉影》（《无事生非》，1953、1957、1958、1961）、《威尼斯商人》（1954、1957、1961）、《亨利第五》（1955、1958）、方重译的《理查三世》（1959）。

在诗歌作品方面，屠岸译了《莎士比亚十四行诗集》（1950、1955、1956、1958、1959），方平译了莎士比亚的长诗《维纳斯与阿童妮》（1952、1954）。此外，近年来用马克思列宁主义的观点来研究和评介莎士比亚戏剧创作的论文也开始常见于报刊上。

1964 年为了纪念莎士比亚诞生 400 周年，人民文学出版社将朱生豪旧译的《莎士比亚戏剧集》，请吴兴华、方重、方平等人进行校订增补，重排出版；并请方平重译了《亨利五世》，方重重译了《理查三世》，章益新译了《亨利六世》（上、中、下三篇），杨周翰新译了《亨利八世》，使这套书合成全璧。全书共分为 10 卷，包括 37 个剧本，按"牛津版"《莎士比亚著作全集》的次序排列。此外人民文学出版社还编辑了一卷莎士比亚诗集，其中收有张谷若译的《维纳斯与阿都尼》、杨德豫译的《鲁克丽斯受辱记》、梁宗岱译的《十四行诗》（154 首）、黄雨石译的《情女怨》、《爱情的礼赞》、《乐曲杂咏》、《凤凰和斑鸠》等 4 首杂诗，作为《莎士比亚全集》的第 11 卷。由于"十年浩劫"的关系，这套全集直到 1978 年才出版。现在全集的第一卷收《暴风雨》、《维洛那二绅士》、《温莎的风流娘儿们》、《一报还一报》等 4 个剧本；第二卷收《错误的喜剧》、《无事生非》、《爱的徒劳》、《仲夏夜之梦》等 4 个剧本；第三卷收《威尼斯商人》、《皆大欢喜》、《驯悍记》、《终成眷属》等 4 个剧本；第四卷收《第十二夜》、《冬天的故事》、《约翰王》、《理查二世》等四个剧本；第五卷收《亨利四世》上下篇、《亨利五世》等三个剧本；第六卷收《亨利六世》上中下三篇、《理查三世》等四个剧本；第七卷收《亨利八世》、《特洛伊罗斯与克瑞西达》、《科利奥兰纳斯》、《泰特斯·安德洛尼克斯》等 4 个剧本；第八卷收《罗密欧与朱丽叶》、《雅典的泰门》、《裘力斯·凯撒》、《麦克白》等 4 个剧本；第九卷收《哈姆雷特》、《李尔王》、《奥瑟罗》等 3 个剧本；第十卷收《安东尼与克莉奥佩特拉》、《辛白林》、《泰尔亲王配力克里斯》等 3 个剧本；第十一卷为诗集。这套全集的出版，不仅标志着我国翻译与介绍莎士比亚戏剧作品和诗歌作品的工作进入了一个新的阶段，同时也是中国人民对莎士比亚所表示的最好的纪念。

　　近年来，莎士比亚的戏剧作品还不断以单行本出版。如人民文学出版社在1979年重印了曹禺译的《柔蜜欧与幽丽叶》，列为《文学小丛书》之一。如上海译文出版社在1979年重印了曹未风译的《罗米欧与朱丽叶》、《奥塞罗》、《马克白斯》和《汉姆莱特》等剧；1981年重印了屠岸译的《十四行诗集》；同一出版社在1979年还出版了方平译的《莎士比亚喜剧五种》，其中收了《仲夏夜之梦》、《威尼斯商人》、《捕风捉影》、《温莎的风流娘儿们》和《暴风雨》等5个剧本，1980年又出版了方平译的《奥瑟罗》。内蒙古人民出版社在1981年出版了杨熙龄译的《十四行诗集》。英若诚译了莎士比亚的剧本《请君入瓮》（即《一报还一报》），发表在1981年第7期的《外国文学》上。

　　此外，近年来我国各地的剧院不断上演莎士比亚的戏剧作品，不少人写了有关研究莎士比亚的专门论文和介绍他的通俗小册子，编译了《莎士比亚研究评论集》，还筹备成立了中国莎士比亚研究会。

　　（此文初稿于1964年3月15日，写于北京，曾在当年《世界文学》第4期上发表过；现又根据新的资料，于1982年6月10日增补和改写于青岛）

（载《莎士比亚研究》1987年创刊号）

鲁迅在世界文学上的地位

1936 年 6 月 23 日，捷克著名的汉学家普实克博士①从东京用英文写了一封信给鲁迅，说要把他的著作《呐喊》，尤其是《阿 Q 正传》翻译成捷克文，特先征求他的同意。同时他还向鲁迅提出一个要求："请你提供一篇关于你在中国文学上的地位的短文，我准备参考它写一篇序文。"鲁迅在 7 月 23 日的复信中说："我的《在中国文学上的位置》一篇，这是一个朋友写的，和我自己的意见并不相同，你可以自由取用，删去或改正。"经我的研究，这篇曾用武定河的笔名发表的《鲁迅在文学上的地位——给捷克译者写的几句话》，出自鲁迅的好友——文艺评论家冯雪峰②之手。据冯雪峰回忆说："1936 年 7 月中左右的一天，

---

① 普实克（Dr. J. Průšek，1906—1980）写给鲁迅的信，现藏北京鲁迅博物馆。鲁迅复普实克的信，承普实克在 1977 年送给我国，现影印在《鲁迅手稿全集》书信第 8 册中，1980 年文物出版社出版。有关鲁迅和普实克的关系，请参看我在 1978 年写的《鲁迅和普实克》一文，载 1979 年出版的《鲁迅研究资料（3）》，并见《鲁迅研究年刊》1979 年号。

② 冯雪峰（1903—1976），他写的这篇文章最初发表在 1937 年 3 月出版的《工作与学习丛刊》之二《原野》上，现收在他的《鲁迅的文学道路》论文集中，1980 年湖南人民出版社出版。

我适在先生家，先生接到在日本的捷克的一个文学者的信，……请先生自己推荐一篇他在文学上的地位的论文作参考。……当时，两人想了许多时候，还是决定叫我即在几天之内依题随便写几句。……当时，我对于这个题目也不大了解，先生说：'大概是问我在文学上属于哪一种主义吧。'几天后我就以《关于鲁迅在文学上的地位》为题目写了二千字光景。……先生自己看过一遍，并且改了几个错字，涂了一两句，就叫景宋先生①眷抄了一遍寄出了。"

1980 年 9 月 2 日，美国印第安纳州立大学东亚语文学系李欧梵教授来信，代表"鲁迅及其遗产"学术讨论会筹备委员会向我发出邀请，并表示："我们很希望您能就目前研究的问题——鲁迅在世界文学上的地位——范围内写一篇学术论文"；还说："鲁迅与外国作家的友谊、外国文学的关系等项，则尚无人详加研究，论文长短不拘。"虽说这篇论文长短不拘，但这并不亚于普实克博士向鲁迅本人提出的一个难题，而且也是一个不容易写的题目。因为在这篇论文里面，要谈到鲁迅与外国文学的关系，鲁迅与外国作家的友谊，世界各国对鲁迅著作翻译与介绍的情况，以及各国作家对鲁迅的评价和研究等，只有这样，才能把鲁迅在世界文学上的地位较为全面地显示出来。

鲁迅远在他生前就享有世界的声誉，他留给我们的小说集《呐喊》和《彷徨》，散文与回忆文集《野草》和《朝花夕拾》以及《故事新编》，还有他的 14 本杂文集，不仅丰富了中国的文学宝库，同时也丰富了全世界的文学宝库。特别是他的代表作《阿 Q 正传》，使他在世界的文坛上获得很高的地位。大概在1926 年曾有过诺贝尔文学奖金要奖给鲁迅的传闻。据鲁迅生前

---

① 景宋即许广平（1898—1968），鲁迅夫人。

的老友许寿裳①回忆说：　　"鲁迅的著作，国际间早已闻名了。……他曾告诉我：'瑞典人S托人来征询我的作品，要送给管理诺贝尔文学奖金委员会，S以为极有希望的，但是我辞谢了。我觉得中国实在还没有可得诺贝尔奖金的人，倘因为我是黄色人种，特别优待，从宽入选，反足以增长中国人的虚荣心，以为真可与别国媲美了，结果将很糟。……'这是何等谦光，又是何等远见！"

到了1931年，在美国纽约召开的工人文化联合大会上，鲁迅和苏联的高尔基，列宁夫人克鲁普斯卡娅，法国的巴比塞，德国的雷恩，美国的德莱塞、辛克莱等人，都被推选为大会的名誉主席。

从此就不难看出，鲁迅虽然没有得过诺贝尔文学奖金或是其他什么奖金，也没有荣获过什么称号，但作为一个出身自人民的作家，他用自己的笔描写了中国人民的生活和疾苦，真实地反映出中国旧社会的现实；他积极地参加了1919年的"五四"文化革命运动并领导了30年代的左翼文艺活动；在他所称谓的"无声的中国"，他用多篇的杂文代表人民发出最强烈的呐喊和呼声，同国民党反动派进行了针锋相对的斗争；特别是在国民党反革命的军事和文化"围剿"中，"共产主义者的鲁迅，……成了中国文化革命的伟人"（毛泽东语）。鲁迅在他的一生中，时时刻刻同人民紧密相连，正因为这样，他受到了中国广大人民的尊敬与热爱；而且他的名字，在20世纪的二三十年代，是同世界上不少著名的作家的名字并列的。

---

① 许寿裳（1882—1943），鲁迅在日本留学时的同学，引文见他的《亡友鲁迅印象记》，1977年人民文学出版社出版。回忆文字中的S，想指瑞典探险家斯文·赫定（Sven Hedin）而言，当时他正在北京，筹备中瑞两国科学考察团的工作。又鲁迅在1927年9月25日写给台静农的信中也谈起有关诺贝尔奖金的事。

一　鲁迅对翻译介绍外国文学所作的重大贡献

在中国，鲁迅一向被尊称为伟大的文学家、伟大的思想家和伟大的革命家，这是对鲁迅的最高的评价。就鲁迅在文学上的成就和贡献来说，他不仅是伟大的作家，而且还是杰出的外国文学研究者和翻译家，因为翻译介绍和研究外国文学，在他一生的文学活动中占有一个很重要的地位，这种情形在世界各国的作家当中恐怕也是罕见的。

当鲁迅19世纪末叶在南京读书时，就买到了严复译述的赫胥黎的《天演论》，用他自己的话来说："一有闲空，就照例地……看《天演论》"①，并深受了达尔文进化论思想的影响。他还又读过林纾翻译的多种《说部丛书》，即如小仲马的《巴黎茶花女遗事》等书；特别是在日本仙台留学时，又得到林纾译的美国女作家比彻·斯陀的《黑奴吁天录》，"乃大欢喜，穷日读之，竟毕"②。通过这些译本，他接触到世界各国的文学名著。在日本留学和以后的期间，他有机会读到更多的外国文学作品，使他具有了丰富的外国文学知识。这我们从他收藏和保存至今的1000多种的外国文学著作（其中西文约450种，日文约350种，中文约200种），就可以得到证明。

鲁迅很早就认识到翻译介绍外国文学，对于唤起中国人民的觉醒，激发中国人民的革命精神和推动与创建中国新文学的重要性。因此他在1903年就翻译了法国作家凡尔纳的科学幻想小说《月界旅行》、《地底旅行》和雨果所作的《随见录》中的《哀

---

① 见《鲁迅全集·朝花夕拾》中的《琐记》。
② 见1904年8月29日（公历10月8日）写给蒋抑卮的信。

尘》；1907 年写成了他的第一篇研究外国文学的论文《摩罗诗力说》；1909 年又编辑了两本《域外小说集》。从那时起，他在从事创作的同时，继续不断地翻译介绍和研究外国文学，直到 1935 年译完了俄国名作家果戈理的长篇小说《死魂灵》，第二年抱病翻译了它的第二部的残稿；在逝世的前 3 天，还为曹靖华译的《苏联作家七人集》写了序言。因此可以说，鲁迅一生的文学活动，是以翻译介绍和研究外国文学开始，而又以这一工作告终的。

据目前不完全的统计，鲁迅一共翻译介绍了 14 个国家将近 100 多位作家的 200 多种作品，印成了 33 个单行本，总字数超过 250 万字，约占他全部著作和翻译文字的一半。翻译作品的国家包括俄国和苏联、日本、英国、法国、德国、奥地利、荷兰、西班牙、芬兰、波兰、捷克、匈牙利、罗马尼亚、保加利亚等国，其中俄国和苏联的作品又占一半以上。翻译作品的类别，有长篇小说，短篇小说，诗歌，剧本，童话和文艺理论著作。至于在他的创作中，在杂文、书简和日记中涉及的外国作家，据初步统计，共有 25 个国家和民族的作家达 380 人之多。

鲁迅生活在半封建半殖民地的中国，他弃医学文，从事文学活动，一开始就是为了中国革命。他当时认为，从事创作“必须是‘为人生’，而且要改良这人生”①；他翻译介绍和研究文学，则是想借外国反抗黑暗统治、争取民族解放和社会进步的文学，来促进中国人民反帝反封建的斗争，因此他侧重于介绍外国的科学幻想小说，特别是重视介绍被压迫、被损害的弱小国家、民族和人民的文学，也就是“立意在反抗，指归在动作，而为

---

① 见《鲁迅全集·南腔北调集》中的《我怎么做起小说来》。

世所不甚愉悦者"① 的文学作品。因此可以说,在五四运动以前,鲁迅在翻译介绍和研究外国文学方面,就起了披荆斩棘的拓荒者的作用;五四运动以后,随着中国革命运动的发展和深入,鲁迅在这方面又作出了"从别国里窃得火来"② "照暗夜"③ 和给起义的奴隶偷运军火的重大贡献。

从1902年在日本留学时起,直到1919年的五四运动,鲁迅在寻求救国救民的真理,这是他翻译介绍和研究外国文学的最初时期。他在日本曾想创办一种题名为《新生》("Vita Nuova")的文艺刊物,但未能实现,于是在1909年就编印了两本《域外小说集》,其中他亲自翻译了俄国作家安特来夫和迦尔洵的作品。鲁迅后来在《我怎么做起小说来》一文中说:"但也不是自己想创作,注意的倒是在绍介,在翻译,而尤其注重于短篇,特别是被压迫的民族中的作者的作品。因为那时正盛行着排满论,有些青年,都引那叫喊和反抗的作者为同调的。……因为所求的作品是叫喊和反抗,势必至于倾向了东欧,因此所看的俄国、波兰和巴尔干诸小国作家的东西就特别多。"④ 在这之后不久写的《英译本〈短篇小说选集〉自序》中也有类似的话:"后来我看到一些外国的小说,尤其是俄国、波兰和巴尔干诸小国的,才明白了世界上也有这许多和我们的劳苦大众同一命运的人,而有些作家正在为此而呼号,而战斗。"⑤ 正因为这样,他在《摩罗诗力说》一文中,"别求新声于异邦",介绍了拜伦、雪莱、普希金、莱蒙托夫、密茨凯维支、裴多菲等诗人的生平和著作,因为

① 见《鲁迅全集·坟》中的《摩罗诗力说》。
② 见《鲁迅全集·二心集》中的《"硬译"与"文学的阶级性"》。
③ 见《鲁迅全集·南腔北调集》中的《祝中俄文字之交》。
④ 见《鲁迅全集·南腔北调集》。
⑤ 见《鲁迅全集·集外集拾遗》。

他们"无不刚健不挠,抱诚守真","发为雄声,以起其国人之新生,而大其国于天下"①。鲁迅在翻译介绍外国文学时,他认为"翻译和创作,应该一同提倡,决不可抑压了一面";"注重翻译,以作借镜,其实也就是催进和鼓励着创作"②。就拿鲁迅本人来说,他在创作方面有不少小说是深受外国文学作品的影响的。

在俄国十月社会主义革命的影响下,我国爆发了反帝反封建的五四运动,接着中国共产党于1921年成立,中国进入了新民主主义革命的阶段。鲁迅说过,他从十月革命中看到了"新世纪的曙光"。从这时直到1927年前后,是鲁迅从革命民主主义向共产主义的思想转变的时期,他翻译介绍外国文学也进入了一个"上下而求索"(屈原诗句)的时期。在这个时期,他翻译了不少东南欧和北欧的文学作品,如1921年为《小说月报》的"被损害民族的文学号"译了《近代捷克文学概观》、《小俄罗斯文学略说》等文,还翻译了乌克兰诗人谢甫琴科、匈牙利诗人裴多菲、保加利亚作家伐佐夫、芬兰女作家明娜·亢德和亚勒吉阿等人的作品;另一方面也翻译了安特来夫、阿尔志跋绥夫的小说和俄国盲作家爱罗先珂的童话和剧本。他翻译过德国尼采的《察拉图斯忒拉如是说》的序言,也翻译了荷兰望·霭覃的童话作品《小约翰》。在日本文学方面,他翻译了夏目漱石、森鸥外、有岛武郎、芥川龙之介等人的小说,武者小路实笃的剧本,鹤见祐辅的杂文,以及厨川白村的《苦闷的象征》、《出了象牙之塔》等文艺理论著作。鲁迅翻译这些作品,并不等于完全同意他们的观点。他选译时是想借用它们来指出中国的时弊,并通

①　见《鲁迅全集·坟》。
②　见《鲁迅全集·南腔北调集》中的《关于翻译》。

过翻译时写的序、跋等文字，用批判的观点来进行应有的评价。如他在翻译爱罗先珂的童话时说："其实，我当时的意思，不过要传播被虐待者的苦痛的呼声和激发国人对于强权者的憎恶和忿怒"[①]；如在翻译武者小路实笃的剧本《一个青年的梦》时说："我以为这剧本也很可以医许多中国旧思想上的痼疾[②]。"

　　鲁迅早在 1919 年五四运动前后，就同李大钊等共产主义运动的先驱者开始有了交往，到了 1927 年，他同中国共产党人又有了较密切的接触。特别是在国民党反动派发动的"四·一二"和"四·一五"反革命政变之后，他在阶级斗争的血的教训前面，严肃地解剖了自己，思想上发生了深刻的变化，他纠正了"只信进化论的偏颇"[③]，努力学习马克思列宁主义，开始建立新的世界观，从一个彻底的革命民主主义者，走向伟大的共产主义者的道路。从这时起直到他逝世为止，是他翻译介绍和研究外国文学最为辉煌的时期。

　　就在这"大夜弥天"的"无声的中国"，在中国人民深受帝国主义、封建主义和国民党反动统治的沉重压迫的时候，鲁迅有如古希腊神话中的提坦巨神普罗米修斯把天火盗到人间。他认为为了配合革命斗争的需要，翻译介绍"战斗的作品更为紧要"[④]。为了建立中国的革命文艺理论，为了给左翼的文艺运动提供理论武器，他把马克思主义的文艺理论翻译介绍过来。在他的主持下编印了《科学的[⑤]艺术论丛书》，并亲自在 1929 年翻译了普列汉诺夫的《艺术论》和卢那察尔斯基的《艺术论》。不仅如此，鲁

---

① 见《鲁迅全集·坟》中的《杂忆》。
② 见《鲁迅译文集》第 2 卷《一个青年的梦》译者序二。
③ 见《鲁迅全集·三闲集》序言。
④ 见《鲁迅全集·且介亭杂文》中的《答国际文学社问》。
⑤ 为了避免国民党的审查，"科学的"在当时是"马克思主义"的代用语。

迅还主编了《现代文艺丛书》，介绍苏联初期的革命文艺作品。
他在1930年亲自翻译出版了法捷耶夫的小说《毁灭》，出资编
印了曹靖华翻译的绥拉菲摩维支的名著《铁流》。这些书都是在
国民党文化"围剿"的极端困难的条件下出版的。假如说，鲁
迅前两个时期翻译介绍的外国文学作品，"自然大抵是叫唤，呻
吟，困穷，酸辛，至多，也不过是一点挣扎"[1]，那么这一时期
翻译介绍的则是"战斗的作品"。在这个时期里，鲁迅还翻译介
绍了革命的儿童文学作品，如奥地利女作家至尔·妙伦的《小
彼得》和苏联作家班台莱耶夫的《表》；翻译了果戈理、契诃夫
的短篇小说和高尔基的童话作品。特别是他翻译的果戈理的长篇
小说《死魂灵》，成为他一生翻译工作中最后的也是最高的成
就。鲁迅翻译的外国文学作品，在1958年曾编成10卷本的《鲁
迅译文集》出版，他翻译的《毁灭》和《死魂灵》，近年来曾印
过单行本。在即将出版的新版《鲁迅全集》中，又新增了一本
《鲁迅译文序跋集》。

　　鲁迅虽然没有翻译介绍过美国的文学作品，但他熟悉美国文
学。在他的文章中曾提到欧文、惠特曼、马克·吐温、辛克莱、
史沫特莱等人的名字；1931年他还为马克·吐温的《夏娃日记》
的中译本写了序文。

　　鲁迅不仅是翻译实践家，同时也是翻译理论家。作为翻译实
践家，他不仅自己从事翻译介绍和研究外国文学的工作，而且组
织了"未名社"、"朝花社"等出版社；创办了《莽原》、《奔
流》、《萌芽》、《文艺研究》、《译文》等刊物；主编了《科学的
艺术论丛书》、《现代文艺丛书》、《文艺连丛》等，翻译介绍了
大量的外国文艺作品和外国艺术（特别是版画）作品，关心培

---

　　① 见《鲁迅全集·南腔北调集》中的《〈竖琴〉前记》。

养了不少新生的翻译力量，团结了广大的外国文学研究者和翻译工作者，从而壮大了革命文学的队伍。作为翻译理论家，他同翻译界的各种错误思想与倾向进行了不懈的斗争，特别是他在30年代写的《"硬译"与"文学的阶级性"》、《关于翻译的通信》、《为翻译辩护》、《关于翻译》、《论重译》等文，都是极为重要的文章。他主张"直译"，即译文要尽量忠于原文。他说："凡是翻译，必须兼顾着两面，一当然力求其易解，一则保存着原作的丰姿。"① 他认为翻译应以信为主，以顺为辅。他的这些论点，对今天的翻译介绍工作仍然具有现实的指导意义。

鲁迅一生从事翻译介绍和研究外国文学的工作，他认为是借外国的火，来照明中国的黑夜，为人民指明方向，鼓舞大家的斗争意志，他在黑暗的封建统治的年代里和国民党反革命的"围剿"与"刀丛"中为此奋斗了一生。他的这一工作，不仅加强了中外各国人民的友好和文化交流的事业，同时对中国的革命文学的诞生和成长，对我国人民争取民族革命和解放的事业都作出了重大的贡献！

二　鲁迅和外国作家的交往与友谊

鲁迅在他一生的文学活动中，除把相当多的精力用在翻译介绍和研究外国文学上外，还同不少的外国作家、汉学家、文艺界和新闻界的人士有着广泛的交往与联系。我们从他的日记和书信中可以发现很多的外国友人的名字，就是最好的证明。

由于鲁迅早年留学日本，精通日文，翻译介绍过日本的文学作品，并用日文为日本期刊写过文章，因此他同日本文艺界人士

---

① 见《鲁迅全集·且介亭杂文二集》中的《"题未定"草》（二）。

的交往就特别多。当 20 年代初他在北京居住时，他的第一篇短篇小说《狂人日记》发表之后，立即得到日本汉学家青木正儿的好评，鲁迅在 1920 年 12 月 14 日还曾和青木正儿通过信①。当时鲁迅在北京大学讲授中国小说史，当他的《中国小说史略》出版后，又引起日本汉学家盐谷温②等人的重视。盐谷温曾多次同鲁迅通信和互赠书籍，1926 年还介绍他的学生辛岛骁到北京时访问鲁迅，但他们两人初次相见却是 1928 年 2 月在上海的事。20 年代初，日本的新闻工作者藤原镰兄在北京创办了日文《北京周报》③。参加这个刊物的工作的，有记者丸山幸一郎（丸山昏迷）和从事天主教宣传与教育工作的清水安三，他们都为日文《北京周报》写稿，并经常同鲁迅交往。他们写过介绍鲁迅的文字，鲁迅的小说《孔乙己》、《兔和猫》，还有他的《中国小说史略》的前半部，也都曾译成日文在《北京周报》上发表。当 1927 年鲁迅经厦门到了广州时，又同日本新闻联合通信社的特派记者山上正义相识，从而结下了友谊，山上正义后来就成为《阿 Q 正传》的日译者之一。

　　1927 年 10 月鲁迅从广州回到上海，住在虹口东横滨路的景云里，距离日本人内山完造开办的内山书店不远。他在 10 月 5 日第一次到内山书店去买书，接着又去过几次，才开始同内山完造④相识。据内山完造回忆说："有一天，那位先生一个人跑来，挑选了几种书，……用漂亮的日本话说：'老板，请你把这些书

---

　　①　青木正儿（1887—1964）和鲁迅的交往，请参看我写的《青木正儿论鲁迅》，见 1978 年《社会科学战线》创刊号。

　　②　盐谷温（1878—1962），日本著名汉学家，以《支那文学概论》一书闻名。

　　③　关于鲁迅和《北京周报》的关系，请参看我写的《鲁迅与日文〈北京周报〉》，见 1979 年出版的《鲁迅研究资料（3）》。

　　④　内山完造（1885—1959），上海内山书店老板，日中友好人士，著有《回忆鲁迅》一书，1979 年日本社会思想社出版。此书系由内山嘉吉与内山篱编辑。

送到景云里××号去'。当时，我立刻就问：'尊姓?'一问，那位先生回答说：'叫周树人。''呵——你就是鲁迅先生吗? 久仰大名了，……可是因为不认识，失礼了。'从那时候起，先生和我的关系就开始了。……他一天天地和我们亲密起来，几天之间，我们心里便已没有所谓客人的意识。"也可以说，鲁迅和内山完造从此就结下了深厚的友谊。鲁迅经常借用内山书店作为通信和会客的地点。当鲁迅在生活中遇到危难时（如：1931 年左联 5 位作家被捕；1932 年"一·二八"战事的爆发；1934 年 8 月内山书店一职员被捕），都得到了内山完造的掩护和帮助，有时就暂住在内山完造家。内山完造的弟弟、版画家内山嘉吉在 1931 年夏天到上海度假时，鲁迅曾请他为暑期木刻讲习班教授过木刻技术。1935 年 3 月，鲁迅又为内山完造的著作《活中国的姿态》写了序文。鲁迅还写过诗赠给内山完造，戏称他为"邬其山"（"邬其"为日文"内"字的读音）。

在这里应该特别指出的，就是从 20 年代末、30 年代初，一直到鲁迅逝世为止，很多的日本作家、汉学家、文艺界和出版界的人士，当他们来到上海或是路过上海时，都是经由内山完造介绍或引见同鲁迅会面的。如 1928 年，鲁迅会见了诗人金子光晴、评论家长谷川如是闲、小说家前田河广一郎。1930 年会见了《读卖新闻》记者室伏高信、女作家林芙美子。1931 年初，山上正义在上海完成了《阿 Q 正传》的翻译工作，经鲁迅亲自对他的译文作了"严密的校阅"，并写了 85 条校释①。这时鲁迅又同日本新闻记者和中国问题研究专家尾崎秀实相识；同年，鲁迅还

---

① 请参看我写的《谈鲁迅为〈阿 Q 正传〉日译本所写的校释》，见 1976 年《革命文物》第 1 期，并见《鲁迅研究年刊》1975—1976 年号；日译见 1977 年日文版《人民中国》11 月号。

和日本女诗人柳原白莲相见。1933 年初，日本文艺评论家木村毅来到上海，访问英国剧作家肖伯纳，并代表《改造》杂志请鲁迅撰稿，鲁迅为此用日文写了《看肖和"看肖的人们"记》。1934 年，鲁迅会见了作家、文艺评论家新居格。1935 年会见了汉学家小川环树和岩波书店负责人岩波茂雄；同年还会见诗人野口米次郎。由于会面时野口米次郎为日本军国主义侵华辩解，当即遭到鲁迅的反驳，鲁迅认为这是一次不愉快的会见，而且说："和名流的会见，也还是停止为妙。"① 鲁迅早在 1919 年就翻译过武者小路实笃的剧本《一个青年的梦》，但他们初次相见，却是 1936 年 5 月武者小路实笃赴欧洲访问路经上海时。同年鲁迅又同日本作家鹿地亘和他的夫人池田幸子相见。

这一个名单还可以继续扩充，但这里要特别提到鲁迅同山本初枝和增田涉两人的友谊。日本女诗人山本初枝，在 1930 年经内山完造介绍得与鲁迅相识，此后经常同鲁迅有交往。到了 1930 年 3 月，日本的青年学者增田涉②来到上海，经日本作家佐藤春夫的介绍和内山完造的引见，得与鲁迅相识。从这时起，鲁迅差不多每天下午为他亲自讲解《中国小说史略》和《呐喊》、《彷徨》等小说集，直到当年年底，从而结下了深厚的友谊。增田涉称鲁迅为"恩师"，后来写成了日本最早的《鲁迅传》，翻译了他的不少作品，编辑了他的选集，成为日本有名的鲁迅研究者和翻译者。鲁迅同山本初枝和增田涉的通信，成为鲁迅致外国人书信中的重要组成部分，对研究他们的友谊很有参考价值。

这里还可以提到的，就是鲁迅对日本无产阶级作家小林多喜

---

① 见鲁迅在 1936 年 3 月 3 日写给增田涉的信，请参看《鲁迅书信集》下卷。
② 增田涉（1903—1977），关于鲁迅和他的友谊，请参看我写的《鲁迅和增田涉》，见《中国现代文学研究丛刊》1979 年第 1 辑。

二非常同情。当 1933 年小林多喜二在狱中因拷打不幸被害时，鲁迅还特地写了悼词。

鲁迅和欧、美各国的作家也有交往，并建立了友谊。鲁迅早在 20 年代初，就同俄国盲作家爱罗先珂（В. Я. Ерощенко）[①] 建立了友谊。爱罗先珂是用世界语和日文写作的，当他在 1921 年为日本当局驱逐，转道经哈尔滨、上海等地，在 1922 年初到了北京时，鲁迅翻译的《爱罗先珂童话集》已经出版。爱罗先珂到了北京后，就住在北京西城八道湾鲁迅家的后院里，从此过从甚密，鲁迅又翻译了他的童话剧《桃色的云》。为了怀念他，鲁迅还写成了有名的短篇小说《鸭的喜剧》。在 1925 年，鲁迅又和苏联的中国文学研究者瓦西里耶夫（Б. А. Василъев，中名王希礼）交往[②]。当时王希礼正在河南开封国民革命军第二军俄国顾问团当翻译员，他开始用俄文翻译《阿 Q 正传》。鲁迅曾应他的请求，写了《俄文译本〈阿 Q 正传〉序》及《自叙传略》；后者是鲁迅应外国作家之请写的第一篇自传。

鲁迅和他同时代的不少著名的作家，如高尔基和罗曼·罗兰，虽然没有直接的交往，但却有精神上的联系。罗曼·罗兰最初读了敬隐渔用法文翻译的《阿 Q 正传》，给予它以很高的评价，并介绍给《欧罗巴》杂志发表。为了庆祝罗曼·罗兰六十诞辰，鲁迅还翻译了日本作家中泽临川和生田长江合写的《罗曼·罗兰的真勇主义》，发表在《莽原》的《罗曼·罗兰号》上。鲁迅非常崇敬高尔基，他在不少文章中论述了高尔基，而且亲自翻译了他的《俄罗斯童话》等作品。当鲁迅晚年重病时，

---

① 关于鲁迅和爱罗先珂的友谊，请参看我写的《鲁迅与爱罗先珂》，见 1961 年 10 月 18 日《光明日报》。

② 关于鲁迅和王希礼的交往，请参看我写的《谈〈阿 Q 正传〉的俄文译本》，见 1978 年《南开大学学报》第 3 期。

高尔基曾请鲁迅到苏联去治病和疗养，可惜鲁迅谢绝了，但这种精神上的关切却是非常感人的。

在欧洲著名的作家中，当 1933 年 2 月英国剧作家肖伯纳到远东访问路经上海时，鲁迅曾应宋庆龄的邀请同肖伯纳见了面。用鲁迅的话来说："我是喜欢肖的。这并不是因为看了他的作品或传记，佩服得喜欢起来，仅仅是在什么地方见过一点警句，从什么人听说他往往撕掉绅士们的假面，这就喜欢了他了。"① 当 1933 年 9 月在上海举行世界反帝国主义战争大会时，鲁迅又同法国的代表、名作家瓦扬—古久列（P. Vaillant-Couturier）见过面。

鲁迅同美国的作家和新闻工作者也有广泛的交往与友谊。首先要提到的，是美国革命女作家、《大地的女儿》的作者艾格尼丝·史沫特莱（Agnes Smedley）②。史沫特莱在 1929 年作为德国《法兰克福日报》的特派记者来到我国，在上海居住了五六年。这正是中国处于民族存亡的危急关头和中国左翼文艺运动获得蓬勃发展的年代，同时也是国民党反革命军事"围剿"、文化"围剿"和白色恐怖最为残酷的年代。史沫特莱到了上海后，就在当年的 12 月 27 日初次访问了鲁迅，从那时起，他们的革命战斗友谊不断加深。1930 年 9 月 17 日，上海左翼文化界和文艺界人士为鲁迅预祝 50 寿辰，史沫特莱冒着危险租用了在上海法租界的荷兰"苏腊巴亚"西餐室为鲁迅祝寿。通过鲁迅的关系，史沫特莱同中国的左翼作家（如柔石、冯雪峰、丁玲等）有了广

---

① 见《鲁迅全集·南腔北调集》中的《看肖和"看肖的人们"记》。

② 史沫特莱（1892—1950）在《中国的战歌》一书中说，她第一次同鲁迅相见，是在 1930 年 9 月 17 日为鲁迅祝寿的那一天，实系误记。关于鲁迅和史沫特莱的交往，请参看我写的《鲁迅和史沫特莱的革命友谊》，见 1976 年《革命文物》第 3 期，以及《鲁迅研究年刊》1975—1976 年号。

泛的接触和联系，她经常把中国左翼文艺界的活动情况介绍到国外去。1931 年 2 月国民党反动派杀害了柔石、胡也频等 5 位左联作家，史沫特莱同鲁迅、茅盾共同起草了《中国作家致全世界的呼吁书》，发表在美国的《新群众》上和苏联的《世界革命文学》上，引起了各国作家和文艺界人士对国民党反动当局的强烈抗议。1933 年史沫特莱积极参加了由宋庆龄、蔡元培、鲁迅等人发起组织的中国民权保障同盟，担任对外宣传工作，同鲁迅并肩作战。据说当中国工农红军在 1935 年底经过两万五千里的长征胜利到达陕北时，鲁迅草拟的致毛泽东同志的贺电，就是经史沫特莱发出去的。鲁迅某些无法在国民党反动派统治下发表的文章，也由她翻译介绍到国外发表。她还和鲁迅、茅盾一齐编辑了德国著名女版画家凯绥·珂勒惠支（Kaethe Kollwitz）的《版画选集》。史沫特莱非常关心鲁迅的身体健康，当 1936 年鲁迅病危时，她请了美国的肺科专家为鲁迅诊断，并当场掩面而哭，鲁迅曾对人说："她实在是太感情了。"当鲁迅逝世时，她虽然远在西安，但她的名字却被列为治丧委员会的委员之一。史沫特莱在中国生活了 12 年，成为中国人民的好朋友，用她自己的话来说："鲁迅成为我在中国生活的所有年代里一个最有影响因素的人。"她在《中国的战歌》中写的《忆鲁迅》一章的文字①，成为研究鲁迅的重要史料之一。

　另一位美国的作家和新闻工作者就是《西行漫记》的作者埃德加·斯诺（Edgar Snow）。他早在 1928 年来到中国，但第一次和鲁迅会见，是 1933 年 2 月的事。这时他和他的夫人海伦·福斯特（Helen Foster），即尼姆·韦尔斯（Nym Wales）前往北京，到燕京大学任教，而且在中国作家和翻译家姚克（姚莘农）

---

①　有我的译文，见 1980 年《新文学史料》第 3 期。

的协助之下翻译鲁迅的和其他中国作家的小说作品。到了 1935
年 1 月，他为美国的《亚洲》杂志写了关于鲁迅的论文《鲁
迅——白话文的大师》。这时他编译成了一本中国现代短篇小说
集《活的中国》，其中收集了鲁迅的《药》、《一件小事》、《孔
乙己》、《祝福》、《离婚》等作品。鲁迅很关心这本小说集，他
在垂危时还问起过这本书，但它的出版却在他逝世以后。鲁迅逝
世后，斯诺夫人曾写过一篇悼念鲁迅的文字《中国的伏尔
泰——一个异邦人的赞辞》，但多年来不少人把它误为是斯诺
写的。

　　第三位美国的作家和新闻工作者是哈罗德·艾萨克斯（Har-
old Isaacs，中名伊罗生）①。他在 1930 年来到中国，1932 年 1 月
在上海创办英文刊物《中国论坛》，主要介绍中国人民的革命斗
争和进步的革命文艺作品。从鲁迅的日记来看，他在 1932 年 7
月才初次同鲁迅相识。第二年参加了中国民权保障同盟，担任对
外宣传工作。当 1934 年 1 月《中国论坛》停刊以后，伊罗生和
他的夫人罗宾逊（Viola Robinson，中名姚白森）去到北京居住，
专心翻译中国从五四运动以来直到 30 年代初的革命文艺作品。
这本小说集主要是在鲁迅和茅盾的协助之下编成的，书名《草
鞋脚》。鲁迅和茅盾为他提供了选题，鲁迅还专门写了序文（即
《〈草鞋脚〉小引》）和他的第三篇自传，但这本书直到 1974 年
方由美国麻省理工学院出版社出版。1979 年 7 月，美国哈佛大
学哈佛燕京图书馆把伊罗生珍藏的鲁迅和茅盾的手稿，全部影印
寄赠给中国，这些信件成为近年来国外发现的研究鲁迅的重要手
稿资料。

---

　　① 关手鲁迅和伊罗生的交往，请参看我写的《谈在美国新发现的鲁迅和茅盾
的手稿》，见 1979 年《文献》丛刊第二辑。

　　鲁迅在上海居住期间，还同一些外国作家有过交往。据我们知道，远在 1932 年"一·二八"战事之后不久，用德文写作的捷克著名报告文学家基什（Egon Erwin Kisch，鲁迅译为吉须）[①]来到上海访问，看来他是经过史沫特莱的介绍同鲁迅相见，据说他后来写成的《秘密的中国》一书，其中不少资料是鲁迅提供的。30 年代初，在上海工作的新西兰作家路易·艾黎（Rewi Alley），曾多次见过鲁迅。负责编辑英文刊物《中国呼声》的美国新闻工作者迈克斯·格兰尼奇（Max Granich）也见过鲁迅，现在保留下来的一张鲁迅最后的个人相片，就是由他拍摄的[②]。

　　在欧洲作家中，当奥地利女作家莉莉·珂贝（Lili Koerber）1934 年路经上海去日本时，鲁迅曾把她写的《赠〈新语林〉诗及致〈新语林〉读者辞》译为中文，发表在 8 月出版的《新语林》半月刊上。1935 年 6 月，奥地利女作家魏璐诗（Ruth Weiss）经史沫特莱的介绍见到了鲁迅。当 1936 年 10 月 8 日鲁迅抱病参观全国木刻流动展览会时，他们又最后再次相见，现在还留下了一张当时他们交谈时的相片。就在鲁迅逝世的这一年，捷克的汉学家普实克在 6 月间写信给鲁迅，表示要翻译他的小说集《呐喊》，特别是《阿 Q 正传》，并请鲁迅为他的译本撰写序文。鲁迅在 6 月和 9 月同普实克通过两次信，并为他写了《捷克译本序》。鲁迅说：他"没有认识过一个捷克人，看见过一本捷克书"，但他的著作被译成捷克文，他感到很荣幸，可惜普实克的译本出版时已是 1937 年 12 月的事了。

　　鲁迅同外国作家、汉学家、文艺界和新闻界人士的交往与友

---

　　① 请参看我写的《鲁迅和吉须（基什）》一文，见 1977 年《徐州师范学院学报》第 4—5 期合刊。

　　② 这张相片现收在 1977 年文物出版社编印的《鲁迅照片集》中。

谊是非常感人的。他不仅受到他们的尊敬和热爱，而且通过这种交往也加深了中外文艺界人士的友谊。鲁迅在《捷克译本序》中这样写道："自然，人类最好是彼此不隔膜，相关心。然而最平正的道路，却只有用文艺来沟通，可惜走这条道路的人，历来又少得很。"① 鲁迅本人就是"走这条道路的"很少的人当中的一个，但却是最重要的一个！

三　世界各国对鲁迅著作的翻译与介绍

鲁迅在世界文学上占有很重要的地位，主要是由于他的著作所作出的贡献，因此就有必要概观一下世界各国对鲁迅著作的翻译与介绍的情形②。

鲁迅的作品最早在什么时候被翻译成外国文字，这是我多年来在研究的一个问题。从根据许寿裳手抄本编成的鲁迅《一九二二年日记片断》中，发现了12月6日有"夜以日文译自作小说一篇写讫"的记载，于是我就查阅有关报刊，终于在日本人藤原镰兄创办的日文《北京周报》上发现了好几篇鲁迅作品的译文③。其中最早的是发表在1922年6月4日出版的第19期上的《孔乙己》（仲密译）④；接着在1923年1月1日出版的新年特别号上，刊载了鲁迅本人用日文自译的《兔和猫》；从1924

---

① 见《鲁迅全集·且介亭杂文末编》。

② 请参看我写的两篇文章：《鲁迅作品在世界各国》，见1976年出版的《鲁迅研究资料（1）》；《鲁迅的世界地位与国际威望》，原为1977年6月在福建师范大学召开的鲁迅《古籍序跋集》、《译文序跋集》注释审稿会上的讲稿，曾发表在当年《福建师范大学学报》第4期上；后经补充和改写，载《鲁迅研究年刊》1979年号。

③ 请参看我写的《鲁迅与日文〈北京周报〉》，见1979年出版的《鲁迅研究资料（3）》；《谈鲁迅'以日文译自作小说'的发现》，见1979年《读书》第7期。

④ 仲密即周作人。

年1月到同年11月的《北京周报》上，又连载了《中国小说史略》前半部的译文。此外，在1923年的《北京周报》上，还发现了鲁迅谈的《关于猪八戒》等3篇早期的佚文。

在鲁迅生前，从20年代起，他的作品（特别是《阿Q正传》）就已经被翻译成外国文字。鲁迅在1931年3月3日写给《阿Q正传》日译者山上正义（笔名林守仁）的信中曾这样说："这个短篇系1921年12月为一家报纸的《开心话》栏所写，其后竟然出乎意料地被列为代表作而译成各国语言。"现在世界各国差不多都有了《阿Q正传》的译本。至于《阿Q正传》最先被翻译成哪种欧洲文字，至今还是一个值得研究的问题。也许由于鲁迅在1925年5月为俄文译者瓦西里耶夫（中名王希礼）写了《俄文译本〈阿Q正传〉序》，因此一向都以为俄文译本是翻译成欧洲文字最早的译本，苏联的一些鲁迅研究者和翻译者也提出这种说法。但根据我的研究，无论从翻译还是从出版的时间上，梁社乾（George Kin Leung）的英文译本和敬隐渔（J. - B. Kyn Yn yu）的法文译本，都应比俄文译本为早。

梁社乾很早就翻译《阿Q正传》①。他在1925年4月和鲁迅通信，鲁迅还亲自校阅了他的译稿，并指出译文中两处可以商榷的地方。英文译本《阿Q正传》（"The True Story of Ah Q"）于1926年由上海商务印书馆出版。同年，敬隐渔用法文翻译的《阿Q正传》（"La Vie de Ah Qui"）②，经罗曼·罗兰的审阅和介绍，刊登在《欧罗巴》杂志的五月号和六月号上（鲁迅在《阿Q正传的成因》一文中误为八月号），而且得到罗曼·罗兰的高

---

① 请参看我写的《谈〈阿Q正传〉的英文译本》，见1977年《南开大学学报》第4期。

② 请参看我写的《谈〈阿Q正传〉的法文译本》，见1977年《南开大学学报》第6期。

度评价。1929 年敬隐渔又将他翻译的《阿 Q 正传》，连同《孔乙己》和《故乡》，收进他编译的《中国当代短篇小说家作品选》，在巴黎出版。接着英国人密尔斯（E. H. F. Mills）又将它译成英文，改名为《阿 Q 的悲剧及其他当代中国短篇小说》，于1930 年和 1931 年先后在英国和美国出版。到了 1935 年，王际真又用英文重译了《阿 Q 正传》，发表在美国出版的《今日中国》杂志上。在法文方面，1932 年北京的法文《北京政闻报》社出版了张奠亚翻译的《鲁迅小说选》。

在日文译本方面，1927 年在日本就有人翻译了鲁迅的小说《故乡》。1928 年井上红梅最先翻译了《阿 Q 正传》，刊载在《上海日日新闻》上。接着他又翻译了《呐喊》和《彷徨》两本小说集，于 1932 年用《鲁迅全集》的名义出版。1931 年是《阿 Q 正传》的日译本出版最多的一年，先后就有 3 种之多[①]。先是在我国大连出版的《满蒙》杂志一至五月号上，连载了长江阳的译文；同年秋天在日本又出版了两种译本：一种是松浦珪三的译本，另一种是林守仁（即山上正义）的译本。1935 年佐藤春夫和增田涉合译的《鲁迅选集》出版。同年，增田涉在鲁迅亲自讲解和协助之下译成的《中国小说史略》也初次出版。

在俄文译本方面，1929 年出了两种《阿 Q 正传》[②]：一种是王希礼翻译的，由列宁格勒"激浪"出版社出版；另一种是鲁迅称为"无译者名"的，由莫斯科"青年近卫军"出版社出版。现经研究，这种"无译者名"的译本，是苏联的中国学者科金（М. Д. Кокин）和中国人高世华合译的。至于传闻卢那察尔斯基

---

① 请参看我写的《谈〈阿 Q 正传〉的日文译本》，见 1978 年《南开大学学报》4—5 期合刊和第 6 期。

② 请参看我写的《谈〈阿 Q 正传〉的俄文译本》，见 1978 年《南开大学学报》第 3 期。

曾经译过《阿Q正传》和为俄文译本写过序文；又俄译本第一版10万部一个月内售完，现经反复查考，并无其事，都是以讹传讹的。

在德文译本方面，1928年廖馥君曾将《阿Q正传》译成德文，惜未出版。在世界语译本方面，1930年上海出版了钟宪民的译本①。

此外，在鲁迅生前，上海出版的英文《中国论坛》、《中国呼声》、《大陆周刊》、《民众论坛》上；美国出版的《新群众》、《亚洲》、《今日中国》上；苏联出版的《国际文学》上；日本出版的《改造》杂志上，都译载过鲁迅的小说或是杂文。如鲁迅写的《黑暗中国文艺界的现状》、《中国文坛上的鬼魅》、《写于深夜里》等文，或是经由史沫特莱的约请，或是由她翻译介绍在英文刊物上发表的。斯诺在1936年编译出版的中国短篇小说集《活的中国》，译有鲁迅的小说。普实克在同年开始翻译《呐喊》小说集，其中收有《阿Q正传》、《孔乙己》、《故乡》等小说，但到1937年方才出版。

在鲁迅逝世以后，鲁迅的作品继续不断地被翻译成各国文字。首先在日文方面，日本改造社在鲁迅逝世后不到一周，就在东京和上海两地合力编辑7大卷的《大鲁迅全集》，于1937年出齐，这部集子第一次比较全面地介绍了鲁迅的作品。1940年出版了增田涉等人翻译的《现代中国随笔集》，1946年出版了增田涉、松枝茂夫等翻译的《鲁迅作品集》。此外，还出过井上红梅改译的《阿Q正传》和再版过增田涉翻译的《中国小说史略》。在越南文方面，1944年河内出版了邓泰梅翻译的《阿Q

————————

　　①　请参看我写的《谈〈阿Q正传〉的世界语译本》，见1979年《南开大学学报》第3期。

正传》。在英文方面，1941 年美国出版了王际真翻译的《阿 Q 及其他》。在俄文方面，1938 年苏联科学院出版了《鲁迅》纪念论文与译文集。1945 年莫斯科出版了罗果夫主编的《鲁迅选集》；1947 年上海出版了罗果夫新译的《阿 Q 正传》，1949 年又出版了《鲁迅小说、杂文与书简集》。在德文方面，1947 年瑞士出版了卡尔迈尔翻译的《祝福》。在丹麦文方面，1946 年哥本哈根出版了斯诺编译的《活的中国》，其中译有鲁迅的作品。在世界语方面，1939 年香港出版了《鲁迅小说选》。

从 1949 年中华人民共和国成立以后，30 多年来，鲁迅的作品更被广泛地翻译成世界上的各种文字。首先是中国的外文出版社，在向全世界宣传鲁迅的革命斗争精神，传播他的不朽的著作方面作了大量的工作。到目前为止，已用英文、法文、德文、西班牙文、朝鲜文、日本文、阿拉伯文、泰文、印地文、孟加拉文、乌尔都文和世界语等 12 种文字，出版了他的主要作品多种。在英文方面，鲁迅的作品是由杨宪益和戴乃迭（Gladys Yang）翻译的：1953 年出版了《阿 Q 正传》，1954 年出版了《鲁迅短篇小说选》，1959 年出版了《中国小说史略》，1960 年出版了《鲁迅小说选》，1961 年出版了《故事新编》，1974 年出版了《野草》，1976 年出版了《朝花夕拾》，在 1956—1961 年之间出版了 4 卷本的《鲁迅选集》（1980 年已出至第三版）。在法文方面，1956 年出版了《鲁迅短篇小说集》，1973 年出版了《阿 Q 正传》，1978 年出版了《故事新编》。在德文方面，1974 年出版了《鲁迅小说选》，1978 年出版了《野草》和《朝花夕拾》。在西班牙文方面，1960 年出版了《鲁迅小说选》，1963 年出版了《故事新编》，1973 年出版了《阿 Q 正传》。在阿拉伯文方面，1964 年出版了《鲁迅小说选》，1975 年出版了《鲁迅短篇小说选》。在朝鲜文方面，1974 年出版了《鲁迅小说选》，1977 年出

版了《野草》和《朝花夕拾》。在日本文方面，1974 年出版了
《鲁迅诗稿选辑》。在泰文方面，1976 年出版了《鲁迅小说选》。
在印地文方面，1978 年出版了《鲁迅小说选》。在孟加拉文方
面，1981 年出版了《鲁迅小说选》。在乌尔都文方面，1981 年
出版了《阿 Q 正传》。在世界语方面，1963 年和 1974 年先后出
版了两版《鲁迅小说选》，1974 年出版了《野草》。此外，还有
不少鲁迅的著作正在翻译中。多年来，这些外文译本，在各国广
泛流传，受到读者的热烈欢迎，有些外文译本已再版至三四次以
上。这里还可以指出的，就是现在世界上不少国家出版的鲁迅作
品，都是根据中国出版的外文译本再行重译的。

　　世界各国在中华人民共和国成立以后的 30 年来出版鲁迅作
品的情况，可分三个方面来谈：

　　（一）亚洲和非洲国家出版的译本

　　在亚洲国家方面，越南在 1952 年和 1955 年出版了《鲁迅小
说选》，1956 年出版了《鲁迅杂文选》，1957 年出版了《阿 Q 正
传》，1960 年出版了《故事新编》，1961 年出版了《呐喊》，
1962 年出版了《彷徨》，1971 年和 1976 年出版了《鲁迅短篇小
说选》。朝鲜在 1956 年出版了《鲁迅选集》。蒙古在 1952 年出
版了《阿 Q 正传》、《狂人日记》、《明天》等小说的单行本，
1956 年出版了《鲁迅小说集》，1962 年出版了题名为《长明灯》
的小说选集。尼泊尔在 1963 年出版了《阿 Q 正传》，1968 年出
版了《鲁迅杂文选》，1971 年出版了《狂人日记及其他小说
集》。缅甸在 1966—1967 年出版了《鲁迅文选》，1974 年出版了
《鲁迅杂文选》。泰国、印度尼西亚、印度都翻译过鲁迅的作品，
特别是《阿 Q 正传》。在印度，《阿 Q 正传》已被翻译成印地、
乌尔都和孟加拉等几种文字。叙利亚出版过《阿 Q 正传》和
《故事新编》，伊拉克也翻译过鲁迅的作品。

　　在亚洲各国中，同时也是在世界各国中，日本出版的鲁迅作品最多，并始终占着一个很重要的地位。1952 年鸠书房出版了《阿 Q 正传》。1953 年岩波书店出版了《鲁迅评论集》，鸠书房出版了《鲁迅杂感选集》。1953 年和 1955 年筑摩书店出版了《鲁迅作品集》和《续鲁迅作品集》。1953 年至 1954 年青木书店出版了 5 卷本的《鲁迅选集》。1954 年河出书房出版了《现代中国文学全集》第一卷《鲁迅篇》。1956 年岩波书店出版了由增田涉、松枝茂夫、竹内好编译的 12 卷本的《鲁迅选集》（1964 年这套选集改为 13 卷，1973 年又出了新版的，其中前 4 卷为作品集，后 8 卷为评论集，最后一卷为日记、书简等），这是目前日本所出的一部较为完备的选集。1958 年筑摩书房出版了《世界文学大系》第 62 卷《鲁迅集》。1960 年平凡社出版了《世界名作全集》第 33 卷《鲁迅作品集》。1962 年岩波书店出版了增田涉改译的《中国小说史略》。1963 年平凡社出版了《中国现代文学选集》第二卷《鲁迅集》。1966 年筑摩书房出版了三卷本的《鲁迅作品集》。1967 年中央公论社出版了《世界之文学》第 47 卷《鲁迅集》。1970 年旺文社出版了《阿 Q 正传、狂人日记及其他六篇》。1973 年中央公论社出版了《呐喊》。1975 年讲谈社出版了《世界文学全集》第 93 卷《鲁迅集》，同年新日本出版社出版了《阿 Q 正传及其他九篇》。1975—1976 年未来社出版了《鲁迅美术论集》。1976 年鲁迅逝世四十周年时，筑摩书房开始出版竹内好个人翻译的 7 卷本的《鲁迅文集》，前二卷为作品集，在 1976 年出版；后四卷为评论集，因译者竹内好在 1977 年 3 月 3 日病逝，在 1977—1978 年间出版；第七卷原为《两地书》，后改用竹内好与松枝茂夫的合译本，在 1978 年作为《筑摩丛书》出版。1976—1979 年龙溪书店出版了 3 卷本的《鲁迅杂文集》。1979 年讲谈社出版了《鲁迅作品集》。

在非洲国家方面，埃及在 1956 年出版了《阿 Q 正传》、《狂人日记》、《药》、《孤独者》等小说的单行本。

（二）欧洲国家出版的译本

在欧洲国家方面，首先在东南欧国家中，波兰在 1951 年和 1953 年出版了两版《鲁迅小说集》。捷克斯洛伐克在 1951 年开始用捷克文出版了《鲁迅选集》，第一卷为《呐喊》和《野草》，第二卷为《彷徨》，第三卷为《朝花夕拾》和《故事新编》；1952 年用斯洛伐克文出版了题名为《白光》的小说集。匈牙利在 1951 年出版了《故乡》小说集，1953 年出版了题名为《风波》的小说与杂文集，1956 年出版了题名为《阿 Q 正传》的小说选集，1959 年出版了《故事新编》。罗马尼亚在 1951 年出版了《故乡》小说集，1954 年出版了《阿 Q 正传》，1955 年和 1956 年出版了两种《鲁迅选集》，1972 年出版了新译的《阿 Q 正传》，1976 年出版了《故事新编》。南斯拉夫在 1950 年出版了《阿 Q 正传》，1957 年出版了《铸剑及其他小说》。保加利亚在 1950 年出版了《呐喊》，1955 年出版了《鲁迅小说集》。阿尔巴尼亚在 1955 年出版了译有鲁迅作品的《中国短篇小说集》，1957 年出版了《鲁迅选集》，1974 年出版了《鲁迅作品选》。

在西欧，中欧和南欧国家中：英国在 1970 年出版了《鲁迅小说选》，1973 年出版了题名为《无声的中国》的小说与杂文选集。法国在 1953 年出版了《阿 Q 正传》，1959 年出版了《故事新编》，1973 年出版了《这样的战士·诗歌与杂文选》，1975 年出版了《野草》和新译的《阿 Q 正传》，1976 年出版了两卷本的鲁迅《论文选》，1977 年出版了《杂文集》，1979 年出版了《门外文谈》。瑞士在 1976 年出版了《朝花夕拾》。德意志民主共和国在 1952 年出版了《鲁迅小说集》，1954 年出版了《阿 Q 正传》，1958 年出版了题名为《朝花夕拾》的鲁迅选集，1959

年出版了《祝福》，1960 年出版了《故事新编》。德意志联邦共和国在 1955 年出版了题名为《路漫漫其修远兮》的鲁迅小说集，1973 年出版了《论雷峰塔的倒掉》的杂文集，1979 年出版了题名为《鲁迅：同时代人》的论文与译文集，其中译有鲁迅作品多篇。在这里可以附带提到的，就是 1963 年慕尼黑的乌克兰文"山上"出版社，还出版了用乌克兰文翻译的《阿 Q 正传》。意大利在 1955 年出版了《阿 Q 正传及其他小说》，1963 年出版了《鲁迅杂文集》，1968 年出版了题名为《伪自由书》的杂文选集。西班牙在 1954 年出版了《阿 Q 正传》，1956 年、1971 年和 1975 年出版了《狂人日记》。葡萄牙在 1958 年出版了《离婚》小说集，1972 年出版的《人民中国小说集》，其中选有《故乡》和《祝福》。

在北欧方面，丹麦在 1953 年出版了《阿 Q 正传》，1974 年出版了鲁迅的《中国文学与革命》的杂文集，1976 年出版了《野草》。瑞典在 1964 年出版了《阿 Q 正传及其他》，1978 年出版了《鲁迅杂文选集》。芬兰在 1960 年出版了题名为《祝福》的鲁迅选集。冰岛在 1957 年出版了《鲁迅选集》。

在苏联方面，1950 年出版了《鲁迅小说集》和《鲁迅短篇小说与论文集》，1952 年出版了《鲁迅选集》，1953 年出版了《鲁迅小说集》，1954—1956 年出版了四卷本的《鲁迅选集》，1960 年出版了《阿 Q 正传》，1964 年出版了《故事新编》，1971 年出版了《鲁迅中短篇小说集》。在苏联，鲁迅的作品还被翻译成乌克兰、格鲁吉亚、哈萨克、乌兹别克、吉尔吉斯、立陶宛、拉脱维亚等 20 多种民族语言文字出版，其中有小说集，也有选集。

（三）美洲国家出版的译本

在美洲方面：美国在 1957 年出版了《鲁迅选集》，1967 年出版了《鲁迅读本》，1971 年重印了王际真翻译的《阿 Q 及其他》，1973 年出版了《鲁迅小说选》和《中国小说史略》。鲁迅生前曾为中国短篇小说集《草鞋脚》写过《小引》，这本书经过40 年才于 1974 年在美国出版，第一篇小说就是《狂人日记》，此外还译了《药》、《孔乙己》、《风波》、《伤逝》等小说。1976年出版了鲁迅的《为革命而写作》的杂文集。1979 年出版了《鲁迅旧诗英译注》。加拿大在 1958 年出版了四卷本的《鲁迅选集》。

拉丁美洲国家中：古巴在 1961 年出版了《鲁迅小说选》，1974 年出版了《狂人日记》小说集。智利在 1954 年出版了《阿Q 正传》。阿根廷在 1956 年出版了《狂人日记》小说集，1976年出版了《中国人民是这样写作的》，其中翻译有《奔月》和《狂人日记》。巴西也出过鲁迅的作品。

在这里可以附带提到的，就是鲁迅的作品不仅被翻译成世界各国文字，他的《阿 Q 正传》也曾被搬上外国的舞台。如 30 年代初苏联曾改编和上演过《阿 Q 在广州的街垒上》，日本广播协会艺术剧场剧团在 1952 年上演过《阿 Q 正传》，法国的剧团在1975 年也在巴黎上演过新改编的《阿 Q》。

不用说，上面列举的各国翻译出版的鲁迅的著作，是极不完全的，但从此我们也不难看出鲁迅的作品在世界各国普遍流传的情形。

（四）各国作家和学者对鲁迅的评价与研究

鲁迅是享有世界地位和国际威望与声誉的伟大作家，各国的作家和中国文学研究者，对他都作过高度的评价；在不少的国家中，鲁迅研究更成为学者们研究的一项重要的课题。

在我研究这一课题的过程中，我发现远在鲁迅生前，最早对鲁迅作过评介的，是日本的汉学家青木正儿。他在鲁迅的第一篇创作小说《狂人日记》发表之后不久，就在 1920 年他创办的《支那学》(《中国学》) 杂志的第三期上写道："在小说方面，鲁迅是位有前途的作家，如他的《狂人日记》，描写一种迫害狂的惊恐的幻觉，而踏进了迄今为止中国小说家尚未达到的境地。"后来他又说过："我在《支那学》杂志上介绍（中国）文学革命时，其中评论过鲁迅是位有前途的作家，果然不出我的期望。"① 其次就是日本的新闻记者丸山幸一郎（丸山昏迷），他在 1923 年用"昏迷生"的笔名为日文《北京周报》写的《周树人氏》一文中说："在现在的中国，写作劝善小说，家庭小说的人很多，但写创作的作品的人几乎是没有。因此，在现代这样的中国，鲁迅氏的小说，无论就艺术味之丰富这一点，还是就文章之洗练这一点，他和其他很多的人都是绝然不同的。"②

1925 年，苏联的中国文学研究者瓦西里耶夫（中名王希礼）着手用俄文翻译《阿 Q 正传》时，他在写给曹靖华的信中曾说：鲁迅是中国的"一位很大真诚的'国民作家'！他是社会心灵的照相师，是民众生活的记录者！……他不只是一个中国的作家，他是一个世界的作家！"瓦西里耶夫的这封信，曾发表在当年 6 月的《京报副刊》上。

1925 年底或 1926 年初，法国著名作家罗曼·罗兰审阅了敬隐渔用法文翻译的《阿 Q 正传》，并介绍给《欧罗巴》杂志发表。现从敬隐渔在 1926 年 1 月 24 日从里昂写给鲁迅的信中，我们知道罗曼·罗兰曾这样激动地说："《阿 Q 正传》是高超的艺

① 青木正儿对鲁迅的评语，请参看我写的《青木正儿论鲁迅》，见 1978 年《社会科学战线》创刊号。

② 丸山昏迷对鲁迅的评语，请参看我写的《谈鲁迅"以日文译自作小说"的发现》，见 1979 年《读书》第 7 期。

术的作品，其证据是在读第二次比第一次更觉得好。这可怜的阿Q底惨象遂留在记忆里了。"近年来，我曾就罗曼·罗兰是否写过信给鲁迅的问题进行了研究，并曾向当年和敬隐渔在法国里昂留学时的同学林如稷请教，据他的答复，他曾看见过罗曼·罗兰写给敬隐渔的信和评语，而且罗曼·罗兰还说过："在法国大革命时期，也有过类似阿Q的农民"，由此就可见，"阿Q"的某些性格特征是带有世界性的了①。

1926年6月，在北京大学讲授西洋哲学和文学的巴特勒特教授（B. M. Bartlett），在访问了鲁迅之后为美国《当代历史》杂志写时文章中讲道："中国最有名的小说家鲁迅，是新文化运动的一个台柱。……他现在被普遍地认为是当代中国文学的一位伟大的现实主义作家和短篇小说的大师。"②

1927年，日本新闻联合通信社的特派记者山上正义在广州同鲁迅相识，第二年他曾为日本《新潮》杂志三月号写了《谈鲁迅》的文章，对鲁迅的生平和创作活动作了介绍。1931年他翻译的《阿Q正传》在日本出版时，日本的革命作家和中国问题研究专家尾崎秀实，用"白川次郎"的笔名为该书写了序文，其中说："鲁迅不但是声名卓著的作家，而且自从他成为自由大同盟的领导者之后，他的活动更值得钦佩。正如大家所知道的，他是左联的泰斗，至今还是果断地参加着战斗。"山上正义写了《关于鲁迅及其作品》一文，其中指出："我想，自从民国革命20年以来，他可以说是中国现代文学的主流的唯一代表者。就他在文坛上的地位来说，今天也依然是当

①　关于罗曼·罗兰的评语，请参看我写的《谈〈阿Q正传〉的法文译本》，见1977年《南开大学学报》第6期。

②　引自巴特勒特教授写的《中国革命的思想界的领袖们》一文，见1927年美国出版的《当代历史》杂志10月号。

前文坛的泰斗。"①

1929 年，美国革命女作家史沫特莱到了上海，不久即同鲁迅相识。1930 年 2 月 2 日她把她的自传小说《大地的女儿》的德文译本送给鲁迅。前几年我在鲁迅的外文藏书中见到这本书，发现在扉页上有她用英文题写的"赠给鲁迅，对他为了一个新的社会而生活和工作表示敬佩"，这可以说是她对鲁迅所作的最初的评价。1931 年，美国的《新群众》1 月份出版的一期上，刊登了史沫特莱在鲁迅 50 寿辰时为鲁迅照的相片，并在说明中写道："鲁迅——中国最伟大的短篇小说家，全中国左翼作家联盟的领袖，摄于他五十诞辰之日，他还积极参加自由大同盟和其他左翼文化团体。"从 30 年代起，史沫特莱在为外国的报刊写的文章中经常提到鲁迅。在鲁迅逝世以后她写的《忆鲁迅》中，她又这样说："鲁迅是位伟大的作家，有些中国人称他为'中国的高尔基'，可是在我看来，他真正是中国的伏尔泰。"②

1932 年，鲁迅生前的好友、鲁迅的小说和《中国小说史略》的译者增田涉，在为日本《改造》杂志四月号写的《鲁迅传》（多年来有人误认为这篇传是日本作家佐藤春夫所作），一开头就说："鲁迅的名字不仅在国内，就是在国外也是为人所知的，这是由于他的《阿 Q 正传》七八年前在法国翻译出来，并且刊载在罗曼·罗兰主编的《欧罗巴》杂志上而开始的，罗曼·罗兰对此作了感动的评语。"

1935 年，美国进步作家和记者埃德加·斯诺为《亚洲》杂志一月号写了《鲁迅——白话文的大师》一文，其中说："鲁迅

---

① 关于尾崎秀实和山上正义的评语，请参看我写的《谈〈阿 Q 正传〉的日文译本》，见 1978 年《南开大学学报》第 6 期。

② 关于史沫特莱对鲁迅的评语，请参看我写的《谈史沫特莱回忆鲁迅的文章》和我翻译的《史沫特莱回忆鲁迅》，请参看 1980 年《新文学史料》第 3 期。

是中国左翼作家和艺术家的一位勇敢的领袖。……他在 1921 年发表的讽刺小说《阿 Q 正传》，使得他全国闻名。……罗曼·罗兰是鲁迅作品的一位伟大的赞美者，说他曾被这篇作品所深深感动以至流下泪来。"

在鲁迅逝世以后，世界各国的中国文学研究者在鲁迅研究方面都做了大量的工作，其中特别要提到的是日本。日本不仅是世界上翻译和出版鲁迅著作最早和最多的国家，同时也是研究鲁迅最早和出版有关研究鲁迅的论著最多的国家。我在前面已经提到，早在 1932 年增田涉就为《改造》杂志写过《鲁迅传》，1941 年又出版了小田岳夫的《鲁迅传》。从那时起，日本出版的鲁迅传记和研究鲁迅的论著至少在三四十种以上①。其中主要的有鹿地亘的《鲁迅评传》（1948 年）；坂本德松等著的《鲁迅研究》（1948 年）；竹内好的《鲁迅》（1944 年）、《鲁迅手册》（1948 年）、《鲁迅杂记》（1949 年）、《鲁迅入门》（1953 年）、《新编鲁迅杂记》（1976 年）；增田涉的《鲁迅的印象》（1948 年，1970 年增订版）；增田涉、松枝茂夫、竹内好合编的《鲁迅案内》（即手册，1956 年）；川上久寿的《鲁迅研究》（1962 年）；尾崎秀树的《和鲁迅的对话》（1962 年，1976 年增订版）；山田野理夫的《鲁迅传，其思想及经历》（1964 年）；丸山昇的《鲁迅，其文学与革命》（1965 年）；今村与志雄的《鲁迅与传统》（1967 年）；佐佐木基一和竹内实合编的《鲁迅与现代》（1968 年）；桧山久雄的《鲁迅》（1970 年）；高田淳的《鲁迅诗话》（1971 年）；丸山昇的《鲁迅与革命文学》（1972 年）；横松宗的《鲁迅的思想——民族的怨恨》（1973 年）；上野昂志

----

①　关于日本研究鲁迅的论著，请参看我写的《鲁迅的著作在日本》的第三部分《日本对鲁迅的研究》，见 1980 年《鲁迅研究》第 1 辑。

的《鲁迅》（1974 年）；伊藤虎丸的《鲁迅与终末论》（1975
年）；山田敬三的《鲁迅的世界》（1977 年）；桧山久雄的《鲁
迅与夏目漱石》（1977 年）；竹内实的《鲁迅远景》（1978 年）；
内山完造的《回忆鲁迅》（1979 年）；小泉让的《鲁迅与内山完
造》（1979 年）；新岛淳良的《读鲁迅》（1979 年）；饭仓照平
的《鲁迅》（1980 年）；竹内实的《鲁迅周围》（1981 年）等
书。许广平写的《鲁迅回忆录》、冯雪峰写的《回忆鲁迅》也被
翻译成日文。近年来，北冈正子和中岛长文等人对鲁迅的《摩
罗诗力说》材料来源所作的研究也很有价值。

　　在日本，研究鲁迅的团体也很多，1952 年东京就成立了
《鲁迅研究会》，编印有《鲁迅研究》；1954 年东京又成立了
《鲁迅之友会》，编印有《鲁迅之友会会报》，作为研究、翻译、
介绍和普及鲁迅作品的刊物。此外在日本各地，还有“鲁迅学
习会”、“学习鲁迅小组”等组织，研究和学习鲁迅的作品。

　　日本的仙台是鲁迅在日本留学时学医的地方，现在仙台的青
叶山山麓建有鲁迅纪念碑。当 1976 年鲁迅逝世 40 周年纪念时，
日本的日中文化交流协会和日本经济新闻社联合先后在仙台、东
京、名古屋、神户、广岛等五个城市举办了“中华人民共和国
鲁迅展”（从 1976 年 10 月 19 日起，到 1977 年 2 月 23 日为止），
这在向日本人民介绍鲁迅的生平事迹和加强中日文化交流方面发
生了很大的影响。至于仙台鲁迅记录调查会在 1978 年编印的
《在仙台的鲁迅的记录》，则是研究鲁迅在仙台学习与生活的一
本重要著作。

　　在越南，1944 年出版了邓泰梅写的《鲁迅的生平和文艺创
作》，1977 年出版了张政写的《鲁迅》和芳榴写的《文艺理论
家——鲁迅》。

　　在苏联，除去在费德林（Н. Т. Федоренко），艾德林

（Л. З. Эйдлин）、波兹涅耶娃（Л. Д. Позднеева）等人写的有关中国文学的著作中有专章讲到鲁迅的生平和创作外；在专著方面，1957 年出版了波兹涅耶娃写的《鲁迅》，1958 年出版了索罗金（В. Ф. Сорокин）写的《鲁迅世界观的形成》，1959 年出版了波兹涅耶娃写的《鲁迅·生平与创作》，1960 年出版了彼得罗夫（В. В. Петров）写的《鲁迅·生平与创作概论》，1967 年出版了谢曼诺夫（В. И. Семанов）写的《鲁迅及其先驱者》。

在捷克斯洛伐克，普实克从 30 年代起，就写过不少论述鲁迅的文章。1953 年出版了克列布索娃（Berta Krebsova）写的《鲁迅·其生平与创作》（用法文写的）。

在荷兰，1957 年出版了黄颂康写的《鲁迅与现代中国的新文化运动》。

在德意志联邦共和国，1959 年出版了拉斯特（J. Last）写的《鲁迅——诗人与偶像》。近年来，在翻译和研究鲁迅著作的人当中，有布赫（H. C. Buch）、特奥巴尔迪（J. Theobaldy）、库宾（W. Kubin）等人。

在法国，最早论述鲁迅的，1946 年有布里埃（O. Briere）写的《人民作家鲁迅》和范·鲍文（H. van Boven）写的《鲁迅，其人及其作品》。1953 年有蒙斯特莱（J. Monsterleet）写的《鲁迅，阿 Q 的创造者》。1964 年有吕尔曼（P. Ruhlmann，中名于如伯）写的《二十世纪的中国伟家鲁迅》。近年来，米歇尔·露阿（Michelle Loi）除翻译了不少鲁迅的作品，还为报刊写了不少论述鲁迅的文章，并为《世界百科全书》写了关于鲁迅的条目。

在英国，研究鲁迅的有格拉迪斯·杨（中名戴乃迭）、詹纳尔（W. J. F. Jenner）、钦纳里（J. D. Chinnery）、霍尔姆（D. Holm）、波拉德（D. Pollard）等许多人。其中戴乃迭曾同杨宪益合译过鲁迅的作品多种，1973年英国出版了她编译的《无声的中国·鲁迅作品选》，书前有她写的序文。詹纳尔是中国文学作品的翻译者，最近他译有鲁迅的诗歌作品数首。钦纳里在1960年写有《西洋文学对鲁迅〈狂人日记〉的影响》的论文。

在美国，鲁迅著作最早的翻译者和研究者是王际真，他早在1939年就编辑了《鲁迅年谱》。近一二十年来，美国非常重视对鲁迅的研究，在研究者当中，我们可以举出李欧梵、林毓生、密尔斯（H. C. Mills）、哈南（P. D. Hanan）、莱尔（W. A. Lyell. Jr.）、艾勃（C. J. Alber）等许多人。在专著方面，1955年有舒尔茨（W. R. Schultz）写的《鲁迅：创作的年代》；1963年有密尔斯写的《鲁迅：1927—1936，左倾的年代》；1971年有艾勃写的《苏联对鲁迅的评论》；1974年有哈南写的《鲁迅小说的技巧》，同年有孙肖玲写的《鲁迅与中国木刻运动》；1975年有密尔斯写的《鲁迅：文学与革命——从摩罗诗人到马克思》；1976年有莱尔写的《鲁迅的现实观》，陈夏珍珠写的《鲁迅的社会思想》；1980年有艾勃翻译的谢曼诺夫著的《鲁迅及其先驱者》等书。

在各国出版的百科全书和文学辞典中，过去是很少提到鲁迅的，记得1932年苏联出版的《文学百科全书》中有过鲁迅的条目。但近一二十年来，各国出版的百科全书中都有了鲁迅的条目，如1968年法国的《世界百科全书》、1973年英国的《大英百科全书》、1974年法国的《拉鲁斯大百科全书》、1973年美国的《麦格劳—希尔世界名人传记百科全书》和1975年的《新哥伦比亚百科全书》，1973年英国的《卡塞尔世界文学百科全书》，1974年英国的《东方文学大辞典》，1974年和1975年德意志联邦共和国先后出版的《金德勒尔文学辞书》和《克勒纳尔世界文学辞书》，1974年苏联的《大百科全书》和1967年的《简明文学百科全书》，1979 年美国的《不列颠百科全书》，1980 年日本的《大日本百科事典》，都专有关于鲁迅的条目。在日本出版的《中国新文学事典》和意大利出版的《蓬皮亚尼作品及人物文学辞典》中，甚至可以查到《阿 Q 正传》和有关"阿 Q"的条目。

　　鲁迅的著作，在全世界的各国作家和广大的读者当中都得到很好的反映。如埃及作家和鲁迅作品的翻译者阿卜德尔·贾番·密加微曾说："我读了伟大作家鲁迅的作品《阿 Q 正传》和其他短篇小说以后，简直无法表示出我对鲁迅的敬爱。……这位伟大作家对我的写作技巧有很大的影响，我有 15 篇以上的短篇小说是受了鲁迅作品的启发而写出来的。"叙利亚女作家艾尔菲特·艾德里比在读了鲁迅的作品之后这样说："《鲁迅小说选》给我留下了良好的印象，由于作者的艺术描绘的才能，反映出了作者所处的那个时代中国人民生活的各个侧面。……我相信它们将成为不朽的文学，因为小说以艺术的形式忠实地反映出人民的事情，因此，尽管它们写作于半个世纪以前，作品却仍然使我们感到亲切。"印度小说家和剧作家乌班德尔那特·阿西格说："读了《鲁迅小说选》的若干篇作品后我深感惊异。鲁迅有敏锐的洞察力、深刻的社会生活经验和高超的艺术成就。他的作品隐晦，但感人至深，能激起受苦人民对于压迫者们的反抗精神。《阿 Q 正传》是一篇精彩之作，它的讽刺深刻、尖锐。我深悔年青时没有读这位伟大作家的作品。暮年之际，有幸拜读他的作品，不胜感激之至。"

　　现不妨再举一些读者的反映，如罗马尼亚一位教授说："鲁迅是作家和共产主义战士，他用他的著名作品表现了中国革命前的斗争。"如南斯拉夫一位评论员说："我们从鲁迅的作品中知道了当时中国社会的重大变化，这样也就可以更好地理解现在。

这样的作品成为东西方之间的桥梁，使它们联系起来，接近起来。"如荷兰一位工人说："鲁迅的作品为我们展现了中国过去的图景，它是中国文学的明珠。"如澳大利亚一位工人说："鲁迅了解人民，小说表现了他对人民的热爱，它使我对中国人民以及革命前的情况有所认识。"如芬兰一位工人说："鲁迅的作品使我惊喜，我们两国之间距离很远，习惯、文化、政治等等都不相同，但通过文学可以在各国人民之间建立起桥梁。"如英国一位读者在读了鲁迅的作品之后说："要了解一个国家人民的思想，最好的办法是通过文学。"如美国一位读者说，他在学习中国近代史课时读到《鲁迅小说选》，他非常喜欢鲁迅，"文学是给美国人民讲授中国情况的一种方式，它比历史易懂"。美国一位读者说："鲁迅是伟大的作家，他的著作引导着中国人民前进。"

从上面所论述的 4 个方面，就不难看出鲁迅在世界文学上所享有的荣誉和地位。用苏联著名作家、苏联国家文艺奖金获得者法捷耶夫（А. А. Фадеев）的话来说："作为作家的鲁迅，他是那样深刻而又渊博，关于他本人可以写成几整本的书。在和鲁迅一生相吻合的那个世纪内的中国人民的生活，几乎没有一个方面不被鲁迅用艺术家和批评家的笔所涉及过。鲁迅正是由于自己才能的这些特点，是属于作为人类明灯的作家之列的。……鲁迅是位深刻的中国作家。他给全世界文学贡献出了很多民族色彩的和不可模仿的作品。……鲁迅是中国文学的骄傲，而且也是世界文学的著名代表人物。"[1] 用拉丁美洲危地马拉著名作家和诗人、

---

① 引自法捷耶夫的《论鲁迅》，见 1950 年苏联《真理报》出版社出版的《星火丛书》中的《鲁迅短篇小说集》。

诺贝尔文学奖金获得者阿斯图里亚斯（M. A. Asturias）的话来说：“拉丁美洲的作家们从鲁迅的生活和作品里获得的教益，是不计其数的：鲁迅的创造精神在他的热烈的心头燃起了抨击的战斗火焰，鲁迅的明智的头脑具有一种主导思想，使他的艺术感受获得一种能够贯穿他的篇章的现实，凄苦和血腥的现实，他的人民的现实。……他的作品的丰富的创造力，不仅照耀着他本国的人民，同时也照耀着全世界。”①

正因为这样，伟大的作家鲁迅不仅属于中国人民，同时也属于全世界的人民！

（原载《鲁迅在世界文学上的地位》，
陕西人民出版社 1981、1986 年版）

---

① 引自阿斯图里亚斯 1956 年在北京举行的鲁迅逝世 20 周年纪念大会上的讲话，见《文艺报》第 20 号附册。

鲁迅和《域外小说集》

在鲁迅从事翻译介绍和研究外国文学的活动中，他在 1909 年编辑出版的两本《域外小说集》是占有很重要的地位的。也许由于这两本小说集的印数不多，流行不广，现在很少有人知道或是见到过它们，就是留存下来的几十本，也早已成为罕见的珍本了。但就鲁迅一生的文学事业来说，或是就中国的翻译文学史来说，它们始终是值得我们重视和研究的珍贵文献。

鲁迅在 1902 年赴日本留学，最初学医，后来弃医从文。用他在 1920 年 3 月新写的《域外小说集序》①中的话来说："我们在日本留学时候，有一种茫漠的希望：以为文艺是可以转移性情，改造社会的。因为这意见，便自然而然的想到介绍外国新文学这一件事。"鲁迅在 1922 年 12 月写的《呐喊》小说集自序中也这样讲道："我便觉得医学并非一件紧要事，凡是愚弱的国民，即使体格如何健全，如何茁壮，也只能做毫无意义的示众的材料和看客，病死多少是不必以为不幸的。所以我们的第一要

① 这篇序文发表时，署名为"周作人记于北京"，但据周作人在《知堂回想录》中说，这篇序是鲁迅做的。

著，是在改变他们的精神，而善于改变精神的是，我那时以为当然要推文艺，于是想提倡文艺运动了。"

鲁迅很早就认识到翻译介绍外国文学，对于唤起中国人民的民族觉醒，激发中国人民的革命精神和推动与创建中国新文学的重要性。因此他在1903年就翻译了法国作家凡尔纳的科学幻想小说《月界旅行》、《地底旅行》和雨果所作的《随见录》中的《哀尘》。1907年他又写成了第一篇研究外国文学的论文《摩罗诗力说》，"别求新声于异邦"，介绍了拜伦、雪莱、普希金、莱蒙托夫、密茨凯维支、裴多菲等诗人的生平与著作，因为他们"无不刚健不挠，抱诚守真"，"发为雄声、以起其国人之新生，而大其国于天下"。当时他准备创办一种题名为《新生》的文艺刊物，而且给它取了一个外文名字"Vita Nuova"①。鲁迅回忆说："《新生》的出版之期接近了，但最先就隐去了若干担当文字的人，接着又逃走了资本，结果只剩下不名一钱的三个人。……这就是我们的并未产生的《新生》的结局。"这样到了1908年初冬，鲁迅的同乡绍兴人，以开绸缎庄和兼做银行生意起家的蒋抑卮来到日本治病，和鲁迅很谈得来。当他一听到鲁迅准备译印小说，他就大为赞成，而且愿意垫出资本，助成这件事，于是编印出版《域外小说集》的计划很快就实现了。

《域外小说集》第一册于1909年2月11日（公历3月2日）在东京出版，32开毛边本，共印了1000本。封面用蓝色的罗纱纸精印，上端印着一幅德国的长方形的图案画：一个穿着希腊古装的妇女在弹着弦琴，背景是光芒四射的朝阳，一只鸟儿正向高空飞翔。图案画下面是鲁迅的老友陈师曾（周作人回忆中

---

① 意大利名诗人但丁在1292年出版的一本诗与散文作品集，题名即为"Vita Nuova"（即《新生》）。

误为许寿裳）题写的 5 个篆字："或外小说△"，自右至左横排。
书的下端印着"第一册"。整个封面的设计显得典雅大方。扉页
的右上角印着两行字：《域外小说集》第一册，会稽周氏兄弟纂
译。版权页上既没有写清末的年号，也没有注明公历，只写了
"己酉二月十一日印成"，定价小银圆三角正。发行者是周树人；
印刷者是东京市神田区锦町三丁目一番地神田印刷所的长谷川辰
二郎；总寄售处是上海英租界后马路（现宁波路）乾记衖广昌
隆绸庄，这就是蒋抑卮所开的店铺。

《域外小说集》第一册正文共 107 面，书前印有鲁迅写的
《序言》：

"域外小说集为书，词致朴讷，不足方近世名人译本。特收
录至审慎，迻译亦期弗失文情。异域文术新宗，自此始入华土。
使有士卓特，不为常俗所囿，必将犁然有当于心，按邦国时期，
籀读其心声，以相度神思之所在。则此虽大涛之微沤与，而性解
思惟，实寓于此。中国译界，亦由是无迟莫之感矣。己酉正月十
五日。"

《序言》的后面，是关于编印这本小说集的《略例》，共 5
条，对选题，装订形式，人名地名译法，标点及注释均作了说
明。其中对采用毛边装订特别作了说明："装订均从新式，三面
任其本然，不施切削，故虽翻阅数次，绝无污染。前后篇首尾，
各不相衔。他日能视其邦国古今之别，类聚成书。且纸之四周，
皆极广博，故订定时亦不病隘陋。"

《域外小说集》第一册出版之后不久，立即引起日本人的注
意。据日本友人藤井省三提供给我的史料①，我们知道 1909 年 5

---

① 藤井省三还曾就这一发现写成《日本介绍鲁迅文学活动最早的文字》，见 1980
年《复旦大学学报》第 2 期。引文中的"本乡"是东京的地名，指东京大学一带。

月 1 日在东京出版的《日本及日本人》杂志第 508 期的《文艺杂事》栏内，曾有这样的记载："在日本等地，欧洲小说是大量被人们购买的。中国人好像并不受此影响，但在青年中还是常常有人在读着。住在本乡的周某，年仅二十五六岁的中国人兄弟，大量地阅读英、德两国语言的欧洲作品。而且他们计划在东京完成一本名叫《域外小说集》，约卖三十钱的书，寄回本国出售。已经出版了第一册，当然，译文是汉语。"

《域外小说集》第二册于 1909 年 6 月 11 日（公历 7 月 27日）在东京出版，与第一册前后相距不过 4 个月。封面、扉页及版权页都与第一册相同，正文共 112 面，共印了 500 册。

鲁迅曾说，编印《域外小说集》，"只能小本经营，姑且尝试"，不幸的是这两本书在销行上发生了问题，以致无法再继续编印下去。鲁迅在新版《域外小说集序》中曾回忆了当时的情况："当初的计划，是筹办了连印两册的资本，待到卖回本钱，再印第三、第四，以至第 X 册的，如此继续下去，积少成多，也可以约略介绍了各国名家的著作了。于是准备清楚，在 1909年的 2 月，印出第一册，到 6 月间，又印出了第二册。寄售的地方，是上海和东京。半年过去了，先在就近的东京寄售处结了账。计第一册卖去了 21 本，第二册是 20 本，以后可再也没有人买了。那第一册何以多卖一本呢？就因为有一位极熟的友人，怕寄售处不遵定价，额外需索，所以亲自去试验一回，果然划一不二，就放了心，第二本不再试验了——但由此看来，足见那 20位读者，是有书必看，没有一人中止的，我们至今很感谢。"上海寄售的情况，就更不理想了。鲁迅继续回忆道："至于上海，是至今还没有细详知道。听说也不过卖出了 20 册上下，以后再没有人买了。于是第三册只好停板，已成的书，便都堆在上海寄售处堆货的屋子里。过了四五年，这寄售处不幸被了火，我们的书和纸板，都连同化成灰烬；我们这过去的梦幻似的无用的努力，在中国也就完全消灭了。"

尽管《域外小说集》的出版和销行遭到厄运，东京和上海卖出去的只有 40 多本左右，但实际上还不止此数。如鲁迅本人曾赠送过友人，我在绍兴鲁迅纪念馆里就见到过这样一本。又蒋抑卮从日本回国后，也曾托浙江省立图书馆大批对外捐赠，并在卷首的空白页上盖有印章："浙江省立图书馆辅导组代绍兴蒋抑卮先生捐赠"。

许寿裳曾经指出，鲁迅出版《域外小说集》的重要意义："鲁迅编译《域外小说集》二册，实在是中国介绍和翻译欧洲新文艺的第一人。"鲁迅在小说集的"略例"一开头就说明："集中所录，以近世小品为多，后当渐及 19 世纪以前名作。又以近世文潮，北欧最盛，故采译自有偏至。惟累卷既多，则以次及南欧暨泰东诸邦，使符域外一言之实。"《域外小说集》一、二两册所介绍的作家，虽然偏而不全，但有一个总的趋向，这就是介绍了北欧和东欧的弱小民族的文学作品。两册所收，以国别和民族来分，计包括英、美、法、俄、波兰、波思尼亚、芬兰等 7 个国家，作家共 10 人，作品共 16 篇。其中俄国作家共 4 人，作品 7 篇。俄国虽然不属于弱小国家之列，但俄国人民当时也身受压迫，因此归在一起了。鲁迅后来在《我怎么做起小说来》一文中说："但也不是自己想创作，注重的倒是在绍介，在翻译，而尤其注重于短篇，特别是被压迫的民族中的作者的作品。因为那时正盛行着排满论，有些青年，都引那叫喊和反抗的作者为同调的。……因为所求的作品是叫喊和反抗，势必至于倾向了东欧。"在这之后不久写的《英译本〈短篇小说选集〉自序》中也有类似的话："后来我看到一些外国的小说，尤其是俄国、波兰和巴尔干诸小国的，才明白了世界上也有这许多和我们的劳苦大

众同一运命的人，而有些作家正在为此而呼号，而战斗。"至于
讲到俄国，鲁迅曾经讲得很清楚："我们岂不知道那时的大俄罗
斯帝国也正在侵略中国，然而从文学里明白了一件大事，是世界
上有两种人：压迫者和被压迫者！"这些思想同他编译《域外小
说集》的宗旨，可说是前后一脉相承的。

在《域外小说集》第一册中选的作家和作品是：

〔波兰〕显克微支：《乐人扬珂》

〔俄国〕契诃夫：《戚施》、《塞外》

〔俄国〕迦尔洵：《邂逅》

〔俄国〕安特来夫：《谩》、《默》

〔英国〕淮尔特（王尔德）：《安乐王子》

其中俄国作家安特来夫的《谩》和《默》两篇出自鲁迅之
手，其他均为周作人所译。

在《域外小说集》第二册中选译的作家和作品是：

〔芬兰〕哀禾：《先驱》

〔美国〕亚伦坡：《默》

〔法国〕摩波商（莫泊桑）：《月夜》

〔波斯尼亚〕穆拉淑微支：《不辰》、《摩诃末翁》

〔波兰〕显克微支：《天使》、《灯台守》

〔俄国〕迦尔洵：《四日》

〔俄国〕斯谛普虐克：《一文钱》

其中迦尔洵的《四日》，出自鲁迅之手。显克微支的《灯台
守》中引用的密茨凯维支的诗，也是鲁迅的手笔。其他均为周
作人所译。

在《域外小说集》的卷末，附有《杂识》，对作者的生平和
作品中的人名与专有名词都作了介绍。此外，在《域外小说集》
的每册后面，还附有以后译文和新译预告。如第一册后面的预

告是：

〔英国〕淮尔特（王尔德）：《黄离》

〔匈牙利〕育珂：《怨家》、《伽萧太守》

〔挪威〕毕伦存：《父》、《人生斗争》

〔丹麦〕安兑然（安徒生）：《寥天声绘》

〔芬兰〕哀禾：《先驱》

〔波兰〕显克微支：《灯台守》

〔俄国〕都介纳夫（屠格涅夫）：《毕旬大野》（《白静草原》）、《犹太人》

〔俄国〕迦尔洵：《四日》、《绛花》（《红花》）

其他法人福勒特尔（伏尔泰）、美人亚伦坡、新希腊人比该罗斯及南欧名人小品。

新译预告中有：

〔俄国〕安特来夫：《赤咲记》（《红笑》）

〔俄国〕来尔孟多夫（莱蒙托夫）：《并世英雄传》（《当代英雄》）

〔匈牙利〕密克札忒：《神盖记》（《圣彼得的伞》）

这个预告中芬兰哀禾的《先驱》，波兰显克微支的《灯台守》，俄国迦尔洵的《四日》，已在《域外小说集》第二册中发表出来。

在《域外小说集》第二册后面也附有以后译文及新译预告，其中除个别与第一册的相重复外，新的作品有：

〔英国〕淮尔特（王尔德）：《杜鹃》

〔俄国〕都介纳夫（屠格涅夫）：《莓泉》

〔俄国〕凯罗连珂：《海》、《林籁》

〔丹麦〕安兑然（安徒生）：《和美洛斯垅上之华》

〔芬兰〕丕复林多：《荒地》、《术人》

及其他欧美名人小品。

新译预告中有：

〔波兰〕显克微支：《粉本》（原名《炭画》）

〔法国〕摩波商（莫泊桑）：《人生》

从此就不难看出，鲁迅在编辑《域外小说集》时，原有一个比较长远的计划，准备将预告的作品一册一册地分期发表；其中有些规模较大的作品，可能印成单行本。同时也不难看出，鲁迅当时的外国文学的知识是相当广博的，而且首先注意到俄国、北欧和东欧许多国家的重要代表作品。鲁迅的这个计划虽然因为《域外小说集》的停刊而告结束，但其中有不少作品，后来曾见之于周作人新编的《域外小说集》（1920 年有群益书社版，1936 年又有中华书局版）中；还有周作人译的显克微支的《炭画》曾由北新书局印成单行本。

鲁迅编辑的《域外小说集》，在我国翻译介绍外国文学，特别是弱小国家和民族的文学方面，起了拓荒者的作用；它们虽然只出版了两册，但却为我们创立了一个优良的传统。记得鲁迅在 1936 年曾应《呐喊》小说集的译者、捷克汉学家普实克的请求，为捷克译本写了序言。鲁迅这样说："自然，人类最好是彼此不隔膜，相关心。然而最平正的通路，却只有用文艺来沟通，可惜走这条道路的人，历来又少得很。"鲁迅本人就是勇于披荆斩棘和以拓荒者的精神"走这条道路的"很少的人当中的一个，而且是最重要的一个！正因为这样，鲁迅在 1909 年编辑出版的两本《域外小说集》，是值得我们重视和加以研究的！

（原载《域外小说集》卷首，湖南岳麓书社 1982 年版）

谈《阿 Q 正传》的世界意义

这个短篇系 1921 年 12 月为一家报纸的'开心话'栏所写。其后竟然出乎意料地被列为代表作而译成各国语言。

——鲁迅致《阿 Q 正传》日文译者山上正义的信

（1931 年 3 月 3 日）

这是一篇明确的富于讽刺的现实主义的艺术杰作。……阿 Q 的可怜的形象将长久地留在人们的记忆里。

——罗曼·罗兰对《阿 Q 正传》的评语

《阿 Q 正传》是一篇好小说，我劝看过的同志再看一遍，没看过的同志好好地看看。

——毛泽东：《论十大关系》

（1956 年）

1981 年 9 月 25 日，是我国伟大作家鲁迅的百年诞辰；同年 12 月 4 日又是他的著名的小说《阿 Q 正传》发表的六十周年。

这两个值得纪念的日子，都同在一年里，而且相距很近，这虽然是个偶合，但却是具有深刻意义的事。

在《阿 Q 正传》发表之后的六十年当中，这篇小说陆续不断地被翻译成各国文字，受到全世界各国读者的热烈欢迎和作家们的高度评价。它被搬上外国舞台，甚至在某些重要的外国百科全书和辞书中，都可以查到《阿 Q 正传》的条目和"阿 Q"的名字。"阿 Q"已成为世界文学中的一个著名的典型人物了。正因为这样，《阿 Q 正传》这部小说不仅奠定了鲁迅在中国现代文学史上的地位，同时也使鲁迅获得了世界的地位与国际的声誉！

一

《阿 Q 正传》这部小说，最初是用"巴人"的笔名，分章发表在北京《晨报副刊》的"开心话"、"新文艺"和"文艺"栏里，从 1921 年 12 月 4 日起，直到 1922 年 2 月 12 日为止，每周或隔周刊登一次，一共登了九期。到了 1923 年 8 月才收在他的第一本小说集《呐喊》里面。

鲁迅在《〈阿 Q 正传〉的成因》（1926）[①] 一文里，这样讲到他写作这篇小说的经过：

> 那时我住在（北京）西城边，知道鲁迅就是我的，大概只有《新青年》、《新潮》社里的人们罢；孙伏园[②]也是一个。他正在晨报馆编副刊。不知是谁的主意，忽然要添一栏称为"开心话"的了，每周一次。他就来要我写一点

---

① 见《鲁迅全集》第 3 卷《华盖集续编》。

② 孙伏园（1894—1966），鲁迅任绍兴师范学校校长时的学生，从北京大学毕业后，先后任《晨报副刊》和《京报副刊》编辑。

东西。

　　阿 Q 的影像，在我心目中似乎确已有了好几年，但我一向毫无写他出来的意思。经这一提，忽然想起来了，晚上便写了一点，就是第一章：序。因为要切"开心话"这题目，就胡乱加上些不必有的滑稽，其实在全篇里也是不相称的。署名是"巴人"，取"下里巴人"①，并不高雅的意思。……

　　第一章登出之后，便"苦"字临头了，每七天必须做一篇。……伏园虽然还没有现在这样胖，但已经笑嬉嬉，善于催稿了。每星期来一回，一有机会，就是："先生，《阿 Q 正传》……。明天要付排了。"于是只得做……

　　《阿 Q 正传》大约做了两个月，我实在很想收束了，但我已经记不大清楚，似乎伏园不赞成，或者是我疑心倘一收束，他会来抗议，所以将"大团圆"②藏在心里，而阿 Q 却已经渐渐向死路上走。到最末的一章，伏园倘在，也许会压下，而要求放阿 Q 多活几星期罢。但是"会逢其适"，他回去了，代庖的是何作霖君③，于阿 Q 素无爱憎，我便将"大团圆"送去，他便登出来。待到伏园回京，阿 Q 已经枪毙了一个多月了。纵令伏园怎样善于催稿，如何笑嬉嬉，也无法再说"先生，《阿 Q 正传》……"从此我总算收束了一件事，可以另干别的去。

　　《阿 Q 正传》是那样一部吸引人的小说，鲁迅用为阿 Q "立传"的幽默的笔法，把我们带到他的家乡浙江省某处叫做未庄

---

　　① 下里巴人是我国古代楚国的民歌，指普通人民所理解的作品，以区别于高雅的阳春白雪而言。

　　② "大团圆"是《阿 Q 正传》最后一章即第九章的题目。

　　③ 何作霖，北京大学毕业生，时任《晨报》编辑。

的农村去。"阿 Q 不独是姓名籍贯有些渺茫，连他先前的'行状'也渺茫。""阿 Q 没有家，住在未庄的土谷祠里；也没有固定的职业，只给人家做短工，割麦便割麦，舂米便舂米，撑船便撑船。"他在当地的地主赵太爷等人家干过活。他赌过钱，赌的钱被人家抢走了。他同王胡和小 D 等人都打过架，每打必败，但他用一种自我陶醉的"精神胜利法"来安慰自己。他心里想："我总算被儿子打了，现在的世界真不像样……"他妄想向赵太爷的女仆吴妈求爱，结果遭了一顿毒打，被赶出大门。阿 Q 还进过一次县城，颇有过一段"中兴"的历史。当辛亥革命（1911）的风暴波及未庄时，阿 Q 也准备参加"造反"，但他对于革命只有模糊的概念，以为抢家劫富就是革命。当革命失败时，赵太爷、假洋鬼子之流的封建地主绅士重新恢复了原来的社会地位，而且竟然加入了所谓"自由党"。他们是不准阿 Q 革命的，在赵太爷家遭抢之后，阿 Q 就被陷害和抓进城去，成了革命的替罪羊，最后被枪毙了。

阿 Q 虽然被枪毙了，但阿 Q 并没有死；阿 Q 的形象和所谓"阿 Q 相"或"阿 Q 气质"也并没有就此消失。因为不仅在中国，甚至在世界各国都可以找到类似阿 Q 形象的农民，更可以找到类似阿 Q 命运的事例。用鲁迅的话来说，他是想"写出一个现代的我们国人的魂灵来"[①]。鲁迅在写作时，还经常这样想：

> 这样地一周一周挨下去，于是乎就不免发生阿 Q 可要做革命党的问题了。据我的意思，中国倘不革命，阿 Q 便不做，既然革命，就会做的。我的阿 Q 的运命，也只能如此，人格也恐怕并不是两个。民国元年[②]已经过去，无可追

---

① 见《鲁迅全集》第 7 卷《集外集》中的《俄文译本〈阿 Q 正传〉序》。

② 指 1911 年的辛亥革命。

踪了，但此后倘再有改革，我相信还会有阿Q似的革命党
出现。我也很愿意如人们所说，我只写出了现在以前的或一
时期，但我还恐怕我所看见的并非现代的前身，而是其后，
或者竟是二三十年之后。

二

不用说，《阿Q正传》发表之后，立即引起国内文艺界人士
和读者的注意。如我国著名作家沈雁冰（茅盾）就最先写道：
"《阿Q正传》给读者以难于磨灭的印象。现在差不多没有一个
爱好文艺的青年口里不曾说过'阿Q'这两个字。"① 但这篇小
说也引起了某些神经过敏的人的恐惧与不安，以为其中揭发了他
们的阴私和骂到他们的头上了，鲁迅在写给日文译者山上正义的
信中就说过："作者因此而大受少爷派、阿Q派的憎恶等。"我
国的文学史家西谛（郑振铎）也早就预言："《阿Q正传》确是
《呐喊》中最出色之作。……《阿Q正传》在中国近来文坛上的
地位却是无比的；将来恐也将成世界最熟知的中国现代的代表作
了。"② 事实上也确是如此，它立即传遍世界，而且得到各国作
家们的高度评价。远在鲁迅生前，《阿Q正传》就已经被译为
英、法、俄、日、德、世界语、捷克等种文字，而且译者都得到
过鲁迅的亲自帮助。

多年来，也许因为鲁迅在1925年5月26日为俄文译者瓦西
里耶夫（B. A. Василвев 中名王希礼）写过序文，因此大家都以
为俄译本是最早的译本，甚至某些苏联学者也是这样说的。根据

---

① 见1923年10月《文学》旬刊所载的沈雁冰文《读〈呐喊〉》。
② 见1926年11月《文学周报》第251期所载的西谛文《呐喊》。

我多年的研究，最早的译本，应该是在美国新泽西州大西洋城出身的中国华侨梁社乾（George Kin Leung）的英译本。他早在 1925 年 4 月就和鲁迅通信，并请鲁迅审阅过他的译文。这个译本名为"The True Story of Ah Q"，于 1926 年由上海商务印书馆出版，此后在 1927、1929 和 1933 年都曾再版过。鲁迅很谦虚，他说："英文的似乎译得很恳切，但我不懂英文，不能说什么。"① 其实他还是很懂英文，否则他不可能指出译文中的两处可以商榷的误译。

就在同一年，在法国里昂学习的四川留学生敬隐渔（J. - B. Kyn Yn Yu）又把《阿 Q 正传》译为法文，寄请居住在瑞士日内瓦湖畔新村的罗曼·罗兰审阅。罗曼·罗兰在审阅之后给予了《阿 Q 正传》以很高的评价，并介绍给《欧罗巴》杂志发表。鲁迅曾说："法文的（《阿 Q 正传》）登在八月份的《欧罗巴》上，还止三分之一。"② 其实是登在当年的 5、6 月出版的两期上，每期各发表了一半，题名为"La Vie de Ah Qui"。多年来，我们都听说罗曼·罗兰曾经写过信给鲁迅，而且在报刊上曾因此引起过争论，但我从北京鲁迅博物馆发现了敬隐渔在 1926 年 1 月 24 日写给鲁迅的信，才解决了这个谜。信的一开头就说：

鲁迅先生：

　　我不揣冒昧，把尊著《阿 Q 正传》译成法文寄与罗曼·罗兰先生了。他很称赞。……罗曼·罗兰先生说要拿去登载他和他的朋友们办的杂志《欧罗巴》上。我译时未求同意，恕罪！

---

① 见鲁迅写的《〈阿 Q 正传〉的成因》。
② 同上。

看来，罗曼·罗兰并没有直接写信给鲁迅，而是在他复敬隐渔的信中，讲出了他对《阿Q正传》的评语。到了1929年，敬隐渔把他译的《阿Q正传》，收在他编译的《中国当代短篇小说作家作品选》（"Anthologie des conteurs chinois modernes"）一书中。这本书被米尔斯（E. H. F. Mills）译成英文，书名《阿Q的悲剧及其他当代中国短篇小说》（"The Tragedy of Ah Qui and Other Modern Chinese Stories"）。这本书于1930年和1931年在英国和美国出版，从此鲁迅的名字就传遍欧美各国。

就在梁社乾和敬隐渔翻译《阿Q正传》之后不久，当时在河南开封国民革命军第二军俄国顾问团工作的王希礼，开始把《阿Q正传》译为俄文。他请曹靖华[①]写信给鲁迅，允许他翻译这部小说，并请鲁迅为他写一篇序文和提供自传。于是鲁迅就在1925年5月26日到29日写成了《俄文译本〈阿Q正传〉序及著者自叙传略》，但这个译本直到1929年方由列宁格勒的"激浪"（"Прибой"）出版社出版，书名《Правдивая история А-КеЯ》；同年莫斯科的"青年近卫军"（"Мололая Гвардия"）出版社又出版了另一种译本，题名《Правдивое Жизнеописание》。鲁迅说后一种译本"无译者名"，经过近年来的研究，才知道这个译本出自苏联的中国学者科金（М. Д. Кокин）之手。

《阿Q正传》的日译本，最初是由井上红梅翻译的，发表在1928年的《上海日日新闻》上。1929年又改名为《支那革命畸人传》，发表在日本出版的《ぐるてすく》（《奇谭》）杂志上。1932年收入他翻译的《鲁迅全集》，实即《呐喊》和《彷徨》两书的全译。1931年是日译本出版最多的一年。先是这一年在

---

① 曹靖华，著名翻译家、散文家，《铁流》等小说的译者和《花》、《春城飞花》等书的作者。

我国大连出版的《满蒙》杂志一至五月号上，发表了长江阳译的《阿 Q 正传》；同年 9 月日本出版了松浦珪三的译本；10 月又出版了林守仁（即山上正义的中文笔名）的译本。鲁迅不满意井上红梅的译文，一来他说"他（井上红梅）和我并不同道"；二来他发现"略一翻阅，误译甚多"。当 1927 年他在广州见到日本新闻联合通信社的特派记者山上正义时，就结下了深厚的友谊。鲁迅希望《阿 Q 正传》能有一个决定版的译本，于是山上正义就着手从事这一翻译工作，当 1931 年初在上海完成时，鲁迅对他的译文进行了"严密的校阅"，并为他写了 85 条校释。1975 年 6 月山上正义的夫人把鲁迅写的信和校释手稿拿出来，这成为近年来在日本发现的鲁迅的重要手稿之一。到了 1932 年，增田涉新译的《阿 Q 正传》，先后收在《世界幽默全集·中国篇》和《鲁迅选集》中。

　　1928 年，当时在上海同济大学任教的廖馥君，曾将《阿 Q 正传》译为德文，请德国教师带到德国去，但后来未见出版。

　　1930 年，《阿 Q 正传》有了钟宪民的世界语译本，书名"La Vera Historio de Ah Q"。

　　1936 年，捷克的中国学者普实克博士（Dr. J. Průšek）写信给鲁迅，说要用捷克文翻译他的小说集，其中包括《阿 Q 正传》，请鲁迅为他撰写序文。鲁迅为他写了《〈呐喊〉捷克译本序言》，但可惜鲁迅在生前未能见到这个译本。它是在 1937 年才出版的。《阿 Q 正传》译为"Pravdivý Příběh o Ah Q"。

　　在鲁迅逝世以后，他的著作，特别是他的《阿 Q 正传》被翻译成世界各国的语言文字。就我国来说，从 50 年代起，我国的外文出版社就用英文、法文、德文、西班牙文、阿拉伯文、朝鲜文、世界语出版了《鲁迅小说选》，其中都译有《阿 Q 正传》。在亚洲国家中，我们可以看到《阿 Q 正传》的朝鲜文、蒙古文、尼泊尔文、越南文、缅甸文、印度尼西亚文、印地文、乌尔都文、孟加拉文、阿拉伯文等各种文字的译本。日本是翻译鲁迅作品最多的国家，仅拿《阿 Q 正传》来说，在鲁迅生前已有了井上红梅、长江阳、松浦珪三、山上正义和增田涉的五种译本；在鲁迅逝世以后，又先后出版了田中清一郎、中译信三、竹内好、小田嶽夫、尾上兼英、高桥和已、丸山昇、松枝茂夫、驹田信三等将近十种译本。在欧美国家中，《阿 Q 正传》的新译本也不断涌现：如英国有杨宪益和戴乃迭的译本（"The True Story of Ah Q"），美国有王际真（Chichen Wang）的译本（"Our Story of Ah Q"），法国有保罗·雅马蒂（Paul Jamati）的译本（"La véritable histoire de Ah Q"）和马蒂纳·瓦莱特-埃梅里（Martine Vallette-Hémery）的译本（"La véridique histoire d'A-Q"），德意志民主共和国有赫尔塔·南（Herta Nan）和里夏德·容格（Richard Jung）的译本（"Die wahre Gesehichte von Ah Queh"），德意志联邦共和国有奥斯卡·冯·特尔内（Oskar von Törne）的译本（"Die wahre Geschichte des A Q"）。《阿 Q 正传》也被译成欧、美其他国家的语言文字，如在意大利称为"La vera storia di Ah Q"，在丹麦称为"Ah Q's virkelige Historie"，在瑞典称为"Den sanna Historien om Ah Q"，在冰岛称为"Sjalf sagen of Ah Q"，在西班牙和拉丁美洲各国称为"La Verdadera Historio de A Q"，在波兰称为"Prawdiwa dzieje A-Ku"，在匈牙利称为"A-Q hiteles Története"，在罗马尼亚称为"Adevărate Poveste a lui A Q"。在苏联，除了王希礼、科金、罗果夫（Вл. РоГоВ）和波兹涅耶娃（Л. Д. Позднеева）等几种俄文译本外，还有二十多种苏联各民族文字的译本。总之一句话，《阿 Q 正传》被译成世界各国的文字，在全世界流传着，受到各国广大读者的热爱与欢迎。

三

《阿Q正传》是享有很高的世界声誉的。首先当这篇小说译成法文时，法国名作家罗曼·罗兰曾给予了它以很高的评价。在他写给法译者敬隐渔的信中曾说，"《阿Q正传》是高超的艺术底作品。其证据是在读第二次比第一次更觉得好。这可怜的阿Q底惨象遂留在记忆里了。"①

30年代初，美国进步作家和记者埃德加·斯诺曾着手翻译《阿Q正传》（但未见发表和出版），他这样写道："鲁迅是中国左翼作家和艺术家的一位勇敢的领袖。……他在1921年发表的讽刺小说《阿Q正传》，使得他全国闻名……这是当代中国人所写的被广泛译成外国文字的不多的作品之一，它已用法、德、俄、日以及其他等文字发表。罗曼·罗兰是鲁迅作品的一位伟大的赞美者，说他曾被这篇作品深深地感动以至流下泪来。"②

《阿Q正传》的俄译者王希礼在写给曹靖华的信中，曾称鲁迅是"中国的一位很大真诚的'国民作家'！他是社会心灵的照相师，是民众生活的记录者！……他不只是一个中国的作家，他是一个世界的作家"。他在自己的译本序也指出："鲁迅是中国作家中现实主义派的领袖。……他的小说《阿Q正传》曾得到

① 罗曼·罗兰的评语，见他写给敬隐渔的信，估计这封信是1926年初写的，因原信已不存，现引自敬隐渔写给鲁迅的信。据1926年3月2日《京报副刊》上发表的柏生（孙伏园的笔名）写的《罗曼·罗兰谈鲁迅》中引用的话是："C'est un art réaliste avéré d'ironie……La figure misérable d'Ah Q reste toujour dans le souvenir"。我曾请法国的鲁迅研究者米歇尔·露阿夫人（Michelle Loi）协助查找罗曼·罗兰的评语，现尚无结果，但据她说，就法文来讲，第一句话如为"C'est un chef d'oeuvre réaliste empreint d'ironie"，较合于法语语法。

② 见1935年斯诺为美国《亚洲》月刊一月号写的《鲁迅——白话文的大师》。

罗曼·罗兰的赞扬的评论。……鲁迅在自己的小说《阿Q正传》中，把自己的讽刺不仅指向中国一九一一年的假革命，而主要是指向旧中国的旧文化和旧中国的社会。假如有时在描写自己的人民当中的平凡人物的形象时，他嘲笑了他们的软弱无能，但这只是含泪的微笑，因为作者本人的同情，始终是在被侮辱和生活毫无保障的人们的一边的。"

《阿Q正传》在日本是受到广大读者欢迎的。如《阿Q正传》最早的译者之一的山上正义就说过："《阿Q正传》是鲁迅几十篇作品中的代表作，同时又是不妨称之为中国当今文坛的'唯一的'代表作，《阿Q正传》同时还是当今文坛上的一部名著（classic）。"他期望鲁迅或是其他的作家能写出新时代的第二部《阿Q正传》："不用说，第二部《阿Q正传》的作者，也不一定要等待鲁迅吧。不论它由谁来写，这第二部《阿Q正传》的作品，其正传将不是阿Q的蒙昧史，也不是阿Q的失败史，而正应该是阿Q的觉醒史，真正的革命成功史，这一点是确信不疑的。……我相信它的最后一章，不会是'他的结局'①，而应该是新生活的起点。"② 鲁迅虽然没有再写第二部《阿Q正传》，但据鲁迅夫人许广平的回忆说："小D是阿Q的缩影，阿Q似的后一代。但是他胜了阿Q，他的战斗功绩，虽然没有写出来，可是已经对阿Q露一些端绪了。鲁迅先生特意留下这一伏线，据他自己说：'《阿Q正传》还可以续写，就是从小D身上发展，但是他不象阿Q。'关于这，他似乎说了不止一次，如果写起来作为被压迫者抬头典型的小D，一定对我们现实生活的指示很有意义，可惜他一直没有动手写，这原因，是不是现实社会

---

① 日译者将最后一章"大团圆"改名为"他的结局"。
② 见译者写的《关于鲁迅及其作品》。

还没有产生足表显这一典型的丰富的材料，致使现实主义的他，没有引起动笔的兴致呢？还是另外的实生活确不容许他假托小说来描写呢？"①

　　我在前面已经说过，《阿Q正传》的日文译本前后有十几种之多，它广为日本读者所知晓，因此《阿Q正传》的另一位译者竹内好曾说："中国的近代作家当中，在日本，鲁迅是最有名的；在鲁迅的作品当中，《阿Q正传》是最有名的。要是讲到中国的近代文学，无论谁，最先都会举出鲁迅的名字。要是讲到鲁迅的代表作品，大概人们都会举出《阿Q正传》。《阿Q正传》就是这样通俗而有名。不用说，这并不是没有理由的。"

　　至于各国的学者对《阿Q正传》的研究与论述，如日本的增田涉、松枝茂夫、竹内好，如美国的王际真、莱尔（W. A. Lyell, Jr.），如苏联的波兹涅耶娃、彼得罗夫（В. В. Петров），如捷克的普实克、克列勃索娃（B. Krebsová），可以引证的文字很多，但从上面举出的几个评语，就不难看出《阿Q正传》在世界文学上的重要地位。日本的中岛健藏在1954年编的《二十世纪前半叶的世界十大小说》，就专门论述了《阿Q正传》，并介绍了《阿Q正传》的故事梗概。

　　《阿Q正传》是这样有名，所以在20年代中曾有过诺贝尔奖金要奖给鲁迅的传闻。据鲁迅生前的好友许寿裳②回忆说："鲁迅的著作，国际间早已闻名了。……他曾告诉我：'瑞典人S③托人来征询我的作品，要送给'管理诺贝尔文学奖金委员

---

　　①　见1939年7月许广平写的《阿Q的上演》，印在中法剧社首次公演特刊上。

　　②　许寿裳（1882—1948），鲁迅在日本留学时的同学，著有《我所认识的鲁迅》、《亡友鲁迅印象记》等书，引文见后一书。

　　③　疑指瑞典探险家斯文·赫定（Sven Hedin），1926年他到过北京，准备中瑞西北科学考察团的工作。

会'，S以为极有希望的，但是我谢辞了。我觉得中国实在还没有可得诺贝尔奖金的人，倘因为我是黄色人种，特别优待，从宽入选，反足以增长中国人的虚荣心，以为真可与别国媲美了，结果将更糟。……'这是何等谦光，又是何等远见！"

《阿Q正传》不仅被译成各国文字，而且还登上了各国的舞台。首先是在我国，陈梦韶、田汉、袁牧之和许幸之等人，都曾将《阿Q正传》改编成剧本，鲁迅本人甚至还写过《寄〈戏〉周刊编者的信》，谈了有关阿Q的形象和语言等一系列的问题。在外国舞台上，苏联在30年代初曾演过《阿Q在广州的街垒上》；日本广播协会（NHK）艺术剧场剧团上演过田汉的改编本《阿Q正传》，此外在日本还有人把它编成日本的"新国剧"、话剧和歌剧。法国的水族馆剧团（Théâtre de l'Aguarium）在1975年上演过让·儒尔德伊尔（Jean Jourdheuil）和贝尔纳·夏尔特勒（Bernard Chartreux）改编的话剧《阿Q》。至于在美术方面，《阿Q正传》的插图也有过多种，如丰子恺、程十发、丁聪等人的插图，是经常被外国译本所采用的。

四

六十年来，《阿Q正传》已成为世界文学中的一部著名的作品，而"阿Q"也成为全世界知名的一个文学典型人物，这是由于"阿Q"的形象和性格具有普遍性和代表性。

沈雁冰是最早见到了这一点的人。他写道："《阿Q正传》给读者以难于磨灭的印象。现在差不多没有一个爱好文艺的青年口里不曾说过'阿Q'这两个字。我们几乎到处应用这两个字。……我们不断地在社会的各个方面遇见'阿Q相'的人物：我们有时自己反省，常常疑惑自己身上也免不了带着一些'阿Q

相'的分子。……我又觉得'阿Q相'未必全然是中国民族所特具，似人类的普通弱点的一种。……《阿Q正传》对于辛亥革命之侧面的讽刺，……这正是一幅极忠实的写照，极准确的依着当时的印象写出来的。……作者的主意，似乎只在刻画出隐伏在中华民族骨髓里的不长进的性质——'阿Q相'。我以为这就是《阿Q正传》之所以可贵，恐怕也就是《阿Q正传》流行极广的主要原因。"① 西谛当时也这样说："《阿Q正传》确是《呐喊》中最出色之作。这个阿Q，许多人都以为就是中国人的缩影；还有许多人，颇以为自己也多少的具有阿Q的气质。如果大家都欲努力的摆脱了阿Q的气质，那么，这篇东西在中国的影响与功绩将有类于龚察洛夫（Gontscharov）的《阿蒲洛莫夫》②（"Oblomov"）与屠格涅夫的《路丁》③（"Rudin"）之在俄国了。"④

　　许寿裳对于阿Q，也提出了自己精辟的见解："《阿Q正传》是一篇讽刺小说。鲁迅提炼了中国民族传统中的病态方面，创造出这个阿Q典型。阿Q的劣性，仿佛就代表国民性的若干面，俱足以使人反省。鲁迅对于阿Q的劣性如'精神胜利法'等等，固然寄以憎恶，然而对于另外那些阿Q如赵太爷之流，更加满怀敌意，毫不宽恕。他利用了阿Q以诅咒旧社会，利用了阿Q以衬托士大夫中的阿Q，而回头看一向被赵太爷之流残害榨取，以至赤贫如洗，无复人形的阿Q本身，反而起了同情。"⑤

---

① 见沈雁冰写的《读〈呐喊〉》。
② 现通译为冈察洛夫和《奥勃洛摩夫》。
③ 现通译为《罗亭》。
④ 见西谛写的《呐喊》。
⑤ 见许寿裳的《我所认识的鲁迅》。

　　最近我又读到我国历史学家侯外庐写的文章，他对《阿Q正传》和"阿Q"再次提出了他的新的见解："三十年前，我提出：为什么鲁迅用英文字母'Q'作为'阿Q'的名字呢？……我的看法是，'Q'即英文'Question'（问题）的第一个字母。鲁迅选择它，说明他在《阿Q正传》中反映了中国社会一系列的重大问题。例如：阿Q本身有没有弱点？如有，如何改造？这就是'国民性'的问题。为什么阿Q欢迎辛亥革命？为什么地主豪绅'相约去革命'？为什么假洋鬼子'不准'阿Q革命？为什么阿Q终于死在地主豪绅的枪弹之下？……读过《阿Q正传》的人不约而同地会思考这许多有意义的问题。由此可以看出，鲁迅在《阿Q正传》中总结了辛亥革命失败的教训，塑造了阿Q这样一个农民的艺术典型，通过他的活动，提出了重大的时代课题：辛亥革命没有解决农民问题，农民仍然遭受地主豪绅的沉重压迫，那么，中国的出路何在？中国应该往何处去？这不就是'Question'吗？有的同志说，我这个观点有望文生义之嫌，其实我是解剖了《阿Q正传》本身的思想内容，才作出的结论，并不单纯是从'阿Q'名字上做文章。"①

　　在国外，阿Q的形象也很早就引起作家们的注意。如罗曼·罗兰除给予《阿Q正传》以很高的评价外，据说他还曾说过："在法国大革命的时期，也有类似阿Q的农民。"②《阿Q正传》的日译者山上正义则说："阿Q这个名词，目前也不是一个固有名词，甚至已成为一个通俗的普通名词。阿Q同张三、李

---

　　①　见《鲁迅研究年刊》1979年号侯外庐文《祝贺与希望》。

　　②　见许寿裳的《亡友鲁迅印象记》。又据林如稷（敬隐渔在法国里昂大学的同学）在1976年4月20至21日写给我的信，他说敬隐渔曾把罗曼·罗兰写的信给他看过，其中确有这样的话。

四一起，已成为日本的太郎、长松相类似的一个普通的名字
了。"苏联作家法捷耶夫（А. А. Фадеев）也这样讲过："《阿 Q
正传》是鲁迅短篇小说中的杰作"；"这篇小说是描写一个中国
小人物的。……它的主人翁是小雇农，这一点足以表示出鲁迅的
优点，说明鲁迅的人民性。"①

　　现在我们从各国出版的百科全书和辞书中，不仅可以查到有
关鲁迅的条目，甚至也可以查到《阿 Q 正传》的条目和有关阿
Q 的评语。如 1979 年出版的《不列颠百科全书》（"Encyclopae-
dia Britanica，Micropaedia"）中说："《阿 Q 正传》是鲁迅的代表
作。这是幽默和怜悯同情的混合物，它是对旧秩序的否定；它在
中国现代语言里加进了'阿 Q 主义'这个字，这个名词特征出
了中国人对'精神胜利法'偏爱的合理的失败。"如 1974 年出
版的《大拉鲁斯百科全书》（"La Grand Encyclopédie Larouse"）
中说："在鲁迅的许多文学评论的杂文中，他在一九二一年发表
了长篇小说《阿 Q 正传》，他在小说里明确地向别人表现了他对
中国和中国人的地位的意见。"同样地，我们在日本出版的《中
国现代文学事典》，在英国出版的《卡塞尔世界文学百科辞书》
（"Cassell's Encyclopaedia of World Literature"）和普实克博士主编
的《东方文学大辞典》（"Dictionary of Oriental Literatures"），在
德意志联邦共和国出版的《金德勒尔文学辞书》（"Kindlers Lite-
ratur Lexikon"）和《克勒纳尔世界文学辞书》（"Kröners Lexikon
der Weltliteratur"），在意大利出版的《蓬皮亚尼作品及人物文学
辞典》（"Diziorario letterario Bompiani delle opere e dei personag-
gi"）等书中，都可以查到《阿 Q 正传》和"阿 Q"的条目。

---

　　①　见法捷耶夫 1949 年 10 月 19 日鲁迅逝世十三周年时为我国报纸写的文章，
后作为序文印在 1950 年《真理报》社出版的《鲁迅短篇小说选》前面。

《阿Q正传》之所以这样有名，阿Q这个典型人物之所以这样的闻名，我想借用鲁迅夫人许广平的话来说：

阿Q，差不多成了中外闻名的角色了。他的所以成名，是有很大的意义的；就是通过阿Q等人物的形象，来讽刺国民性弱点，只要这国民性的弱点存在一日，阿Q也就活着一日，所以有些人想一脚把阿Q踢开，说：死亡！是不那么简单容易的，理由就是忽略了现实的社会性。

阿Q不但代表中国国民性的弱点，同时也代表世界性的一般民族弱点，尤其农村或被压迫民族方面，这种典型很可以随时随地找得到。所以当《阿Q正传》被译成俄文而呈现于苏联读者之前，苏联的文化人就说："我们这里也有很多的阿Q！"

总之，阿Q里面，确是对国民性弱点或民族病作有力的暴露与打击的。尤其阿Q本身，也是中国民族劣根性的象征人物。①

《阿Q正传》的发表已是整整六十年了，正如罗曼·罗兰所说的："阿Q的可怜的形象将长久地留在人们的记忆里"；也正如郭沫若所说："旷代文章数阿Q"，这正好证明了《阿Q正传》的世界意义！

---

① 见许广平写的《阿Q的上演》。

谈《阿 Q 正传》的英文译本

鲁迅远在 1931 一年 3 月 3 日写给《阿 Q 正传》日译者山上正义（笔名林守仁）的信中曾这样说："这个短篇系 1921 年 12 月为一家报纸的'开心话'栏所写。其后竟然出乎意料地被列为代表作而译成各国语言，且在本国，作者因此而大受少爷派、阿 Q 派的憎恶等。"①

在鲁迅的作品中，《阿 Q 正传》是最先被翻译成外国文字的。现在世界各国，差不多都有了《阿 Q 正传》的译本，它受到各国广大读者的热烈欢迎和作家的高度评价。至于《阿 Q 正传》最先被翻译成哪种欧洲文字，至今还是一个值得研究的问题。

一 《阿 Q 正传》最先译成哪种欧洲文字？

也许由于鲁迅在 1925 年 5 月 26 日到 29 日，为苏联人瓦西

---

① 见文物出版社 1975 年出版的《鲁迅〈阿 Q 正传〉日译本校释手稿》第 9 页。

里耶夫（中名王希礼）写了《俄文译本〈阿Q正传〉序及著者自叙传略》，①6月8日寄给曹靖华转交王希礼，又于同年6月15日发表在《语丝》周刊第三十一期上，因此一向都以为俄译本是翻译成欧洲文字最早的译本。苏联的一些鲁迅研究者和翻译者，甚至说苏联是翻译和出版鲁迅作品最早和最多的国家。如40年代用俄文重译《阿Q正传》的罗果夫，在1953年11月为上海《文艺月报》写的《鲁迅作品在苏联》一文中就说："必须指出，鲁迅这篇优秀的中篇小说第一次翻译成欧洲文字，是俄文译本。接着，这篇中篇小说被译成十三种外国文字，其中第一次英译本直到1931年才出版。"②戚志芬在1961年10月写的《鲁迅作品在国外》一文，可能是参看了罗果夫的文章，其中也说："首先在苏联，这是翻译鲁迅作品最多，最早的国家。1929年《阿Q正传》就以两种不同的译本分别在莫斯科和列宁格勒出版。这篇小说第一次译成欧洲文字就是俄文译本。"③

事实上，《阿Q正传》的英译者梁社乾，早在1925年4月29日以前就写信给鲁迅，鲁迅在5月2日收到。接着梁社乾又在6月上旬把《阿Q正传》的英文译稿寄请鲁迅审阅，鲁迅在6月20日校正寄还，这个译本于1926年在上海出版。从时间上看，梁社乾着手翻译《阿Q正传》应该是在当年4月以前的几个月，甚至是一年前的事。王希礼在同年4月25日写信请曹靖华转给鲁迅，请允许他翻译《阿Q正传》，并请鲁迅为俄译本写一篇序，再寄一篇他的传略和一张相片给他，鲁迅在5月8日才

---

① 鲁迅写的《〈阿Q正传〉序》后面注有"一九二五年五月二十六日，于北京"，又查《鲁迅日记》，1925年5月29日有"夜作《阿Q传序及自传略》讫"，看来序和自传是鲁迅在5月26日到29日之间写成的。

② 见1953年《文艺月报》第十、十一期合刊。

③ 见1961年10月出版的《新建设》。

收到这封信。从信的内容看，那时王希礼刚着手翻译《阿Q正传》。尽管鲁迅很早就为俄译本写了序，但这个译本的出版，却是 1929 年的事，因此恐不能说王希礼的俄译本是"第一次翻译成欧洲文字"的译本。还有罗果夫说："第一次英译本直到 1931 年才出版"，大概是指 1931 年英国人米尔斯根据敬隐渔的法译本转泽成的《阿Q正传》而言，看来，他当时并没有见过 1926 年出版的梁社乾的英译本。根据这些情况，我们可以肯定地说，梁社乾用英文翻译的《阿Q正传》，无论从翻译还是从出版的时间上，都比敬隐渔的法译本和王希礼的俄译本为早，因此应该说，最先译成欧洲文字的《阿Q正传》是英文译本，这是梁社乾的译本。至于说翻译鲁迅作品最多的国家，根据大量的资料证明，是日本而不是苏联。

二　鲁迅和梁社乾的友谊与书信往还

远在 1925 年，就是在《阿Q正传》发表后的第四年，也就是在收有《阿Q正传》在内的小说集《呐喊》出版后的第二年，梁社乾（George Kin Leung）就用英文翻译了这篇小说，题名为"The True Story of Ah Q"，于 1926 年由上海商务印书馆出版。这个译本在 1927 年再版，1929 年三版，1933 年 5 月又出了"国难"① 后第一版，实即第四版。

我们现在从《鲁迅日记》中知道，梁社乾在翻译《阿Q正传》的过程中，曾和鲁迅多次通信，得到鲁迅的各种帮助。可惜的是他们当时的通信，没有一封被保留下来，否则我们从这些珍贵的信件中，就可以知道鲁迅是怎样为译者解释疑难和校正译

---

① 　指 1932 年"一·二八"战争时日机炸毁商务印书馆而言。

稿的。

1925 年 5 月 2 日，鲁迅就在日记中写道："下午得三弟信，附……梁社乾笺，四月二十九日发。"这里提到的三弟指周建人，他当时正在上海商务印书馆编译所工作。梁社乾的信可能是请商务印书馆编译所转交的，因当时他用英文翻译的苏曼殊的小说《断鸿零雁记》（"The Lone Swan" by the Reverend Mandju）已由商务印书馆出版，而且他和编译所的编辑人员有交往。也有可能当时这封信就是请周建人转交的，但周建老已回想不起这件事来。不管怎样，应该说，这是梁社乾和鲁迅通信的开始。接着鲁迅在 6 月 14 日写道："得梁社乾信并誊印本《阿 Q 正传》二本。"这里所说的"誊印本"，想当指梁社乾用英文翻译的《阿 Q 正传》的打字稿本或复写本而言。6 月 20 日鲁迅又写道："寄梁社乾信并校正《阿 Q 正传》。"鲁迅在接到《阿 Q 正传》的英文译稿之后，在不过五六天的时间内就"校正"了译稿并寄还译者。查鲁迅此后的日记，7 月 2 日有"午后得梁社乾信"；7 月 13 日有"午后寄梁社乾信并《呐喊》清本，照相一张"；7 月 20 日有"得梁社乾信"；7 月 24 日有"寄梁社乾信"；7 月 30 日又有"得梁社乾信"。这说明在 7 月间鲁迅和梁社乾的通信非常频繁，肯定这些信的内容，都与翻译《阿 Q 正传》的事有关。如 7 月 13 日的"寄梁社乾信并《呐喊》清本①，照相一张"。《呐喊》小说集原是 1923 年由新潮社出版的，后改由北新书局出版，鲁迅曾在 1925 年 7 月 11 日从李小峰（北新的负责人）处取来九本，分赠友人，送给梁社乾的这一本称为"清本"，大概

---

① "清本"二字在 1958 年版的日记作"一本"，1976 年新出的经过核校的日记改作"清本"，查对了 1951 年上海山版公司影印的《鲁迅日记》，第十三册，也是"清本"。

是指在上面作了修改的本子而言。还有一件事可以推想出来的，就是鲁迅当时应梁社乾之请，于7月4日"午后往中央公园，在同生照相二枚"，同月10日又有"午后往中央公园"的记载，看来是去取相片供英译本采用的。可惜鲁迅寄给梁社乾的相片并未在英译本中刊出。1976年文物出版社为了纪念鲁迅逝世四十周年编印《鲁迅照片集》时，才第一次把这两张没有发表过的相片制版刊印出来，并说明是应梁社乾之请为英译本《阿Q正传》而摄的。①

查1926年的《鲁迅日记》，1月11日有"上午得梁社乾信"。1926年是上海商务印书馆印刷和出版《阿Q正传》英译本的一年，看来印成书当在9、10月间，这时鲁迅已经离开北京到了厦门。同年11月30日的日记载："午后收商务印书馆所寄英译《阿Q正传》三本，分赠（林）玉堂、（孙）伏园各一本。"12月3日给许广平的信中说："《阿Q正传》的英译本已经出版了。……你要否？如要，当寄上，因为商务印书馆有送给我的。"12月6日日记有"上午得……梁社乾信，十一月二十八日闸口发"；12月9日有"复梁社乾……信"；12月11日有"收梁社乾所寄赠英译《阿Q正传》六本"；12月13日有"以……英译《阿Q正传》二本，分赠（李）霁野、（韦）丛芜"；12月24日又有"收三弟所寄《阿Q正传》两本。……赠艾锷风、萧恩承英译《阿Q正传》各一本"。从这些记载中，我们可以多少知道《阿Q正传》出版后的一些情况，而且鲁迅把收到的《阿Q正传》先后分赠友人，可惜的是在鲁迅的外文藏书中，竟没有保留下一本当时出版的版本。

---

① 见1976年文物出版社编印的《鲁迅照片集》第三十四与三十五图及书后第三十四图的说明。

由于鲁迅和梁社乾的通信没有一封被保留下来，我们只能从梁社乾1925年8月在上海为自己的译本写的序文中知道这样的情况："作者鲁迅非常慷慨地惠予我用英文翻译的权利，并且时常赐寄印刷品，还寄过小说的两份数页原稿。对这些关怀，还有他对我提出的许多问题所给予的回答，特在此表示衷心的感谢。"

在这个译本的后面，梁社乾写了一篇鲁迅的传略和对译文的注释。传略的内容基本上和鲁迅为王希礼的俄译本写的《著者自叙传略》相同。看来，梁社乾可能向鲁迅询问过有关他的传略；说不定在鲁迅寄给他的所谓"印刷品"当中，可能就有发表过这篇传略的《语丝》周刊，以及刊载了王希礼致鲁迅信的《京报》副刊《民众文艺》梁社乾在序文中也提到王希礼翻译《阿Q正传》："在中国的刊物上发表过一条消息，说著名的汉学家王希礼先生，请求允许他把《阿Q正传》翻译成俄文"，但梁社乾当时以为这个译本"已经出版问世了"。在传略的开头处，梁社乾也犯了一个小错，就是把鲁迅的原名误为周作人。西谛在论《呐喊》的文章中曾提到这一点："这部译本还有一个小错处，就是把鲁迅当作了周作人的笔名。其实鲁迅乃是周作人的哥哥，名树人的是。这是大家都知道的，不知梁君何以把他们混而为一。再版时希望他能改正一下。"[①] 据我见到的一本初版本，已用小纸头印的"Shu-jen（树人）"，贴在"Tso-jen（作人）"的名字上面，对这个小错作了改正。又译者在译文的注释中，对一些疑难的地方，特别是像绍兴地方戏《龙虎斗》等都加了注释，很可能这都是鲁迅在复信中对他作了解释的。

---

① 见西谛《论〈呐喊〉》，1926年《文学周报》第二五一期。

　　在这里我们不妨再顺带介绍一下译者。关于译者梁社乾的情况，我们知道的并不多，但从上海《密勒氏评论报》在1936年编辑出版的《中国名人录》（"Who's Who in China" 1936第153页）中查到他的名字和见到他的照片，才知道他原籍广东新会，于1889年生在美国新泽西州的大西洋城，1918年毕业于大西洋城中学，后至纽约研究戏剧和音乐。返国后曾在北京、上海、广州、杭州等地居住。1924年用英文译过苏曼殊的小说《断鸿零雁记》，1925年翻译了鲁迅的《阿Q正传》。1926年以后专门研究京剧、粤剧和话剧，用英文写成关于梅兰芳的著作两种：《梅兰芳》（"Mei Lan-fang"）和《梅兰芳在美国演出的剧目》（"Repertoire for the American Tour of Mei Lan-fang"）。后又写成《中国今日戏剧》（"The Chinese TheatreToday"）一书。1937年他还住在北京。在北京鲁迅博物馆的藏书中，我发现他在这年4月送给李霁野的一本新版（即第四版）的《阿Q正传》，书前有英文题字："To Mr. T. Y. Lee, whom it is a real pleasure to know, George Kin Leung, April 20th 1937"（意译为"李霁野先生惠存，与你相识，至感荣幸，梁社乾赠，1937年4月20日"）。据博物馆的同志说，这本书是李霁野送给博物馆的，我当即写信向他请教，承他答复："英译者梁君，我并不认识，亦不知任何情况。英译本出版时，鲁迅先生寄二本到京，一给韦丛芜，一给我，并无说明，以后也没有谈到过。这两本可能是梁君送他，他又转送我们的，书上并无题字，已丢失。题字的一本已在先生逝世之后，我记不清当时是怎样的了。"① 不久，"七七"抗战开始，关于梁社乾此后的情况，则无资料可查。

---

① 见李霁野1957年12月12日的复信。

三　鲁迅等人对梁社乾译本的意见

《阿 Q 正传》并不是一本很容易译成外文的书，特别是第一章《序》，更为难译。如敬隐渔的法译本，科金的俄译本，就都把这最难的一章省略掉了。

西谛在 1926 年 11 月为《文学周报》第二五一期写的《论〈呐喊〉》的文章中曾说："《阿 Q 正传》在中国近来文坛上的地位却是无比的；将来恐也将成世界最熟知的中国现代的代表作了。法文译本有敬隐渔君在译，俄文译本有华西里夫（B. A. Vasslliev）在译，而英文译本，则已由梁社乾君（George Kin Leung）译出了（商务印书馆出版）。"西谛接着又说："他的译本颇不坏；只可惜《阿 Q 正传》是太难译了，所以有许多特殊的口语及最好的几节，俱未能同样美好的在英文中传达出。"郑振铎当时正在上海商务印书馆编译所工作，他和梁社乾是否相识，不得而知，但他是精通中外文学的人，而且翻译过不少外国文学作品，因此他对梁社乾的英译本《阿 Q 正传》的评语，还是相当中肯的。

尽管译者梁社乾说："译者就两种语言文字的差异所许可的，仔细地按照中文原文直译，因为想到很多人会拿英文和中文比较对照读。"但就是这样，英译本还是不无误译。

首先鲁迅本人 1926 年 12 月 3 日在厦门写给许广平的信中说："《阿 Q 正传》的英译本已经出版了，译得似乎并不坏，但也有几个小错处。"鲁迅在同天写的《阿 Q 正传的成因》中又说："英文的似乎译得很恳切，但我不懂英文，不能说什么。只是偶然看见还有可以商榷的两处：一是'三百大钱九二串'当译为'三百大钱，以九十二文作一百'的意思；二是'柿油党'

不如译音，因为原是'自由党'，乡下人不能懂，便讹为他们所能懂的'柿油党'了。"鲁迅在这里说"我不懂英文"，看来是谦虚之辞，因为鲁迅早年在南京的江南水师学堂和路矿学堂读书时，就学过英文，而且在他本人的外文藏书中，也有不少英文书。他在接到梁社乾寄来的两本《阿 Q 正传》的英译本"誊印本"之后，不到五六天的工夫就"校正"完毕，并且指出了两处重要的误译，鲁迅要是完全不懂英文，那是无法提出的。

在鲁迅的文章发表之后不久，就有一个署名"甘人"的人，在 1927 年 8 月出版的《北新周刊》上写了《阿 Q 正传的英译本》一文，其中说："两月前读鲁迅《华盖集续编》中《〈阿 Q 正传〉的成因》，知道这篇小说已经有了英译本，即想一读，而苦于无书，最近在（李）小峰的书架上翻着了，这才偿了夙愿。马马乎乎看了一遍，原也不想说什么话，无奈小峰屡催我作文章，（章）衣萍又极力怂恿，只好写几句，将书中我个人以为译得尚未尽然的地方指出来，……聊补译者先生的千虑之一失罢。"甘人首先对译文提出了总的看法："《华盖集续编》里说，这英译本是译得很恳切的，我读了一遍，也以为这句评语很确当（译者在引言里也说是极力照原文直译的，因为有许多人要拿译文与原文对读）；然而恳切不见得就尽善，所以仍旧不免有可以商榷的地方。而且据我个人的意见，唯其因为太恳切，反见得译文有些僵硬与不自然了。这原是直译的通病，只能怪译者不该为便利对读起见，就墨守了直译法，拘住了自己的笔头，使文章有了逊色，因为对读并不是翻译的目的。"① 接着就指出了译文中一些误译和不确切之处。现试举一例，如《阿 Q 正传》第三章《续优胜记略》中有这样的话："未庄通例，倘如阿七打阿八，

①　见《北新周刊》第四七、四八期合刊，第 263—271 页。

或者李四打张三，向来本不算一件事……"梁社乾把这句话翻译成：

"If the seventh child cuffed the eighth child, or perhaps, the fourth Li child struck the third Chang child, ……"

英文的"child"一字作"孩子"和"儿童"讲，因此甘人说："在我们敝处，这四个children竟可以有四十或五十岁的年纪"，看来，译者是没有了解"阿七"、"阿八"、"李四"、"张三"的原意。

梁社乾译的《阿Q正传》，初版在1926年出版，第二年就出了再版本，1929年又出了三版本，译文上没有什么改动。1926年底鲁迅接到《阿Q正传》的译本，同年12月9日"复梁社乾信"，这是他写了《〈阿Q正传〉的成因》以后的第六天，猜想鲁迅很有可能在复信中已把译文中的两处小错误告诉了他。1927年梁社乾可能又读了甘人的文章，所以当1933年《阿Q正传》译本四版出书时，他才根据鲁迅和甘人的意见作了改正，特别是鲁迅提的两点意见，如把"三百大钱九二串"，改译为"三百大钱打百分之八的折扣"；又如将"柿油党"（"Persimmon Oil Party"）改译为音译的"Shi Yu Party"，另外加了注释。至于上面引的甘人指出的那个误译，也改正为"If the seventhborn cuffed the eighth-born, or perhaps, Li the Fourth struck chang the Third"了。

四 《阿Q正传》的其他几种英译本

从上面介绍的情况来看，应该说，梁社乾用英文翻译的《阿Q正传》，是鲁迅这部作品翻译成欧洲文字的最早的译本，法文和俄文的译本都是此后相继出版的。敬隐渔的法文译本，经罗曼·罗兰的审阅和介绍，于 1926 年发表在《欧罗巴》杂志五月号和六月号上；王希礼的俄文译本直到 1929 年才在列宁格勒出版，无论在翻译和出版的时间上，都较梁社乾的英译本为晚。

1929 年敬隐渔又把《阿 Q 正传》收在他编译的《中国当代短篇小说家作品选》中，英国人米尔斯（E. H. F. Mills）根据法文将此书转译成英文，取名为《阿 Q 的悲剧及其他当代中国短篇小说》（"The Tragedy of Ah Qui and Other Modern Chinese Stories"），于 1930 年由英国乔治·劳特利奇书局（George Routledge and Sons, Ltd.）出版，列为《金龙丛书》之一；1931 年美国的戴尔书局（Dial Press）又再版了这本书。

美国进步作家和记者埃德加·斯诺，在 30 年代初也曾着手翻译《阿 Q 正传》，但未见发表和出版。他在 1935 年 1 月写的《鲁迅——白话文的大师》一文中，曾讲到鲁迅的《阿 Q 正传》和它的译本："他在一九二一年发表的讽刺小说《阿 Q 正传》，使得他全国闻名……这是当代中国人所写的被广泛翻译成外国文字的不多的作品之一，并已用法、德、俄、日以及其他等种文字发表。"接着他又讲到《阿 Q 正传》的英文译本："两种英文译本已经出版了，但不幸的，是两种译文都任意删改过，而且译得有些笨拙。"[1] 看来，这里说的"两种英文译本"，想当指梁社乾和米尔斯的译本而言。

此外，在鲁迅生前，在美国哥伦比亚大学任教的王际真用英文重译了《阿 Q 正传》。他的译文最初于 1935 年 10 月、11 月和 1936 年 1 月在美国出版的《今日中国》（"China Today"）杂志上连载，译名为 "Our Story of Ah Q"。编者在前言中说："中国左翼作家运动的阅历深的领袖鲁迅，被他的朋友和敌人同样地视

---

[1]　见 1935 年 1 月美国出版的《亚洲》杂志第 41—42 页。

为是当代中国文学的最杰出的天才。他最初以短篇小说家闻名，后来他几乎专门从事写作杂文，翻译苏联作家的小说，帮助和鼓舞年青的中国左翼作家。他在第一次世界大战结束之后不久，以1911年辛亥革命为背景而写成的《阿Q正传》，普遍地被公认为是鲁迅在创作方面的杰作，并且是当代中国文学中最为有名和被广泛阅读的一部小说，它已被译成俄文、德文、法文和英文。英文译本共有两种：一种是在中国出版的单行本；另一种是由法文转译的，连同其他好几篇小说由戴尔书局列为《金龙丛书》出版。前一种是极为难读的，后一种是有删节的。现在发表的翻译，是由哥伦比亚大学中国语文讲师王际真先生根据没有删节的中文原本译出的，他本人也是一位有才能的作家。"1941年王际真译的《阿Q正传》，又收在他翻译的鲁迅选集《阿Q及其他》（"Ah Q and Others"）中，由美国哥伦比亚大学出版社出版。这本书在1971年又经美国的格林伍德出版社（Greenwood Press）重印过。

梁社乾翻译的《阿Q正传》，在我国也早已成为一本难得的珍本书了。1949年中华人民共和国成立以后，我国才有了《阿Q正传》的新译本。1952年，杨宪益和戴乃迭（Gladys Yang）合译了《阿Q正传》，发表在《中国文学丛刊》第二辑上。1953年，这一译本即由外文出版社印成单行本，现已再版四次。同一译文又收在外文出版社编印的其他几种鲁迅作品的选本中，这就是1954年出版的《鲁迅短篇小说选》，1960年出版的《鲁迅小说选》（已再版两次）和1956年出版的《鲁迅选集》第一卷（已再版一次）。同一译文又收在由戴乃迭编辑的《无声的中国：鲁迅作品选》（"Silent China：Selected Writings of Lu Xun"）中，1973年由英国牛津大学出版社出版。在这里必须指出的，就是现在全世界不少国家在翻译《阿Q正传》时，都是以我国外文出版社的英译本为根据的，因此它在传播鲁迅的这一不朽的著作方面，发挥了相当的作用和影响。

补注：

我在《谈〈阿 Q 正传〉的英文译本》一文最初发表时说："梁社乾用英文翻译的《阿 Q 正传》，于 1926 年由上海商务印书馆出版。这个译本在 1927 年再版，1933 年 5 月又出了'国难'后第一版，实即第三版。"后承江西省南昌师范学校潘文国同志在 1977 年 12 月 2 日来信告知，他藏有梁译《阿 Q 正传》的 1929 年版，书里注明是第三版，可惜我当时没有见过这个版本，因此就把 1933 年版误为是第三版了。又承潘同志告知，鲁迅在《阿 Q 正传的成因》一文中对梁译指出的两处可以商榷的地方，在 1929 年版中并未改正，后来是在 1933 年版中才改正的。现这两处地方都已在本文中作了改正，并对潘文国同志来信和赠书表示谢意。

谈《阿Q正传》的法文译本

1926年，梁社乾用英文翻译的《阿Q正传》由上海商务印书馆出版，这是《阿Q正传》最先翻译成欧洲文字的译本。就在同一年，敬隐渔用法文翻译的《阿Q正传》，又发表在巴黎里埃德尔书局（F. Rieder et Cie）出版的《欧罗巴》（"Europe"）杂志上。鲁迅1926年12月3日在厦门写的《〈阿Q正传〉的成因》一文中曾说："至于《阿Q正传》的译本，我只看见过两种。法文的登在八月份的《欧罗巴》上，还止三分之一，是有删节的。英文的似乎译得很恳切，但我不懂英文，不能说什么。"鲁迅在1933年11月5日写给Y. K.①的信中说：《阿Q正传》的"法文本是敬隐渔译"。同年12月19日写给他的另一封信中又提到法国名作家罗曼·罗兰对《阿Q正传》的评语："罗兰的评语，我想将永远找不到。据译者敬隐渔说，那是一封信，他便寄给创造社……请他们发表，而从此就永无下落。这事已经太久，无可查考，我以为索性不必搜寻了。"现就来谈谈这些有

_____

① Y. K. 即姚克（莘农），翻译家和剧作家，曾协助埃德加·斯诺翻译鲁迅的作品。

关的问题。

一　敬隐渔翻译的《阿 Q 正传》是发表在
八月份的《欧罗巴》杂志上吗？

　　长期以来，根据鲁迅自己的说法，我们都以为敬隐渔用法文翻译的《阿 Q 正传》，是发表在 1926 年八月份的《欧罗巴》杂志上，"还止三分之一"，并且"是有删节的"。为了弄清这个问题，承北京图书馆向法国国家图书馆提出请求，得到了发表《阿 Q 正传》的《欧罗巴》杂志的影印材料，我们才知道《阿 Q 正传》的译文，并不是发表在八月份的《欧罗巴》上，而是分两期发表在五月份和六月份的杂志上；译文平均各占一半，内容确实是有删节的。

　　敬隐渔在翻译时，把《阿 Q 正传》这个题名译为"La Vie de Ah Qui"，再译成中文就是《阿 Q 的一生》或是《阿 Q 的传》。可能由于第一章"序"比较难译，而且不容易为外国读者所理解，敬隐渔就把这一章略掉，从第二章译起。他把第二章"优胜记略"改为第一章，其他各章都相应改动，最后的第九章"大团圆"改为第八章，题名改为"再见"（"Au revoir"）。5 月份的第四十一期《欧罗巴》杂志，是 5 月 5 日出版的，但不知何故，鲁迅的名字被误成 Lou-Tun（鲁东）。这一期发表的译文，是《阿 Q 正传》的前半部分第一章到第五章（即原作的第二章到第六章）。六月份的第四十二期《欧罗巴》杂志，是 6 月 15 日出版的，鲁迅的名字才改为 Lou-Siun。这一期发表的是译文的后半部分第六章到第八章（即原作的第七章到第九章）。平均两期的篇幅各占十八页。

　　译者敬隐渔在译文前面写了一篇短文，对鲁迅的生平作了简短的介绍，并这样讲到《阿Q正传》这篇作品：

> 他（鲁迅先生），正像这篇小说所证明的，是一位杰出的讽刺作家。……这篇小说，是对所有的有闲的人、有产者、士大夫，一句话，是对整个中国旧社会的一切缺点：卑劣、虚伪、无知……的一次辛辣的攻击。他的观察是细致的、巧妙的；他的描写确切地表达出我们的地方色彩。一点也不感伤，它不是部爱情小说。它是不合妇女们的趣味的。

> 这就是我们最有名的作家之一。

二　鲁迅和敬隐渔的友谊与书信往还

从《鲁迅日记》中我们知道，敬隐渔从1926年初开始和鲁迅通信，这种通信关系一直持续到1927年10月为止。现在除去敬隐渔1926年1月24日从法国里昂写给鲁迅的第一封信外，其余双方的通信都没有被保留下来，但这封唯一的保留到今天的信，却为我们提供了非常宝贵的材料，解决了非常重要的问题。承北京鲁迅博物馆同意，现把这封信初次公开发表出来：

> 鲁迅先生：

> 我不揣冒昧，把尊著《阿Q正传》译成法文寄与罗曼·罗兰先生了。他很称赞。他说："……阿Q传是高超的艺术底作品，其证据是在读第二次比第一次更觉得好。这可怜的阿Q底惨象遂留在记忆里了……"（原文寄与创造社了）。罗曼·罗兰先生说要拿去登载他和他的朋友们办的杂志：《欧罗巴》。我译时未求同意，恕罪！幸而还未失格，反替我们同胞得了光彩，这是应告诉而感谢你的。我想你也

喜欢添了这样一位海外知音。

　　这海外的知音、不朽的诗人，今年是他的六十生年；他的朋友们要趁此集各国各种关于他的论文、传记、画像……成一专书，或者你也知道。但是你许我虔切地求你把中国所有关于罗曼·罗兰的（日报、杂志、像板……无论赞成他或反对他的）种种稿件给我寄来，并求你和你的朋友们精印一本论罗曼·罗兰的专书，或交瑞士或给我转交。我们为人类为艺术底爱，为友谊，为罗曼·罗兰对于中国的热忱，为我们祖国底体面，很有这一点表示。……请恕搅扰，并赐回音。

敬隐渔自法国里昂

1926. 1. 24.

敬隐渔在信后面附了两个通信地址：

　　瑞士书店的通信处：

> Monsieur Emile Roniger
>
> Quellenstrasse
>
> Rheinfelden
>
> Suisse.

（瑞士，莱因费尔登，克伦街，埃米尔·罗尼热先生转）

　　我的通信处：

> Mr. King-Yn-Yu
>
> 50 Rue des Cheraucheurs（St. Just）
>
> Chez Mr. Augier
>
> Lyon, France.

〔法国，里昂，谢诺谢尔街（圣·朱斯特），奥吉埃先

生转　　敬隐渔先生收〕

敬隐渔写的这封信，看邮戳是 1 月 26 日从里昂发出经西伯利亚寄回的。信封上写着"中国北京大学转交鲁迅先生"（Monsieur Lou Sun，Professeur à l'Université de Pekin. Pekin，Chine），信经由西伯利亚在 2 月 13 日寄到北京。鲁迅在 2 月 20 日的日记中写道："得李小峰信，附敬隐渔自里昂来函"，想当指此信而言。敬隐渔在信中首先提到他用法文翻译《阿 Q 正传》和罗曼·罗兰对这篇小说的评语，接着就讲到有关罗曼·罗兰六十诞辰的事①。鲁迅在 2 月 27 日的日记中写道："寄敬隐渔信并《莽原》四本。"看来鲁迅可能在信中感谢了敬隐渔翻译《阿 Q 正传》，据敬隐渔说："鲁迅听了这个消息也老实地欢喜，并且老实地感谢了我介绍之劳。"

在这以后不久，鲁迅应敬隐渔的请求，为了对罗曼·罗兰表示敬意，在 3 月间翻译了日本人中泽临川和生田长江合写的《罗曼·罗兰的真勇主义》，发表在 4 月 25 日出版的《莽原》半月刊第七、八期的《罗曼·罗兰专号》上。鲁迅在 3 月 16 日写的后记中说："这是《近代思想十六讲》的末一篇，一九一五年出版，所以于欧战以来的作品都不提及。但因为叙述很简明，就将它译出了。"鲁迅在 4 月 23 日的日记中写道："得敬隐渔信"，同月 25 日有"寄敬隐渔信"。鲁迅很可能在复信中提到他翻译《罗曼·罗兰的真勇主义》和《莽原》出版纪念《罗曼·罗兰专号》的事。

到了 7 月 1 日，鲁迅日记中有"下午得敬隐渔信并《欧罗巴》一本"的记载。这一本《欧罗巴》杂志既不见之于鲁迅当年的书账，也不见之于鲁迅的外文藏书目录，疑早已遗失。从时

---

①　罗曼·罗兰生于 1866 年，1926 年 1 月 29 日是他的六十诞辰。

间上来看，这一本《欧罗巴》杂志可能是五月份的一本，因6月15日出版的六月份的一本，大概在寄信时尚未出版。鲁迅在《〈阿Q正传〉的成因》一文中说："法文的登在八月份的《欧罗巴》上"，看来是把月份记错了。

7月16日鲁迅日记中有"访（李）小峰，在其寓午饭，并买小说等三十三种，共泉十五元，托其寄给敬隐渔"，接着7月27日又有"寄敬隐渔信"，看来这封信与寄书的事有关。我们知道敬隐渔此后曾用法文编译了一本《中国当代短篇小说家作品选》（"Anthologie des conteurs chinois modernes"），于1929年由巴黎里埃德尔书局出版，其中选译了鲁迅、茅盾、郁达夫、冰心、落华生、陈炜谟等人的作品共九篇。这"三十三种"书的名称虽然无法查考，但就翻译出的小说来推测，可能包括鲁迅本人的《呐喊》，郁达夫的《沉沦》，冰心的《超人》，落华生的《缀网劳蛛》等，因译出的作品曾见于这几种小说集。鲁迅的作品除《阿Q正传》，还新译了《孔乙己》和《故乡》。说不定在寄出的书中，还有与罗曼·罗兰有关的书刊。因这时《小说月报》六月号已出了纪念罗曼·罗兰的特辑。

1926年下半年，大概敬隐渔已从里昂到了巴黎。鲁迅也在这年的9月从北京到了厦门，1927年1月又从厦门到了广州，他这个期间收到的敬隐渔的信，都是由许钦文的四妹许羡苏（淑卿）从北京转来的。查《鲁迅日记》1926年12月8日有"得（许）淑卿信，上月廿九日发，附敬隐渔来函及画信片四枚，从巴黎"。1927年2月11日有"上午得敬隐渔信，去年10月29日巴黎发"。3月22日有"上午得（许）淑卿信，七日发，附敬隐渔信"。1927年10月初鲁迅从广州到了上海，10月15日又有："得敬隐渔信"。这些信的内容都不详，也未见鲁迅复过信。这样经过了两三年，到了1930年2月24日才发现《鲁迅日记》中有"敬隐渔来，不见"的话。可能这时候鲁迅对敬隐渔在国外的行为不检已有所闻，1929 年前后敬隐渔从法国回到上海，鲁迅所写的"不见"，可能不是"未见"，而是"拒见"或"不愿见"之意了。

现在不妨在这里再简单地介绍一下目前所知道的有关敬隐渔的一些情况。

鲁迅在 1933 年 11 月 5 日复 Y. K. 的信中说："法文本是敬隐渔译（四川人，不知如何拼法）。"我在敬隐渔 1926 年 1 月 24 日写给鲁迅的信中，发现附有一张写着"鲁迅先生，问候"的名片，才知道他是四川遂宁人。他的法文名字是拼为 J. -B. Kin Yn Yu 的，Kin 有时也拼成 Kyn。他从小在成都（一说在成都附近的彭县）天主堂的孤儿院长大，受过天主教的严格教育，认真学习过法文和拉丁文。他名字前面的 J. -B.，是他的天主教教名 Jean-Baptiste 的缩写，意译即为"施洗礼的约翰"。20 年代初他到了上海，寄居在徐家汇天主教的学堂里，并经常到四川北路的创造社去。他曾把郭沫若的小说《函谷关》译成法文，登载在《创造季刊》上。这时他开始从事创作和翻译，写过诗歌和小说。他的作品和译品，多半发表在《创造季刊》、《创造周报》、《创造日》和《小说月报》等刊物上，1925 年出版了小说集《玛丽》。由于郭沫若的鼓舞，他着手翻译罗曼·罗兰的长篇小说《约翰·克利斯朵夫》，并和罗曼·罗兰通信。罗曼·罗兰在 1924 年 7 月 17 日曾给他复信（译文见《小说月报》一九二五年第一期）。至于他翻译的《若望·克利司朵夫》的最前几章，曾刊登在 1926 年的《小说月报》上。他大约在 1925 年前后到法国去留学，先后到过里昂和巴黎，一说是靠了罗曼·罗兰的资助，一说是靠了天主教会的支持的。他曾到瑞士日内瓦湖（蕾芒湖）畔的新村去拜望罗曼·罗兰，在他家做客，据说后来由于行为有些荒唐，不为罗曼·罗兰所欢迎。他在法国时神经就不正常，得了色情狂症。1929年前后从法国回到上海，闻后来是以狂疾蹈海而死的。

敬隐渔的译文，据敬隐渔本人说，罗曼·罗兰曾作过这样的评语："你的译文是规矩的，流畅的，自然的"（"Votre traduction est correcte，aisée，naturelle"）；巴黎某杂志的主任说："你的译文是极精细而富于色彩的"（"Votre traduction est extrêmement fine et riche en nuance"）。鲁迅在1934年3月24日写给姚克的信中也说："敬隐渔君的法文听说是好的，但他对于翻译却未必诚挚，因为他的目的是在卖钱，重译之后，错误当然更加不少。"我曾校阅了一下译文，发现译文除删去难译的第一章"序"之外，其他各章都略有删节。还有，在"大团圆"一章的结尾处，讲到阿Q四年之前曾在山里遇见一只饿狼，他"永远记得那狼眼睛，又凶又怯，闪闪的像两颗鬼火，似乎远远的来穿透了他的皮肉。而这回他又看见从来没有见过的更可怕的眼睛了，又钝又锋利，不但已经咀嚼了他的话，并且还要咀嚼他的皮肉以外的东西，永是不远不近的跟他走"。就在"又钝又锋利"后面，敬隐渔突然加上了一句拉丁文的话："quaerentes quem devorent"，这句话原为"quaerens quem devoret"，意译即为"寻求吃人的野心者"。敬隐渔是非常喜欢引用拉丁文成语的，在这里他也显示了他的拉丁文的才能。

敬隐渔翻译的《阿Q正传》，后又收在1929年他编译的《中国当代短篇小说家作品选》。1930年，英国人米尔斯把这本书转译成英文，取名为《阿Q的悲剧和其他现代中国短篇小说》，在英国和美国出版。看来，鲁迅信中所提到的"重译之后，错误当然更加不少"，这里的"重译"，想当指米尔斯的英译本而言。

三　罗曼·罗兰写过信给鲁迅吗？他对
《阿Q正传》是怎样评价的？

　　罗曼·罗兰写过信给鲁迅吗？罗曼·罗兰对《阿Q正传》是怎样评价的？这是多年来大家非常关心，同时也是长期存在着争论的问题。

　　早在1926年3月2日的《京报副刊》上，就发表了柏生写的《罗曼·罗兰评鲁迅》一文，其中说：

　　　　昨接全飞先生由法国来信，中有一节关于罗曼·罗兰论鲁迅先生的《阿Q正传》的：

　　　　"鲁迅先生的《阿Q正传》，由一位同学敬君翻成法文，送给罗曼·罗兰（Romain Rolland）看，罗曼·罗兰非常称赞，中有许多批评话，可惜我不能全记，我记得两句是：C'est un art réaliste avéré d'ironie……La figure misérable d'Ah Q reste toujour dans le souvenir（这是充满讽刺的一种写实的艺术。……阿Q的苦脸永远留在记忆中的）。

　　　　这篇译文将在杂志上发表，我当买来寄你一看。不过译者敬君中文不甚好，恐与原意有许多不合处。而且据他说他删了二三页，这实在不是忠实的地方。"

　　据了解，写文章的柏生就是副刊的编者孙伏园，"全飞先生"是他的兄弟孙福熙，当时正在法国里昂留学，经常用全飞的名字给《京报副刊》撰写有关法国文学的文章。看来，他和敬隐渔当然是熟识的，而且最先从他那里听到罗曼·罗兰对《阿Q正传》的评语。这两句评语，同敬隐渔在写给鲁迅的信中所说的，大体上是一致的。又他听敬隐渔说在翻译《阿Q正传》时曾删了二三页，这当指第一章"序"而言了。

　　就在柏生的这篇短文发表之后不久，敬隐渔大发雷霆，写了一篇《读了〈罗曼·罗兰评鲁迅〉以后》的驳斥文章，刊登在1926年5月上海出版的《洪水》杂志第五期上。文章中先说："全飞君自称是我的同学；但是我自有生以来没有尊荣认识你这一位同学；我在法国的同学只有四五个人，其中并没有一位叫全飞的！……我认识的朋友——问遍了，没有一个知道全飞其人者！原来你非人非鬼；你是乌有，你是全非！"接着他就写道："第一，为人当负责任；要做播弄是非的文章，应有署真名真姓的胆量"；"第二，批评别人的译文或别人的'东西'是一件很文明的事，但总要见了译文，见了'东西'，然后加以批评，加以抨击，才是正理"；"第三，不要妄造谣言"。最后还说："京报上的只是谣言，不是批评。"不用说，敬隐渔也自己承认他写的这篇文章"有些过火的地方"。《洪水》的编者曾因此写了按语："《罗曼·罗兰评鲁迅》一文在一九二六·三·二的京报上。……原文是很短的一段消息，是柏生君介绍的全飞的一封信。照我匆匆一阅时所见，觉得没有什么大不然，朋友们写信是常常喜欢报告自家人的消息的。……隐渔文中有许多地方并不只是口角，虽然前半有许多带有愤怒的轻薄语。本来是想把许多无关重要的口角略去了的，但因为这几日实在太忙，只能照样刊出了。盼望读这篇文章的人不要只看里面的口角才好。"

　　从这两篇文章发表以后，我们才最初知道罗曼·罗兰对《阿Q正传》的评语。在20年代和30年代，又有几位外国作家提到罗曼·罗兰的评语的，如在北京大学教授西洋哲学和文学的巴特莱特（R. M. Bartlett），在1927年为美国《当代历史》（"Current History"）杂志十月号写的《中国革命的思想界的领袖们》一文中就讲到鲁迅："我访问鲁迅，是在一九二六年夏天他离开北京去厦门之前。……他的最著名的小说《阿Q正传》已经翻译成法、俄、德、英等国文字。罗曼·罗兰在读了这篇小说之后曾说;‘这是一篇充满讽刺的现实主义艺术杰作。阿Q的苦痛的面容将长久地留在我的记忆里。”这是鲁迅小说中唯一已经译成英文的作品”。鲁迅生前的日本友人增田涉，在1932年为《改造》杂志四月号写的《鲁迅传》中曾说："鲁迅的名字不仅在国内，就是在国外也是为人所知的，这是由于他的《阿Q正传》七八年前在法国翻译出来，并且刊载在罗曼·罗兰主编的《欧罗巴》杂志上而开始的，罗曼·罗兰曾对此作了感激的批评寄到中国去。"美国进步作家和记者埃德加·斯诺，在1935年为美国《亚洲》杂志一月号写的《鲁迅——白话文的大师》一文中也说：鲁迅"在一九二一年发表的讽刺小说《阿Q正传》，使得他全国闻名。……这是当代中国人所写的被广泛译成外国文字的不多的作品之一。……罗曼·罗兰是鲁迅作品的一位伟大的赞美者，说他曾被这篇作品所深深感动以至流下泪来。"

到了1936年鲁迅逝世时，（王）钧初10月24日在为巴黎《救国时报》写的《鲁迅先生逝世哀感》一文中说："前些年当《阿Q正传》译成了法文出版时，法国当代大文豪罗曼·罗兰读了曾为之下泪，并有好评发表在《世界》杂志上。"

抗战胜利后，鲁迅生前的老友许寿裳在1947年为《人世间》第六期写的《亡友鲁迅印象记》的《杂谈著作》中说："鲁迅的著作，国际间早已闻名了。……他又告诉我：罗曼·罗兰读到敬隐渔的法译《阿Q正传》，说道，‘这部讽刺的写实作品是世界的，法国大革命时也有过阿Q，我永远忘记不了阿Q那副苦恼的面孔。’因之罗氏写了一封给我的信托创造社转致，而我并没有收到。……"接着郭沫若在1947年8月30日写了一篇

《一封信的问题》①，对许寿裳文作了解释和辨正，并且说："我对于这个问题，始终是保持着怀疑的态度。当然我并不是怀疑鲁迅先生，而是有点怀疑敬隐渔其人。"

但这个问题并没有结束，前些时偶然见到 1961 年香港出版的《新雨集》中，载有叶灵凤写的《敬隐渔与罗曼·罗兰的一封信》，其中说："敬隐渔的名字，现在知道的人大约已经不会很多了。……但他同新文坛还有一个重大的关系，那就是他后来到法国去留学，再回到中国时，据说罗曼·罗兰曾托他带了一封信给鲁迅先生。当时敬隐渔在法国由于穷得无法生活才回国的，由于他生活孤僻耿介，而且精神衰弱，这封信竟被他不知抛到什么地方，未能到达鲁迅先生手中。……不料竟因了他误作'洪乔'，平空使早期中国新文坛增加了一宗不必要的纠纷。"

从上面这些简略的介绍中，我们就不难知道，围绕着罗曼·罗兰的一封信的问题，曾引起过不少争论和纠纷。为了弄清这些问题，我曾请法国国家图书馆协助查询，现初步可以澄清下面几个问题：

（一）罗曼·罗兰写过信给鲁迅吗？

从上面不少引用的文字中，都提到罗曼·罗兰写给鲁迅的一封信的问题。如许寿裳回忆鲁迅的话："罗氏写了一封给我的信托创造社转致"；叶灵凤甚至说敬隐渔在从法国回国时误作"洪乔"，把罗曼·罗兰托他带给鲁迅的一封信，"不知抛到什么地方去了"。现从不少线索中查明，罗曼·罗兰并没有直接写过信给鲁迅，只不过在他复敬隐渔的信中谈到他对《阿 Q 正传》的评语，这从前面初次发表的敬隐渔在 1926 年 1 月 24 日写给鲁迅的信中的话，就是一个最好的证明。敬隐渔把有罗曼·罗兰评语

---

① 郭沫若的文章见《天地玄黄》杂文集；并见《郭沫若文集》第 13 卷。

的信寄给创造社,当是 1926 年初的事,不可能是以后的事,更不可能是在他回国时罗曼·罗兰托他带回来的。

(二)罗曼·罗兰对《阿 Q 正传》的评语,曾在法国公开发表过吗?

据(王)钧初的回忆,罗曼·罗兰对《阿 Q 正传》的评语,曾发表在法国的《世界》杂志("Monde")上,据向法国国家图书馆查询的结果,无论是《欧罗巴》杂志还是《世界》杂志上,都未见发表过罗曼·罗兰对《阿 Q 正传》的评语。《世界》杂志是 1928 年才创刊的,更无可能。我曾因此事请教过王钧初同志,询问他是否见过发表罗曼·罗兰评语的《世界》杂志,承他复信说:"当我听别人对我谈此事时,我也没有弄清楚。这是我的一个很大的疏忽。"看来,他也是听说的,并无文字上的根据。

(三)罗曼·罗兰对《阿 Q 正传》是如何评价的?

由于这个问题传闻很多,又无罗曼·罗兰复敬隐渔的原信为据,我想还是以敬隐渔 1926 年 1 月 24 日写给鲁迅信中的话为准,这同柏生的文章中引用的全飞的话,大体上是一致的,看来,全飞的话并非"全非"了。为了澄清这个问题,我特别请教了当时和敬隐渔同在里昂留学的林如稷同志。1976 年他已是七十四岁的高龄,半身瘫痪,双目有病,承他在当年 4 月 20 至 21 日答复了我的问题,又承他在逝世(1976 年 12 月 10 日)不久以前,同意我引用他复信中的话,现把它引出来,作为对这个争论问题的结束:

> 关于罗曼·罗兰对《阿 Q 正传》的评语问题,我记得敬隐渔曾把罗曼·罗兰的回信给我看过,罗曼·罗兰在信中除说决定把《阿 Q 正传》介绍给《欧罗巴》登载外,还有几句短短的评语:"这是一篇富于讽刺的现实主义杰作。阿

Q的形象将长久留在人们的记忆里。……在法国大革命的时期，也有类似阿Q的农民，……"据敬隐渔那时说，他已为此事写了一篇短文寄与上海创造社，内中主要是谈他译《阿Q正传》和罗曼·罗兰信中对他的译稿的评语。后来敬隐渔因此文未见登出，到巴黎后见着我时也发过牢骚……

正像鲁迅所说："此事已经太久，无可查考"，但根据近几年的努力查询的结果，至少把五十年来没有弄清的一些问题，特别是罗曼·罗兰是否写过信给鲁迅和罗曼·罗兰如何评论《阿Q正传》的问题，比较澄清了一些。

四　《阿Q正传》的其他几种法文译本

敬隐渔翻译的《阿Q正传》，是法文中最早的译本。除1926年5、6月分期发表在《欧罗巴》杂志上外，又收在1929年他编译的《中国当代短篇小说家作品选》中。米尔斯即以此为据，转译成英文于1930年和1931年在英国和美国出版。

1953年法国联合出版社（Les Editeurs français réunis）出版了保罗·雅马蒂（Paul Jamati）翻译的《阿Q正传》（"La véritable histoire de Ah Q"），书前有克洛德·鲁瓦（Claude Roy）写的序文（沈鹏年辑的《鲁迅研究资料编目》中把Claude Roy误为译者）；书后附译有冯雪峰写的论《阿Q正传》的文字。

1956年，我国的外文出版社出版了《鲁迅短篇小说集》（"Nouvelles choisies"），其中收有《阿Q正传》。1973年同社又出版了《阿Q正传》法文译本的单行本。

1975年，法国巴黎大学东亚出版中心出版了马蒂纳·瓦莱特-埃梅里（Martine Vallette-Hēmery）翻译的《阿Q正传》（"La véridique histoire d'A Q"）。此书为中法文对照，并附印了程十发绘的插图。

　　此外，1975 年法国的水族馆剧团（Théâtre de I′Aquarium）还在巴黎上演了让·儒尔德伊尔（Jean Jourdheuil）和贝尔纳·夏尔特纳（Bernard Chartreux）根据鲁迅的小说改编成的话剧《阿 Q》，米歇尔·露阿（Michelle Loi）曾因此剧的上演为《世界报》（"Le Monde"）写了评介文字。

　　《阿 Q 正传》的法文译本从 1926 年发表以来，已是五十多年了，正如罗曼·罗兰所说的："这是一篇明确的寓于讽刺的现实主义的艺术杰作"，"阿 Q 的可怜的形象将长久地留在人们的记忆里！"

谈《阿 Q 正传》的俄文译本

　　远在鲁迅生前，《阿 Q 正传》就被翻译成俄文，甚至在 1929 年一年之内，就出版了两种译本。1925 年 5 月 26 日，鲁迅曾应苏联人瓦西里耶夫（Б. А. Васильев，中名王希礼）之请，专门写了《俄文译本〈阿 Q 正传〉序及著者自叙传略》，但这个译本直到 1929 年才出版。鲁迅在 1933 年 11 月 5 日写给 Y. K. 的信中，也曾提到俄文译本的问题："又俄译本有二种，一种无译者名，后出之一种，为王希礼（B. A. Vasiliev）译。"现在就先从王希礼的译本和"一种无译者名"的译本谈起。

一　鲁迅和王希礼通信与交往的开始

　　当谈到鲁迅和王希礼的通信与交往时，我们就不能不想起曹靖华同志所写的《好似春燕第一只》①。他在这篇回忆散文里，为我们介绍了王希礼着手翻译《阿 Q 正传》和与鲁迅开始通信

---

　　①　见《花》（1962），《春城飞花》（1973、1980），《飞花集》（1978）等散文集。

的情况。

那还是1925年春天的事。正当"紫燕剪柳，春色宜人"的时节，一批参加中国革命的苏联同志，万里迢迢来到了古老的开封城，他们是河南国民革命军第二军俄国顾问团的工作人员。其中有一位年青人名叫王希礼，他不但懂中文，而且喜爱中国文学，但他对于反映中国现代生活的中国文学却是一无所知，于是曹靖华同志就送了一本鲁迅的《呐喊》给他，介绍他先看其中的《阿Q正传》。他读完了《阿Q正传》，赞不绝口，认为"鲁迅，我看这是同我们的果戈理、契诃夫、高尔基……一样的！这是世界的大作家呀！"他决心利用休息时间，把它译成俄文，传布到苏联去。不用说，在翻译过程中碰到不少疑难，其中如有关绍兴民间赌博之类的用语，连曹靖华同志也不懂，这样他们就决定写信直接向鲁迅请教了。曹靖华同志在另一篇散文《无限沧桑怀遗简》①中，也提到《好似春燕第一只》中所讲的这件事："那篇文章还叙到王希礼在工作之暇，如何接触到《阿Q正传》，从《阿Q正传》如何仰慕鲁迅先生，如何着手译《阿Q正传》，以及在译作中遇到疑难，写信向鲁迅先生请教等等史实。据《鲁迅日记》载，那第一封信是一九二五年五月八日收到的。九日《日记》载：'寄曹靖华信并附致王希礼笺'，就是有关这事的。这是《阿Q正传》传入西方的开始，也是我和鲁迅先生通信的开始。"

现查《鲁迅日记》，1925年5月8日有"得曹靖华信"，接着第二天就有"寄曹靖华信，附致王希礼笺"；5月20日有"得曹靖华信"，5月27日又有"寄曹靖华信"。可惜这些珍贵的通信一封都没有被保存下来，但我们从曹靖华同志的回忆文字中知

---

① 见《鲁迅书简（致曹靖华）》，上海人民出版社1976年版。

道，这些信都是与翻译《阿 Q 正传》有关的："《阿 Q 正传》初稿译完时，为了详实，我把所有疑难都列举出来，并写了一封信给鲁迅先生，信内附了王希礼的一页信。信中除请鲁迅先生解答疑难之外，还请他给俄译本写一篇序、自传，并请他附寄最近照片等等给俄译者用。"曹靖华同志写给鲁迅的信虽然不存，但"信内附了王希礼的一页信"，却于 1925 年 6 月 16 日刊载在《京报》第二种附刊《民众文艺》周刊第二十六号上。现根据《京报》原文抄录如下：

靖华老友：

前信想已收到。我近来有一个很新的发现，使我的精神上感到无限的愉快，使我对于现在中国的新文学发生一种十分热烈的爱恋！

这个新的发现，就是我由上海到汉口以后，无意中读了鲁迅先生的《呐喊》我以前在俄国大学所研究的中国文学，差不多都是古文，描写什么贵族的特殊阶级的生活，对于民众毫没有一点关系；我读了以后，对于中国的国民生活及社会的心灵，还是一点不知道！我现在在中国的新的作品里边，读了鲁迅先生的《呐喊》以后，我很佩服你们中国的这一位很大真诚的"国民作家"他是社会心灵的照相师，是民众生活的记录者！

他的取材——事实都很平常，都是以前的作家所不注意的，待他描写出来，却十分的深刻生动，一个个人物的个性都活跃在纸上了！他写得又非常诙谐，可是那殷痛的热泪，已经在那纸的背后透过来了！他不只是一个中国的作家，他是一个世界的作家！

我现在已着手翻译《阿 Q 正传》，打算在莫斯科出单行本；但是我不认识这位先生，并不知道他现在何处？

请你写信给我介绍一下，并请他准我译他的书。并且还要请他为《阿Q正传》的俄文译本做一篇序，介绍给俄国读者。再请他为我寄一张照片及他的传略，为的是印在一块里。

《阿Q正传》译完以后，我还想译他的别的作品，《故乡》等。

希望请你费神将我这样佩服的诚意，介绍于鲁迅先生面前。

我也希望你快些给我一封回信。

你的老友　王希礼（B. A. Vasiliev）

一七·四·二五·汉口

这封信发表时，题名为《一个俄国的中国文学研究者对于〈呐喊〉的观察》。编者还加了按语："此信原用中文所写，并非译文，我们由此可推知俄译本《阿Q正传》之正确了。"

我曾专为这封信的事请教过曹靖华同志，才知道信中有些话，如王希礼由上海到汉口，如"无意中读了鲁迅先生的《呐喊》"，如写信的地点和日期等等，多系假托之词，正如曹靖华同志所说："当时的青年人，多少都带有些浪漫主义色彩的幻想。"其实，王希礼是在开封经由曹靖华同志的介绍和推荐才开始阅读和着手翻译《阿Q正传》的，而且上面抄录的这封信，也是在他们商量之后经他协助才写成的。据说当时未名社的同人，也曾因为这封信的行文流畅而感到惊奇，但他们不知道这封信是怎样写成的。

鲁迅5月9日和27日的复信虽都不存，但我们从曹靖华同志的回忆中知道："在风沙呼啸中，鲁迅先生的复信来了，现在还清楚地记得当时急忙打开那信的心情。鲁迅先生不但详尽地解答了所有疑难，而且关于赌博还绘了一张图，按图注明'天门'

等等的位置及如何赌法。这种恳切、认真的严肃态度，实令人感佩。这些第一手的图解材料，恐怕是《阿 Q 正传》所有外文译本都不曾得到的最详实的材料了。"曹靖华同志在《无限沧桑怀遗简》中又提到：可惜的是"这些原信和附件，在一九二六年初，河南国民革命军第二军被当地封建军阀打败时，我把它就近存到友人家中，赴广州参加北伐战争去了。一九二七年夏，中国大革命失败，反革命派开始了大屠杀，我由武汉径直出国。一九三三年回国后，便打听这些信件的下落，谁知在白色恐怖下，代存信的人，为安全计，把它全烧了"。我们知道，鲁迅在 1928 年曾为井上红梅翻译的《阿 Q 正传》画过一张赌博图，1931 年又为山上正义翻译的《阿 Q 正传》写了八十五条校释，其中第二十三条也画了一个赌博解说图，鲁迅为王希礼画的这张赌博图，要算是最早的一张了，要是它和鲁迅的复信都能保存下来，那肯定是研究鲁迅的重要史料。

二　鲁迅与王希礼的继续通信与交往

　　鲁迅在接到王希礼的来信之后，就着手为《阿 Q 正传》的俄文译本写序，现在收在《集外集》中的《俄文译本〈阿 Q 正传〉序及著者自叙传略》后面，注有"一九二五年五月二十六日，于北京"；又查《鲁迅日记》，5 月 29 日有"夜作《阿 Q 传序及自传略》讫"，看来，这篇序和自传是在三四天之内写成的。6 月 8 日有"下午以《阿 Q 正传序、自叙传略》及照像一枚寄曹靖华"。7 月 10 日有："下午（台）静农、（张）目寒来并交王希礼信及所赠照相，又曹靖华信及译稿。"

　　幸运的是，这里提到的"王希礼信及所赠照相"都还保存着，承北京鲁迅博物馆同意，现把这封信抄录如下：

鲁迅先生：

　　你的传略，序文和相片，已经由友人曹靖华转给我了，我抱着很真诚的至意，谢谢你！

　　传略和序文，都已译就，和着相片与阿Q正传全文，付邮寄到莫斯科去付印，书出版之后，即送一本译本。

　　我倘使将来到北京去，那时一定亲去拜会你。现在送上我的一张相片，请收下留为纪念。别的话以后再谈吧！

　　祝你平安！

王希礼　上

　　这封信末未注明日期，但从王希礼送给鲁迅的照片上写有"Б. 王希礼，4/Ⅶ，25"，由此可以证明信是在1925年7月4日写的，鲁迅在7月10日收到。这里可以顺带提到的，就是当鲁迅和王希礼开始通信时，《阿Q正传》的英译者梁社乾也已和鲁迅通信，而且在6月上旬把《阿Q正传》的英文译稿送请鲁迅审阅，鲁迅在6月20日校正寄还，因此恐不能说，王希礼的俄文译本是"第一次翻译成欧洲文字"的译本了。

　　就在鲁迅和王希礼通信之后不久，王希礼曾利用因公到北京的机会和鲁迅相见。查《鲁迅日记》8月11日写道："午后往北京饭店访王希礼，已行"；10月25日有"下午王希礼来，赠以《苏俄文艺论战》及《中国小说史略》各一本"。看来，王希礼是到北京阜成门内西三条二十一号的新居去访问鲁迅的，这是他们初次见面。这年8月，任国桢翻译的《苏俄的文艺论战》，由未名社出版，书前有鲁迅写的前记，9月间，鲁迅写的《中国小说史略》，又由北新书局印成合订本出版，因此鲁迅把这两本新出版的书送给王希礼。10月28日又有"下午往六国饭店访王希礼，赠以《语丝》合订本一及二各一本"（在《语丝》合订本第二册的第三十一期上，印有鲁迅写的《俄文译本〈阿Q正传〉

序及著者自叙传略》），可能这两次会见时，鲁迅和王希礼都谈到了有关翻译《阿Q正传》的事。到了1927年5月27日，鲁迅的日记中又有"得王希礼信，五日上海发"，据曹靖华同志回忆，这时王希礼已经回国，这封信可能是托其他的苏联人在上海转寄的。从此以后，我们就再没有发现鲁迅与王希礼有任何联系。

三　王希礼翻译的《阿Q正传》的出版

从王希礼的复信中我们知道，他在译完《阿Q正传》之后，又翻译了鲁迅为俄文译本写的序和自叙传略，并说"付邮寄到莫斯科去付印"，但这本书并没有立即出版，也没有在莫斯科出版，一直到1929年方由列宁格勒的"激浪"（"Прибой"，有人译为"海潮"或"海浪"）出版社出版。书名《阿Q正传》（《Правдивая история А-Кея》），共191页。封面是由苏联画家希仁斯基（Л. Хижинский）设计的。这本书虽然名为《阿Q正传》，实际上是鲁迅小说的选集，除《阿Q正传》外，还收有其他七篇小说，即卡扎克维奇（З. В. Казакевич）从《彷徨》中选译的《幸福的家庭》和《高老夫子》，什图金（А. А. Штукин）从《呐喊》中选译的《头发的故事》、《孔乙己》、《风波》、《故乡》和《社戏》。

鲁迅应王希礼之请写的《俄文译本〈阿Q正传〉序及著者自叙传略》，最先曾发表在1925年6月15日的《语丝》周刊第三十一期上。鲁迅在序文的一开头就指出："这在我是很应该感谢，也是很觉得欣幸的事，就是：我的一篇短小的作品，仗着深通中国文学的王希礼（B. A. Vassiliev）先生的翻译，竟得展开在俄国读者的面前了。"据鲁迅的老友许寿裳在他写的《亡友鲁迅印象记》中说："鲁迅的著作，国际间早已闻名了。记得一九二五年，他做了《自传》和《俄文译本阿Q正传序》，嘱我代写一份，因为译者王希礼要把它影印出来，登在译本的卷头。"现查俄文译本，《俄文译本〈阿Q正传〉序》是王希礼翻译的，印在书前的第三页至第六页，但《著者自叙传略》并未发表。经我查阅苏联在 1960 年出版的斯卡奇科夫编的《中国书目》（П. Е. Скачков：《Библиография Китая》），这篇《自叙传略》大概直到 1940 年方由贾钦科（М. Дьяченко）译成俄文，发表在《莫斯科东方学研究所研究论文集》上。

鲁迅曾应王希礼之请，还专在 1925 年 5 月为俄文译本照了相。查 5 月 28 日的日记有"午后往容光照相"，6 月 6 日又有"晚往容光取照相"，8 日"下午以《阿Q正传序·自叙传略》及照像一枚寄曹靖华"，转交王希礼。但这张照片俄文译本并未采用，现在我们从 1976 年文物出版社编印的《鲁迅（1881—1936）照片集》的第三十二和三十三图上，可以看到这张照片。

就在这个译本前面，王希礼还专写了一篇序，其中对鲁迅的生平介绍得并不多，也没有采用《著者自叙传略》中的话，主要是论鲁迅的作品的。他称"鲁迅是中国作家中现实主义派的领袖"，并说"他的部分作品已被译成英文、法文和日文，其中《阿Q正传》曾得到罗曼·罗兰的赞扬的评论"。从此看来，他写这篇序文的时间较晚，因他已经知道鲁迅的作品被译成英、法、日等种文字出版。但他对于鲁迅也有认识不足的地方，如说"就政治观点来说，鲁迅是一个无政府主义的个人主义者，他对于旧的社会生活的形式，以及对于不必要的和有害的残余势力所抱的嘲笑与怀疑主义的态度，在具有过激情绪的中国青年知识分子身上得到了拥护"。关于《阿Q正传》，他这样写道："鲁迅在小说《阿Q正传》中，把自己的讽刺不仅指向中国一九一一年的假革命，而主要是指向旧中国的文化和旧中国的社会。假如有时在描写人民当中的平凡人物的形象时，他嘲笑了他们的软弱无能，但这只是含泪的微笑，因为作家本人的同情，始终在被侮辱和生活毫无保障的人们的一边的。"

我们现在顺带介绍一下译者的情况。关于王希礼的生年不详，估计是在20世纪初叶。他曾在列宁格勒学习中文，1925年春作为翻译工作人员来到我国，参加中国的革命斗争。过去和现在都有人误以为王希礼曾于1925年在北京大学任教，如1958年人民文学出版社编印的《鲁迅全集》第七卷的注释中就说："王希礼，苏联人，当时北京大学的教授。"又最近看到一些谈到王希礼翻译《阿Q正传》的文字，也还有这种说法。据曹靖华同志告诉我，这都是误传。王希礼当时在开封河南国民革命军第二军俄国顾问团担任翻译，曹靖华同志也在顾问团担任翻译，因此两人很熟。他在回到苏联后，先后在列宁格勒大学和东方语言学校教授中国语言和文学，编辑过中国语文教科书，翻译过中国古典文学作品（如白行简的《李娃传》、白居易的《长恨歌》、欧阳修的《醉翁亭记》等）；同时还翻译过中国左翼作家的作品，编辑过茅盾的小说《动摇》的俄文译本，翻译了胡也频、冯铿的小说；此外还写过不少研究中国戏剧，特别是京剧的文章。他约在1937到1938年间去世。

四　谈"一种无译者名"的《阿Q正传》

鲁迅在致Y. K. 的信中说："又俄译本有二种，一种无译者名，后出之一种，为王希礼译。"这种所谓"无译者名"的《阿Q正传》（《Правдивое жизнеописание》），是1929年由莫斯科的"青年近卫军"（"Молодая Гвардия"）出版社出版的，印在《当代中国中短篇小说集》（《Повести и рассказы современного Китая》）的卷首，书的封面画的是中国风景，书中鲁迅的作品有《阿Q正传》和《孔乙己》，此外还译了郁达夫、滕固、蹇先艾等人的作品。书前有编者哈尔哈托夫（А. Хархатов）写的序文，书后有科洛科洛夫（В. Колоколов，中名郭质生）写的后记。

多年来我在查询这种"无译者名"的《阿Q正传》，究竟是谁译的，这样直到见到苏联在1971年出版的一本《鲁迅中短篇小说集》（《Повести и рассказы Лу Синя》），才从注解中发现它的译者是科金（М. Д. Кокин）。科金是位苏联的中国问题研究者，曾在列宁格勒东方语言学校学习。30年代初他参加过列宁格勒马克思主义者—东方学者协会举行的关于亚洲生产方式问题的讨论会，在会上作了补充报告和结论。此外，1939年他还写过一本《井田制，中国古代的农业制度》，1933年写过一本《广州公社》以及其他有关中国革命斗争的论著。他翻译的《阿Q正传》，也颇类似敬隐渔的法译本的做法，没有译第一章"序"，而是将第二章"优胜纪略"改为第一章，但在全书后面的译者注中对这一章稍加介绍，讲出了采用"阿Q"这个名字的原因。译文中删节之处甚多，而且还有一些误译。

苏联在1929年一年内，出版了两种《阿Q正传》的译本，足见苏联读者当时对鲁迅作品的极大兴趣。鲁迅把这种"无译者名"的作为第一种，把王希礼的译本作为第二种，我想大概是因为鲁迅先接到"无译者名"的一种。鲁迅在1929年7月3日的日记中这样写道："午后张目寒来，未见，留《Pravdivoe Zhizneopisanie》（即《阿Q正传》）及《Pisateli》（即《作家传》）各一本，又新俄画片一帖二十枚而去，皆靖华由列京（即列宁格勒）寄来者。"至于王希礼的译本，鲁迅是在 1931 年 3 月 13 日才收到的，这天的日记有"下午收靖华所寄书三本"，其中一本是卢那察尔斯基的《解放了的吉诃德先生》，另一本就是《阿Q正传》。经我查阅过两种译本，都只标明 1929 年出版，但并未注明月份，因此很难断定哪一种译本在前，哪一种译本在后。但在苏联编印的中国文学作品俄文译本编目中，一般是把王希礼的译本排在前面的。

五　《阿Q正传》的其他几种俄文译本

继王希礼和科金的译本之后，1938 年苏联又有了经过鲁多夫（Л. Н. Рудов）、萧三和什普林青（А. Г. Шпринцив）等三个人审校的《阿Q正传》的新译本，印在苏联科学院东方文化研究所编印的"纪念中国现代伟大的文豪论文译文集"《鲁迅，1881—1936》一书中。

到了 1945 年，《阿Q正传》又有了罗果夫（Вл. Рогов）的译文，印在苏联国家文学出版社编印的《鲁迅选集》中。罗果夫曾任苏联塔斯通信社驻中国的记者多年，1947 年上海的苏商时代出版社又出了他的《阿Q正传》。他在书中写道："《阿Q正传》是现代中国文学第一部最重要的作品，它已经成为世界文学的不可分割的一部分。"他翻译的鲁迅《自叙传略》、《俄文译本〈阿Q正传〉序》以及《阿Q正传》，曾编进鲁迅的各种作品集，如 1950 年上海时代出版社出版的《呐喊》，1952 年苏联国家文学出版社出版的《鲁迅选集》，1954 年出版的《鲁迅选集》第一卷，1955 年儿童出版社出版的《阿Q正传及其他小说集》，1971 年国家文学出版社出版的《鲁迅中短篇小说集》。1955 年苏联教育出版社出版的《二十世纪外国文学作品选读

（1917—1945）》，又收有波兹涅耶娃（Л. Д. Позднеева）翻译的《阿Q正传》。1960 年苏联国家文学出版社又出版了罗果夫翻译的《阿Q正传》的精印本，书前印有《自叙传略》和《俄文译本〈阿Q正传〉序》，全书由画家科冈（Евг. Коган）装帧和绘制插图。

六　有关《阿Q正传》俄译本的几个以讹传讹的问题

在关于《阿Q正传》的俄文译本方面，还存在着几个长期未能澄清和以讹传讹的问题：

（一）柏烈威翻译过《阿Q正传》吗？

在王希礼翻译《阿Q正传》之后不久，据说当时在北京大学教授俄语的柏烈威（А. С. Полевой），也准备翻译鲁迅的《阿Q正传》和其他小说。他曾请李霁野同志向鲁迅征询意见。鲁迅在 1927 年 2 月 21 日写给李霁野的信中说："柏烈威先生要译《阿Q正传》及其他，我是当然可以的。但王希礼君已经译过，不知于他（王）何如？倘在外国习惯上不妨有两种译本，那只管译印就是了。（我也没有与王希礼君声明，不允第二人译。）"柏烈威当时曾编过《俄语教科书》（1923）和《俄华字典》（1927），但未见他翻译过鲁迅的作品。后来他离开中国到别的国家去，即使他翻译过《阿Q正传》，恐也未曾出版。

（二）卢那察尔斯基翻译过《阿Q正传》，或为《阿Q正传》俄文译本写过序言吗？

据日本人林守仁在 1931 年 10 月出版的日译本《阿Q正传》中所写的《关于鲁迅及其作品》中说："据说，（《阿Q正传》）

俄译本就有两种，最近版上有卢那察尔斯基写的序文，予以了高度的称赞。"鲁迅也曾因此事在1931年11月10日写信给曹靖华同志："听日本人说，《阿Q正传》的俄译新版上，有Lunacharski（卢那察尔斯基）序文，不知确否？如确，则甚望兄译其序文或买有此序文之书一本见寄。"假如说，"最近版"或"俄译新版"，是指王希礼的译本，那么经我查阅过王希礼和科金的两种译本，都没有卢那察尔斯基写的序文。我还专为此事请教过曹靖华同志，他肯定地说没有这件事。又他在自编的《鲁迅书简（致曹靖华）》中也加了这样的注："日人所传他（指卢那察尔斯基）为《阿Q正传》俄译本作序，系误传。"

又内山完造在1953年2月21日曾写了一篇《参观鲁迅故居》的文章，其中说："鲁迅先生最初的辉煌业绩，就已成为五四运动开端的中国文化革命的顶点，《狂人日记》就是这样一篇作品。其后不断发表的作品的数量都很不少。《阿Q正传》一篇首先由法国大文豪罗曼·罗兰的推崇，作为中国文坛的第一号人物给人打下了烙印。继之由苏联卢那察尔斯基翻译，第一版十万部一个月内售光，而成为盛况。"[①] 过去日本人误传卢那察尔斯基为《阿Q正传》的新版"写过序文"，但内山完造却又误传为"翻译"了《阿Q正传》至于"第一版十万部"这个数字也有问题，我查阅了王希礼和科金的两种译文，王希礼译本初版印数是三千本，科金的译本是五千本，看来所谓"十万部"，也是传闻失实。

（三）法捷耶夫曾经翻译过《阿Q正传》吗？

此外还有一种传闻，说法捷耶夫也曾翻译过《阿Q正传》，如上海泥土社在1953年编了一本《论鲁迅》，编者在法捷耶夫

---

① 见内山完造著《花甲录》，1960年岩波书店出版。

写的《论鲁迅》一文后面这样写道："法捷耶夫是中国人民所敬仰的苏联作家之一。他的巨著《毁灭》早于三十多年前经鲁迅先生译成中文，而他也曾将《阿 Q 正传》译成俄文。"看来，这也是一种讹传，可能法捷耶夫审阅过《阿 Q 正传》的新译文，误传是他译过此书。

补注：

承四川省成都市三十四中学吴金扬同志在 1980 年 6 月 8 日写信告知，他在看了我写的《谈〈阿 Q 正传〉的俄文译本》一文后，曾对鲁迅所说的"一种无译者名"的《阿 Q 正传》的译者进行了研究。他在 1979 年 8 月请教了四川省文史馆研究员高兴亚（原名高世华，1902—1980），据高兴亚回忆说，他 20 年代初在北京大学学习俄语，选修过鲁迅讲授的《中国小说史》，1925 至 1927 年在莫斯科中山大学留学时，经苏联作家特列捷亚科夫（1892—1939，中名铁捷克，曾在北京大学教授俄语，1930 年又曾根据高世华自述的生平事迹写成传记小说《邓世华》）的介绍，同科金合译了《阿 Q 正传》。他 1929 年 5 月 20 日在北京参加李秉中的婚礼时见到鲁迅先生，曾把他同科金合译《阿 Q 正传》一书事告诉鲁迅先生，并提到因第一章难译，因此未译。他当时没有看见这个译本，后来也没有再写信告诉鲁迅先生，鲁迅先生就以为这是"一种无译者名"的译本了。又此事请参阅徐实（吴金扬）写的《"无译者名"的俄译本〈阿 Q 正传〉的译者是高世华和科金——补充戈宝权同志的一个考证》，《见鲁迅研究》1981 年第二辑。

谈《阿 Q 正传》的日文译本

　　鲁迅著作的日文翻译者和研究者竹内好，1948 年 7 月写过一篇《〈阿 Q 正传〉的世界性》的文章。他在文章的一开头就说：

　　　　中国的近代作家当中，在日本，鲁迅是最有名的；在鲁迅的作品当中，《阿 Q 正传》是最有名的。要是讲到中国的近代文学，无论谁，最先都会举出鲁迅的名字。要是讲到鲁迅的代表作品，大概人们都会举出《阿 Q 正传》。《阿 Q 正传》就是这样通俗而又有名。不用说，这并不是没有理由的。

　　事实也确是如此！自从 1928 年井上红梅最初翻译了《阿 Q 正传》，五十年来，又先后出现了长江阳、松浦珪三、林守仁、增田涉、田中清一郎、中泽信三、竹内好、小田嶽夫、尾上兼英、松枝茂夫、高桥和巳、丸山昇、驹田信二等许多人翻译的十多种不同的译本。这些人既是鲁迅著作的翻译者，同时又是鲁迅著作的研究者。其中如林守仁、增田涉等人在翻译《阿 Q 正传》的过程中，还曾得到鲁迅的不少帮助。至于日本人写的论述《阿 Q 正传》的文字，那就更多了。现在就先从井上红梅翻译的《阿 Q 正传》谈起。

一 井上红梅翻译的《阿Q正传》

鲁迅在 1933 年 11 月 5 日写给 Y. K. 的信中，谈到他见过的几种《阿Q正传》的日文译本："《阿Q正传》，日本有三种译本：（一）松浦珪三（K. Matsuura）译，（二）林守仁（S. J. Ling，其实是日人，而托名于中国者）译，（三）增田涉（W. Masuda，在《中国幽默全集》中译）。"就在同一封信中，鲁迅还提到井上红梅翻译的《鲁迅全集》："《小说全集》，日本有井上红梅（K. Inoue 这日本姓的腊丁拼法，真特别，共有四个音，即 I-no-u-e）译。"就在井上红梅翻译的这本《鲁迅全集》中，也收有《阿Q正传》，因此应该说，鲁迅生前曾见过四种《阿Q正传》的日本译文。

井上红梅最早从 1926—1927 年起，就开始翻译鲁迅的作品。据他 1932 年 10 月在为《鲁迅全集》编写的《鲁迅年谱》中说：

> 一九二七年，本全集的译者，译有《药》、《风波》、《在酒楼上》，寄给东京的杂志，但没有识者。又前一年为满洲的杂志翻译了《狂人日记》，也已遗失。
>
> 一九二八年，本全集的译者，应上海日日新闻社之请，译有《阿Q正传》、《社戏》，并在同报上揭载。此外，尚有《药》二篇，在上海的杂志上发表。
>
> 一九三○年，……又本全集译者的《阿Q正传》，由这年的《ぐるてすく》（《奇谈》）杂志转载。

从此看来，井上红梅翻译的《阿Q正传》，最早是发表在上海出版的日文报纸《上海日日新闻》上，可惜我们直到现在还没有能找到这种报纸，不知道井上红梅的译文是发表在这年几月份的报纸上，一共连载了多少天，发表时的情况如何。到了

1929 年（井上红梅说为 1930 年），井上红梅翻译的《阿Q正传》，又改名为《支那革命畸人传》，刊载在梅原北明主编的《ぐるてすく》（《奇谈》）杂志十一月号上。在译文前面有这样的说明："鲁迅氏的《阿Q正传》，是中国文艺复兴时期的代表作，喧闻于欧美，并已译成数国语言，但在日本尚无译本。这里是把题目改为《支那革命畸人传》，借用本刊的空白而发表的全译。"就在这时候，井上红梅又在翻译鲁迅的《呐喊》和《彷徨》两本小说集，于 1932 年 11 月 18 日由东京改造社用《鲁迅全集》的名义出版发行，这实际上就是《呐喊》和《彷徨》的全译，因《呐喊》是根据最早的版本翻译的，其中还翻译了《不周山》一篇。

关于井上红梅当时和鲁迅有过什么交往，现没有多少史料可寻，但我们从《鲁迅日记》中知道，鲁迅在井上红梅翻译的《阿Q正传》出版之后不久，就先见到这本书。看来，这本书一出版后，立即被寄到上海，因此鲁迅在 1932 年 11 月 30 日的日记中写道："得内山书店送到之《版艺术》七本，日译《鲁迅全集》二本，共值九元。"又查同月《书账》，有"鲁迅全集（日译）二本，五·〇〇"，每本合二元五角，而原价是日金二元。到了 12 月 1 日，鲁迅又在日记中写道："晚访坪井先生，赠以糖果两盒，松仁一斤，《鲁迅全集》一本。"坪井先生是当时日本人开设的篠崎医院小儿科的医生，名坪井芳治学士，鲁迅从这年 5 月起经常请他为海婴看病打针，因此交往甚密，鲁迅还为他题写过诗作。这样到了 12 月 14 日，鲁迅才接到井上红梅寄赠的译书，这一天的日记有这样的记载："下午收井上红梅寄赠之所译《鲁迅全集》一本，略一翻阅，误译甚多。"这本书前，有译者用钢笔题写的字："鲁迅先生教正　昭和七年十一月　译者"，现在珍藏在北京鲁迅博物馆鲁迅的外文藏书中。1933 年 6 月 22

日，鲁迅在日记中写道："井上红梅见赠海苔一合。"看来，井上红梅当时正在上海，是井上红梅拜访了鲁迅，还是请内山书店的老板内山完造转赠了礼品，现都不清楚。除此之外，在《鲁迅日记》中就再没有见到有关井上红梅的任何记载了。

鲁迅对于井上红梅的翻译，直到他的为人，都是有意见的，这我们从鲁迅写给增田涉和日本女歌人（即女诗人）山本初枝①的信中，也可以得到证明。如鲁迅在1932年10月2日写给增田涉的信中说："我的小说，据说已全部由井上红梅氏翻译，十月中将由改造社出版。"在11月7日夜写给增田涉的信中又说："井上红梅氏翻译拙作，我也感到意外，他和我并不同道。但他要译，也是无可如何。"在同一夜写给山本初枝的信中也有类似的话："我的小说已被井上红梅氏译出，将由改造社出版，使增田兄受到意外的打击，我也甚感意外。既然别人要翻译，我也不能说不行。就这样译出来了。你一定两面受责备罢。请你不要认为这是我的罪过。增田兄早点译出来就好了。"接着鲁迅在11月15日写给山本初枝的信中说："井上红梅氏送了我一本他翻译的拙作。"过了几天，鲁迅在12月19日夜写给增田涉的信中又说："井上氏所译《鲁迅全集》已出版，送到上海来了。译者也赠我一册，但略一翻阅，颇惊其误译之多，他似未参照你和佐藤先生②所译的。我觉得那种做法，实在太荒唐了。"

这里可以附带提及的，就是鲁迅在1932年11月7日写给山本初枝的信中说的"你一定两面受责备罢"这句话，疑有小

---

① 山本初枝（1898—1969），1930年经内山完造介绍，与鲁迅相识。

② 指日本作家佐藤春夫（1892—1964），曾译过鲁迅的小说《故乡》和《孤独者》。

误。查李菁同志的译文，是译成"你一定会被榨取二元钱的，但请不要怪罪我。"日文的"二元榨り取られる"恐不能译为"两面受责备"。我又查了井上红梅翻译的《鲁迅全集》，发现在这本书的版权页上写着"定价二圆"。看来，这里的"二元"想当指书价而言，意即山本初枝买这本书时，要花二元的代价，实即被"榨取"了二元钱（按新编《鲁迅全集》已对误译作了改正）。

我们知道，在鲁迅的批评与指责之后，井上红梅又对《阿 Q 正传》的译文进行了修改，1938 年 11 月由新潮社出版，列为《新潮文库》第三三七种。书中除《阿 Q 正传》之外，还收有《明天》、《祝福》、《伤逝》、《离婚》等小说。又井上红梅在 9 月 15 日写的译者识中说，鲁迅逝世之后，当年 10 月和 11 月周作人为《宇宙风》杂志写过有关鲁迅早期文学活动的文章《关于鲁迅》，他应《改造》和《文艺》杂志之请，曾经全译出来，现当"《阿 Q 正传》新译上梓"的时候，又把它改名为《鲁迅的创作态度及其作风》，附印在书后。这本重新改译的《阿 Q 正传》，到 1943 年已印到第六版。

二　鲁迅专为井上红梅翻译的《阿 Q 正传》画的赌博图

鲁迅对井上红梅翻译的《鲁迅全集》颇有意见，说它"误译甚多"，但当他翻译《阿 Q 正传》时，鲁迅曾应他的请求，为小说中押牌宝的问题画过一张《赌博的解说图》，在今天看起来，这是鲁迅留给我们的一件珍贵的墨宝和文献史料了。

鲁迅在《阿 Q 正传》第二章"优胜记略"中这样写道：

假使有钱，他（阿 Q）便去押牌宝。一堆人蹲在地面上，阿Q即汗流满面的夹在这中间，声音他最响：

"青龙四百！"

"咳～～开～～啦！"庄家揭开盒子盖，也是汗流满面的唱。 "天门啦～～角回啦～～！人和穿堂空在那里啦～～！阿Q的铜钱拿过来～～！"

"穿堂一百——一百五十！"

阿Q的钱便在这样的歌吟之下，渐渐的输入别个汗流满面的人物的腰间。他终于只好挤出堆外，站在后面看，替别人着急，一直到散场，然后恋恋的回到土谷祠，第二天，肿着眼睛去工作。

鲁迅写的这段押牌宝的场面，曾使不少译者遇到困难。

鲁迅为井上红梅画的这张赌博的解说图，是在什么时候和什么情况之下画的，现还不得而知。估计最早当在1928年初，因为在赌博图的左上方，还印着一张鲁迅1927年8月19日在广州西关图明馆照的相片，说明是"最近的鲁迅氏和特别给予译者的《阿Q正传》中的赌博的解说图"。鲁迅在当年10月3日到了上海，10月5日第一次到内山书店去买书，此后再去买书时才与内山书店老板内山完造相识。井上红梅自己说1928年应上海日文报纸《上海日日新闻》之请翻译《阿Q正传》，很可能他这时直接向鲁迅请教，也有可能是通过内山完造的关系，鲁迅就送了一张最新的照片给他，并特地在印有云水花纹的信笺上，为他画了一张赌博的解说图，虽然我们在鲁迅的日记中没有发现任何的记载。这张解说图后来又印在1937年改造社出版的《大鲁迅全集》第一卷的前面。

现把这张赌博的解说图翻译过来，供作研究参考之用：

骨牌是决定胜负的极为简单的赌博，点数多的一方为胜。（但十点、二十点则等于零）。

A = 庄家席

D = 天（前方）= 天门

C = 地（左侧）= 青龙

D = 人（右侧）= 白虎

E = 穿堂（即中间）

F = 角（即偶角）

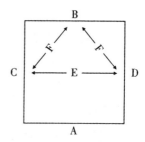

押在 E 上，C 与 D 两方为胜，E 亦为胜，如两方为负，E 亦为负，如两方一胜一负，则 E 无胜负。F 同此例。

继此之后，我们知道 1931 年 3 月鲁迅在为林守仁翻译的《阿Q正传》写了八十五条校释，其中也画了一个简明的赌博图，容留到后面再谈。

三　关于井上红梅生平的一些情况

关于井上红梅，过去我们知道的并不多，就是日本人也是如此，因此大家一向都把他看成是个"谜的人物"。这样直到 1974 年日本朝日新闻社出版了竹内好和桥川文三合编的《近代日本和中国》①，1977 年讲谈社出版了《日本近代文学大事典》②，这方面的情况才多了一些。

井上红梅是属于日本的所谓"支那通"（中国通）的人物。他原名井上进，红梅是他的笔名。据推测，他于明治十四年（1881）生于东京的下町，和鲁迅是同年。他的父亲非常爱酒，做过向中国贩卖军火的生意。井上红梅从小就身体病弱，而且染

---

① 书中有东京大学三石善吉写的《后藤朝太郎与井上红梅》，对井上红梅的生平有详细的介绍。

② 《日本近代文学大事典》中有关井上红梅的条目，是日本中国研究所研究人员菱沼透写的。

上了饮酒癖。他曾用父亲残留下的财产经营过"支那料理店"（中国饭馆），事业失败后，就在 1913 年到了上海。他在中国住过多年，特别是在上海、南京和苏杭一带，而且和中国妇女同居，过着放荡的生活，沉湎于女色、饮酒、麻将和鸦片之间。这时他一变而成为"中国五大道乐——吃、喝、嫖、赌、戏"的研究者和"中国风俗研究家"。1918 年起开始创办《支那风俗》的刊物。1920—1921 年上海的日本堂出版了他编著的上、中、下三大卷《支那风俗》，1923 年出版了描写中国黑暗世界的《匪徒，土匪研究》和色情世界的《金瓶梅与中国社会状态》（三卷），1924 年出版了《支那各地风俗丛谈》，1928 年出版了《支那风俗丛书》第一册《迷信》（鲁迅藏有此书），1930 年出版了《酒、鸦片、麻将》，1938 年东京的改造社出版了《中华万花镜》（从吃开头，一直讲到说书、滩簧等）。毫无疑问，鲁迅是很知道这个时期的井上红梅的，因此他在 1932 年 11 月 7 日写给增田涉的信中有这样感慨的话："井上红梅翻译拙作，我也感到意外，他和我并不同道。但他要译，也是无可如何。近来看到他的大作《酒、鸦片、麻将》，更令人慨叹。"

1928 年前后，井上红梅又来了一个新的转变，一变而成为中国革命文学的介绍者和翻译者，而且成为鲁迅作品在日本最初的介绍者。鲁迅在 1933 年 6 月 25 日写给山本初枝的信中说："井上红梅先生已来上海，看样子喝了不少酒。"这正是国民党反动派所进行的白色恐怖最为猖狂的年代，1933 年 6 月 18 日中国民权保障同盟总干事杨铨被暗杀，不少左联作家先后被捕，井上红梅曾为八月号的《改造》杂志写了《上海蓝衣社的恐怖事件》，还为《改造》和《文艺》杂志介绍中国革命文艺界的情况。1936 年鲁迅逝世以后，他参加了改造社出版的《大鲁迅全集》的翻译工作。1938 年 6 月他又到过上海，住过半年多，重新修改了《阿Q正传》，由新潮社出版。1939年他参加了创元社主编的《亚洲问题讲座》，写成了《鸦片与烟草》的专文。最后1949年在穷病中死于东京。

四　长江阳和松浦珪三翻译的《阿Q正传》

1931年是《阿Q正传》被翻译成日文的最多的和最重要的一年。同在一年之内，就先后出现了长江阳、松浦珪三和林守仁三种《阿Q正传》的译本。

先是在我国的大连由日中文化协会出版的《满蒙》杂志上，从一月号到五月号连载了长江阳翻译的《阿Q正传》。关于译者的情况毫无所知。译者在译文前面写了一段简短的介绍，其中说："鲁迅在中国是成名的作家中占有最重要的地位的一个人。……现在译的《阿Q正传》，是特别最重要的杰作之一。"

其次，同年秋天，日本又出现了两种《阿Q正传》：一种是9月由白扬社出版的松浦珪三的译本；另一种是10月由四六书院出版的林守仁的译本。

松浦珪三的译本，列为《中国无产阶级小说集第一编》，书前有《译者序》，书中除《阿Q正传》外，还译了《孔乙己》和《狂人日记》这本书的装帧模仿鲁迅《呐喊》的封面，只不过是把《呐喊》二字改成为《阿Q正传》。我们从《鲁迅日记》中知道，9月21日有"午后往内山书店买日译《阿Q正传》一本，一元五角"，当指松浦珪三的译本而言。11月19日又有"上午石民①来，并交松浦氏所赠日译《阿Q正传》四本"，其中一本有钢笔题字："谨呈鲁迅先生　译者"，现藏北京鲁迅博

_____

① 当时任上海北新书局编辑。

物馆的鲁迅外文藏书中。

关于译者，我们只知道他曾任东京第一外国语学校教师。他在《译者序》中说："著者鲁迅今年五十一岁，是民国以来装饰现代中国文学界的独一无二的至宝。"接着他就讲到自己翻译的这本小说集："这本书里选译的三篇作品，是从著者在一九一八年到二二年之间创作的短篇小说集《呐喊》十五篇当中选译出的有定评的三篇代表作。著者的作品，在这以前被翻译成日文的，除去著者亲自用日语翻译的《兔和猫》以外，是不存在的。不用说，习作的东西并不是往往没有散见的，但作为完译而公开发表的，恐怕要以这本拙译为唯一的东西。"看来，译者只知道鲁迅曾经译过《兔和猫》，并不知道井上红梅和长江阳已经译过《阿Q正传》，因此就把自己的译作说成是"唯一的"了。查这里提到的鲁迅翻译的《兔和猫》，是发表在1923年北京出版的日文《北京周报》新年号上，我不久以前才找到这篇译文，这样就能解决了许寿裳手抄的鲁迅《一九二二年日记断片》中12月6日记载的"夜以日文译自作小说一篇写讫"的谜，鲁迅自译的这篇小说，就正是《兔和猫》①。

松浦珪三在《译者序》中还谈到了《阿Q正传》："一九二一年在上海②《晨报》上发表的，是作为一代的杰作而喧闻内外的《阿Q正传》。这个作品，给予当时的中国文学界以惊奇的轰动。收集这一作品的短篇小说集，事实上成为洛阳纸贵的书籍。鲁迅的文名和地位，以这一作品而永久确立，以至还出现了'阿Q相'、'阿Q时代'这类新语。"

---

① 请参看我写的《谈鲁迅"以日文译自作小说"的发现》，见1979年第七期《读书》杂志。

② 应为北京。

五 林守仁翻译的《阿Q正传》

在《阿Q正传》的日文译本中，林守仁的译本占有一个重要的地位，因为它曾经鲁迅作过"严密的校阅"，而且在翻译过程中，译者还曾得到鲁迅的不少帮助。

山上正义是位日本的革命作家和新闻记者、诗人和剧作家，又是日本翻译中国文学作品的团体"东成社"成员。远在1926年10月，他就作为日本新闻联合通信社的特派记者到了正处于革命高潮的广州。鲁迅在1927年1月到了广州，2月间他们两人相识，从此经常交往，而且结下了深厚的友谊。1927年10月，鲁迅从广州回到上海，山上正义在目睹了广州公社的英勇起义之后，也在1929年以新闻联合通信社上海分社特派记者的身份到了上海，继续和鲁迅交往。我们现在从他在1928年为日本《新潮》杂志三月号写的《谈鲁迅》和1936年鲁迅逝世后为《改造》杂志十二月号写的《鲁迅的死和广州的回忆》等文中，都可以看出他们交往的经过。山上正义写的《谈鲁迅》，这是日本一般杂志上刊载的最早介绍鲁迅的文章，其中谈了鲁迅的生平和作品，也谈到了他到广州中山大学以及后来到白云楼去看望鲁迅的一些情形。

山上正义准备翻译《阿Q正传》，是在广州的事。虽然《阿Q正传》早在1928年就已有了井上红梅的译本，但鲁迅"惊其误译之多"，是很不满意的，因此希望能有更好的日译本出现，这个工作就落到山上正义的身上了。山上正义在《鲁迅的死和广州的回忆》中谈起了这件事：

> 几年前在上海时，他希望出版他的代表作《阿Q正传》的日译本决定版，笔者从广州以来就决心从事这项翻译，并

当在广州时就在日本的《新潮》杂志上发表了这个决心。两方面的愿望不谋而合，于是笔者就在他的直接指导之下，在上海完成了这项工作。

我们再来看看他在《谈鲁迅》一文中的话，就可以得到证实：

> 《阿Q正传》是他的代表的杰作。……他的作品是否是杰作固当别论，但在世界上有名却是事实。……据说罗曼·罗兰高度赞扬这部作品，使它更为有名。（我也直接得到鲁迅的承诺，将这部作品译为日文，现已完成一半左右，因系相当长的长篇，并在对话中频频出现山西省一带的土语，颇为难译，至今尚来全部完成。）

山上正义在《谈鲁迅》一文中，把鲁迅误为是山西省某县人，因此说他作品中的对话"频频出现山西省一带的土语"，这一错误在他后来写的文章中都改正过来了。

看来，山上正义在广州时就已经开始翻译《阿Q正传》，并完成了一半左右，到了上海以后才集中力量完成的。他在《鲁迅的死和广州的回忆》一文中又说：

> 原文有的地方引用古典，不时出现绍兴土语，相当难译，大约用了一个半月的时间始告译成。这之间，鲁迅对笔者的译文提了意见，解释了原文的含意达五十余次。

这里提到的"五十余次"，是指他们的面谈，还是指八十五条书面的校释而言，现在很难判断，但有一点可以说明的，就是《阿Q正传》中引用了不少古文，并不见之于八十五条校释，而八十五条校释又是鲁迅在校阅了译稿之后才写出的。由于鲁迅常到日本人内山完造开办的内山书店去买书或小坐，因此山上正义是常有可能当面向鲁迅请教的。

山上正义翻译的《阿Q正传》，由日本东京四六书院于1931

年 10 月 5 日出版发行，到现在也已经整整五十年了。听说在日本这个译本已经成为难得的和几乎找不到的书，也很少有人知道这个译本是经过鲁迅校阅的。这个译本的封面上，印着《支那小说集·阿Q正传》的黑体美术字，左下角画着两个用黑红色套印的工人的形象，其中一个工人右手拿着铁锤，高举左臂作召唤状。书脊顶端用小字印着《国际无产阶级文学选集》，下面是书名和"鲁迅著·林守仁译"的字样。从外表上看起来，这是一本鲁迅的《阿Q正传》，但仔细翻阅一下全书的内容，它又是日本的革命文艺界人士为了纪念我国李伟森、柔石、胡也频、冯铿、殷夫等五位左联烈士而编印的一本有着强烈的政治意义的文集。书前印有李伟森等人的遗像和悼念他们的献词，正文在《阿Q正传》之后译载了胡也频、柔石、冯铿等人的作品和小传。《阿Q正传》占全书篇幅的一半以上。

日本著名的革命作家和新闻记者尾崎秀实（1901—1944），在当年 5 月 23 日用白川次郎的笔名为这本书写了《谈中国左翼文艺战线的现状》的长篇序文，抗议国民党反动当局屠杀中国广大劳动人民和革命战士的血腥罪行，对中国人民的革命斗争事业和革命文艺运动表示了最有力的支持。尾崎秀实在文章中特别指出：

> 鲁迅不但是声名卓著的作家，而且自从他成为自由大同盟的领导者之后，他的活动更是值得钦佩。诚如大家所知道的，他是左联的泰斗，至今还是果断地参加着战斗。

> 关于他的《阿Q正传》，已由译者作了详细的介绍。这部译稿的原文，曾经由原作者鲁迅进行过严密的校阅。

也许正因为这样，现在日本有不少的文章中说，鲁迅的《阿Q正传》，是山上正义和尾崎秀实合译的。当时尾崎秀实也在上海，担任日本朝日新闻社的特派记者，他和鲁迅以及我国的不少革命作家都有交往，因此山上正义在翻译《阿Q正传》时得到他的帮助，是完全可能的。

六　鲁迅写给山上正义的信和注释手稿的发现

1975年6月22日，东京大学文学部的丸山昇教授，从居住在日本横滨市的山上正义的夫人山上俊子的家里，发现她收藏了四十四年之久的鲁迅写给山上正义的信和为《阿Q正传》日译本写的八十五条校释的原件。他曾为中央公论社出版的文艺刊物《海》九月号写了专门的介绍文章《关于〈阿Q正传〉的日文翻译》（未发表书简），这一珍贵文物的发现，成为近年来研究鲁迅的一个新的重要的史料。他在1976年又写成《某中国特派员、山上正义与鲁迅》一书，对他们的友谊作了进一步的研究。

我们从《鲁迅日记》中知道：1931年"二月二十七日晴，……得山上正义信并《阿Q正传》日本文译稿一本"，接着是"三月三日雨。午后校山上正义所译《阿Q正传》讫，即以还之，并附一笺"，这里所说的"一笺"，就是山上正义夫人所珍藏的那封信。这封信是写在大张的白色信纸上，现将信的译文抄录如下：

山上正义先生：

译文已拜读。我认为译错之处，或可供参考之处，大体上均已记于另纸，并分别标出号码，今随译文一并寄上。

关于序文——恕不能如命，请您自行撰写，仅希在序文中说明：这个短篇系一九二一年十二月为一家报纸的"开心话"栏所写，其后竟然出乎意料地被列为代表作而译成各国语言，且在本国，作者因而大受少爷派、阿Q派的憎恶等。

　　草草顿首

鲁　迅

三一年三月三日

　　鲁迅虽然没有写序文，并说"请您自行撰写"，于是山上正义就在译文前面写了一篇《关于鲁迅及其作品》的文字，其中给予了鲁迅以高度的评价：

　　　　我想，自从民国革命二十年以来，他可以说是中国现代文学的主流的唯一代表者。就他在文坛上的地位来说，今天也依然是当前文坛的泰斗。可是，今天的鲁迅并不是几年前的鲁迅，鲁迅是所谓左倾了。正像中国当前文坛在最近几年中间急速趋向左倾一样，鲁迅也明显地左倾了。在所说左翼文艺以外，存不存在着文艺的今天的中国文坛上，鲁迅作为它的泰斗的地位依然还是没有变，这未必只是我一个人的见解。例如今年一月号的（美国）《新群众》上，在介绍鲁迅时，就称他是"中国最伟大的小说家、全中国左翼作家联盟的领袖"。

　　　　可是，鲁迅二十年来对中国文坛所作出的功绩，是不能简单的用泰斗等言词来加以论断的。他在具有特殊的发展形态、而今尚在发展中的中国当前文坛上，作出了极为特殊的功绩。

接着他就谈到鲁迅的《阿 Q 正传》：

　　　　《阿 Q 正传》是鲁迅几十篇作品中的代表作。同时又是不妨称之为中国当今文坛的"唯一的"代表作。

　　　　《阿 Q 正传》同时还是当今文坛上的一部名著（classic）。这不单是在文坛上，就是在一般读者当中，《阿 Q 正传》这个名词，目前也不是一个固有名词，甚至已成为一个通俗的普通名词。"阿 Q"同张三、李四一起，已成为日本的太郎、长松相类似的一个普通的名字了。

山上正义在这里论述了《阿Q正传》的内容和它的历史意义，指出"这篇小说是十年前创造出来的，鲁迅是目睹过距今二十年前的辛亥革命和这次革命的失败而写了这篇作品的吧。然而，这对于了解辛亥革命以来二十年中，以澎湃的浪潮统一中国全国的三民主义革命真实情况的人，读过这篇小说，难道不会发现鲁迅早在十年前就察知今天的事，并且预先道破了今天徒有其名的三民主义革命的罪过、失败的真实意义吗？"接着作者又指出，由于中国共产党领导的红军，正在华中和华南一带展开农村革命的新的进军。这次革命，同辛亥革命，同三民主义革命是断不能同日而语的。关于这次革命，他希望有人写出新的《阿Q正传》来。用他的话来说：

> 关于这一方面，我似乎还没有发表任何意见的资格，这只有等待鲁迅写作第二部《阿Q正传》了。不用说，第二部《阿Q正传》的作者，也不一定要等待着鲁迅吧。不论它由谁来写，这第二部《阿Q正传》的作品，其正传将不是阿Q的蒙昧史，也不是失败史，而正应该是阿Q的觉醒史，真正的革命成功史，这一点是确信不疑的。……我相信它的最后一章不会是"他的结局"（山上正义把这一章的题名"大团圆"改译为"他的结局"），而应是新的生活的起点。

至于讲到八十五条校释，鲁迅是写在三大张印有红色直格的稿纸上，看来鲁迅是先在原稿上标出了号码，这样好让译者同写在另纸上的校释对照着看。鲁迅所写的校释，大体上可分为两大类：一类是对译文提的意见，建议日文应如何译法为好；一类是对译文中的出典或文字作解释的。山上正义对鲁迅所提的校释，基本上都采用了，有的是改在译文上，有的在译文的每章后面加了注，或在正文中加了夹注。山上正义的译本，现共有二十条注，其中八条和鲁迅写的注释相同，其他十二条则是根据鲁迅提的意见由译者自加的。

在八十五条校释中，第二十三条是关于赌博的，这是鲁迅为外文译本画的第三张解说图，内容又较为井上红梅画的更为简略，现抄译如下：

把赌注押在角和穿堂的人，则与两侧的胜负相同；如两侧为一胜一负，则角和穿堂无胜负。

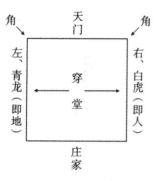

在这里还可以提到的，就是山上正义翻译的《阿 Q 正传》，原来是用林守仁的笔名出版的。在鲁迅逝世以后，当日本改造社在 1937 年出版《大鲁迅全集》时，可能因为这个译本是经过鲁迅本人的"严密的校阅"，又收入《大鲁迅全集》第一卷，正式署名为山上正义译，译文也小有改动。山上正义在 1936 年 11 月 22 日的日记中这样写道："鲁迅全集的《阿 Q 正传》，决定采用自己的译文"，这也是他最感到喜悦的事情。

七　增田涉翻译的《阿 Q 正传》

我在前面谈井上红梅翻译《阿 Q 正传》时，已提到增田涉的名字。增田涉（1903—1977）是日本另一位著名的鲁迅著作的翻译者和研究者，他从东京帝国大学文学部中国文学科毕业后，1931 年 3 月来到上海游学，经日本名作家佐藤春夫和内山完造的介绍得与鲁迅相识，并请鲁迅讲解《中国小说史略》。据增田涉回忆说："他的著作《中国小说史略》，第一部小说《呐喊》，第二部小说《彷徨》，几乎是一字一句地曾直接听过他的讲解（每天下午到他家去正是为此）。"增田涉又说："后来，《呐喊》和《彷徨》两本小说的讲解完毕，是在那年的岁暮。所以我在那一年里，是春、夏、秋、冬，每天都进他的书房；而且一天约三小时在接受他的个人教授。每天还受到广平夫人给的点心或茶水的招待。每星期还大约有两次在他家吃饭。他没有厌倦，而是把着手谆谆教导，我说不出感谢的话，就是直到现在也还感到他的恩情。"

增田涉回国后就专心从事翻译鲁迅的著作，并经常通过书信向鲁迅请教。1932 年四月号的《改造》杂志上，发表了他写的并经鲁迅过目的《鲁迅传》，其中特别提到《阿 Q 正传》：

一九二一年《阿 Q 正传》在北京《新报》①的副刊上连载以后，鲁迅很快就成为文坛上无可争辩的首屈一指的人物。

阿 Q 是一个失掉土地的农民——打短工的；他的思想飘浮不定，喜欢乱嚷嚷，当人们纷纷嚷嚷起革命革命的时候，他感到一种说不出的兴奋；他陶醉在一种欢腾的情绪中，想加入到起义的队伍中去；但结果又是虚张声势，什么也没做；恰好发生了一件暴徒抢劫事件，他被误认为是他们的一伙（由于他平素的言行轻举妄动）而被杀掉了。那时候的中国人都有着全部或部分的阿 Q 性格。阿 Q 的思想和行动都摇摆不定，没有一个独立的坚定的精神寄托；由于无知和虚弱，往往要虚张声势，被人稍一顶撞又失去反抗心；他自我欣赏用怜悯对方的粗暴来显示自己的宽宏大量，用轻松的情绪来掩盖自己的软弱；可是碰到真正软弱的对手，又

---

① 应为《晨报》。

使劲地加以欺凌。鲁迅用文艺的真实暴露了这样的一个阿Q。《阿Q正传》一发表，那些平素和鲁迅不睦的人，到处像苍蝇似的嗡叫起来，说这篇作品是骂他们的。阿Q式的人物是封建的遗物，不仅仅是在农村里有；阿Q的存在是说明了当时社会的一种现象；从时代上说，当时是阿Q的时代。鲁迅的《阿Q正传》发表以后，批评界逐渐把"阿Q相"、"阿Q时代"之类的词当作普通名词来使用了。

增田涉在鲁迅亲自讲解的基础上，除努力翻译《中国小说史略》，在小说作品方面，首先翻译了《阿Q正传》和《幸福的家庭》，最初印在1933年改造社出版的由佐藤春夫主编的《世界幽默全集》第十二卷《中国篇》中。1935年岩波书店出版了佐藤春夫和增田涉合编的《鲁迅选集》，其中也收有《阿Q正传》，增田涉的译文是得到鲁迅的赞许的。同一译文后来又收在1946年东西出版社出版的《鲁迅作品集》第一卷中和1962年角川书店出版的《阿Q正传》中。

八　《阿Q正传》的其他各种日文译本

除了上面介绍的，日本还出过多种的《阿Q正传》的译本：

1952年鸠书房出版了田中清一郎和中泽信三合译的《阿Q正传》，书后附有冯雪峰写的《论〈阿Q正传〉》，全书还印有小丁画的插图。

1953年筑摩书房出版了竹内好（1910—1977）翻译的《鲁迅作品集》，其中选有《阿Q正传》。他翻译的《阿Q正传》，后来曾收入他编印的各种鲁迅作品集中，如1955年岩波文库版的《阿Q正传、狂人日记》；1956年创元社出版的《阿Q正传及其它》，同年创元社出版的《世界少年少女文学全集》第四十三卷中国篇。当1956年岩波书店出版增田涉、松枝茂夫、竹内好等三人合编的十二卷本的《鲁迅选集》时，第一卷《呐喊》中收有《阿Q正传》，这套选集后在1964年和1973年都出过新版的。1976年筑摩书房为了纪念鲁迅逝世四十周年出版了竹内好个人译的《鲁迅文集》，第一卷也收有《阿Q正传》。

1953—1954年青木书店出版了五卷本的《鲁迅选集》，第一卷印有《鲁迅传》的作者小田嶽夫翻译的《阿Q正传》。

1963年平凡社出版了尾上兼英和丸山昇合编的《中国现代文学选集》第二卷鲁迅集，其中印有尾上兼英翻译的《阿Q正传》，这本书在1970年又出了新版的。

1967年中央公论社出版了《世界の文学》第四十七卷鲁迅编，其中有高桥和巳（1931—1971）翻译的《阿Q正传》，同书1973年又有中公文库版。

1970年旺文社出版了松枝茂夫翻译的《阿Q正传》，列为《旺文社文库》之一（1980年再版），书中附印了丰子恺绘的插图；同译文后又收在1975年讲谈社出版的《世界文学全集》第九十三卷鲁迅篇中。

1975年新日本出版社出版了丸山昇翻译的《阿Q正传》，列为《新日本文库》之一，这是他研究了鲁迅写给山上正义的信件之后译成的。

1979年学习研究社出版了《世界文学全集》第四十四卷，中有驹田信二翻译的《阿Q正传》；同年讲谈社出版的驹田信二译《鲁迅作品选》，其中也收有《阿Q正传》。

此外，我们知道田中清一郎翻译的《阿Q正传》，收在潮出版社的《潮》文库中。

至于鲁迅的《阿Q正传》，见于世界各国文学的选本则更多，这里就不一一列举了。

谈《阿Q正传》的世界语译本

早在本世纪的 20 年代，鲁迅的代表作《阿Q正传》就先后被翻译成英、法、俄、日等种文字。到了 1930 年，《阿Q正传》又被翻译成世界语出版。《阿Q正传》的日译者山上正义在他写的《关于鲁迅及其作品》一文中也说："《阿Q正传》已经被移译为英、德、法、俄等各国语言，据云甚至还翻译成世界语"，想当即指此而言。

一 钟宪民翻译的《阿Q正传》

《阿Q正传》最早的世界语译本，是由钟宪民翻译的。这个译本于 1930 年 2 月由上海江湾出版合作社（La Eldonda Kooperativo）出版，上海蓬路世界语书店经售，书名"La Vera Historio de Ah Q"，初版共印了一千册。译者在里封面上用世界语注明："Kun permeso de l'aǔorto tradukis el la ĥina originalo"，意为"经作者同意，译自中文原文"。书前面还有译者 1929 年 8 月 7 日在南京用世界语写的《前言》，对鲁迅作了这样的介绍：

鲁迅于一八八一年生在浙江省的绍兴，是中国著名的作家。因为他是现代文学的先驱者，我想有必要把他介绍给全世界的世界语者，一来是为了说明白他的文学活动的意义，二来是为了让大家知道中国人民一般的内心生活。……真实地讲，这位伟大的中国作家，他第一个为人民群众讲话；为了他们，他呐喊，他控诉，他战斗。他是第一个对人民群众同情而又有同感的作家，他在文学当中给了人民以应得的地位。……我们应该非常感谢像鲁迅这样的作家，因为他击中要害地、机智地、幽默地、讽刺地反映出大多数人的灵魂。不但如此，他有着关于人的生活的深刻的思想，他还具有用尖刻的光辉的嘲笑来突出社会的缺陷的天才的才能。

钟宪民在《前言》中指出，他从鲁迅的小说集《呐喊》中翻译出的这篇《阿Q正传》，是鲁迅的"有口皆碑的和最富有特色的作品"。他最后还说："鲁迅先生现在住在上海，他对我们的语言和运动①表示了支持。"

钟宪民翻译的《阿Q正传》，抗日战争期间在重庆又再印过，我见到的是1941年5月由世界语函授学社用土纸印的一种，称为第三版，但不知道第二版是何时、何地出版的。

从《鲁迅日记》中，我们知道鲁迅曾和钟宪民有过一些交往。鲁迅在1927年1月15日的日记中写道："晚真吾为从学校持来钟宪民信，十日石门发"；24日又写道："下午寄钟宪民信。"到了1929年4月，鲁迅在16日的日记中写道："得钟宪民信"；18日又有"午后复钟宪民信"。可惜这些信都没有被保留下来，但从钟宪民1929年8月在南京为他用世界语翻译的《阿Q正传》写了《前言》。这本书在1930年出版时书前又注明是

---

① 指世界语而言。

"经作者同意"翻译出来的，看来这些信可能多少都与翻译《阿Q正传》有关。此后鲁迅在1930年12月6日写给孙用的信的附记中曾谈到这个译本："《阿Q正传》的世界语译本，我没有见过，他们连一本也不送我，定价又太贵，我就随他了。"查《阿Q正传》世界语译本的精装本定价一元，平装八角，鲁迅没有购买这本书，也没有收藏这本书；译者不知何故又没有送给鲁迅，难怪鲁迅对此颇有意见了。

至于《鲁迅日记》中提到的真吾，即崔真吾，我们从鲁迅1926年12月的日记中，最初见到他的名字。日记中说的"真吾为从学校持来钟宪民信"，"学校"想当指厦门大学而言，因鲁迅当时正在厦门。1928、1929年崔真吾在上海时，常去看望鲁迅。鲁迅在1929年编辑《朝华小集》时，曾印了真吾翻译的捷克女作家卡罗林娜·斯惠忒拉的小说《接吻》，封面上的美术题字就是鲁迅写的。

关于译者钟宪民的情况，我们只知道他是浙江省崇德县石门湾人，大概生于1910年前后。他曾在上海南洋中学读书，后在上海世界语学会学习世界语，编有《世界语模范读本》，并为《学生杂志》编辑过世界语栏。此外知道他还是位文学翻译工作者，30年代前后，他曾从世界语翻译过波兰、捷克、匈牙利、保加利亚和德国的一些作家的作品，其中如波兰女作家奥若什科娃的小说《马尔达》，匈牙利作家巴基的小说《牺牲者》、《祇是一个人》和《跳舞吧，小玛丽》（小玛丽应为小木偶），保加利亚作家斯塔马托夫的小说《灵魂的一隅》，德国作家施托姆的小说《白马的骑者》和题名为《波兰的故事》的包括匈牙利作家约卡伊·莫尔、保加利亚作家伊凡·伐佐夫、捷克女作家卡罗林娜·斯惠忒拉等人的小说集。他还从英文翻译过一些美国和法国作家的文艺作品，如美国德莱塞的小说集《自由》；抗战期间和齐蜀夫合译过法国罗曼·罗兰的长篇小说《若望·克利斯朵夫》第一册的《黎明》和《清晨》卷。

二　Tikos(方善境)翻译的《阿Q正传》

在鲁迅逝世以后，鲁迅的小说作品陆续地被翻译成世界语。到了1939年，香港的《远东使者》和《东方呼声》出版社（Eldonis Orienta Kuriero kaj Voĉoj el Oriento）就出版了一本《鲁迅小说选》（"Lu Sin：Elektitaj Noveloj"），书前有编者在1939年9月写的介绍鲁迅的文字。小说集中选译有《狂人日记》、《药》、《明天》、《一件小事》、《头发的故事》、《故乡》、《白光》、《示众》、《孤独者》、《伤逝》、《离婚》等十一篇作品。参加翻译的有安偶生、蔡岩、冯文洛、方善境、潘逖书、徐声越等世界语工作者，全书由《远东使者》的编辑匈牙利世界语者布劳恩（Braun）定稿，他的中文笔名是蔡岩（译音）。Tikos（方善境）当时参加了这本选集的翻译和编辑工作，如《示众》的译文即出自其手。这本难得的译本是孙用同志在上海买到送给我的。

1951年上海世界语者协会出版了徐声越翻译的《野草》（"Sovagâ Herbaro"），1974年北京外文出版社又重印过一次。

至于方善境用世界语翻译《阿Q正传》，则是1963年的事。60年代初，中华全国世界语协会准备以香港出版的《鲁迅小说集》为蓝本，用世界语编印一本鲁迅作品选。到了1963年就出版了由徐声越编辑定稿的《鲁迅小说集》（"Noveloj de Lusin"），其中收有《呐喊》和《彷徨》的全译，《故事新编》只选译了四篇。就在这本小说集中印有方善境翻译的《阿Q正传》，世界语译名为"La Ĉefa Historio de A-Q"，译文后署有Tikos的名字。

译文中附印有顾炳鑫所作的三幅套色木刻插图。在这本小说集中，方善境还翻译了《药》、《幸福的家庭》、《肥皂》、《示众》、《高老夫子》、《离婚》等小说。这本《鲁迅小说集》，在印刷、装帧和插图各方面都相当精美，据闻在国外很得到世界语读者的欢迎和好评。

1974年北京外文出版社又出版了一本新版的《鲁迅小说集》（"Noveloj de Lu Sin. Plena Kolekto"）。这是鲁迅的《呐喊》、《彷徨》和《故事新编》的全译，其中再印了方善境翻译的《阿Q正传》，译文经译者作过一些修改。此外，方善境还翻译了《故事新编》中的《采薇》。

关于译者方善境的情况，据我所知道的，他是浙江省宁波镇海人，生于1907年。他曾在上海澄衷中学读过书，后来回到家乡当过小学教师，从1926年起加入上海世界语学会的函授学校学习世界语。1927年到了武汉，从事世界语运动。

从鲁迅的日记和书信中，我们知道方善境在1929年曾和鲁迅通过信。当时他从鲁迅5月10日为《奔流》文学月刊二卷二期写的编辑后记中，读到"我的私见，以为在印刷术未曾发达的中国，美术家倘能兼作木刻，是颇为切要的……又，如果刻印章的人，以铁笔兼刻绘画，大概总也能够开一新生面的"一些话[1]，知道中国篆刻家可以在石头上刻画。他在中学时代也曾学过刻印，于是他在7月18日就把自己刻有石刻肖像的三枚印章从汉口寄给鲁迅，并在信末用了一个"𠆤"的记号作为署名。鲁迅在这年7月28日的日记中写道："得𠆤信并刻石肖像三枚"，并把方善境的来信印在8月11日为《奔流》二卷四期写的编辑后记中。由于方善境用了"𠆤"

---

① 见《鲁迅全集》第7卷《集外集》，第203页。

这个记号署名，鲁迅在后记中还说："希望刻者告诉我一个易于认识的名字。"① 就在同年 11 月 6 日的鲁迅日记中，又有得方善境信的记载。

当方善境在汉口时，曾参加编辑过汉口世界语学会的会刊《希望》（月刊，十六开本，每期八页）；同时为《武汉日报》编辑《新声》文艺副刊（半月刊，每期八开，一面），主要是刊登从世界语翻译介绍的弱小民族的文艺作品。他曾在 1930 年 4 月把这些报刊寄给鲁迅，鲁迅在 4 月 12 日的日记中写道："得方善境信并《新声》四张，另有《希望》数张，嘱转寄孙用，即为代发"；13 日有"复方善境信"。现在这封在 4 月 12 日写的复信，收在《鲁迅书信集》上卷（第 252 页），其中谈到有关木刻的问题，并说已将他刻的日本作家芥川龙之介的肖像送给《文艺研究》季刊发表。这时方善境正用中国刻字店刻木头图章的刀，试作木刻的作家画像。同年 8 月 1 日鲁迅日记中又有"夜得方善境信，由大江书店转来"。2 日有"复方善境信"。从复信中知道，方善境的信是 6 月 21 日发出的，鲁迅在复信中又再谈了有关木刻的问题，而且告诉他大江书店出版的《文艺研究》上，已用锌版刊登了芥川龙之介像（见《鲁迅书信集》上卷第 257—258 页）。

抗日战争初期，方善境和一些朋友在汉口创办了世界语刊物《东方呼声》（"Voĉoj el Oriento"），宣传抗日。汉口沦陷前，他去到香港，这时同世界语刊物《东方使者》（"Orienta Kuriero"）共同编译了第一本世界语的《鲁迅小说集》。建国以后，他先在人民文学出版社工作，后来到了世界语刊物《人民中国报导》（"El Popola Ĉinio"）社工作，一直到现在。

----

① 见《鲁迅全集》第 7 卷《集外集》，第 205—206 页。

　　从 60 年代起，方善境参加了编译世界语本《鲁迅小说集》的工作，重新编译了鲁迅的代表作《阿 Q 正传》，在用世界语翻译介绍鲁迅的作品方面作出了不少的贡献。

谈鲁迅生前《阿Q正传》
有无德文译本

　　近年来在研究《阿Q正传》的各种外文译本时，"在鲁迅生前《阿Q正传》有过德文译本吗"，就成为我经常想要查明的一个问题。

　　从不少人写的文字中，都提到有过德文译本。如在北京大学任教的美国巴特莱特教授（Prof. R. M. Bartlett）曾这样写道："我访问鲁迅，是在一九二六年夏天他离开北京去厦门之前。……他的最著名的小说《阿Q正传》已经翻译成法、俄、德、英等国文字。罗曼·罗兰在读了这篇小说之后曾说：'这是一篇充满讽刺的现实主义艺术杰作。阿Q的苦痛的面容将长久地留在我的记忆里。'这是鲁迅小说中唯一已经译成英文的作品。"① 到了1931年，日本先后出版了松浦珪三和林守仁的《阿Q正传》的译本，他们都提到了有德文译本。如松浦珪三说："讲到《阿Q正传》的外文译本，有英、德、法、俄、世界语的

---

　　① 巴特莱特的文字，最初发表在1927年10月美国《当代历史》（"Current History"）上，是他写的《中国革命的思想界的领袖们》（"Intellectual Leaders of the Chinese Revolution"）的一部分。

译本"；① 如林守仁说："《阿 Q 正传》已经被移译为英、德、法、俄等各国语言，据云甚至还翻译成世界语。"② 英国进步作家和记者埃德加·斯诺在 1935 年写的《鲁迅——白话文的大师》一文中也说："他（鲁迅）在一九二一年发表的讽刺小说《阿 Q 正传》，使得他全国闻名……这是当代中国人所写的被广泛翻译成外国文字的不多的作品之一，它已用法、德、俄、日以及其他等种文字发表。"③ 从这些文字看来，似乎《阿 Q 正传》当时已有了德文译本。但西谛在 1926 年写的论《呐喊》的文章中却说：《阿 Q 正传》已译成法、俄、英等三种文字；鲁迅在 1926 年 12 月写的《〈阿 Q 正传〉的成因》，1933 年 11 月 5 日答复姚克的信中，还有 1936 年 9 月 28 日复普实克的信中只提到他的作品曾经译成法、英、俄、日等文，都未提到《阿 Q 正传》的德文译本，因此长期以来，我把鲁迅生前《阿 Q 正传》有无德文译本，作为一个存疑的和尚待查考的问题。

为了弄清这个问题，我曾请北京图书馆代向德国方面查询，据德意志联邦共和国法兰克福德意志图书馆答复，鲁迅的《阿 Q 正传》最早的德文译本，是赫尔塔·南（Herta Nan）和里夏德·容格（Richard Jung）合译的，书名"Die wahre Gesehichte von Ah Queh"，于 1954 年由德意志民主共和国莱比锡的保罗·利斯特出版社（Paul List Verlag）出版，在鲁迅生前《阿 Q 正传》没有出过德文译本。

直到近一两年，参加《鲁迅全集》日记卷注释工作的包子衍和王锡荣两同志，还有上海鲁迅纪念馆的虞积华等同志提供给

---

① 见松浦珪三译的《阿 Q 正传》的译本序。
② 见林守仁为《阿 Q 正传》译本写的《关于鲁迅及其作品》。
③ 见美国《亚洲》杂志 1935 年一月号。

我一些新的情况，就是他们在 1928 年 10 月的鲁迅日记中发现了廖馥君（1895—1971）的名字，首先是 10 月 7 日有"得廖馥君信"，8 日有"上午复廖馥君信"，9 日有"下午廖馥君来"；到了 15 日有"得廖馥君信"，17 日又有"廖馥君、卢克斯来，赠以《朝花夕拾》及《奔流》等"。想不到这简短的五段记载，是同用德文翻译《阿 Q 正传》有关的。经研究，廖馥君当时曾把《阿 Q 正传》译成德文，但未出版。据在北京外贸学院德语教研室工作的廖馥君的儿子廖忠霈同志的回忆说：

> 我的父亲廖馥君，一八九五年八月二十三日生于四川资中，在第一次世界大战前后留学德国。回国后于一九二二年在上海自学中国文学，对鲁迅的著作较有兴趣，因此在一九二七年到上海同济大学任德语教学后，开始翻译《阿 Q 正传》，并请当时同济大学德国教师卢克斯修改。为了出版，他在一九二八年十月七日写信给鲁迅约时间谈翻译《阿 Q 正传》一事。八日鲁迅复信约他面谈，鲁迅当时高兴地同意了翻译这书。十五日信的内容我不知道。十七日我父亲和卢克斯前去拜访鲁迅，鲁迅送了几本书。当天晚上鲁迅就其名字的译文写了一封信告诉我父亲，他自己用 Lusin[①] 这个译法。后来卢克斯把译稿带回德国准备出版，但该稿和卢克斯就一直没有下落，大概经过和我记得的情况就这些。

> 我父亲不幸已于一九七一年四月十一日病逝，现骨灰安放在北京市八宝山革命公墓。

从此就可以知道，《阿 Q 正传》在鲁迅生前确曾有过德文译本，而且出自中国人廖馥君之手，但可惜未能出版。关于卢克斯

---

① 鲁迅在 1931 年 3 月 3 日写给《阿 Q 正传》日译者山上正义的信，就是用 Lusin 这个译法签名的。

的情形，只知道他当时在上海同济大学教书，德文名字可能是
Lukas 或 Lukes。

　　鲁迅在 1926 年 12 月写的《〈阿Q正传〉的成因》未提到德
译，因廖馥君当时尚未翻译此书；至于在答复姚克和普实克的信
中都未提到德译，可能因为它始终未曾出版。因此，《阿Q正
传》的译本当以赫尔塔·南和里夏德·容格在 1954 年出版的为
最早的德文译本。我国外文出版社在 1974 年用德文出版的《鲁
迅小说选》，其中有《阿Q正传》。到了 1979 年柏林莱布尼茨文
化交流协会，(Leibniz-Gesellschaft für kulturellen Austausch) 出版
的《鲁迅：同时代人》（"Lu Xun：Zeitgenosse"）一书中，又收
有奥斯卡·冯·托尔内（Oskar von Törne）翻译的《阿Q正传》
（"Die wahre Geschichte des A Q"），则是《阿Q正传》的另一种
新译本了。

　　从上面的情况看，廖馥君在 1928 年确曾翻译过《阿Q正
传》，但未曾出版，这就解决了我近年来的存疑，查清了在鲁迅
生前《阿Q正传》有无德文译本的问题。

郭沫若与外国文学

　　郭沫若不仅是我国杰出的诗人、剧作家，历史学家、考古学家和古文字学家，而且还是一位卓越的外国文学研究者和翻译家。

　　他和鲁迅先后在日本留学，而且同是"弃医从文"的人。他之所以走上文学道路，据他说，当他到日本留学时，因理工科难才选学医，但在日本九州帝国大学学医时，"学到后两年的临床功课上来，我便感觉着无上的痛苦了。原因是我自己的听觉不灵，我不能够辨别打诊和听诊等微妙的基本医术。……两耳重听，没有可能把医学，特别是临床医学学好，因此在大学中途的时候，又来了一次极端的苦闷，而终于逼着我走上了文学的路途"①。同时他当时学习外语，主要是通过学习外国的文学作品进行的，这些便在他的"文学基底上种下了根，因而不知不觉地生出了枝干来，终竟把无法长成的医学嫩芽掩盖了"②。他在另一处地方又说："医生至多不过是医治少数患者的肉体上的疾

---

① 《沫若文集》第7卷，第11—12页。
② 同上。

病。要使祖国早日觉醒，站起来斗争，无论如何，也必须创立新文学。"① 由此可见，他的"弃医从文"与外国文学的熏陶有密切关系。

郭沫若在1921年出版了他的第一部诗集《女神》，同年又出版了他和钱君胥合译的德国施笃姆的小说集《茵梦湖》。从那时起，据初步的统计，他在创作的同时翻译出版了30种包括德、法、英、美、俄国、苏联以及波斯、印度和日本等10个国家的60位作家和诗人的文艺作品与理论著作，在我国的翻译史上作出了重大的贡献！

郭沫若从少年时代和在日本留学时起就热爱外国文学，他多年来的创作活动，无论在思想内容和形式上，都深受外国文学的影响，因此，有必要从他的外国文学修养、他的翻译介绍工作、外国文学对他的文学创作活动的影响以及他对文学翻译的见解等几个方面，来谈谈他和外国文学的关系。

一

首先谈一谈郭沫若的外国文学修养。

记得高尔基在1928年写的《我怎样学习写作》一文中曾经说过：一个初学写作的人，应该具有文学史的知识，而且还要多多阅读文学作品，其中也包括外国文学作品，这样才能丰富自己的文学修养，有助于自己的创作。我们从高尔基的自传三部曲《童年》、《在人间》和《我的大学》中，就知道他是如何阅读俄国和其他外国文学作品以及怎样受到外国文学的影响的。郭沫若在1944年写的《如何研究诗歌与文艺》一文中也曾说："读

---

①　转引自龚济民、方仁念合编的《郭沫若年谱》（上），第108—109页。

外国作家的东西很要紧，无论是直接阅读，或间接地阅读负责的译文，都是开卷有益的。据我自己的经验，读外国作品对于自己所发生的影响，比起本国的古典作品来要大得多。……多读文艺方面的书，近代的欧洲大作家的作品是好的模范。"①关于这一点，我们从郭沫若的自传作品《少年时代》、《学生时代》、《创造十年》等书中，也可以得到证明。

郭沫若出生在四川省乐山的沙湾镇，童年时他的母亲成了他"真正的蒙师"，教他暗诵了很多的唐宋诗词。后来，他进了名为"绥山书馆"的家塾，读过《四书》、《五经》、《千家诗》、《唐诗三百首》、《古文观止》、《御批通鉴》等书，偷看过大哥收藏的《西厢记》、《西湖佳话》和《花月痕》。他接触到大量的外国文学作品，是到乐山进了高等小学和中学以后的事。他说，那时候第一次见到新事物，有如哥伦布发现了新大陆。他小时候听他的二姨妈对他讲过《熊家婆的故事》，那不就是德国《格林童话》中的《小红帽》吗？他读了不少章太炎和梁启超的文章，还有梁启超翻译的书，开始知道了意大利的加里波第、马志尼等革命志士的名字。他读得更多的是林琴南翻译的说部丛书中的小说。

郭沫若曾回忆说："林琴南译的小说在当时是很流行的，那也是我嗜好的一种读物。我最初读的是 Haggard（哈葛得）的《迦茵小传》。那主人的迦茵是怎样的引起了我深厚的同情，诱出了我大量的眼泪哟。……这怕是我读过的西洋小说的第一种。这在世界文学史上并没有什么地位，但经林琴南的那种简洁的古文译出来，却增了不少的光彩。"① 当他读到迦茵的爱人亨利为她上古塔去取鸦雏而从古塔顶上堕下时，他说："就好像我自己

---

① 《沫若文集》第 13 卷，第 133—138 页。

是从凌云山上的古塔顶坠下来了的一样。我想假使有那样爱我的美好的迦茵姑娘，我就从凌云山的塔顶坠下，我就为她而死，也很甘心。"①

接着郭沫若读了林琴南翻译的英国司各特的《撒克逊劫后英雄略》（现通译《艾凡赫》）。这本小说的浪漫主义精神给了他很大的启示，而且对他"后来的文学倾向上有决定的影响"②。他还说："我受司各特的影响很深，这差不多是我的一个秘密。我的朋友似乎还没有人注意到这一点。……我对于他并没有什么深刻的研究，然而在幼时印入脑中的铭感，就好像车辙的古道一般，很不容易磨灭。"③ 他还读过英国作家兰姆兄妹根据莎士比亚的戏剧作品改写成的《莎氏乐府本事》（现通译《莎士比亚戏剧故事集》），当时林琴南把这本书名译为《英国诗人吟边燕语》。郭沫若说这本书使他"感受着无上的兴趣"，无形之间给了他"很大的影响"，甚至他后来也读过莎士比亚的《暴风雨》、《哈姆莱特》、《罗米欧与朱丽叶》等原作，"但总觉得没有小时所读的那种童话的译述来得更亲切了"④。

除了林译的小说之外，他还读了《庄子》、《楚辞》、《史记》、《昭明文选》以及《红楼梦》等中国古典文学作品和严复翻译的《天演论》、《群学肄言》，这些书对他走上文学道路有过不同的影响。及至他到成都高等学校读书时，他读到了美国诗人朗基罗写的《箭与歌》一诗，据他说："一个字也没有翻字典的必要便会懂了。那诗使我感觉着异常的清新，我就好像第一次才和'诗'见了面的一样。……使我悟到了诗歌的真

---

① 《沫若文集》第 6 卷，第 113 页。
② 同上书。凌去山即乐山大佛寺的所在地，山顶有古塔。
③ 《沫若文集》第 6 卷，第 114 页。
④ 同上。

实的精神"①，这也就是他的"诗的觉醒期"。

　　郭沫若去到日本留学后，由于日本学校里教授外国语，都采用各国的文学作品作为课本，因此他从在高等学校读书时起，就先后接触到印度的泰戈尔，英国的莎士比亚和雪莱，德国的歌德、席勒和海涅，进而间接地接触到北欧文学、法国文学和俄国文学。当他在东京第一高等学校预科读书时，他从一位同住的本科生的亲戚那里，见到用英文油印的泰戈尔的《新月集》中的几首诗：《岸上》、《睡眠的偷儿》和《婴儿的世界》等。他"分外感觉着清新而恬淡的风味，和向来所读过的英诗不同"，于是他从此就"成为了泰戈尔的崇拜者"②，"和泰戈尔的诗结下了不解之缘"③，"在他的诗里面陶醉过两三年"④。这正是日本流行"泰戈尔热"的时候，他读了泰戈尔的差不多所有早期的诗集和戏剧作品，而且还用英文试写过一些无韵律的诗，像在《辛夷集》开头的题词，就是他在1916年圣诞节用英文写出献给他的日本夫人安娜的。

　　东京第一高等学校预备班修业期满，郭沫若升入冈山第六高等学校，准备学医，当时除基础课之外，还要学习德语、英语及拉丁语，这样他在高等学校三年级时，就读过德国诗人歌德所写的自叙传《创作与真实》（现通译《诗与真实》）。据郭沫若说："这些语学功课的副作用又把我用力克服的文学倾向助长了起来。我和德国文学，特别是歌德和海涅的诗歌接近了，便是这个时期。"⑤ 由于喜欢泰戈尔，他就知道了印度古诗人伽毕尔，接

---

　　①　《沫若文集》第11卷，第138—139页。
　　②　《沫若文集》第7卷，第57页。
　　③　《沫若文集》第11卷，第140页。
　　④　《沫若文集》第13卷，第120页。
　　⑤　《沫若文集》第7卷，第57—58页。

近了印度古代的《乌邦尼塞德》（通译《奥义书》）；他还读了
比利时剧作家梅特林克的《青鸟》和《唐泰尔之死》，因为他的
格调和泰戈尔相近。由于喜欢歌德，他又读了哲学家斯宾诺莎的
著作，从而接近了哲学上的泛神论的思想。

　　当他在九州帝国大学二年级学习时，他无意中买到了一本日
本作家有岛武郎著的《叛逆者》，其中介绍了法国的雕塑家罗
丹、画家米勒和美国的大诗人惠特曼，这样他又接近了惠特曼的
诗歌《草叶集》。据他回忆说：惠特曼"那豪放的自由诗使我开
了闸的作诗欲又受了一阵暴风般的煽动"①；"尤其是惠特曼的那
种把一切的旧套摆脱干净了的诗风和五四时代的暴飙突进的精神
十分合拍，我是彻底地为他那雄浑的豪放的宏朗的调子所动荡
了"②。这种情况一直继续到五四运动以后。那时张东荪任上海
《时事新报》的主笔，因为郭沫若翻译过歌德的《浮士德》的一
些片断，张东荪就约郭沫若为其学社的丛书把《浮士德》译完。
郭沫若感到非常高兴，马上告诉了他的夫人安娜，大家都喜出望
外，但不幸的是最初翻译的《浮士德》的译稿遭了一次"鼠
灾"，都被老鼠咬坏了，影响了他的翻译工作的进行。

　　1921 年二三月间，他由于心情烦闷"一天到晚踞在楼上只
是读文学和哲学一类的书"③。这时他读了法国作家福楼拜的
《包法利夫人》，左拉的《制作》（现通译《劳动》），莫泊桑的
《波南密》（现通译《漂亮朋友》）和《水上》，挪威作家哈姆生
的《饥饿》，德国作家毕希纳尔的《大饥》，以及挪威易卜生、
德国霍普特曼、英国高尔斯华绥等人的戏剧作品。这些外国文学

　　①　《沫若文集》第 7 卷，第 57—58 页及第 11 卷，第 143 页。
　　②　同上。
　　③　《沫若文集》第 7 卷，第 74 页。

作品对郭沫若的影响很大，用他自己的话来说："愈和这些书接近，便愈见厌弃医学，回国的心事又抬起了头来。"①

1921年4月，郭沫若同成仿吾一起从日本乘船回上海，成仿吾很喜欢德国文学和俄国文学，带了不少德国"雷克朗牟丛书"本的文学作品，其中就有屠格涅夫的《父与子》和《处女地》。郭沫若在船上把它们都读完了，后来还把其中的《处女地》按德文的译名译为《新时代》出版。

在英国诗人当中，拜伦对他的影响并不大；由于他翻译过雪莱的一些诗，因此他更加喜欢雪莱。据他说："（拜伦）这位英雄诗人对于我的吸引力却没有他的友人雪莱来得强烈。"②

郭沫若在1927年重返日本之前，还读过日本徘谐诗人芭蕉的《七部集》以及日本作家国木田触步和芥川龙之介的作品，在俄国文学中读过托尔斯泰、安特莱夫和高尔基等人的作品。在哲学方面，他读了斯宾诺莎、康德和尼采等人的著作，从此已不难看出他的文学修养之广博了。

这里还应该指出的，就是俄国十月革命对他的影响。用郭沫若本人的话来说："应该感谢十月革命。它唤起了当年的青年，我也是其中的一个，对于这新社会生出了作进一步了解的要求。但对于这个要求，我所学的医学和搞着的文学，都不能够满足。因此，我在1924年春夏之交，便下了两个月的苦工夫，通过日本河上肇博士的著作《社会组织与社会革命》来研究马克思主义。这书我把它翻译了。它对于我有很大的帮助，使我的思想分了质，而且定型化了，我自此以后便成了一个马克思主义者。"③ 他在

---

① 《沫若文集》第7卷，第74页。
② 同上书，第187页。
③ 见该书附白。

1924 年 8 月 9 日写给成仿吾的一封信中还说："这书的译出在我一生中形成了一个转换的时期。把我从半眠状态里唤醒了的是它，把我从歧路的徬徨里引出了的是它，把我从死的暗影里救出了的是它。我对于作者非常感谢，我对于马克思、列宁非常感谢。"① 从此，郭沫若的思想起了很大的变化，走上了革命的道路，他积极参加了大革命和南昌起义……都显示出了十月革命对他的影响。从这时起，郭沫若的文学爱好也更广泛，他阅读马克思的有关政治经济学和文学问题的论著，翻译英美进步的和革命的文学作品，而他的非常丰富的外国文学知识，也在他的文学创作当中反映了出来，这是他从来没有否认过的事实。

二

其次谈一谈郭沫若翻译介绍外国文学的工作。

郭沫若翻译介绍过多少个国家、多少位作家和多少种作品呢？据初步的统计，他翻译了 10 个国家 60 多位作家和诗人的 100 多种作品，分为 30 个单行本出版，总字数约在 300 万字以上。其中除文学作品外，他还翻译过马克思的经典著作，美术考古的历史直到科学方面的论著。他在翻译时，除郭沫若这个名字外，还用过郭鼎堂这个名字，至于翻译日本文学作品时用高汝鸿，翻译美国作家辛克莱的小说时用易坎人，翻译英国作家威尔士的科学著作时用石沱，那就是一般读者不大知道的笔名了。郭沫若的翻译活动主要是从 20 年代初开始到 40 年代末结束，前后将近 30 年的时间。50 年代以后，除校改了一些旧译之外，他没有再翻译过什么重要的作品。

---

① 参见《沫若译诗集》第 7 卷第 183 页及第 10 卷第 289—290 页。

在东方国家的文学作品中，他翻译了波斯大诗人莪默·伽亚姆的《鲁拜集》101首，"鲁拜"的原意是四行诗，很像我国的五言和七言的绝句，这种形式直到今天在中近东一带的阿拉伯国家，中央亚细亚和我国的新疆都还很流传，现在新疆是把它译成"柔巴依"的。郭沫若的译本最初是于1924年由上海泰东图书局出版的。郭沫若翻译的，并不是莪默·伽亚姆的原著，而是由英国诗人菲兹杰拉德重新改写过的译本。郭沫若也翻译过古印度的文学作品，其中即有《沙恭达罗》的作者迦黎陀娑的诗《秋》，现收在《沫若译诗集》中，他也翻译过印度诗人泰戈尔的作品，据他回忆说："泰戈尔的诗我选译了不少。在民六的下半年因为我的第一个儿子要出生，没有钱，我便辑了一部《泰戈尔诗选》，用汉英对照，更加以解释。写信向国内的两大书店求售，但当时我在中国没有人知道固不用说，就连泰戈尔也是没有人知道的，因此在两家大书店的门上便碰了钉子。"① 这里的两家大书店，是指商务印书馆和中华书局而言的。郭沫若编译的《泰戈尔诗选》，是根据泰戈尔的《新月集》、《园丁集》和《曷檀伽里》三部结集而成的，可惜没有能够出版。

在日本文学方面，从他写的《离沪之前》的日记来看，他在1928年1月中旬读过日本徘谐大师芭蕉的《七部集》，把其中的两首俳句译成中国的试帖诗赋诗体。他在日本亡命期间，还曾用高汝鸿的笔名，先后翻译过日本现代作家芥川龙之介、志贺直哉、里见弴、葛西善藏、丰岛与志雄、藤森成吉、小林多喜二、德永直、贵司山治、武田麟太郎、林房雄、片冈铁兵、井伏鳟二、中河与一、横光利一等15位作家的19篇短篇小说，于1935年用《日本短篇小说集》的书名由商务印书馆出版。

① 《沫若文集》第11卷第141页及第10卷第144页。

在西欧国家的文学中，英国方面郭沫若翻译过大诗人雪莱的《诗选》，于 1926 年由泰东图书局出版。其中开头一首就是著名的《西风歌》，郭沫若把结尾的两句译成：“严冬如来时，哦，西风哟，阳春宁尚迢遥？”郭沫若认为：雪莱是“我最敬爱的诗人中之一个。他是自然的宠子、泛神宗的信者、革命思想的健儿。他的诗便是他的生命，他的生命便是一首绝妙的好诗”①。他还说：“译雪莱的诗，是要使我成为雪莱，是要使雪莱变成为我自己！”② 郭沫若还翻译过英国小说家和剧作家高尔斯华绥的一些戏剧作品《争斗》（1926）、《法网》（1927）、《银匣》（1929）和爱尔兰剧作家约翰·沁孤的《戏曲集》（1926），其中收了 6 个剧本，都是由商务印书馆出版的。

在德国文学方面，郭沫若翻译的作品就更多了。其中最早的是施笃姆的短篇小说集《茵梦湖》，于 1921 年由泰东图书局出版，这本书原是他和他的同学钱君胥合译的，他对钱君胥的译文作了修改和润色。他翻译的德国剧作家霍普特曼的小说《异端》，于 1926 年由商务印书馆出版。郭沫若说，霍普特曼的作品表现了尊重人性的希腊思想的胜利，他“因为赞成他的这种作意，而且喜欢他的一笔不懈，一字不苟的行文”，所以才译了这本书。③ 他翻译的歌德的作品较多，其中最早的就是《少年维特之烦恼》。据郭沫若说：“我译此书与歌德思想有种种共鸣之点。”④ 这本书自从 1922 年由泰东图书局出版以来，曾由不同的出版社再版过多次，在读者当中产生了很大的影响，从 20 年代初起，青年知识分子中很少没有读过这部作品的，甚至都能背诵

① 《沫若译诗集》，第 132—133 页。
② 同上。
③ 见该书译者序。
④ 见《沫若译诗集》第 10 卷，第 117 页。

出"青年男子谁个不善钟情？妙龄女人谁个不善怀春？"的诗句，好像"维特热"也传到中国来了。1923 年 5 月，郭沫若开始翻译尼采的《查拉图斯屈拉》。据他说："尼采的思想前几年早已影响模糊地流传于国内，但是他的著作尚不曾有过一部整个的翻译"[①]，因此，他决意试一下，但他也只从该书第一部的第一节译至第二部第四节，未曾译完，第一部的 22 节于 1928 年由创造社出版部出版，他曾说，"读《查拉图斯屈拉》旧译，有好些地方连自己也不甚明了。着想和措辞的确有很巧妙的地方，但是尼采的思想根本是资本主义的产儿，他的所谓超人哲学终局是夸大了的个人主义"[②]，后来他的《雅言与自力》（告读《查拉图斯屈拉》的人）的附记中又说："《查拉图斯屈拉》结果没有译下去，我事实上是'拒绝'了它。中国革命运动逐步高涨，把我向上看的眼睛拉到向下看，使我和尼采发生了很大的距离。"[③] 这也是他没有再翻译下去的原因。1927 年创造社出版了他和成仿吾合译的《德国诗选》，其中收有歌德、席勒、海涅等人的诗，歌德的诗即占 14 首，其他各人，席勒 1 首，海涅 4 首，施笃姆 1 首，列瑙 1 首，希莱 1 首，个别几首是成仿吾翻译的。在德国诗人的作品中，他在 1918 年就译过《海涅诗选》。当时他觉得他和海涅接近的只是他的恋爱诗。"他的诗表示着丰富的人间性，比起泰戈尔的超人间性的来，我觉得更要近乎自然。"[④] 但因交涉出版失败而没有问世。在郭沫若翻译歌德的作品中《浮士德》占了首要的地位。歌德花了 60 年的工夫写作这部长诗，郭沫若从 1928 年出版了上卷的译文起，先后经过了 30 年的

---

① 见译本小序。
② 《沫若文集》第 8 卷，第 274—275 页。
③ 《沫若文集》第 10 卷，第 75 页。
④ 《沫若文集》第 11 卷，第 141 页。

时间，直到 1947 年才完成了下卷。此外，在歌德的作品中，他还翻译过他的自传《诗与真实》（译稿在 1932 年"一·二八"战争时因商务印书馆被禁毁于火）和长诗《赫曼与窦绿苔》。席勒的作品中他翻译过诗剧《华伦斯太》，于 1936 年由生活书店出版。

　　在俄国文学方面，郭沫若最早翻译的是屠格涅夫的长篇小说《处女地》，当时他采用了德译本的译名叫《新时代》，于 1925 年由商务印书馆出版。据他说他翻译这部作品时的心情，和小说的主人公涅署大诺夫的心情非常相像。他还翻译过列夫·托尔斯泰的巨著《战争与和平》。据他说：当时"生活十分窘迫，上海的一家书店托人向我交涉，要我翻译这部书，我主要的为要解决生活，也就答应了"①，但只译了 3 个分册，自 1931 年起由上海文艺书局出版，没有把全书译完。抗日战争期间，高地写信给郭沫若，表示愿意把这部小说译完，用他们两人的名义共同出版。郭沫若答应了，于是由郭沫若、高地合译的《战争与和平》就由重庆的五十年代出版社出版了。

　　在美国文学方面，郭沫若翻译过惠特曼的诗，但没有出版。当 20 年代到 30 年代我国大量翻译介绍外国的革命文学作品时，郭沫若在日本用易坎人的笔名翻译了美国作家辛克莱的三部长篇小说：《石炭王》（1928 年，乐群书店出版）、《屠场》（1929 年，南强书局出版）和《煤油》（1930 年，光华书局出版）。辛克莱是美国早期的社会主义者，列宁曾称他是"一个有感情而没有理论修养的社会主义者"②。郭沫若翻译他的作品，"并不是对于他的全部的追随"，而是因为"他是坚决地立在反资本主义

---

①　见译本序文。
②　见《列宁论文学与艺术》（二），第 714 页。

的立场，反帝国主义的立场的"，但也觉得"他除暴露之外不能
决绝的更前进一步"①。但由于这三部小说揭露了美国资本主义
社会的情况，对我国的读者还是产生了很深刻的印象。

除了文学作品之外，郭沫若还翻译过一些理论著作，如马克
思的经典名著《政治经济学批判》、马克思和恩格斯著的《艺术
的真实》和马克思的《德意志意识形态》，在我国马克思主义的
翻译介绍上都作过很大的贡献。

假如我们把郭沫若翻译的书按出版时间先后排列的话（未
出版的不列），就可以看出他的翻译活动的全貌：

1921年〔德〕施笃姆：《茵梦湖》（泰东版）

1922年〔德〕歌德：《少年维特之烦恼》（泰东版）

1924年〔波斯〕莪默·伽亚谟：《鲁拜集》（泰东版）

1925年〔日〕河上肇：《社会组织与社会革命》（商务版）

〔俄〕屠格涅夫：《新时代》（商务版）

1926年〔爱尔兰〕约翰·沁孤：《戏曲集》（商务版）

〔英〕雪莱：《雪莱诗选》（泰东版）

〔德〕霍普特曼：《异端》（商务版）

〔英〕高尔斯华绥：《争斗》（商务版）

1927年〔英〕高尔斯华绥：《法网》（联合版）

〔英〕高尔斯华绥：《银匣》（创造社版）

《德国诗选》（创造社版）

1928年〔德〕《浮士德》（创造社版）

《沫若译诗集》（创造社版）

〔德〕尼采：《查拉图斯屈拉钞》（创造社版）

〔美〕辛克莱：《石炭王》（乐群版）

---

① 见译本前言。

1929 年〔德〕米海里斯:《美术考古学发现史》(乐群版)

　　　　〔美〕辛克莱:《屠场》(南强版)

　　　　《新俄诗选》(光华版)

1930 年〔美〕辛克莱:《煤油》(光华版)

1931 年〔俄〕托尔斯泰:《战争与和平》(文艺、光明版)

　　　　〔德〕马克思:《政治经济学批判》(神州国光版)

1934 年〔英〕威尔斯:《生命之科学》(商务版)

1935 年《日本短篇小说集》(商务版)

1936 年〔德〕马克思:《艺术作品之真实性》(质文社版)

　　　　〔德〕席勒:《华伦斯太》(生活版)

　　　　〔日〕林谦三:《隋唐燕乐调研究》(商务版)

1937 年〔英〕威尔斯:《人类展望》(开明版)

1938 年〔德〕马克思、恩格斯:《德意志意识形态》(言行版)

1942 年〔德〕歌德:《赫曼与窦丝苔》(文林版)

1947 年〔德〕歌德:《浮士德》(全译,群益版)

　　　　《浮士德百三十图》(群益版)

　　郭沫若的翻译活动,基本上到 40 年代末为止,即完成歌德的《浮士德》全译时即告结束。到了 1969 年 3—5 月间,郭沫若还翻译过 50 首英文诗。这些译诗是写在日本山宫允编选译注的《英诗译释》上的,其中有布里奇的《春之女神着素装》、讷徐的《春》、雪莱的《偶成》、布来克的《交响的绿坪》等诗,译文后经郭沫若的女儿郭平英、郭庶英整理,发表在 1980 年第一期的《战地》上,这恐怕是郭沫若一生中最后的翻译作品了。

　　此外在用郭沫若名字翻译的书中,有一两种是否为郭沫若所译,是需要辨明的。现试举一例,如山东师范学院中文系编的《中国现代作家著作目录》、南京师范学院中文系编的《文教资料简报》、吉林师范大学学报编的《郭沫若著译系年》、河南师范大学中文系编的《郭沫若著译分类编目》等资料中，都说郭沫若在 1930 年曾经翻译过日本作家夏目漱石的小说《草枕》，由华丽书局出版，而且书前还印有《译者序》。我对郭沫若曾否翻译过这本小说，始终抱怀疑态度，因为当年确曾出过一本中译的《草枕》，但那不是郭沫若翻译的，而是崔万秋翻译的，于 1929 年由真美善书店出版；到了新中国成立以后，丰子恺又重新译过，改名为《旅宿》，印在 1959 年人民文学出版社出版的《夏目漱石选集》中。我曾为此事在上海图书馆查阅过这本书的几种中译本，证实华丽书店盗用了崔万秋的译本改名为郭沫若译，甚至连序文也是崔万秋写的原文，一字未动，这种改名换姓盗版出书，是 30 年代常有的事。据郭沫若的秘书王廷芳告诉我，他曾问过郭老，郭老也说这本《草枕》不是他译的。现再举一例，《新俄诗选》出版时，封面上著有"L. 郭沫若译"的字样。"L."是谁呢？我为这事曾在 1963 年 5 月写信问过郭沫若，据他复信说："L. 即李一氓同志"。后来我见到《吉林日报》上有人写文章说："L."是李霖，还说《新俄诗选》是 1927 年由泰东图书局出版的。我又写信给郭沫若，询问"L."是否就是李霖，1927 年是否有过泰东版。据郭沫若在 1963 年 6 月 25 日复信说："《新俄诗选》当以 1927 年光华版为初版本。1927 年的泰东版是假冒的。1927 年八一革命，我和李一氓同志都从江西随军南下，汕头失败后，一氓由汕头回沪，我则经由香港，于 11 月中旬始回沪。12 月，我在沪得斑疹伤寒，几乎死去，足足卧病一个多月。在这期间，一氓不会有时间译书，我也没有工夫校阅。泰东的假冒是十分荒唐的。一氓原名民治，知者恐不多。据我所知，平生并无'李霖'之名。"郭沫若在信中又说："我是 1928 年春到日本的，确是到日本后接到一氓的译稿。那是从英

文选本翻译的，算来应该是 1929 年 2 月份的事。"郭沫若在
《新俄诗选》的《小序》中说：这本书选自英文的《俄国诗
选》，"我把来和英译本细细相对读过，有些地方且加了严格的
改动"，又《俄国诗选》原名"Russian Poetry"，是 1928 年在美
国出版的，从此更可证明 1927 年的泰东版是假冒的了。

三

进而谈一谈外国文学对郭沫若的文学创作活动的影响。

郭沫若的外国文学知识是非常广博的，他对古代东方的传说
和希腊罗马神话都相当熟悉，这我们从他早期的诗歌作品中可以
看出来。如他的《凤凰涅槃》一诗，就是取材自古代天方国关
于神鸟"菲尼克司"（即中国的所谓凤凰）的传说；"涅槃"则
是采自佛教的用语。他在诗歌作品中时常提到很多希腊罗马的神
话人物，如他歌颂过太阳神阿波罗、盗天火给人类的天神普罗米
修斯、爱与美之神维纳斯、司文艺的小女神缪斯、司健康的女神
许癸厄亚等。他对文艺复兴时期的文艺作品也很熟悉，他写过
《paolo 之歌》，paolo（保罗）就是但丁《神曲》中的人物；他也
谈到过西班牙塞万提斯的作品《堂·吉诃德》。至于他在自己的
作品中提到的近代外国作家和作品也不少。如他在《无烟煤》
一诗中引用了法国作家司汤达的话："轮船要烧煤，我的脑筋中
每天至少要三四立方尺的新思潮。"如在《密桑索罗普之夜歌》
的附注中说："此诗呈 Salomé 之作者与寿昌"。Salomé 指英国唯
美主义作家王尔德的剧本《莎乐美》而言，寿昌即指这个剧本
的中译者田汉。郭沫若在自己的作品中不只是提到西方的文学，
甚至对西方的美术、音乐乃至哲学也都时常提到，这也可见他的
西方文化知识之丰富。

郭沫若在 1928 年 2 月曾经计划写一篇《我的著作生活的回顾》①，可惜他后来没有实现，只剩下了一个提纲。他当时把自己的创作生活分成六个时期：一是"诗的修养时代"，主要是谈中国古典诗歌对他的影响和他最初的文学爱好，他在这里提到了"喜欢林纾译的小说"。二是"诗的觉醒期"，他在这里提到了泰戈尔和海涅。三是"诗的爆发期"，他在这里提到了惠特曼和雪莱。四是"向戏剧的发展"，他提到了歌德和瓦格勒（德国的古作曲家，曾写过许多以历史传说为题材的歌剧）。五是"向小说的发展"，他提到了福楼拜、屠格涅夫等许多作家的名字。最后一个时期叫做"思想的转换"。可惜郭沫若没有把这篇《回顾》写出来，否则我们就可以根据它来研究外国文学对他创作活动的影响了。

后来郭沫若在《创造十年》一书中也提到泰戈尔、惠特曼和歌德对他的诗歌创作的影响。他说他的诗歌经历过三个阶段的变化。第一阶段是泰戈尔式，那是在五四运动以前，"做的诗是崇尚清淡、简短，所留下的成绩极小"。② 第二阶段是惠特曼式，而且是正在五四运动的高潮中，这时他"做的诗是崇尚豪放、粗暴"，他认为这是他"最可纪念的一段时期"。③ 第三阶段是歌德式，他说："我开始做诗剧便是受了歌德的影响。"④ 郭沫若在《我的作诗的经过》一文中又曾说，他最初接触到泰戈尔的诗，好像获得了"生命的泉水"，"那清新和平静使我吃惊，使我一跃便年青了二十年！"⑤ 当时他翻译过泰戈尔的诗集，而且他写

---

① 《沫若文集》第 8 卷，第 281—282 页。
② 《沫若文集》第 7 卷，第 68 页。
③ 同上。
④ 同上。
⑤ 《沫若文集》第 11 卷，第 140 页。

的许多诗，如《晴朝》、《晨兴》、《静夜》、《南风》、《白云》、《新月》、《雨后》等，都是受了泰戈尔的影响，诗意比较清淡。后来他接触到了惠特曼的无韵的自由诗，他翻译过惠特曼的《草叶集》，但原稿未存，只在《三叶集》一书中还保留了一些断片。他曾说："海涅的诗丽而不雄。惠特曼的诗雄而不丽。两者我都喜欢。两者都不曾令我满意。"[①] 从此可以看出，他当时在海涅和惠特曼之间徘徊，但惠特曼对他的诗歌在内容和形式上都有很大的影响，这我们从《凤凰涅槃》、《立在地球边上放号》、《晨安》、《地球，我的母亲!》、《匪徒颂》等诗中都可以看出来。歌德对他的影响也很深，五四运动前后他翻译了《浮士德》和《少年维特之烦恼》。他认为："五四运动很有点像歌德时代的'狂飙突起运动'。……因为有这样的相同，所以和青年歌德的心弦起了共鸣。"[②] 他翻译了《浮士德》的第一部，不久就写了《棠棣之花》，而且在《女神之再生》的开头就引用了《浮士德》中的话："永恒的女性，领导我们走。"这时歌德对他的创作影响很大，据他说："假如说是惠特曼解放了我，那便是歌德又把我软禁了起来。"[③] 经过了好多年，郭沫若对《少年维特之烦恼》仍然不能忘怀。他在 1942 年 7 月 13 日为新版的《少年维特之烦恼》写的《重印感言》中说：

好快！

这部书的译出也就二十年了。

二十年后的今天我又重读了一遍，依然感觉着它的新鲜。

---

① 《三叶集》，第 144 页。
② 《浮士德》第二部译后记。
③ 《沫若文集》第 13 卷，第 121 页。

　　一本有价值的书，看来总是永远年轻的。读了这样的书，似乎也能够使人永远年轻。

　　人世间，比青春再可宝贵的东西实在没有，然而青春也最容易消逝。

　　最可宝贵的东西却不甚为人所爱惜，最易消逝的东西却在促进它的消逝。

　　谁能保持永远的青春的，便是伟大的人。

　　歌德，我依然感觉着他的伟大。

　　为使人们大家都更年轻些，我决心重印了这部青春颂。①

　　郭沫若在这里给了歌德非常高的评价。周扬曾对郭沫若说："您是歌德，但您是社会主义时代的新中国的歌德。郭老和歌德一样是文化巨人，是自己民族的骄傲，就这一点上也是相似的。"

　　外国的戏剧作品对郭沫若的戏剧创作也发生了影响。如他在1926年6月写历史剧《聂嫈》（后改为《棠棣之花》），其中第一幕中出现一个盲叟，郭沫若曾说："那盲目的流浪艺人所吐露出的情绪是我的心理之最深奥处的表白。但那种心理之得以具象化，却是受了爱尔兰作家约翰·沁孤的影响。……约翰·沁孤的戏曲里面，有一种普遍的情调，很平淡而又很深湛，颇似秋天的黄昏时在洁净的山崖下静静地流泻着的清泉。"② 郭沫若在30年代就翻译了席勒的历史剧《华伦斯坦》。他在抗日战争期间写了一系列的历史剧，莎士比亚等的历史剧都曾给了郭沫若很大的影响。如他在写作历史剧《屈原》时，就同诗人徐迟通过信，其中接触到莎士比亚的历史剧《李尔王》的问题。他感谢徐迟指

---

　　① 　见该书卷首。

　　② 　《沫若文集》第7卷，第212页。

出《屈原》与《李尔王》的相似，但也觉得有很大的不同，就是"屈原是与雷电同化了，而李尔王依然保持着异化的地位；屈原把自然力与神鬼分化了，而李尔王则依然浑化；屈原主持自己的坚毅，李尔王则自承衰老"①。

四

最后谈一谈郭沫若对文学翻译问题的见解。

郭沫若早年提出过翻译是"媒婆"的说法，曾引起过一些非议，但作为一个多年来从事文学翻译工作的人来说，他对于翻译还是有自己的见解的。如早在1922年批评唐性天翻译的《茵梦湖》时，他就谈到译诗的问题，表示他"始终相信，译诗于直译、意译之外，还有一种风韵译"；"即使字义有失而风韵能传，尚不失为佳品。若是纯粹的直译死译，那只好屏诸艺坛之外"。他还说那种"对于原文在若解与若不解之间，或竟至全未了解，便梦梦然翻译"的人，应当"深自忏悔"。②郭沫若对自己的翻译也是很谦虚的，如有人指出他翻译的雪莱的《拿波里海畔书怀》一诗中走了"样"，他就表示"定要改正"。如蒋光慈指出他翻译的屠格涅夫的《处女地》中也有不少误译，他就欣然表示要改正。

郭沫若对自己的翻译始终认真重视，如他翻译的歌德的《少年维特之烦恼》，就经他反复修改过多次。又如他在1927年改译歌德的《浮士德》第一部时，他说："我的译文是在尽可能的范围内取其流畅"，"我对于原文也是尽量地忠实的"。他还指

---

①　《沫若文集》第3卷，第316页。

②　《创造季刊》1922年第一卷第二期。

出："译文学上的作品不能只求达意，要求自己译出的结果成为一种艺术品，这是紧要的关键。"① 又如在 1931 年 3 月译完英国威尔斯的《生命之科学》一书时，他在《译者弁言》中说："译者对于原作者在文学修辞上的苦心是尽力保存着的，译文自始至终都是逐字逐译，尽力在保存原文之风貌。但译者也没有忘记，他是用中国文字译书，所以他的译文同时是照顾着要在中国文字上带有文艺的性格。"② 此书在 1932 年"一·二八"战争时毁于火，1934 年又再次重译。还有他在当年翻译马克思、恩格斯合著的《德意志意识形态》时也说："译笔主在力求达意，然也极力在希图保存原文之风格。"③

郭沫若也深知道翻译工作的重要性，当 1954 年 8 月北京举行全国翻译工作者会议时，他在讲话中就指出："文学翻译工作的重要性是尽人皆知的。通过翻译，我们可以承受全世界的文学遗产。世界上各个国家，各个民族，都有优秀的作家，留下了优秀的作品。这是全世界人民的共同的文化遗产，需要我们翻译工作声把它们译成本国语言，才能使我们更多的人来享受。"他又说："文学是现实生活的反映。我们通过文学翻译，既可以了解各国人民的生活习惯和他们的愿望；更可以促进本国的创作，促进作家的创作欲；作家读了翻译作品，可以学它的表现生活的方法。通过翻译，也可以帮助我国语文的改进。"④

同时郭沫若还指出："翻译工作是一项艰苦的工作，我不但尊重翻译，也深知翻译工作的甘苦。"他说："翻译工作者要精通本国的语文，而且要有很好的外文基础，所以它并不比创作容

---

① 《浮士德》第一部译后记。

② 《生命之科学·译者弁言》。

③ 《德意志意识形态·译者弁言》。

④ 《沫若文集》第 17 卷，第 271—176 页。

易。严复对翻译工作有很多的贡献，他曾经主张翻译要具备信、达、雅三个条件。我认为他这种主张是很重要的，也是很完备的。"郭沫若还认为："我们对翻译工作决不能采取轻率的态度。翻译工作者必须具有高度的责任感。他不能随便抓一本书就翻，他要从各方面衡量一部作品的价值和它的影响。在下笔以前，对于一部作品的时代、环境、生活，都要有深刻的了解。……对原作的时代背景没有深入的了解，要想译好一部作品很不容易。"郭沫若曾以他翻译《浮士德》一书进行现身说法：

我译过一部《浮士德》，这是歌德的代表作，是他积六十年的生活经验写成的一部伟大诗篇。这部作品有上下两部，我二十几岁开始翻译，中间差不多经过了三十年，到一九四六年才把它完成。第一部是歌德少年时期的作品，我在翻译的时候感到很轻松，原因是作品的内容很像我国的"五四"时代，摧毁旧的，建立新的，少年歌德的情感和我那时候的情感很合拍，思想也比较接近，因此译的时候很顺利，并不感到吃力。第二部是歌德晚年写的，他的思想感情我在那时候很难体会，觉得简直啃不动它，于是便把它抛在一边，不但不想翻译它，甚至想否定它是一部世界名著了。这样经过了将近三十年的时间，我自己也积累了一些生活经验，参加了大革命，又经过了抗日战争，看到了蒋介石的反动统治的黑暗，一九四六年到了上海，又在国民党匪帮的白色恐怖下经历了一段惊涛骇浪的生活，这时再回头来看《浮士德》的第二部，感情上就比较接近了，翻译起来也非常痛快，觉得那里面有好些话好像就是骂蒋介石的。结果，在很短的时间内便把它译完了。

所以，翻译工作也是需要有生活体验的，不过我们也不必单纯强调这一个条件。……

此外，郭沫若还指出："对于文学翻译工作者来说，重要的还是文学的修养和语文的修养。一个翻译工作者至少必须精通一种外文。但是仅仅懂得一种外文，也不容易把工作做好。除了一种语文以外，最好还能懂得第二第三种外文，这样不但在研究上方便，翻译时还可以用来作为助手。把别国的译文拿来对照，对自己的翻译确有很大的帮助，我自己就有过这样的经验。"

郭沫若还指出："总之，在翻译工作上，责任感是非常重要的，在翻译之前，必须慎重选择，准备周到。在翻译的过程中，要广泛地参考，多方面请教，尽量地琢磨。所谓'下笔千言，倚马可待'，实际上就是马虎了事，不负责任。"因此，郭沫若说："在今天，我们来做这项工作，首先就要对得起作者，对得起读者。我们必须大家来商量，来计划，来进行，使我们的翻译达到理想的地步。互相校订是一个很好的办法，可以纠正错误，发现问题；我们也应该在翻译界培养批评和自我批评的风气。"①

郭沫若的这些话，经历了将近 30 年，但在今天读起来，对于我们从事外国文学研究和翻译工作的人，仍然是具有现实意义的！

（原载《郭沫若研究》1985 年第 1 期）

---

① 《沫若文集》第 17 卷，经 271—276 页。

谈茅盾对世界文学
所作出的重大贡献[*]

在中国现代文学史上，茅盾是位在国内外都享有崇高声誉的伟大革命作家、文化活动家和社会活动家。远从 1916 年他开始从事文学活动以来，在 60 多年的漫长岁月中，他把毕生的精力都献给了中国的革命斗争和新文学运动的事业。他写作了大量杰出的小说作品和文学评论文字，翻译介绍了许多外国作家的优秀文学作品，积极领导了文化事业和文学艺术团体的工作，促进了中外文化交流和各国人民友好的事业，从而对世界文学作出了重大的贡献。正因为这样，当他在 1981 年 3 月 27 日以 85 岁高龄弃世长逝时，全国无不对他表示沉痛的哀悼，认为"中国文坛陨落了一颗巨星"！

一

茅盾对世界文学所作出的重大贡献是多方面的。

首先，从他开始文学活动时起，就潜心研究外国文学，介绍

---

* 这篇文章是应李岫同志之请，为她编辑的《茅盾研究在各国》一书写的代序。

外国文艺新潮，宣扬现实主义的"为人生的艺术"的文学观点，翻译介绍外国弱小民族的文学作品。这在当时不仅沟通了中外文学的关系，扩大了我国文艺界人士的眼界，开拓了我国文艺的园地，同时也推进了我国新文学运动的发展。

我们知道，茅盾于1916年从北京大学预科毕业后，就进了上海商务印书馆的编译所当编辑，用他自己的话来说，开始"叩文学的门"。他先后在编译所的英文部和国文部都工作过，这就使他有机会能博览中国的古籍和外国的文学名著。在1917年俄国十月革命的影响之下，他积极参加了1919年的"五四"文化革命运动和中国早期的共产主义运动，而且成了中国共产党最早的党员之一。当他在商务印书馆工作时，他参加过《学生杂志》和《小说月报》的编辑工作，并为商务印书馆出版的其他杂志写稿，这时他开始专注于文学，特别是外国文学的研究。据他在《回忆录》中说：

> 我从前治中国文学；就曾穷本溯源一番过来，现在既把线装书束之高阁了，转而借鉴于欧洲，自当从希腊、罗马开始，横贯十九世纪，直到"世纪末"。那时，二十世纪才过了二十年，欧洲最新的文艺思潮还传不到中国，因而也给我一个机会对十九世纪以前的欧洲文学作一番系统的研究。

这样，他就开始研究、翻译和介绍外国的文学作品。1920年初，他为《小说月报》部分改革而写的《小说新潮栏宣言》等文中，就表明了他最初的文艺观点。他认为"新文学要拿新思潮做泉源，新思潮要借新文学做宣传"；他主张"中国现在要介绍新派小说，应该先从写实派自然派介绍起"，新文学要"有表现人生指导人生的能力"。他又说过："我在跨上文学的道路之后最早形成的文艺观：赞成什么，主张什么，又反对什么。这些观点显然强烈地影响了我以后的文学活动。"茅盾从此就走上了现实主义的"为人生的艺术"的道路。

茅盾在商务印书馆编译所工作期间最大的功绩，就是对鸳鸯蝴蝶派所把持的《小说月报》进行了半革新直到全部革新。这时由郑振铎、沈雁冰、耿济之等人发起成立了文学研究会。全部革新后的《小说月报》，从1921年的第一期起，就全部刊登新的文学作品，而且多是文学研究会成员的作品和译品。我们直到现在都还忘记不了全部革新后的《小说月报》在中国新文学运动史上所起的作用。就在茅盾主编《小说月报》的这一年里，还先后出版了一厚本《俄国文学研究》增刊和一本《被损害民族的文学号》，鲁迅当时曾为这一专号翻译了不少论文和作品。后来由于商务印书馆馆方对革新版的《小说月报》的方针加以干涉，茅盾不能不在1922年辞去主编之职，由郑振铎继任主编，但刊物宗旨未变，茅盾还继续为刊物译稿和撰写《海外文坛消息》。此外他还为《时事新报》的副刊《学灯》写稿，并先后创办了《文学旬刊》和《文学周报》，始终坚持着"为人生的艺术"的文学信念。1981年1月茅盾为上海文艺出版社重印《小说月报》写序，他这样回忆道：

　　1921年，我接编并全部革新了《小说月报》，两年后由郑振铎接编，直到终刊。这11年中，全国的作家和翻译家，以及中国文学和外国文学的研究者，都把他们的辛勤劳动的果实投给《小说月报》。……11年中，《小说月报》记录了我国老一代文学家艰辛跋涉的足迹，也成为老一代文学家在那黑暗的年代里吸取滋养的园地。

　　这11年中，《小说月报》广泛地介绍了世界各国的文学、首先是介绍了俄国文学和世界弱小民族的文学，也介绍了西欧、北欧、南欧以及曾为西班牙殖民地的拉丁美洲的一些国家的文学。

也许，这一些就是革新后的《小说月报》之所以在当年产生广泛影响的原因。

随着革命运动和文艺界论战的开展，他在1925年又阅读了大量的英文书刊，了解了十月革命后的苏联文学，写成了《论无产阶级艺术》一文，开始用"为无产阶级的艺术"来充实和修正他过去宣扬的"为人生的艺术"的观点，正如他在《回忆录》中所说的：

在1925年中国还不存在无产阶级的艺术。但是，我已经意识到无产阶级艺术的基本原理将会指引中国文艺创作走上崭新的道路，因此，我大胆地作了这一番理论探讨。半个多世纪过去了，这篇文章的内容，在今天已是文艺工作者的普通的常识，但在当时却成了旷野的呼声。

茅盾早从1920年起就开始翻译各国的短篇小说和戏剧作品，发表在商务印书馆出版的《小说月报》、《东方杂志》、《教育杂志》、《妇女杂志》和《学生杂志》上，以及《时事新报》的副刊《学灯》和《文学周报》等刊物上，这成为他早年翻译工作的丰收之年。至于在当年的《小说月报》上，几乎每期都有他写的评介外国文学和作家的文字。海外文坛消息和翻译的作品，有些署名为沈雁冰或雁冰，有些则署名为郎损、冬芬等。

他翻译的外国作家的短篇小说中，俄国有萨尔蒂科夫—谢德林、托尔斯泰、契诃夫、安特列夫、库普林、蒲宁、高尔基、勃留索夫；阿美尼亚有阿哈洛宁和西曼陀；在中欧和东南欧国家中，有波兰的什罗姆斯基、特德马耶，捷克的尼鲁达、捷赫，匈牙利的裴多菲、约卡伊·莫尔、米克沙特、莫尔奈、拉兹古，罗马尼亚的萨多维亚努，南斯拉夫的桑陀—约尔斯基、奥格列曹维奇、克尔尼克、淑芙卡·克伐特尔，保加利亚的伐佐夫、埃林—彼林；在南欧国家中，有希腊的蔼夫达利哇谛斯、帕拉马斯、德罗西尼斯，有西班牙的巴列—因克兰、柴玛萨斯，葡萄牙的琨台尔；在西欧和北欧的国家中，有英国的萧伯纳，法国的莫泊桑、巴比塞，德国的尼采，荷兰的包地—巴克尔，丹麦的维特，挪威的包以尔，瑞典的斯特林堡、拉格洛孚、苏特尔褒格；在美国，有爱伦·坡；在拉丁美洲的国家中，有尼加拉瓜的达里奥、秘鲁的阿布耶尔、阿根廷的梅尔顿思、巴西的阿泽维多；在亚非国家中，有印度的泰戈尔、土耳其的奈西克·哈里德、阿尔及利亚的吕海司；还有犹太的肖洛姆—阿莱汉姆、裴莱兹、宾斯奇等。以上总共包括25个国家和民族的50多位作家的小说作品。

他翻译的外国作家的戏剧作品中，西欧有爱尔兰的格莱葛瑞夫人、叶芝，比利时的梅特林克，荷兰的斯宾霍夫；中欧有匈牙利的莫尔奈，奥地利的施尼茨勒；南欧有西班牙的贝纳文特；北欧有挪威的比昂逊，瑞典的斯特林堡；拉丁美洲有智利的巴里奥斯，犹太有宾斯奇和阿胥等。以上总共包括10个国家和民族的12位作家的戏剧作品。

在这里应该指出的，就是这两个名单还远不能包括尽茅盾全部的译品，但他当年是第一个把这些知名的作家的作品介绍到我国来的人，而且其中不少是这些作家的优秀的和代表的作品。他当时着眼于介绍弱小民族作家的作品上，这同鲁迅最初翻译介绍外国文学的观点可说是相同的，这也正是他们在1921年10月编辑出版了《小说月报·被损害民族的文学号》的原因。后来茅盾曾把他当年翻译的作品编印成单行本，其中即有《新犹太小说集》（1925）、西班牙剧作家《贝纳文特戏曲集》（1925）、西班牙小说家柴玛萨斯的《他们的儿子》（1928）、希腊小说家帕拉玛兹的《一个人的死》（1928），后三种都列为"文学研究会丛书"。在弱小民族小说集方面，则有《雪人》（1928，收19位作家的小说22篇）和《桃园》（1935，收14位作家的小说15

篇）。30 年代初，茅盾参加了鲁迅主编的《译文》和郑振铎主编的《世界文库》的工作，翻译了不少外国作家的回忆、书简和杂记的文字，于 1936 年印成单行本，收了 7 位作家的文字共 7 篇。茅盾早年翻译的作品，多年来没有重印过，直到 50 年后方由他在 1980 年编成《茅盾译文选集》出版，他在序文中说：

> 收在本集子中的作品，都是我年轻时翻译的，其中一部分解放前曾收入《雪人》、《桃园》和《回忆·书简·杂记》三个单行本中，当时并不很满意，所以解放后一直没有再出单行本。不过我所翻译的，大多是弱小民族的作品，后来一直也没有别人翻译过。我想这些反映弱小民族的历史、风土人情，以及求自由、求民主、求民族解放的斗争的作品，也还可以推荐给今天的读者。

除此之外，茅盾在从事编辑和翻译工作的同时，还又从事外国文学的研究工作。在 20 年代末到 30 年代初，他先后用沈雁冰的名字写成《欧洲大战与文学》（1928），用茅盾的名字写成《近代文学面面观》（1929，其中介绍了丹麦、挪威、冰岛、荷兰、德国、奥地利、葡萄牙、南斯拉夫等国的现代文学和希伯来的诗歌）、《现代文艺杂论》（1929，其中收有关于欧洲现代流派文学的文章 14 篇）和《六个欧洲文学家》（1929，介绍匈牙利的裴多菲、俄国的陀斯妥也夫斯基、瑞典的赫滕斯顿、挪威的包以尔、德国的霍普德曼、西班牙的巴洛哈）。他还又用玄珠的笔名写成《小说研究 ABC》（1928）、《骑士文学 ABC》（1929），用方壁的笔名写成《西洋文学通论》（1930）、《希腊文学 ABC》（1930）、《北欧神话 ABC》（1930）。此外还又写成了《世界文学名著讲话》的通俗读物（1935）。至于他在中外神话方面的研究，如《神话的研究》（1928），《中国神话研究 ABC》（1929），《神话杂论》（1929）等书，都是很有名的。从此我们也可以看出，茅盾在外国文学研究方面的知识之广博了。

30 年代，茅盾又开始翻译俄国和苏联的小说作品，其中即有丹青科的《文凭》（1932）和吉洪诺夫的《战争》（1936）。40 年代当抗日战争期间，茅盾先后翻译了不少苏联作家写的有关卫国战争的小说作品，其中即有巴甫连柯的《复仇的火焰》（1943）、格罗斯曼的《人民是不朽的》（1945）、卡达耶夫的《团的儿子》（1946）、《苏联爱国战争短篇小说译丛》（1946）；抗战胜利后又翻译了西蒙诺夫的剧本《俄罗斯问题》（1947）。这也就正如苏联的茅盾研究者索罗金所说的："他为在中国传播俄罗斯文学作了大量的工作。"高兴的是我当时曾为茅盾校阅了他翻译的格罗斯曼的《人民是不朽的》，而且还同他合译了罗斯金写的《高尔基》（传记小说，1945）。

新中国成立以后，茅盾虽然没有再翻译过什么外国文学作品，但他主编了 1953 年复刊后的《译文》并参加了 1959 年改名后的《世界文学》的编辑工作，1954 年 8 月参加了全国文学翻译工作会议，在会上作了《必须把文学翻译工作提高到艺术创造的水平》的全面发言。从 20 年代起，茅盾就发表过不少谈翻译的文字，到了 1980 年茅盾编辑自己的《译文选集》时，又概括地总结了他自己 60 年来对翻译问题的看法，现不妨节引在这里：

> 五四运动以后开始用白话文翻译。翻译的人很多，有的好，有的差，但多数人开始认真注意"信、达、雅"了。"直译"这名词，就是在那时兴起的，这是和"意译"相对而说的，就是强调要忠于原文，在忠于原文的基础上达到"达"和"雅"。鲁迅就是积极主张"直译"的，并且自己做出了榜样。当然，我以为所谓"直译"也者，倒并非一定是"字对字"，一个不多，一个也不少。因为中西文结构

的不同，这种"字对字"，一个不多，一个也不少的翻译，实际上是不可能的。那种译法不是"直译"而是"死译"。"直译"的意义就是不要歪曲了原作的面目，要能表达原作的精神。譬如原作的文字是朴素的，译文却成了浓艳，原作的文字是生硬的，译文却成了流利；要是有了这种情形，即使译得意思上没有错误，可是实际上也是歪曲了原作。据我的经验，翻译一部外国作家的作品，首先要了解这个作家的生平，他写过哪些作品，有什么特色，他的作品在他那个时代占什么地位等等；其次要能看出这个作家的风格，然后再动手翻译他的作品。很重要的一点是要能将他的风格翻译出来。譬如果戈理的作品与高尔基的作品风格就不同，肖伯纳的作品与同样是英国大作家的高尔斯华绥的作品风格也不同。要将一个作家的风格翻译出来，这当然是相当困难的，需要运用适合于原作风格的文学语言，把原作的内容与形式正确无遗地再现出来。除信、达外，还要有文采。这样的翻译既需要译者的创造性，而又要完全忠实于原著的面貌。这是对文学翻译的最高的要求。

作为一位 60 年来对翻译和研究外国文学作出重大贡献的人，茅盾在这里对文学翻译问题所作的这一席经验之谈，还是很值得我们寻味的！

二

其次，茅盾对世界文学所作出的重大贡献，在于他用自己大量的杰出小说作品，反映出了中国从五四运动以来的现实生活和大革命时期前后以及三四十年代的革命斗争。由于这些作品被翻译成多种外国文字，从而丰富了世界文学的宝库。

我们大家都知道，从 1920 年 5 月上海共产党小组成立时起，茅盾就参加了它的活动；1921 年中国共产党召开了第一次代表大会以后，他的工作就更为紧张了：他一方面作为一个文艺编辑工作者，同时又作为一个革命工作者而出现，用他自己的话来说，他是处于"复杂而紧张的生活、学习与斗争"之中。1923 年 7 月以后，他又参加了中国共产党上海地方兼区执行委员会的工作，据他回忆说："过去是白天搞文学（指在商务印书馆办事），晚上搞政治，现在却连白天都要搞政治了。" 1925 年"五卅"运动爆发，他和他的夫人孔德沚都是这一运动的目击者和参加者。1925 年底，上海市国共两党合作的国民党上海特别市党部成立（茅盾任宣传部长），选派了恽代英、茅盾等 5 人到广州去，参加国民党第二次全国代表大会，接着他就留在广州工作，这时毛泽东同志任国民党中央宣传部代理部长，茅盾就任了宣传部秘书。他亲身经历了蒋介石发动的"中山舰事件"，事变后他又回到上海，这时才最后离开了商务印书馆编译所。1926 年 10 月北伐军占领武汉，他去到武汉，任中央军事政治学校教官，后又主编汉口《民国日报》，直到 7 月初汪精卫叛变后，他才辞职，秘密回到上海。在 1927 年 4 月蒋介石发动的"四·一二"反革命政变之后，由于南京政府要通缉他，他不得不完全转入了秘密状态，匿居在虹口的景云里，开始根据他从五四运动以来直到大革命时期所看到和经历过的丰富的印象，从 1927 年 8 月下旬开始写作长篇小说《幻灭》，第二年又写成《动摇》和《追求》，统用茅盾的笔名在叶圣陶编的《小说月报》上发表，茅盾称这是他的"创作生活的开始"。假如说，在这以前，茅盾基本上是位外国文学的研究绍介者和翻译家，而且是以沈雁冰闻名的；那么从 1927 年起，作为作家的茅盾就诞生了。茅盾曾这样回忆说：

　　为什么我取"矛盾"二字为笔名？好像是随手拈来，然而也不尽然。"五四"以后，我接触的人和事一天一天多而且复杂，同时也逐渐理解到那时渐成为流行语的"矛盾"一词的实际；1927年上半年我在武汉又经历了较前更广的生活，不但看到了更多的革命与反革命的矛盾，也看到革命阵营内部的矛盾，尤其清楚地认识到小资产阶级知识分子在这大变动时代的矛盾，而且，自然也不会不看到我自己生活上、思想中也有很大的矛盾。但是，那时候，我又看到有不少人们思想上存在有矛盾，甚至言行也有矛盾，却又总自以为自己没有矛盾，常常侃侃而谈，教训别人，——我对这样的人就不大能够理解，也有点觉得这也是"掩耳盗铃"之一种表现。大概是带点讽刺别人也嘲笑自己的文人积习罢，于是我取了"矛盾"二字作为笔名。但后来还是带了草头出现，那是我所料不到的。

　　继总题为《蚀》的三部曲《幻灭》、《动摇》、《追求》之后，茅盾在1930年写成了长篇小说《虹》。从1930年起他同鲁迅一起参加领导了中国左翼作家联盟的工作，这时期他写成了他最著名的长篇小说《子夜》以及《路》、《三人行》，还写成短篇小说《林家铺子》和称为农村三部曲的《春蚕》、《秋收》、《残冬》等有名的短篇。1937年在抗日战争开始后，他积极参加和领导了中华全国文艺界抗敌协会的工作，主编《文艺阵地》。1938年写成了长篇小说《你往哪里跑》（后改名为《第一阶段的故事》）。1941年"皖南事变"发生后，他去到香港，为韬奋主编的《大众生活》写了揭露国民党反动特务统治的长篇小说《腐蚀》。1942年，在太平洋战争爆发和日军占领香港以后，他又经由广东东江到了桂林，在当地写成了长篇小说《霜叶红似二月花》。1945年初次写成剧本《清明前后》。从1927年直到

1945年将近20年当中，是茅盾的创作生活最为旺盛的时期，他除长篇小说之外，还写过不少中篇和短篇小说。新中国成立以后，他就完全转入文艺评论方面的工作，晚年执笔写他的回忆录《我走过的道路》。

作为一位中国伟大的现实主义作家，茅盾反映出自五四运动以来的中国革命斗争和现实生活的文学作品，不可能不引起世界各国文艺界的注意，而且先后被翻译成外国的文字出版。

根据我们目前所发现的材料，茅盾的作品最早被译成英文，这就是乔治·肯尼迪翻译的短篇小说《喜剧》，于1932年6月发表在上海出版的英文刊物《中国论坛》上。两年后，这篇译文又在美国出版的英文《今日中国》上转载。稍后，王际真又将茅盾写的《农村三部曲》中的《春蚕》译成英文，发表在伊罗生主编的《当代》杂志上。同期间，美国进步记者埃德加·斯诺和他的夫人海伦·福斯特（笔名尼姆·威尔斯）在编辑现代中国短篇小说选《活的中国》，其中翻译了茅盾的小说《泥泞》和《自杀》，这本书于1936年在英国伦敦出版。美国作家和记者伊罗生（艾萨克斯）在1934年编辑现代中国短篇小说选《草鞋脚》时，又选译了茅盾的短篇小说《春蚕》和《秋收》，茅盾为它写了自传，但这本书由于种种原因，直到1974年才由美国麻省理工学院出版社出版。据茅盾回忆说，美国革命女作家史沫特莱曾于1935年请人把《子夜》译成英文，可惜未能出版，但茅盾却应她之请写成了他第一篇详细的自传。

苏联于1934年也开始翻译茅盾的作品，在当年出版的第三、四期合刊的俄文《国际文学》上发表了涅克拉索夫翻译的《春蚕》，同年在《青年近卫军》第五期上发表了伊文翻译的《子夜》的片断《罢工之前》；1935年在《国际文学》上发表了普霍夫根据英文转译的《子夜》中的一章《暴动》；1936年哈尔科夫出版《中国》文学作品集又转载了这篇译文。1935年，列宁格勒的国家文学出版社出版了辛君翻译的《动摇》；1937年同一出版社又出版了鲁德曼、和夫合译的《子夜》。1944年鄂山荫翻译了《林家铺子》，收在莫斯科出版的《中国短篇小说集》里。

日本在1936年由第一书房出版了小田岳夫翻译的《动摇》和《追求》两部小说，题名为《大过渡期》。1937年山上正义翻译了短篇小说《水藻行》，发表在《改造》杂志上，据说是根据茅盾的手稿译出的。1938年竹枝书房出版了小田岳夫翻译的《秋收》、《大泽乡》。1940年东成社出版了武田泰淳翻译的长篇小说《虹》，同年伊藤书店出版了曹钦源翻译的《小巫》、《春蚕》。

在西欧国家中，除去1936年在伦敦出版的斯诺编辑的《活的中国》一书中收有茅盾的短篇小说《自杀》和《泥泞》外，到了1938年在德国的德累斯顿又出版了弗朗茨·库恩用德文翻译的《子夜》。

至于茅盾的作品大量地被翻译成各国的文字，主要是50年代开始以后的事，在这方面日本是翻译出版较多的国家。1951年千代田书房出版了尾扳德司翻译的《子夜》；1954年筑摩书房出版了小野忍翻译的《腐蚀》（1961年有岩波书店版）；1955年青本书店出版了尾坂德司翻译的《春蚕》、《林家铺子》；1958年河出书房新社出版了奥野信太郎翻译的《霜叶红似二月花》；1962年岩波书店出版了小野忍、高田昭二翻译的《子夜》上册（下册在1970年出版），同年河出书房新社出版了竹内好翻译的《枫叶红了》；1963年平凡社出版了竹内好翻译的《子夜》（1970年有河出书房新社版和1974年筑摩书房版）；1973—1975年《伊哑》杂志上发表了古谷久美子翻译的《追求》；1978年学习研究社出版了市川宏翻译的《腐蚀》。此外在茅盾的作品中，1954年弘道馆出版了小川环树翻译的《脱险杂记》，1962年平凡社出版了竹内好翻译的《见闻杂记》（后有1971年新版）；1963年同社出版了小野忍、丸山升合译的《香港沦陷》。茅盾的不少评论和研究著作也有日译，其中包括伊藤弥太郎在1943年翻译的《中国神话研究》，加藤平八在1958年翻译的《夜读偶记》等书。

在亚洲的国家中，还有蒙古在1957年出版了《子夜》；越南在1958年出版了《子夜》和《春蚕》，1963年出版了《腐蚀》；朝鲜在1960年出版了《子夜》；泰国、印尼、印度、巴基斯坦等国，都出过茅盾的作品。

苏联在1952年由莫斯科国家文学出版社出版了鲁德曼翻译的《子夜》，1954年出版了同人翻译的《茅盾短篇小说选》；1955年国家文学出版社出版了由费德林主编的《茅盾选集》，其中收有《子夜》、《春蚕》、《秋收》、《林家铺子》等作品；同年《真理报》出版社出版了由鲁德曼翻译的《林家铺子》短篇小说集。1956年苏联国家文学出版社又出版了由费德林主编的三卷本的《茅盾文集》：第一卷为《动摇》和《虹》，第二卷为《子夜》，第三卷为《三人行》、短篇小说及论文等。茅盾为这部文集写了序文。1959年列宁格勒的《涅瓦》杂志十月号上又发表了节译的《腐蚀》，茅盾也为该刊写了"致读者的话"。此外，苏联还以10多种民族文字出版了茅盾的作品。

在中欧和东南欧国家中，捷克在1950年出版了普实克翻译的《子夜》，1953年出版了《茅盾选集》，1959年出版了吴和翻译的《腐蚀》，1961年出版了克拉尔翻译的《林家铺子及其它短篇集》，1963年出版了《茅盾短篇小说选》；1961年斯洛伐克也出版了嘎利克翻译的《茅盾短篇小说集》。匈牙利在1955年出版了《子夜》,1958 年出版了《春蚕集》;波兰在 1956 年出版了《子夜》;阿尔巴尼亚在 1957 年出版了《春蚕》、《子夜》;保加利亚在 1959 年出版了《子夜》和《茅盾选集》;罗马尼亚在 1961 年出版了《林家铺子》。

在西欧国家中,联邦德国在 1979 年重版了弗朗茨·库恩翻译并经英格里德和沃尔夫冈·顾彬校订的《子夜》;法国在 1980 年出版了维尼亚尔翻译的《春蚕》、《秋收》、《残冬》等短篇集,1981 年出版了由鲁易斯和塔尔迪夫合译并经米歇尔·鲁阿校订的《虹》。在荷兰和丹麦,在北欧的挪威、瑞典、冰岛等国也都翻译出版了茅盾的作品。

新中国成立后,我国的外文出版社也翻译出版了茅盾的作品,用英、法、西班牙和阿拉伯文出版了《春蚕》小说集,用英、法、印地文出版了《子夜》。从 1981 年起,外文出版社又开始翻译出版茅盾的四卷本选集:第一卷为长篇小说《蚀》和《虹》,第二卷为长篇小说《子夜》,第三卷为长篇小说《腐蚀》和剧本《清明前后》,第四卷为短篇小说集,茅盾于 1981 年 2 月 1 日专写了外文版《茅盾选集》序。

总之,茅盾的著作已被翻译成世界上 20 多个国家的文字出版,其中翻译最多的是长篇小说《子夜》、《虹》、《腐蚀》,三部曲《蚀》,短篇小说《林家铺子》和农村三部曲《春蚕》、《秋收》、《残冬》等。特别要提到的,不少译本前都印有茅盾亲自撰写的自序。当然,我们现在还不可能把他的作品的全部外文译本都找齐和列举出来。

随着茅盾的作品被翻译成世界各国的文字,它们就不可能不引起翻译家和研究者们的评述。斯诺早在 1936 年为《活的中国》一书写的编者序言中就称茅盾是"中国最知名的长篇小说家";在关于茅盾的介绍中又说:"茅盾大概是中国当代最杰出的小说家。他的《子夜》已有英、法译本。他的中篇小说《春蚕》和《幻灭》、《动摇》、《追求》三部曲，是给中国文学以活力的新现实主义或革命自然主义的出色典范。……顺便应指出，不论是从私人友谊还是社会、政治、文学倾向来说，他和鲁迅都是非常接近的。他也像鲁迅那样相信，艺术脱离了当前的社会现实，就毫无意义可言。"伊罗生在1934—1935年编辑《草鞋脚》时，曾和鲁迅、茅盾多次通信，他在1973年重编这本小说集时写的序言中曾说："鲁迅是文学革命的创造人之一，杰出而富于创造性的作家；他的青年朋友和同行茅盾当时被公认为继鲁迅之后最重要的作家。"

　　当茅盾的著作在1935年最初译成俄文时，瓦西里耶夫（王希礼）曾为《动摇》写了序文，对茅盾作了这样的介绍："茅盾——是著名的当代中国作家沈雁冰的笔名。现在，他是享有盛誉的最驰名的、多产的和有才华的作家之一，他是许多政治性极为尖锐的作品的著者。"1937年的俄译本《子夜》出版时，萧三在书前写了《论长篇小说〈子夜〉》的序文，指出："茅盾的长篇小说《子夜》，是近年来中国文坛上一个独特的现象。甚至保守的和反动的批评家们，也都不得不承认这部长篇小说，不仅是当代中国最伟大的作家茅盾的重大成就，同时也是整个中国文学的重大成就。"译者鲁德曼也写了《茅盾的创作道路》的长篇论文，其中说："茅盾是当代中国文学界公认的左翼的巨匠，是中国人民革命斗争的积极参加者。他把自己的整个创作同革命相连起来，把自己的才能的发展，他的作品的思想充实，都归功于革命。……他知道幻灭的痛苦，孤独的忧愁，但是生活和革命斗争为他指示了真正的道路。他大胆地沿着这条道路前进，重新估计了自己的价值，用头脑和心来接受了革命，了解到自己在革命前的责任。"

　　茅盾的作品翻译成日文，特别是在 50 年代以后，也曾受到日本文艺界和广大读者的热烈欢迎。如日本知名的文学理论家藏原惟人就说过："茅盾的作品早为我国的读者所熟悉，评价很高。"日本另一位著名的文艺评论家中岛健藏也曾说："茅盾的《子夜》、《腐蚀》和《霜叶红似二月花》都是在战后翻译出版而被广泛阅读的。"又如山田富夫在《论〈子夜〉》一文中说："《子夜》是现代中国作家茅盾最享有盛名的著作，可以说是第一部成功地描写中国现代社会的小说，因此在中国文学史上占有重要的地位。"《子夜》的日译者尾坂德司也曾说：《子夜》作为1932 年中国人的作品，"却震撼了 1951 年日本人的心灵"。

　　捷克著名的汉学家和《子夜》的译者普实克曾在《子夜》译本的序文中说："除了属于中国现代最伟大的文豪鲁迅的经典作品而外，《子夜》可说是战前中国最伟大的一部文学作品。没有哪一位作家，能如此明晰、透彻地理解主宰着战前中国社会的各种倾向、潮流和力量。"联邦德国的中国文学研究者和翻译家顾彬为新版的《子夜》写的后记中指出："茅盾的《子夜》是迄今为止没有丧失它的意义和影响的第一部杰出的中国现代小说。"

　　现在世界各国都先后出现了不少茅盾著作的研究者，如苏联就有鲁德曼、费德林、艾德林、索罗金、彼得罗夫、乌里茨卡娅、利西察等；如日本就有增田涉、小田岳夫、小野忍、尾坂德司、竹内好、冈崎俊夫、小川环树、松井博光、高田昭二、山田富夫、立间详介、相浦杲等；如捷克斯洛伐克就有普实克、克拉尔、嘎利克等；如法国就有米歇尔·鲁阿、佩罗伯等；如美国就有柏宁豪森、陈幼石等。其中不少人写有关于茅盾的专著，如费德林的《茅盾》（1956）、索罗金的《茅盾的创作道路》（1962）、松井博光的《黎明的文学——中国现实主义作家茅盾》

（1979）、嘎利克的《茅盾·中国现代文学批评的产生》（1980）等书，都是比较重要的论著。

三

　　进而，茅盾对世界文学所作出的重大贡献，就在于他通过同外国作家的交往，促进了中外文化的交流和加强了与各国人民友谊的事业。

　　记得鲁迅在1936年7月为《呐喊》的捷克译本写的序文中曾说：

　　　　自然，人类最好是彼此不隔膜，相关心。然而最平正的道路，却只有用文艺来沟通，可惜走这条道路的人，历来又少得很。

　　事实上，鲁迅就正是"走这条道路的人"当中最重要的一个。茅盾在1978年11月为《子夜》德译本写的《致德国读者》一文中说：

　　　　我们认为，通过文学作品，各国人民可以增进相互了解。现实主义的文学作品反映了光明与黑暗的搏斗，反映了人民革命的主流，它是时代进军的号角。各国人民通过文学作品看到彼此的求解放的大目标的一致性及其斗争的复杂性，从而激起强烈的共鸣，增进了相互的了解。历史书籍可以使各国人民从理智上互相认识，而文学作品则使各国人民从感情上加强团结。这便是有史以来，文学作品曾经起过，而且将要永远起的作用。

　　茅盾本人正是基于这种信念，不仅通过自己作品的外文译本，而且通过自己同外国作家的直接交往，来增进相互的了解与友谊的。

　　远从 30 年代初起，茅盾就和美国的革命作家与进步记者史沫特莱、斯诺和伊罗生等人结下了深厚的友谊。茅盾是在 1930年认识史沫特莱的，当时她正担任德国《法兰克福日报》驻中国的特派记者。据茅盾回忆说："自从 1930 年夏我与史沫特莱第一次见面后，我们之间的交往日益频繁，我们之间的友谊也日益深厚。"这时鲁迅和茅盾都参加了中国左翼作家联盟的领导工作，中国革命作家同外国革命作家的联系都是通过史沫特莱，而他们三个人之间也建立起了密切的联系，这就是史沫特莱在《忆鲁迅》中所说的，她常在街头同茅盾会合，然后仔细观察一下通往鲁迅住所的那条马路，悄悄走进鲁迅的家。1931 年初左联五烈士被杀害之后，他们三个人共同起草了告世界各国作家宣言，这份宣言经茅盾作了修改并帮助译成英文发往国外，在世界各国引起了强烈的反响，很多国家的作家联名发表了宣言，抗议国民党屠杀革命作家的罪行。1939 年 9 月，茅盾应史沫特莱之请，为她准备编辑的一本中国青年革命作家的小说集写了一篇《给西方的被压迫大众》的文章。1935 年底，鲁迅和茅盾联名发的祝贺长征胜利的电报，就是经由史沫特莱设法发出去的。同年，他们三个人还合编了一本德国女版画家《凯绥·珂勒惠支版画选集》，史沫特莱同凯绥·珂勒惠支很熟，鲁迅就请她写了序文，并由茅盾译成中文。茅盾和史沫特莱的交往，一直持续到1941 年，当茅盾在"皖南事变"后去到香港，史沫特莱也因病经香港返美，他们在香港时见过面，而且史沫特莱当时就告诉茅盾不久可能会爆发太平洋战争。

　　茅盾和斯诺的交往，是在斯诺编辑中国现代短篇小说选《活的中国》的时期。这时斯诺曾选了他的小说《自杀》和《泥泞》。茅盾经过史沫特莱的介绍，又同当时在上海出版的两种英文的进步刊物《中国论坛》和《中国呼声》发生了关系：《中国论坛》是由伊罗生主编的，《中国呼声》则是由格兰尼奇主编的。在这两种刊物上，都发表过不少中国青年作家的作品，其中即有茅盾写的小说《喜剧》。1934年至1935年，伊罗生和他的夫人姚白森编辑中国现代作家小说集《草鞋脚》时，曾得到鲁迅和茅盾的大力支持。他们为这部书提供了选题，写了作家介绍，茅盾还专门写了《中国左翼文艺定期刊编目》。鲁迅和茅盾当时写给伊罗生的通信（这些信多半由茅盾写成，再由鲁迅签名），曾由美国哈佛大学哈佛燕京图书馆在1970年影印寄到中国来，成为研究当年鲁迅、茅盾和伊罗生友谊的重要史料。

到了40年代抗日战争后期，茅盾在重庆时曾翻译了不少苏联卫国战争的文艺作品，对加强中苏文化的交流事业作出了重大的贡献。抗战胜利后，苏联对外文化协会在1946年邀请茅盾夫妇去苏联访问。他们在这年12月2日启程远航，在1947年4月25日返抵上海，前后在苏联进行了四个半月的参观访问。在苏联期间，茅盾同苏联文艺界的人士有了广泛的接触，他在莫斯科时，曾访问了苏联作家协会，同苏联著名的作家和诗人法捷耶夫、苏尔科夫、吉洪诺夫、马尔夏克、列昂诺夫、戈尔巴托夫、卡达耶夫、西蒙诺夫等许多人见面。在去格鲁吉亚、亚美尼亚、阿塞拜疆、乌兹别克等共和国访问时，又见到了亚美尼亚大诗人伊萨克特、阿塞拜疆大诗人伏尔贡、乌兹别克大诗人古里亚姆。茅盾在返国后写成《苏联见闻录》一书，其中还写了《卡泰耶夫访问记》、《马尔夏克与儿童文学》、《西蒙诺夫访问记》、《吉洪诺夫访问记》等文。

1949年10月中华人民共和国成立以后，茅盾历任文化部部长、中华全国文联副主席和中国作家协会主席的职务，同时又任英文版《中国文学》和《人民文学》与《译文》的主编。在他任职期间，他曾接见过不少来访的外国作家以及他的作品的翻译者。从那时起，茅盾又曾多次出国，参加历次的世界和平理事会、世界人民和平大会、和平国际会议；参加过1956年在新德里召开的亚洲作家会议、1958年在塔什干召开的亚非作家会议、1959年在莫斯科举行的第三次全苏作家代表大会、1962年在开罗召开的第二次亚非作家会议；他还两次率领文化代表团访问波兰，多次访问苏联；此外还有几次在纪念世界文化名人大会上做报告。在所有这些活动中，他都同各国的作家，特别是亚、非、拉丁美洲的作家有更多的接触，加强了中外文学家的友谊和友好关系。记得1958年参加在塔什干召开的亚非作家会议时，我们曾到乌兹别克的诗人吉里亚姆家去做客，会后我还陪同茅盾一起去塔吉克共和国参加了波斯和塔吉克古典文学始祖鲁达基1100年诞辰的纪念活动，在斯大林纳巴德受到塔吉克著名诗人图尔松—扎台的接待。

在茅盾的晚年，他还同一些外国作家有过交往，如1978年和1979年，法国女作家苏珊娜·贝尔纳曾两次访问茅盾，并作了长谈。她在回忆茅盾的文字中这样写道："在法国，我也曾与许许多多的艺术家、画家、作家及知识界人物有所接触，其中也有知名之士，但我得承认，他们任何一位，也没有给我像茅盾那样的印象。"

日本的茅盾研究者和茅盾作品的翻译者松井博光，在茅盾逝世的前几天曾到北京医院去拜访了茅盾，他大概是外国作家当中见到茅盾的最后一个人了。更为感人的，是希腊作家安东尼斯·萨马拉基斯曾写了《一封寄不到的信》，对茅盾的逝世表示了他的追念！

茅盾是受到全世界各国作家的敬爱的，记得苏联著名作家法捷耶夫在1949年10月来到我国访问时，就曾说过："我们国内前进的人们以极大的兴趣读过茅盾的作品《动摇》和《子夜》，至于在我们杂志上登载的他的短篇小说和论文，我们喜爱就更不必说了。"在茅盾逝世以后，不少国家的作家发表了悼念茅盾的文字，如苏联的茅盾研究者索罗金在《纪念茅盾》一文中写道："茅盾的优秀作品是世界进步文化宝库的有机组成部分。"这都是对茅盾所作的最高的评价。

　　茅盾现在是位享有世界声誉的伟大中国作家，在世界上重要的百科全书中，如《法国大拉鲁斯百科全书》、《英国百科全书》、《苏联大百科全书》、《大日本百科事典》、《东方文学大辞典》中，都写有关于茅盾的条目，肯定了他在世界文学上的地位。正因为这样，茅盾不仅是属于中国人民的，同时也是属于全世界的。

　　我现在写的这篇茅盾对世界文学所作出的重大贡献，挂一漏万，只不过是对这方面研究的一个开端而已。至于茅盾在世界文学上的地位和成就，还有待我们今后进一步做研究。

1984 年 4 月 12 日于北京

（原载《茅盾研究》1985 年第二辑）

中国翻译的历史

在我国，翻译是有着悠久的历史的。远从公元前的西周和先秦时代起，就设有称为"象寄"和"象胥"的通译官。汉、唐以来是我国翻译佛经盛极一时的朝代，及至宋代也未稍减。元代专门设有从事翻译的官。到了明代，随着耶稣会士的入华和天主教的传入，开始了"西学东渐"的时代，不少西方自然科学的著作最初被译成中文。清代随着鸦片战争之后的五口通商和基督教的传入，开始建立起同文馆和译学局。到了晚清民初，才有人从事翻译西洋的社会科学和文学名著。五四运动以后，翻译工作更获得了空前的发展。以上各个时代的翻译，对我国的文化、文学和艺术都曾发生过深远的影响，因此这一段长达两千多年以上的翻译的历史，值得我们简略地来加以回顾。

从"象寄"，"象胥"到"翻译"

我国著名的翻译家严复，在《天演论译例言》中曾提到"象寄之才"这个名词。何谓"象寄之才"呢？查我国古代的典籍，在《周礼·秋官司寇》中称"掌蛮狄诸国传谕言辞"、"通夷狄之言者曰象胥";《礼记·王制》中称"五方之民，语言不通，嗜欲不同。达其志，通其欲：东方曰寄，南方曰象，西方曰狄鞮，北方曰译"。汉代大学者郑康成曾对此作了解释："东方曰寄，南方曰象……周始有越重译而来献，是因名通言语之官为象胥。"从此看来，"象寄"和"象胥"就是我国古代的翻译人员。

北方既然曰"译"，随着汉代与北方匈奴各民族的交往日益频繁，作为通译人员的"译"，就代替了西周和先秦时代的"象寄"和"象胥"。到了东汉我国开始译述佛经，又在"译"字的前面加上了一个"翻"字，遂成为"翻译"。从那时起"翻译"这个名词就一直沿用至今。宋代高僧赞宁在《译经篇》中曾写道："译"者"不过察异俗，达远情"，而"翻"则"如翻锦绮，背面俱花，但其花有左右不同耳"，这就道明了翻译与原作的差异之处。

今人钱钟书曾根据汉代文字学者许慎在《说文解字》中对"翻译"所作的训诂："囮，译也。从'口'，'化'声。……读若'譌'"，又作了进一步的解释。他说："南唐以来，'小学'家都申说'译'就是传四夷及鸟兽之语，……'譌'、'讹'、'化'和'囮'，是同一个字。'译'、'诱'，'媒'、'讹'、'化'这些一脉相连，彼此呼应的意义，……把翻译能起的作用，仿佛一一透示出来了。"他在这里也征引了赞宁的话说："中国古人也说翻译的'翻'等于把绣花纺织品的正面翻过去的'翻'，展开了它的反面。"

由于古代的"象寄"、"象胥"和"译"的翻译人员，主要是通译，也就是口译，因此遗留下来的翻译文献就非常之少了。

汉、唐以来的佛经翻译

随着佛教的东传，我国从汉哀帝元寿元年（前2），才最初有了关于翻译佛经的记载。相传当时有博士弟子从大月氏王的使者口头翻译了《浮图经》。到了东汉明帝永平十年（67），中天竺（今印度）僧人迦叶摩腾（一名摄摩腾）和竺法兰来到河南洛阳，住白马寺，合译了《四十二章经》。摩腾圆寂后，竺法兰又译了《佛本生经》、《佛本行经》等，成为我国翻译佛经的开始。东汉桓帝建和二年（148），安息国高僧安世高（名清）又来到洛阳，在20多年中翻译了《安般守意经》等佛经95部，共115卷，对后世的禅学有一定影响。

在符秦时代，我国出现了第一位佛经的大翻译家鸠摩罗什（344—413）。他原籍天竺，父亲是天竺人，母亲是龟兹（今新疆库车）王的妹妹，他本人出生在龟兹，后秦弘始三年（401）姚兴遣使迎至长安，尊他为国师。他在长安的逍遥园建立译场，与弟子八百余人翻译了《大品般若经》、《小品般若经》、《妙法莲花经》等佛经74部，共384卷。如我们今天仍在诵读的《佛说阿弥陀经》，书前署有"姚秦三藏法师鸠摩罗什译"，就出自他本人的手笔。由于他革新了佛经的直译法，采用了意译法，因此他的翻译后世通称为"新译"。

从东晋时起，我国才开始有了西行求法的高僧，法显（约377—约422）就是最早去天竺的一位先驱者。他在东晋安帝隆安三年（399）出长安，渡流沙，越葱岭，遍历天竺各地，并到过狮子国（今斯里兰卡），前后14年。他返国时带回多种梵文佛经，在建康（今南京）道场寺翻译佛经6部24卷，并著有西行旅途见闻的《佛国记》一书。

　　到了唐代初年，我国又出现了另一位西行求法的高僧，这就是伟大的佛经翻译家和学者玄奘（602—664），也就是我国家喻户晓的《西游记》中的唐僧。他13岁时在洛阳出家，唐太宗贞观三年（629）27岁时出玉门关，历经千辛万苦前往印度，在那烂陀寺从戒贤法师学经。他在印度留学17年，遍游印度，在各地的辩论会上以精通佛学闻名。返国时他带回梵文佛经657部，唐太宗在宫中建立弘福寺，请他从事翻译佛经。后来他又在大慈恩寺、玉华宫等地建立译场从事译经，经常"三更暂眠，五更复起"，孜孜不倦前后达19年之久，译成的佛经有《大般若经》、《大毗婆沙》、《瑜伽师地论》等经书75部，共1335卷；并将印度马鸣所作的《大乘起信论》，从汉文重译为梵文，传入印度。他还著有《大唐西域记》一书，记述西域和印度的历史与文化等。他当时提出了新的译经标准，即"既须求真，又须喻俗"，也就是说要做到译文忠于原文，而又通俗易懂。他采取了直译与意译相结合的译法，译笔严谨，远超过前人的译经。

　　我国从苻秦时代和隋代起即建有翻译佛经的译场，到了唐代玄奘译经时有所改进，宋初则更为完备。当时参加翻译佛经的人细分为11种职司，即译主、证义、证文、度语、笔受、缀文、参译、刊定、润文、梵呗、监阅等。玄奘主持译场时，还培养了不少翻译人才，制定了翻译的原则和理论，对我国的翻译事业作出了重大的贡献。

　　瞿秋白曾给予了佛经翻译以很高的评价："佛经的翻译的确在中国文化史上有相当的功劳。第一，佛经的翻译是中国第一次用自己的'最简单的言语'去翻译印度日耳曼语族之中最复杂的一种言语——梵文。第二，佛经的翻译事实上开始了白话的运用——宋儒以来的语录其实是模仿佛经而来的。……敦煌石室的唐、五代俗文学，实在是最早的说书（讲经）的记录。"佛经的翻译深刻地影响了中国文学的发展，如在敦煌千佛洞发现的目莲救母变文等文学作品，即由佛经故事演变而成。至于佛经中的不少用语，如音译的"涅槃"、"南无"、"般若"、"舍利"；意译的"众生"、"圆寂"、"因缘"、"果报"等，还一直沿用至今。

宋、元时代的翻译

到了宋代和元代，佛经翻译的工作并未稍减。如宋太宗曾于太平兴国五年（980）在开封的太平兴国寺建立译经院，请来自天竺的高僧主持译经。到了元代，蒙古人在中国建立了统治，随着蒙、汉民族的接触，除在中央设有官吏从事翻译各种公文，这也就是鲁迅所说的"元译上谕"吧；在地方也设有"译史"和"通事"的职务。这时除将不少汉文的经典著作翻译成蒙文，同时也将元太宗时代编写的历史文学名著《蒙古秘史》（一名《元朝秘史》）译成汉文（现仅存明初译本），就是当时翻译史上的一件大事。

明代的科学译著

明代开始以后，首先是明太祖洪武元年（1368）建立了"四夷馆"，从事与蒙古、西藏、印度、缅甸以及其他回教国家之间的语文翻译的工作。到了明成祖永乐五年（1407）"四夷馆"又扩大为"四译馆"。明神宗万历年间，西欧的耶稣会士相继东来，他们除宣传天主教之外，也开始把西洋的科学文明介绍到我国来。

最早来到我国的耶稣会士，是意大利人利玛窦（1552—1610），他在万历十年（1582）来到澳门，20年后即长期在北京定居。相继而来的耶稣会士，则有西班牙人庞迪我，法国人金尼阁，意大利人熊三拔、艾儒略，葡萄牙人傅汛际，稍后在明天启年间又有日耳曼人汤若望等。他们来到中国后，首先与中国的士大夫交往，一方面宣传天主教，撰写有关"天学"（指天主教义）之类的论著；一方面又同中国的学者合作，翻译介绍西洋的科学论著。如利玛窦与明代大学士徐光启合译了欧几里得的《几何原本》6卷，与李之藻合译了第一本算学书《同文算指》；如庞迪我、艾儒略奉命编译外国的地理论著成为《职外方纪》；如庞迪我、熊三拔与徐光启、李之藻编译多种西洋历书；如傅汛际与李之藻合译了古希腊哲学家亚里士多德关于论理学的著作《名理探》。此外他们还编译了不少有关天文、地理、数学、物理、水利和制造兵器之类的书，特别是汤若望对中国建立新历法和制造天文仪器，都作出了很大的贡献。

在这里应该指出的，就是他们不仅带来了西洋的科学，同时也最初介绍了西洋的文学。如利玛窦的《畸人十肩》、庞迪我的《七克》两书中，都提到了希腊寓言家伊索，翻译介绍了他的一些寓言。到了明天启五年（1625），出现了由金尼阁口授、我国泉州张赓笔传的题名为《况义》的伊索寓言选，在现在存于法国国家图书馆的手抄本中，甲本中有22则寓言，乙本中还另有16则寓言。

清代的翻译工作

自从清朝统治中国以后，采取"闭关自守"的政策，海禁不开，外国的文化也无由输入。1840年鸦片战争爆发，1842年与英国首先签订了不平等的《南京条约》，开放上海、福州、广州等五口为通商口岸，从此外国的商人和传教士不断来到中国。

由于要同外国人办交涉，清政府不得不在 1863 年先在北京设立了同文馆，接着在上海、广州也设立了同文馆；北京继同文馆的英文馆之后，又增设法文馆、俄罗斯文馆及德文馆等，聘请外国人任教和译书。如美国传教士丁韪良就译有《万国公法》、《自然哲学》等书；法国人毕利干译有《拿破仑法典》、《高等化学》等书。继同文馆之后，由于洋务派的倡议，1869 年在上海设立的江南制造局内成立了翻译局，请英国人傅兰雅、伟烈亚力、美国人林乐知等协助编译工作，我国今天通用的不少科学术语，就是当时创造出来的。其中如伟烈亚力曾与中国人李善兰合译了欧几里得的《几何原理》，明代利玛窦、徐光启仅译了前 6卷，他们又补译了其他各卷，使成全书。

这时外国的传教士为了向我国宣传基督教，已开始翻译《圣经》。最早的译者为马利逊，他除翻译《圣经》外，还编有《华英字典》。接着麦都思、郭实腊及稗治文等校译了《新约圣经》，稍后郭实腊又校译了《旧约圣经》。从此《圣经》的各种译本不断涌现，而且被译成我国各民族的语言和地方方言。

正像在明代出现了题名为《况义》的伊索寓言，在清代即1840 年时在广州出版了由中国人蒙昧先生和英国人斯洛斯（意译为懒惰生，实际上他的本名是罗伯聃）合译的《意拾喻言》，书中共译了 81 则伊索寓言，这个译本后来曾流传到日本去。

晚清翻译工作的兴起

我国汉、唐以来各代的翻译，主要是佛经，从明、清以后，是天主教的论著和基督教的《圣经》以及自然科学方面的著作。到了晚清时，随着甲午战争（1894—1895）的失败，进步人士开始向外国寻求救国救民的真理和振兴国家之道，于是对外国的社会科学和文学名著的翻译发生了广泛的兴趣。在这方面作出重大贡献的，当推严复、林纾和鲁迅等人。

严复（1853—1921），字几道，是福建侯官（今闽侯）人，最初在福州船政学堂读书，1877 年去英国学习海军，返国后任北洋水师学堂的教职。他愤于甲午之战的失败，提出了"尊民叛君，尊今叛古"的论点，他在戊戌政变（1898）到辛亥革命（1911）的 10 多年当中，先后发奋翻译了赫胥黎的《天演论》、亚丹斯密的《原富》、斯宾塞尔的《群学肄言》、孟德斯鸠的《法意》、穆勒的《名学》等书，介绍了西方资产阶级哲学、政治经济学方面的名著。其中尤以《天演论》一书，对我国当时的知识分子如鲁迅等人，都发生了很大的影响，蔡元培曾说："五十年来介绍西洋哲学的，要推侯官严复为第一。"严复在《天演论译例言》中提出翻译的"信、达、雅"的要求，一直到今天还被视为是翻译界经常遵循的几条翻译标准。

林纾（1852—1924），字琴南，是福建闽县（今福州）人，他自幼刻苦读书，光绪八年（1882）中举，曾在各中学、书院，直到京师大学堂（即北京大学的前身）任教。他本人不懂外文，但他从 40 多岁时起，与别人合作翻译了英、美、法、俄、西班牙、希腊、挪威、日本等十几个国家的文学作品达 200 种之多，总字数在 120 万以上，其中不乏名著。他最早在 1898 年翻译了法国小仲马的《巴黎茶花女遗事》，嗣后出版的有兰姆的《英国诗人吟迅燕语》（即《莎氏乐府本事》）、司各特的《撒克逊劫后英雄略》、狄更斯的《块肉余生述》、塞万提斯的《魔侠传》、斯陀夫人的《黑奴吁天录》、托尔斯泰的《现身说法》等书。这些译本对当时帮助我们认识西洋各国的文学都起了很大的作用。如郭沫若就承认他读了林译的说部丛书中的小说，"对于（他）后来的文学倾向上有决定性的影响"。

鲁迅（1881—1936）是我国现代伟大的文学家，晚清时他在日本留学，后"弃医从文"，在翻译介绍外国文学方面做了大量的工作。他在1903年就最初翻译了法国凡尔纳的科学幻想小说《月界旅行》和《地底旅行》。1907年他写成了我国最早论述西洋文学的论文《摩罗诗力说》，其中介绍了拜伦、雪莱、普希金、莱蒙托夫、密茨凯维支、裴多菲等诗人的生平和作品，因为这些诗人"无不刚健不挠，抱诚守真"；"发为雄声，以起其国人之新生，而大其国于天下"。到了1909年他编译出版了两本《域外小说集》，其中介绍了俄国、东欧和北欧的文学作品，他亲自翻译了俄国作家安特来夫和迦尔洵的小说。鲁迅后来曾说过："但也不是自己想创作，注意的倒是在介绍，在翻译，而尤其注重于短篇，特别是被压迫的民族中的作者的作品。"鲁迅还又说过："注重翻译，以作借鉴，其实也就是催进和鼓励着创作。"事实上鲁迅本人在创作方面就深受外国文学作品的影响，他所倡导的要介绍"为人生"的文学和被压迫民族的文学，对我国五四运动以后新文学的诞生和发展都产生了很大的影响。

在伟大十月革命的影响之下，随着五四运动的开始，我国的翻译工作又进入了一个新的时期，马列主义的理论开始被介绍进来，世界各国的文学作品不断地被译成中文，从此在中国翻译的历史上就展开了一个新的篇章！

（原载《文史知识》1984年第5期）

漫谈译事难

我国著名的翻译家严复在八十多年前翻译赫胥黎的《天演论》时，曾最早谈到了"译事难"的问题。他在译书例言一开头就这样写道：

译事三难：信，达，雅。求其信已大难矣，顾信矣不达，虽译犹不译也，则达尚焉。海通已来，象寄之才，随地多有。而任取一书，责其能与于斯二者，则已寡矣。其故在浅尝，一也；偏至，二也；辨之者少，三也。

这里所谓"象寄之才"，是指通晓外国语言的翻译人才而言；所谓"能与于斯二者"，是指翻译时能够得上信和达的人而言。严复指出为什么这样的人才少呢？一来是由于译者的学问知识浅薄；二来是因为他所懂得的常偏于一个方面；三来是能辨别译事三难的人很少，换句话说，也就是不大了解译事的甘苦。严复的这段话和他对翻译提出的"信，达，雅"的要求，多年来虽然有过不同的理解和讨论，甚至还受到过各种批评，但作为一个精于译事的人来说，他在这里是一语道破了翻译工作的全部艰难与辛苦！

我也常碰到有人向我问起翻译难不难的问题。我虽然从事翻译工作也已有好多年，但我对翻译问题并没有作过什么理论上的研究，更谈不上总结出了什么经验。如果要我讲讲自己的体会，那我就只能讲出三个字："译事难"！

为什么说"译事难"呢？

首先我觉得，翻译是一件严谨的工作，它并不像有些人所想象的那样：只要懂得一种外语，再依靠一部好的字典，就能把任何东西都翻译出来。事实并不是这样。举个例说吧：假如你想翻译一部外国作家的作品，你先要对这部作品有较深刻的理解；还要对这位作家的经历、创作思想、直至他的文体进行认真的研究。德国文艺批评家和翻译家希勒格尔曾说过："一个严谨的译者，不仅会移植一部杰作的内容，并且懂得保存它的形式的优美和原来的印象，这样的人，才是传达天才的信使。"西班牙诗人和批评家加奈多也说过："一个严谨的译者，应该把原文之必须保全于译文中的东西，丝毫不遗地表达出来。"只从这些要求来看，就可知翻译绝不是件容易的事。

其次我觉得，一个翻译工作者在翻译过程中所遇到的种种困难和艰苦，绝不是读者从译文的字里行间所能感觉得到的。譬如说，一个翻译工作者所具有的学识和文学修养毕竟是有限的，但在他翻译的作品中所包容的知识却又是无限的，这就要求译者必须努力学习和掌握多方面的知识。法国大作家、《约翰·克利斯朵夫》的作者罗曼·罗兰的知识很渊博，当你翻译他的作品时，经常会碰到不少拉丁文、德文、意大利文的引文，你就得多少懂点儿这些文字才行。30 年代末和 40 年代初，我在翻译苏联名作家爱伦堡的政论和报告文学时，发现他写的文章极为丰富广博，因此在翻译中常有十分费解和难以应付的苦恼。又如，在翻译中，还常会感到自己所掌握的语言和文字多么贫乏和不足，往往不是找不到一个适当的字来表达原文的字意，就是很难用自己的文字，把原文的一个句子或特有的句法恰当地表达出来。可以说，一字之推敲，一句之润饰，无不显示出译事之难。严复曾说："一名之立，旬月踟蹰"，我想，这正是一个深知译事难的人的经验之谈。

此外，在翻译过程中，还常会碰到许多细节和技术上的困难。现试举例如下：

一、避免误译难。有时虽仅一字一词的误译，但对全文的意思都有影响，要避免这一点，是很不容易的。

我曾从苏联名作家和翻译家丘科夫斯基写的《翻译的艺术》一书中，读到不少这方面的事例。如俄国大诗人莱蒙托夫在翻译拜伦的长诗《阿比多斯的新娘》的一句题词时（这句题词是从苏格兰名诗人彭斯写的《给克拉琳达的告别歌》中引出来的），就曾把"Had we never loved so kindly"（假如我们从没有那样温柔地相爱过）这句中的 kindly，同德文中的 das Kind（儿童）混淆起来，以至于译成"假如我们不是孩子们"。俄国名作家屠格涅夫精通法、德等国文字，他曾把普希金、果戈理等人的诗歌与散文译成法文，但当他把法国名作家福楼拜的小说《希罗底》（"Herodias"）译成俄文时，却把希罗底的女儿莎乐美误当成是一个男孩；而在《圣经》中有关莎乐美要得到施洗礼的先知约翰的头的故事，却是许多人都非常熟悉的。又如俄国 20 世纪初叶的象征派诗人巴尔蒙特在翻译美国大诗人惠特曼的《草叶集》时，一开头就把这本诗集的题名"Leaves of Grass"译错，假如把 1911 年出版的这本诗集的题名再从俄文译为英文，那就不是《草叶》，而成为"草的幼芽"（Shoots of Grass）了。

在我国著名的翻译家的译文中，也可以发现一些误译的例子。如鲁迅翻译果戈理的小说《死魂灵》，当译到戈贝金大尉出现在彼得堡时，译文中说："他的周围忽然光辉灿烂，所谓一片人生的广野，童话样的仙海拉宰台的一种。"鲁迅还为仙海拉宰台（Sheherazade）加了注，说它是"《一千零一夜》（或称《天方夜谭》）里的市名"。鲁迅在这里把《一千零一夜》中讲故事的女主人公谢赫拉扎台的名字误解为一座城市了，其实原意是有如谢赫拉扎台讲的故事一样美丽。又如瞿秋白在翻译普希金的长诗《茨冈》时，把俄文的 сень（庇荫或住处）一字误看成 сено。（干草），因此就把"Везде была ночлега сень"（到处都有过夜的地方），误译成"到处的草堆都算是他的床"；把"Он любит их ночлегов сени"（他爱他们过夜的地方），误译成"他爱他们过夜的草堆"。再如高尔基著名的、预言革命暴风雨来临的《海燕之歌》，当韦素园最初把它译成中文时，就把"海鸥在暴风雨来临之前呻吟着"一句中的"呻吟"（стонут），误看成 тонут（下沉），因此就把海鸥和海鸭的"呻吟"都误译为"下沉"；瞿秋白的译文中，也将"一堆堆的乌云，……在无底的大海上燃烧"一句中的"燃烧"（пылают）误看成为"飘浮"（плывут），因此就把这句话误译为"一堆堆的阴云，……在这无底的海的头上浮动"。

二、翻译出典难。外国文学作品中用的典故很多，如不知道它们的来历，不稍加注解，读者就很难理解它们的含义。马克思和恩格斯在他们的著作中就引用过大量的希腊罗马神话、圣经传说和文学名著中的典型人物，来说明他们所要阐述的或加以批判的问题，因此我曾编写了《〈马克思恩格斯选集〉中的希腊罗马神话典故》一书，介绍他们是怎样引用这些典故的。

如古希腊神话中的普罗米修斯和海格立斯这两个名字是经常被人引用的。马克思曾说："普罗米修斯是哲学的日历中最高尚的圣者和殉道者。"他是希腊神话中创造人类和造福于人类的伟大的天神，他按照神的形象，用泥和水创造了人，赋予人以生命；他又违背奥林帕斯山最高的主神宙斯的禁令，盗取了天火送到人间，为人类造福。鲁迅曾说过，在国民党反动统治下介绍外国的革命文学作品，就犹如"从别国里窃得火来"，使我们有可能"照暗夜，煮东西"，也就是取自普罗米修斯盗天火的典故。由于普罗米修斯触怒了宙斯，宙斯为了惩罚他，就把他钉在高加索的峭岩上，每天派一只神鹰来啄食他的肝脏。普罗米修斯是个有"预见"的神，他知道宙斯同凡人生下的一个儿子海格立斯将来会搭救他。后来海格立斯路过当地时，就用利箭射死了神鹰，把他解救了下来。海格立斯是希腊神话中的一位力大无比的英雄，曾以完成了十二件惊人的奇功而闻名。高尔基在我国辛亥革命的第二年，即 1912 年 10 月写给孙中山先生的信中，曾称孙中山是"中国的海格立斯"，表示敬佩。类似的用典很多，因此在翻译中，就要认真查考这些典故的出处。

至于外国文学作品中的许多典型人物，如莎士比亚的哈姆莱特、奥赛罗、夏洛克，塞万提斯的堂吉诃德，巴尔扎克的葛朗台，屠格涅夫的罗亭，冈察洛夫的奥勃洛莫夫等，不仅已为人们所熟悉，而且这些人名还有了新的含义。如汉姆雷特代表优柔寡断，奥赛罗代表嫉妒，夏洛克代表冷酷无情，堂吉诃德代表愚勇，葛朗台代表吝啬好财，罗亭代表能说不能做，奥勃洛莫夫代表因袭懒惰等等。还有些不常见的文学作品中的人物，则需要查找有关的文学作品。

还有，在翻译时常会碰到书中引用一些无头无尾的文字，如不知道它们的出处，就很难把它们确切地译出来。我记得抗战期间翻译过一篇《论文学中的人民性》的文章，其中讲到俄国 19 世纪初叶的哲学思想家和作家赫尔岑，是那许多"出去得很早"（用普希金的说法）的人当中的一个。当时我就无法理解和查到这个句子，直到后来翻译普希金的《荒原上播种自由的人》一诗时，才发现了这样的句子：

　　　　我是荒原上一个播种自由的人，

　　　　我出去得很早，在晨星出现以前。

至此我方才理解了那句引文的含义。

　　三、翻译人名难。各国的人名都有各自的读法，但过去有些人在翻译中往往用英文的发音来读，因此容易把人名读错和译错了。如法国有两位父子作家：一位是 Dumas，père（父）；另一位是 Dumas，fils（子），前者是《三个火枪手》（即《三剑客》）和《基督山伯爵》（即《基度山恩仇记》）等小说的作者；后者是著名小说《茶花女》的作者。但从林琴南最初翻译他们的作品时起，就把他们的名字误译成"大仲马"和"小仲马"，实际上按法文的读法，Dumas 应译为迪马，而不是仲马。西班牙人的名字 Don Juan 和 Don Jose，过去被译成唐·璜（或堂·琼）和唐·乔塞，但在西班牙文它们是读成唐·胡安和唐·何塞的。意大利人的名字 Croce 不读克罗采或克鲁齐，而读克罗切。又如波兰大诗人 Mickiewicz 的名字，不读密克维奇，也不读密茨凯维支，而是读密茨凯维奇。

　　俄国人的名字也常有误读的。如苏联大文豪高尔基的名字，早先有人译为戈理基，这个译名同原名的读法倒是很近的。也许因为后来大家都习惯于沿用高尔基这个译名，就把发音上较为准确的戈理基放弃了。又如屠格涅夫的小说《罗亭》中的女主人公的名字 Natalya，过去在陆蠡的译文中被译成娜泰雅，其实俄文的原名应读为娜塔利娅。俄国妇女的名字，通用"娜"字和"娃"字结尾，但用"на"字和"ва"字结尾的，也有不少是男人的名字。解放前我曾译过一位苏联批评家 Щербина 写的论列宁与文学的文章，就曾把他的名字误译成谢尔宾娜，其实应译为谢尔宾纳。又如苏联立陶宛诗人文茨洛瓦（Венцлова），以前就有人把他的名字误译为文茨洛娃。

　　至于从其他国家文字翻译日本人的名字，最好要设法查出它们的汉字写法，如 Tanaka 不能译成塔纳卡，而应译为田中。还有把日本人的名字译成其他国家的文字时，应采用日本人通用的罗马字（即拉丁字母）的拼音；同时要查明它们的读法，因为日本人的名字有不少是很难读的。前不久，意大利的鲁迅研究者和翻译者安娜·布雅蒂写信给我，询问鲁迅生前的好友增田涉的名字应如何读法，这个名字应读为 Masuda Wataru，但在三联书店香港分店出版的英译《鲁迅诗歌》中，却把这个名字的"涉"字误译成 Hiloshi 了。此外，从日文翻译其他国家的人名，也得先要查出他们原来的拼法，否则按日文译名翻译，就会把卡尔·马克思的名字译成卡鲁鲁·马鲁库斯了。

　　为了解决翻译外国人名的困难，除了早已习惯通用的译名外，应多查阅商务印书馆出版的《译音表》和各种语言的《姓名译名手册》，以免误译。

　　四、翻译书名难。外国的书名，如单从字面来看，而不去了解书的内容，就容易把书名译错。我国很早有人曾把法国名作家雨果的名著《巴黎圣母院》（Notre-Dame de Paris）译成《余之巴黎妻》，就是一个可笑的译名。在法国文学作品中，还有不少难译的书名。如我在抗战期间翻译高尔基的《我怎样学习写作》时，发现其中提到法国名作家巴尔扎克的小说 "La Peau de Cha-grin"。这本小说日文译为《鲛皮》，英文译为 "Wild Ass Skin"（野驴皮），究竟是"鲛"的皮，还是"驴"的皮呢，我直到找到这部小说之后才知道这是"驴皮"，现在我们是把它译为《驴皮记》。又如巴尔扎克的短篇小说 "La Grenadiere"，我就曾见过多种译名，如《格莱纳蒂尔》、《掷弹兵》、《掷弹囊》、《石榴园》和《石榴居》。巴尔扎克曾于 1830 年在当地度过一个夏天，据他在小说中说："房子的周围都是葡萄园和遍地种植的石榴树，这一块地方叫做石榴园就是这个缘故。"可见译成《掷弹兵》和《掷弹囊》都是误译了。还有法国名作家左拉的名著"L'Assommoir"，就小说的内容来说应译为《小酒店》，但过去也有人译为《屠槌》，因为 L'Assommoir 这个字在法文中确有下等酒店和屠宰牲口用的屠槌两个意义。记得过去还曾因此引起过一场笔墨官司。

在外国文字中，亲属的关系也是难译的。如英文的 Brother 是兄还是弟，Sister 是姐还是妹，Uncle 是伯父、叔父、姑父、舅父还是姨父；Aunt 是伯母、婶母、姑母、舅母还是姨母；Cousin 是堂兄弟姊妹还是表兄弟姊妹；若不弄清他们的关系就无法译得确切。在其他文字中也是如此。即如俄国名作家契诃夫的剧本《文尼亚舅父》，当耿式之最早根据莱文译成中文时，曾把书名译为《万尼亚叔父》，直到后来才有了《文勇舅》和《万尼亚舅父》的译本。又如巴尔扎克的"Le Cousin Pons"和"La Cousine Bette"两部小说，穆木天是译为《从兄蓬斯》和《从妹贝德》的，傅雷则采用了孩子的口吻译为《邦斯舅舅》和《贝姨》，这就更为亲切。记得解放前我在翻译魏列萨耶夫的《普希金略传》时，曾把普希金的伯父误译为叔父；在另一处又把他的姊姊误译为妹妹，直到后来见到魏列萨耶夫编的《普希金的同时代人》一书，知道他的伯父比他的父亲大三岁，他的姊姊比他大两岁。原先只从字面上翻译，就把他们的关系弄错了。

书名误译的例子还很多。如高尔基写过一篇题为 Болесь 的小说，英文译为"Boles"，韬奋在编译《革命文豪高尔基》一书时，曾把它误译为《树干》，实际上 Болесь，是人名，应译为《鲍列斯》。又如新中国成立前商务印书馆出过一本《苏联诸民族的文学》，就把萧洛霍夫的名著《静静的顿河》误译成《和平的赠予》。

五、翻译事物名称难。外国的各种事物名称，诸如各种建筑物、各式家具、服装、车辆、各种饭菜和酒类等等都比较难译。

鲁迅在翻译果戈理的《死魂灵》时曾说："《死魂灵》很难译，……真好像做苦工，日子不好过"；翻译时"字典不离手，冷汗不离身"；"译果戈理，颇以为苦，每译两章，好像生一场病"，这就说出了译者所身受的种种艰难和辛苦。《死魂灵》的确是部不容易译的小说，特别是其中牵涉到事物名称多，都得一一查考和加注。如俄文中的烧酒"Водка"，已通译为"伏特加"或"伏特加酒"，但俄国家庭中常用的"Самовар"，还没有统一的译名，因此，鲁迅不得不注为："Samovar 是一种茶具，用火暖着茶，不使冷却，像中国的火锅一样。"但也有他没有查出的，就只写了外文，如戈贝金大尉到了彼得堡，在饭店门口想到法国厨子"在给你们做什么 Finserb 或是炸排骨加香菌"，Finserb 在俄文为 фензерв，鲁迅就没有加注，实际上这是一种辛香的调味佐料。

记得抗战期间在重庆时，曹靖华曾告诉过我，他当时翻译苏联作家克里莫夫的小说《油船德宾特号》，为了要给驾驶员把在手中操纵方向的那个圆盘找到一个适当的译名，他从观音岩一直跑到两路口，向沿途所有的汽车修理厂的工人师傅们请教，最后才知道那个圆盘应译为方向盘。这有点颇似严复所说的"一名之立，旬月踟蹰"的情景了。

最近我翻阅了新版的查良铮翻译的《普希金抒情诗选集》，发现其中的《冬天的道路》一诗，也有两处译名可以商榷。一是俄国农村中（现在苏联农村中也是如此），在冬季都用"Тройка"即"三套马拉的雪橇"作为交通工具。普希金的诗中用了"Борзая тройка"，应译为"飞快的三套马车"，但查良铮的译文却译成"三只猎犬拉着雪橇"。俄文的 Борзая（英文为 Borzoi），虽确有"俄国狼狗"或"跑得特别快的猎犬"的意思，但在这里是形容"三套马车"的，因此只能译成"迅速的"或"飞快的"。在俄国，雪橇是由马拉的，只有在苏联极北一带，特别是在爱斯基摩人居住的地区才用狗拉雪橇。又诗中有"Навстречу мнетолько версты полосатые попадаются одне"一句诗，其中的"версты полосатые"是指帝俄时代安置在大路上用黑白两色漆成的里程路标而言，查良铮译为"只有一条里程在眼前朝我奔来，又向后退去……"，可能他不知道这是指"里程路标"而言。我在翻译这首诗时是把这句诗译成："我一路上迎面碰到的，就只有那漆成条纹的标志里程的木桩。"

以上所讲的只不过是我在从事翻译工作中见到和体会到的一些肤浅的认识。搞好翻译确实不是一件容易的事，当然也不是高不可攀的。只要在思想上树立起严谨的态度，勤于学习各种知识，努力博览群书，尽可能多学几种外语，并在翻译的过程中，勤于查阅有关的辞书和参考资料，坚持多实践，那么，就能逐步克服"译事难"，而使自己的翻译水平不断得到提高。

（选自《译林》1983 年 2 期）

我怎样走上翻译和研究外国文学的道路

韶光易逝，流年似水！今年年初我刚度过了七十五岁的生日，用中国的说法，我已是年逾"人生七十古来稀"的人了。回想到我从童年和青少年时代就喜爱外国文学，二三十年代起开始翻译外国文学作品，后来又专门从事研究外国文学的工作，因此我想来回顾一下我是怎样走上翻译和研究外国文学的道路的。

一

我于1913年阴历正月初十（公历2月15日），生在江苏省东台县一个所谓"书香门第"的人家。我的家庭很早就接触到新学和民主的思想，家里有不少藏书，记得其中就有邹容的《革命军》，梁启超主编的《新民丛报》，还有我们童年时最喜欢看的《点石斋画报》。当1911年辛亥革命的消息传到我们家乡时，我们家最早表示了响应。我的母亲时常说："光复那一年，我们家门口最先挂起了白旗！"

我的父亲戈曙东，多年来在家乡从事教育工作；我的叔父戈公振，从1913年去上海后就终身从事新闻事业，他们对我的教育和成长都非常关心。记得童年时，叔父曾送了一盒积木给我，他在盒盖里面用工整的小楷写着这样两句话："房子是一块砖头一块砖头造成的，学问是一本书一本书读成的。"尽管这盒积木早已散失，但他写的这两句话，却长久地铭刻在我的脑海里，对我后来的生活、学习、工作和思想都曾产生过很大的影响。

童年时，我在家乡读过四年的初级小学和三年的高等小学。由于从小非常喜欢书，家里的人都说我是个"书呆子"。我最喜爱看的儿童读物，就是商务印书馆出版的由郑振铎主编的《儿童世界》。记得当时从这本刊物的新年特大号上，读到了丹麦作家安徒生的童话《卖火柴的小女孩》，一直到今天我都无法把它遗忘！当我10岁时，叔父回过家乡一次，我请他到上海后买一套唐个圃编译的《托尔斯泰儿童文学类编》给我。不久我就接到他寄来的6本书，他在第一本上用钢笔写着："宝权侄览，公振寄。23.3.28"。回想起来，这已是64年以前的事了，但我把这套书一直保留到今天。我珍惜这套书，不仅因为封面上有叔父的题字；同时还因为这套书为我打开了第一扇开向外国文学的窗户，更何况我最初接触到的就是俄国文学，而且还又是俄国大文豪托尔斯泰的作品呢！

高等小学毕业后，我就进了由南通实业家张謇在东台创办的母里师范学校。这时我们家里订阅的报刊，就有《申报》、《时报》和《东方杂志》、《小说月报》、《教育杂志》、《学生杂志》等。在我当时读过的书中，夏丏尊翻译的意大利作家亚米契斯的《爱的教育》（原名《心》、又名《一个意大利小学生的日记》），给我的印象最深。记得当时有一个在上海读书的学生，带回来一小网篮的书，我从他那里借到了一本《新诗年选》，还有文学研究会出的新书，如叶绍钧的《隔膜》、《稻草人》，冰心的《繁星》、《超人》等。我又从一个行商书贩那里买到鲁迅的两本小说集《呐喊》和《彷徨》，这样我就最初接触到了五四运动以后的新文学。

二

1928年15岁时，我考进了上海大夏大学的预科三年级。记得初到上海时，我从《文学周报》上读到赵景深写的一篇介绍小泉八云的《几个中国鬼》的文章，发现其中有关董永卖身葬父的故事他未能查明，我当即写了信去。想不到这封信在刊物上被发表了出来，这可说是我写的第一篇多少与外国文学有关的文字了。

我从预科毕业后，又读了将近4年的本科，4年的大学生活是在苦学中度过去的。这时期我如饥如渴地吸收文史方面的知识，阅读了大量的翻译的外国文学作品，特别是俄国文学作品，如托尔斯泰和屠格涅夫的作品我都非常喜爱。

在外语方面，除大学英语外，第二外国语我选修了法语，还又旁听日语。我曾从英文的《金库诗选》中选译了拜伦、雪莱和罗塞蒂的几首抒情诗，发表在1931年出版的《大夏校刊》上；从托尔斯泰的故事集中翻译了《上帝看出真情，但不立刻讲出来》和《高加索的俘虏》，发表在同学编的刊物上。当时教法语的黄仲苏先生，使我们爱上了法国文学，还知道了罗曼·罗兰和他的名著《约翰·克利斯朵夫》。我认真地学习日语，是想有朝一日能到日本去留学，因为当时通过日文，可以读到其他许多国家的文学作品。我也有一个时期热衷于日本文学，读了国木田独步、夏目漱石、芥川龙之介和菊池宽等人的作品。甚至还从日文翻译过一篇关于爱尔兰诗人叶芝的访问记，发表在和同学们合编的《戈壁》文艺刊物上。我也译过一些希腊神话，但未能发表。

记得那时我常步行到四川北路底内山完造开办的内山书店去买日本出版的廉价本的《改造文库》的书，因此有好几次在书店里看见过鲁迅先生。1930年3月13日还在学校的礼堂里，听鲁迅先生做过一次关于《象牙塔和蜗牛庐》的演说。30年代初，我又读到了鲁迅翻译的《毁灭》和曹靖华翻译的《铁流》，这些苏联的革命文学作品，在我的面前展开了一个新的天地。

1932年"一·二八"战争爆发后，在我的叔父的鼓励下，我开始学习俄语。当从《俄语识字课本》中最初读到托尔斯泰写的《狮子和老鼠》等寓言故事，并能直接从俄文读普希金的《渔夫和金鱼的故事》，我的心情是多么激动！

当年我从大夏大学毕业后，就进了《时事新报》出版部当编辑，并开始为报刊写稿。我当时不顾自己的学识多么浅薄，曾为生活书店出版的《新生》周刊，写过一系列的《名人及名著提要》的文字。记得先后发表的，有《托马斯·摩尔的生平及其〈乌托邦〉》、《苏格拉底及〈柏拉图对话录〉》、《柏拉图及〈理想国〉》、《亚里士多德及〈政治学〉》、《荷马与〈伊利亚德〉》、《荷马与〈奥德赛〉》。这些文章是用通俗有趣的笔法写的，后因我不久出国，这个计划即告中断，接着《新生》周刊也因发表《闲话皇帝》一文被国民党当局查封了。

三

1935年3月，苏联邀请梅兰芳的剧团去苏演出，我当时不过才22岁，就作为《大公报》的记者、《新生》周刊和《世界知识》的特约通讯员，随迎接梅剧团的专轮经海参崴前往莫斯科。我在苏联当了三年的记者，经常为国内的报刊写通信，还常到列宁图书馆和外文图书馆看书，并开始钻研俄国文学与苏联文学。

就在 1935 年 6 月 30 日，我在红场举行的体育大检阅时，第一次看见高尔基和正在苏联访问的罗曼·罗兰夫妇。当年 11 月 22 日，我又应苏联作家协会的邀请，去到托尔斯泰的故乡雅斯纳亚·波良纳参观访问。1936 年 6 月 18 日高尔基逝世，我到工会大厦的圆柱厅去瞻仰过他的遗容，并参加了在红场举行的葬礼。当 12 月 22 日《钢铁是怎样炼成的》作者奥斯特洛夫斯基逝世时，我又到苏联作家协会的大厅去向他的遗体告别。1937 年 2 月 10 日是普希金逝世的百年纪念，我先后参加了在莫斯科和列宁格勒两地举行的各种活动，还到米哈伊洛夫斯克村去访问了他的故居和墓地。我这时最初翻译了普希金的诗歌作品，为巴黎的《救国时报》编了一期纪念普希金的特辑，还为国内的《文学》月刊写了长篇通信。在苏联的三年记者生活，对我来说在学习上是个丰收的年代。

1937 年"七七"抗战开始，我在第二年初即经由西欧的德、法等国，从马赛乘船回国参加抗战。1938 年 3 月我到了武汉，立即参加了在周恩来同志领导之下的《新华日报》的编辑工作，并加入了中国共产党；同时还参加了中华全国文艺界抗敌协会和中苏文化协会的活动。

在重庆时，我协助孔罗荪编辑《文学月报》，并经常为《抗战文艺》和《中苏文化》等刊物写稿。我为《新华日报》翻译的爱伦堡写的报告文学作品，曾得到周恩来同志的鼓舞和赞扬。

1941 年初震惊中外的"皖南事变"发生后，我根据周恩来同志的部署秘密去到香港，协助叶以群创办了文艺通信社，并为茅盾主编的《笔谈》半月刊译稿，直到太平洋战争爆发和香港沦陷之后，方逃离香港，经九龙到了东江游击区。1942 年回到重庆后，我仍在《新华日报》工作。这时我参加了曹靖华主编的《苏联文学丛书》的编委会，在1944年为茅盾翻译的苏联作家格罗斯曼的小说《人民是不朽的》进行了校订工作，1945年又同茅盾等人合译了罗斯金写的《高尔基》的传记小说。同一时期，我还为新知书店编了两套丛书：一是《世界文学丛书》，其中收了奥斯特洛夫斯基的《钢铁是怎样炼成的》，卡达耶夫的《时间呀，前进!》，考纳丘克的剧本《前线》，我对这些译本都进行了审阅，并写了序文。另一套是《史诗丛书》，其中有李霁野翻译的格鲁吉亚大诗人罗斯泰凡里的长诗《虎皮武士》，我用郭沫若为我起的笔名"苏牧"写了序文。此外还编了一本亚美尼亚的史诗《沙逊的大卫》，可惜当时未能出版。

在武汉和重庆工作期间，经常得到周恩来同志的教海与关怀，他鼓舞我要向研究外国文学的方面发展。他还亲自为我翻译的爱伦堡的报告文学作品集《六月在顿河》和《英雄的斯大林城》两本书题写书名。他的深情厚谊，我至今念念难忘！1945年8月28日，毛主席从延安来到重庆，我当天下午在红岩村就见到了毛主席。当周恩来同志介绍我同毛主席相见时，毛主席就对我说："你是个俄国文学家。"这就是说，我当时在翻译和研究俄国与苏联文学方面，已做出了一定的成绩了。

四

抗战胜利后，我在1946年初回到了上海。由于国民党反动当局的破坏和阻挠，《新华日报》无法在上海出版，于是我就先后到生活书店和时代出版社的编辑部工作。在白色恐怖的情况下，我负责编辑《苏联文艺》；应《读书与生活》之请，写成了一本《苏联文学讲话》；此外还编辑出版了《普希金文集》、《高尔基研究年刊》（1947 年和 1948 年各一本）、《俄罗斯大戏剧家奥斯特罗夫斯基研究》等书。假如说，在这以前我所做的工作以翻译工作为主，那么从这时起我开始了研究方面的工作，特别是侧重研究了俄国文学和中国的关系。

1949 年初，我到了东北解放区。北京解放后，我到了北京，当即参加了由郭沫若率领的代表团，前往布拉格出席第一次世界保卫和平大会。7 月我去到莫斯科，任新华社的驻苏记者。中华人民共和国成立以后，根据周总理的指示，我负责接收了国民党大使馆，任我国驻苏大使馆的临时代办和参赞，此后在莫斯科工作了 5 年之久。1954 年回国后，任中苏友好协会副秘书长，一直到 1960 年。

在新中国成立后的十多年当中，我同苏联的文学界和科研机关有过广泛的联系，访问过苏联各加盟共和国，深入地研究了俄国文学和苏联文学。在俄国古典作家之外，我翻译了苏联作家高尔基、勃洛克、叶赛宁、马雅可夫斯基等人的作品；还翻译了乌克兰的谢甫琴科、弗兰科、乌克兰英卡；哈萨克的江布尔；吉尔吉斯的托康巴耶夫；亚美尼亚的阿保维扬、伊萨克扬；白俄罗斯的库帕拉；唐克；立陶宛的文茨洛瓦等诗人和作家的作品。

从 1949 年起，我先后有机会访问了波兰、捷克斯洛伐克、南斯拉夫、保加利亚、阿尔巴尼亚，路过了匈牙利和罗马尼亚，因此我把自己研究的范围又扩大到东南欧国家的文学。我翻译了波兰的密茨凯维奇、柯诺普尼茨卡；捷克的聂姆曹娃、沃尔克尔；匈牙利的裴多菲、阿兰尼；罗马尼亚的爱明内斯库；南斯拉夫的卡拉吉奇；保加利亚的波特夫、雅沃罗夫、瓦普察洛夫；阿尔巴尼亚的恰佑比、米吉安尼等诗人和作家的作品。后来我还参加了高等学校文科教材《欧洲文学史》的编写工作，写了有关中欧和东南欧国家文学的章节。

随着对亚、非、拉美各国文学兴趣的增长，我又翻译了智利的聂鲁达、土耳其的希克梅特，直到非洲的安哥拉和莫桑比克的诗人和作家的作品；还对广泛流传于东方国家和我国新疆一带的阿凡提的故事进行了翻译与研究。1958年我出席参加了在苏联乌兹别克共和国塔什干举行的第二次亚非作家会议，还又前往塔吉克共和国斯大林纳巴德（现名杜尚别），参加了波斯和塔吉克古典文学的始祖鲁达基的诞辰1100年的纪念活动。

从50年代起，特别是从1957年起我先后任中国科学院文学研究所和中国社会科学院外国文学研究所的研究员，同期间还担任《译文》、《世界文学》、《文学研究》、《文学评论》等刊物的编委。我在翻译外国文学的同时，还继续研究中外文学关系史和中国翻译文学史，先后写成了《莎士比亚作品在中国》、《普希金和中国》、《冈察洛夫和中国》、《契诃夫和中国》、《高尔基和中国》、《鲁迅和爱罗先珂》等许多研究文章。这方面的研究引起了国外的重视，其中有些论文曾被译成外文在国外刊物上发表。

五

十年浩劫，外国文学虽然一时成为"禁区"，但我还是利用学习马列著作的机会，研究了马列著作中引用文学典故的问题。我原想先从《马克思恩格斯选集》做起，编写希腊罗马神话、圣经传说和文学典故三部分，但后来只在1978年出版了一本《（马克思恩格斯选集）中的希腊罗马神话典故》。

从1976年起，我参加了注释《鲁迅全集》的工作。在1977年协助福建师范大学编审了《鲁迅译文序跋集》，现在这本书已收入新版《鲁迅全集》的第10卷。从那时起，我先后担任北京鲁迅博物馆鲁迅研究室的顾问和中国鲁迅研究学会的顾问，我又重新开始了对鲁迅的研究工作。我研究了鲁迅与外国文学的关系，鲁迅与外国作家的友谊，鲁迅的著作在外国翻译、出版和研究的情况。1981年8月我应美国的邀请，出席参加了在加利福尼亚州蒙特雷滨海会议中心举行的"鲁迅及其遗产"学术讨论会，并就我的研究在会上作了发言。近年来我发表了不少有关研究鲁迅的文章，有些已被译成外国文字，引起了日本、英国、美国、法国、意大利等国的中国文学研究者与鲁迅研究者的注意与兴趣。我写的《鲁迅在世界文学上的地位》和《〈阿Q正传〉在国外》两书，已在1981年鲁迅诞辰百年纪念时出版。正在编辑成书的，还有《鲁迅和史沫特莱》、《鲁迅与日本及日本友人的友谊》、《鲁迅的手稿在国外的发现》等书。

我还又开始了对郭沫若、茅盾等人与外国文学关系的研究。1979年6月我参加了在四川乐山举行的郭沫若研究学术讨论会，在会上作了《郭沫若与外国文学问题》的发言。此后还写过有关这一方面研究的文字。现在我是中国郭沫若研究学会的理事，《郭沫若全集》文学篇编审顾问；同时又是中国茅盾研究学会的顾问，《茅盾全集》的编辑委员；此外还是中译20卷本《高尔基文集》的编委。

六

从80年代开始一直到目前为止，我始终在从事着翻译和研究的工作。在翻译方面，我先后出版了《爱明内斯库诗选》、《爱伦堡政论通信集》、《谢甫琴科诗选》、高尔基的《我怎样学习和写作》、《普希金童话诗》、《裴多菲小说散文选》、勃洛克的长诗《十二个》、《纳斯列丁的笑话》（又名《土耳其的阿凡提的故事》）等书。在研究方面，我写了不少有关中外文学关系的论文，其中即有《莎士比亚作品在中国》（增订稿）、《托尔斯泰和中国》、《屠格涅夫和中国文学》、《马雅可夫斯基和中国》、《泰戈尔和中国》、《罗曼·罗兰和中国》、《法国文学在中国》、《漫谈西葡拉美文学在中国》、《谈中俄文字之交》等。我继续研究翻译史，先后写成了五篇《明代中译〈伊索寓言〉史话》，现正在写《清代中译〈伊索寓言〉史话》。

在对外访问和讲学方面，1983 年 11 月应苏联作家协会的邀请，出席参加在莫斯科举行的第六届国际苏联文学翻译家会晤会，曾荣获苏联作家协会理事会授予的"为了多年来从事苏联文学翻译活动取得丰富成果"的荣誉奖状。1984 年 11 月应法国对外关系部和巴黎第八大学的邀请到法国访问和讲学，曾在巴黎第四大学、第八大学和兰斯大学作了《法国文学在中国》的演讲。在巴黎期间，还三次访问了 1935 年在莫斯科看到过的罗曼·罗兰夫人，承她在我对鲁迅与罗曼·罗兰的研究方面提供了珍贵的史料。1986 年 12 月到 1987 年 2 月，应苏联作家协会的邀请到苏联作为期两个月的访问，这次除莫斯科和列宁格勒两大城市外，还访问了乌克兰，白俄罗斯，高加索的亚美尼亚、阿塞拜疆、格鲁吉亚、波罗的海的爱沙尼亚等加盟共和国和里海西岸的达格斯坦自治共和国，同各地的作家们见面会谈，加强了对苏联多民族文学的了解。记得 50 年前的 1937 年，我曾在莫斯科和列宁格勒两地参加了俄国伟大诗人普希金逝世 100 周年的纪念活动；50 年后的 1987 年，我又在莫斯科和列宁格勒两地参加了诗人逝世 150 周年的纪念活动。在莫斯科时应苏联科学院高尔基世界文学研究所的邀请，我在"普希金与世界文学"的学术讨论会上作了《普希金和中国》的发言；在列宁格勒时应苏联科学院俄罗斯文学研究所（又名普希金之家）的邀请，在纪念诗人的学术讨论会上作了《我的普希金》的发言。此外还应苏联科学院远东研究所之请，同苏联的汉学家会见并进行了座谈。

继苏联之后，我应丹麦外交部和教育部的邀请到丹麦访问和讲学，先后在奥尔胡斯大学和哥本哈根大学作了《丹麦文学在中国》的演讲。应法国巴黎第八大学的邀请，2月24日在巴黎接受了第八大学授予的名誉博士学位。3月初又应意大利葛兰西学院（社会主义国家研究中心）的邀请到罗马访问，在该学院作了《意大利文化和文学在中国》的演讲。4月20日在北京苏联驻中国大使馆，接受了莫斯科大学授予的名誉博士学位。从5月到7月，应邀到美国、日本访问和讲学。在美国访问了康涅狄格州的卫斯理大学、纽约的哥伦比亚大学以及华盛顿、旧金山等地；在华盛顿时访问了美国国会图书馆，并向该馆赠送了自己的译著。在日本应东京大学和东京女子大学的邀请，访问了东京、仙台、横滨、京都、奈良、大阪等地，寻访了与鲁迅有关的旧迹，并与各地的中国文学研究者和鲁迅研究者会见，进行了亲切的座谈，同时参观了东京大学东洋文化研究所和东洋文库的丰富藏书。11月又应香港中文大学东亚文化研究所的邀请到香港访问和讲学。

由于我多年来在研究和翻译普希金方面所作出的贡献，苏联文学基金会在1987年6月初授予了我普希金纪念奖状和奖金。7月我的译文集第一卷《普希金诗集》出版，为我自己在这方面的工作作了一个总结。1988年3月1日苏联最高苏维埃主席团为了庆祝我75岁诞辰，同时为了表彰我多年来在加强中苏友好、文化交流和翻译介绍苏联文学方面所作出的贡献，授予我苏联"各国人民友谊"勋章。6月出席了全苏联第二十二次普希金诗歌节。同年8月26日荣获乌克兰作家协会1988年伊万·弗兰科文学奖，以表彰我在翻译介绍乌克兰文学方面所作的贡献。

七

我从事翻译和研究工作多年，但没有什么经验可谈。在翻译工作方面，我是遵循严复提出的"信、达、雅"的原则，在翻译时力求做到从形式到内容都忠实于原文。我认为直译和意译，形似和神似都不是对立的，而应该结合起来加以考虑。在研究工作方面，我就时常想起中国的两句古话："读万卷书"、"行万里路"。我的理解是："读万卷书"就是要有渊博的知识；"行万里路"就是要有广泛和多方面的见识，这也就是治学和从事研究工作的基本要求。我写的《〈阿Q正传〉在国外》一书出版后，承鲁迅先生生前的几位老友来信加以勉励。如杨霁云同志说："你稽考鲁迅著作外文译本，耗力甚巨，启迪读者之功甚伟。《阿Q正传》'一种无译者名'的俄译，及鲁迅'以日文译自作小说一篇'二事，皆久萦于心，积年未得释疑。今读鸿文，始涣如冰解。"黄源同志在来信中说："读兄书，其中很多第一手材料，不知花多少时间精力调查、探索而得，深为感佩！这里虽则没有什么深奥的哲理，但这种实事求是的解决一个个实际问题的精神，正是我们做学问的基本基础。"这两位老友的话，对我今后的翻译和研究工作都是巨大的鼓舞！

我写的《高尔基和中国》一文在1959年被译成俄文在苏联的《外国文学》杂志上发表时，《文学批评家》杂志曾给予很高的评价；我写的《读〈阿Q正传〉法文译本》被日本大阪外国语学院相浦杲教授译成日文在日本罗曼·罗兰研究会的刊物《团结》上发表时，他认为中国人写的文章，多偏重于空论，而我的论文则以丰富的史实来说明问题，今年7月我们在京都相见时，他还谈起这篇译文，并认为这次相见是一件幸事！

1987 年 2 月 8 日，我们敬爱的老一辈翻译家、我的老友曹老——曹靖华同志以 90 岁的高龄离开我们长逝了。记得前几年我请他为我题字时，他写的一首诗中有这样两句话："由来花甲称人瑞，而今百岁正童年。"我现在虽然年逾古稀，而且接近耄耋之年，但我想在有生之年，当尽自己的力所能及，继续为翻译和研究外国文学的工作再作出应有的努力和贡献！

（这篇文字原是 1982 年 3 月为《当代文学翻译百家谈》写的，现又重加改写，作为《中外文学因缘》一书的前言）

1988 年 9 月于南京

作者的主要著作目录

《苏联讲话》 延安解放出版社，1940 年。

《苏联文学讲话》 生活书店，1948 年。

《〈马克思恩格斯选集〉中的希腊罗马神话典故》 三联书店，1978 年。

《鲁迅在世界文学上的地位》 陕西人民出版社，1981 年。

《〈阿 Q 正传〉在国外》 人民文学出版社，1981 年。

《中外文学因缘》 北京出版社，1992 年。

作者年表

1913年 2月15日，出生于江苏省东台县。父亲戈曙东曾任当地小学校长、教育局局长。二叔戈公振是著名的爱国新闻工作者，曾任《时报》总编辑。

1918年 进入东台多级小学学习。

1927年 自母里初级师范毕业。

1928年 考入上海大夏大学本科法学院经济系。大学期间，学习英语、法语、日语，自学世界语，开始外国文学的翻译并发表作品。

1932年 肄业于大夏大学。进入上海《时事新报》任编辑。开始学习俄语。

1935年 任天津《大公报》驻苏联记者。同时还担任上海《新生

周刊》、《世界知识》、《申报周刊》等刊物的特约通讯员。

1937年 参加在莫斯科大剧院举行的普希金逝世100周年纪念大会，并到普希金的故乡访问。"七七"事变后，戈宝权决然回国参加抗战。年底，经德国、丹麦、法国，由越南辗转进入广西、湖南等地。

1938年 3月，进入创刊不久的《新华日报》，任编辑、编委，同时任《群众周刊》、《青年生活》的副主编。5月，秘密加入中国共产党。

1940年 《苏联讲话》由延安解放出版社出版。

1941年 "皖南事变"后，去香港，协助叶以群创办《文艺通

讯》。

1942 年 回到重庆，仍回新华日报社工作。参加曹靖华主编的《苏联文学丛书》编委会。

1945 年 高尔基《我怎样学习写作》由读书生活出版社出版。罗斯金的《高尔基传》由北方出版社出版。

1947 年 进入时代出版社工作。编辑《普希金文集》、《高尔基研究年刊》第一辑等书。与葛一虹合编《普希金画传》。

1948 年 《苏联文学讲话》由生活书店出版。编辑出版《高尔基研究年刊》第二辑。《俄罗斯大戏剧家奥斯特罗夫斯基研究》、布洛克的《十二个》由时代出版社出版。

1949 年 3 月 25 日作为中苏友协负责人参加了毛泽东等领导人进入北京东西苑机场举行的阅兵式。

1949 年 4 月，出席在捷克斯洛伐克首都布拉格召开的第一次世界保卫和平大会。7 月，随刘少奇秘密访苏。同期被任命为新华社驻苏联记者。10 月 1 日，中华人民共和国成立，被任命为驻苏联临时代办、政务和文化参赞，负责接收国民党驻苏联使馆的各项工作。

1954 年 7 月，自苏联离任回国。任中苏友好协会总会副秘书长。

1955 年 《苏尔科夫诗选》由人民文学出版社出版。

1956 年 列席参加中国共产党第八次代表大会，负责接待苏共以米高扬为首的参加"八大"的代表团。《乌克兰作家弗兰科诗文选》由中国一九五六年纪念世界文化名人委员会出版。

1957 年 兼任中国科学院文学研究所研究员，任苏联东欧文学研究组组长。

1958 年 10 月，随以茅盾为团长，巴金、周扬为副团长的中国作家代表团（任秘书长）出席在苏联塔什干举行的亚非作家会议。《唐克诗选》由人民文学出版社出版。《塔吉克大诗人鲁达基诗选》、《保加利亚诗人雅沃罗夫诗选》、《阿尔巴尼亚革命诗人米吉安尼诗选》由中国作家协会出版。

1959 年 《马雅可夫斯基诗选》、《恰奇诗选》由人民文学出版社出版。

1960 年 《伊萨科夫斯基诗选》、《吉亚泰诗选》由人民文学出版社出版。

1961 年 正式调至中国科学院文学研究所工作。

1962 年 《米凯亚诗选》由作家出版社出版。

1963 年 《马尔塞林诺·多斯·桑托斯诗集》由作家出版社出版。

1964 年 从文学研究所调到新建立的外国文学研究所工作。9 月，被抽调到安徽寿县搞"四清"。《德拉戈·西理奇诗集》由作家出版社出版。《恰依比诗选》由人民文学出版社出版。

1965 年 《山鹰之歌》由作家出版社出版。

1966 年 拉扎尔·西理奇的长诗《教师》由作家出版社出版。

1970 年 被派送河南省息县"五七"干校劳动。

1973 年 随"五七"干校的全部人员回到了北京。开始编写《马克思恩格斯选集》中所用的文学典故。

1974 年 《爱明内斯库诗选》由江苏人民出版社出版。

1975 年 鲁迅博物馆增设鲁迅研究室，被聘为研究室顾问。

1976 年 参加新版《鲁迅全集》的编辑、注释工作。

1977 年 中国社会科学院在原中国科学院哲学社会科学部基础上成立。任中国社会科学院外国文学研究所学术委员兼东欧文学研究室主任。《〈马克思恩格斯选集〉中的希腊罗马神话典故》由三联书店出版。

1978 年 《高尔基早期作品选》由人民文学出版社出版。

1979 年 参加中国文学艺术工作者第四次代表大会。

1981 年 《鲁迅在世界文学上的地位》由陕西人民出版社出版。《〈阿Q正传〉在国外》由人民文学出版社出版。

1982 年 高尔基的《我怎样学习和写作》由三联书店出版。为《俄国文学史》撰写序言《俄国文学与中国》。

1983 年 在"国际苏联文学翻译家"会议上，苏联作家协会授予他"为了多年来从事苏联文学翻译工作取得丰硕成果"的荣誉奖状。

1984 年 《十二个》（勃洛克著）由漓江出版社出版。

1986 年 应苏联作家协会邀请，访问苏联、乌克兰、白俄罗斯及其他加盟共和国。7 月，将2 万卷中外文图书捐赠给江苏省，南京图书馆为此专设"戈宝权藏书室"。捐出由江苏省政府颁发的奖金，建立"戈宝权文学翻译奖"基金。

1987年 2月中旬，应丹麦外交部和教育部的邀请，到哥本哈根大学和奥尔胡斯大学讲学，2月24日，接受法国巴黎第八大学授予的"名誉博士"学位。3月初，到意大利罗马的葛兰西学院访问和讲学。5月20日，接受莫斯科大学授予的"名誉博士"。5月底，应邀访问美国康涅狄格州卫斯理大学、纽约哥伦比亚大学。6月初，应邀参加在莫斯科大剧院举行的纪念普希金逝世150周年盛会，获苏联文学基金会颁发的"普希金文学奖"。《戈宝权译文集》之一《普希金诗集》出版。

1988年 3月，荣获苏联最高苏维埃主席团授予的"各国人民友谊"勋章。被推选为苏联艺术科学院的"外籍名誉院士"。《普希金诗集》荣获全国图书"金钥匙奖"。白俄罗斯加盟共和国作家协会授予他"文学翻译奖"。乌克兰作家协会授予他"伊万·弗兰科文学奖"。

1989年 3月，出席斯洛伐克

举行的国际汉学家会议，作题为《五四运动前后俄罗斯古典文学对中国新文学的影响》的发言。9月，获香港翻译学会授予的荣誉会士衔。

1990年 5月，译著《谢甫琴科诗集》（由乌克兰文翻译）由译林出版社出版。11月，首届"戈宝权文学翻译奖"在南京颁发。江苏省东台市新建图书馆命名为"戈宝权图书馆"。

1991年 10月，参加香港翻译学会成立20周年纪念活动，在亚太地区翻译家会议上作《香港和澳门在中国近代翻译史上所起的作用和地位》的发言。

1991年 江苏省电视台拍摄《戈宝权》人物专题节目。《戈宝权译文集》之二《高尔基小说论文集》由北京出版社出版。

1992年 5月，访问美国。《中外文学因缘》由北京出版社出版。

1993年 《普希金诗集》获中国社会科学院1977—1991年优秀科研成果奖。

1994年 获中国作家协会中外文学交流委员会颁发的"彩虹翻译奖"荣誉。

1998年 戈宝权译文集之三

《俄语国家作家诗文集》由北京出版社出版。

1999 年　10 月，中苏友好协会成立 50 周年。获俄中友好协会颁发的"俄中友好"纪念章。

2000 年　2 月，获罗马尼亚国家授予的"荣誉奖"。5 月 15 日早晨 8 时多，病逝于南京军区总院。遵照其生前遗嘱：遗体捐南京医科大学供医学解剖，眼角膜捐献，骨灰撒家乡东台故居旁泰东河里。